电商训练营

E-commerce Training Camp

罗勤 主编

淘宝天猫开店

人民邮电出版社
北京

图书在版编目（C I P）数据

电商训练营. 淘宝天猫开店 / 罗勤主编. -- 北京 : 人民邮电出版社, 2019.2（2023.8重印）
ISBN 978-7-115-49652-2

Ⅰ. ①电… Ⅱ. ①罗… Ⅲ. ①网店－商业经营 Ⅳ. ①F713.365.2

中国版本图书馆CIP数据核字(2018)第235730号

内 容 提 要

本书通过理论结合实践的形式，全面、系统地介绍了网上开店的方法与技巧，旨在为想要在淘宝天猫平台开店的人员提供指导，帮助其快速掌握开店的流程及方法，轻松开启一家属于自己的网上店铺。

本书共 12 章，主要包括认识网上开店、寻找好货源、顺利开通第一个网店、宝贝的拍摄与美化、店铺装修、发布商品、卖家与买家沟通的艺术、商品管理与数据分析、网店商品营销、网店商品推广的三大利器、售后管理以及手机淘宝开店等内容。

本书可作为各类电子商务培训机构和各高校电子商务专业的培训教材，也可作为电商从业人员全面了解淘宝天猫开店的参考书。

◆ 主　　编　罗　勤
责任编辑　牟桂玲
责任印制　马振武

◆ 人民邮电出版社出版发行　　北京市丰台区成寿寺路 11 号
邮编　100164　　电子邮件　315@ptpress.com.cn
网址　http://www.ptpress.com.cn
固安县铭成印刷有限公司印刷

◆ 开本：700×1000　1/16
印张：17　　　　2019 年 2 月第 1 版
字数：343 千字　　　　2023 年 8 月河北第 8 次印刷

定价：39.80 元

读者服务热线：(010)81055410　　印装质量热线：(010)81055316
反盗版热线：(010)81055315
广告经营许可证：京东市监广登字 20170147 号

PREFACE 前·言

行业背景

电子商务作为现代服务业中的重要产业，在生活中处处可见，小到上网购物，大到跨国公司的网上商务洽谈等。随着电子商务产业的蓬勃发展，越来越多的人开始加入电子商务市场创业，如淘宝自主开店以及入驻天猫和京东等大型综合商城等，于是，电子商务培训市场也应运而生。它帮助没有基础和经验的人了解电商行业，并且针对电商行业的不同岗位进行技能培训，使被培训者能够快速适应岗位需求，顺利成为电商大军中的一员。为了更好地帮助各类学院或培训班快速培养优秀的电商技能型人才，也为了学生能更好地学习和实践，我们走访了很多皇冠级卖家，在调研了各类目店铺的经营情况后，以“学用结合”为原则，编写了这本书，主要面向想在淘宝天猫开店或已开店但缺乏经验的有志于在电商领域做一番事业的人员。

本书内容

本书主要介绍在淘宝和天猫开店的方法和技巧，共12章内容，可分为4部分，各部分的具体内容和学习目标如下。

第1部分（第1章~第3章）：该部分主要介绍开通网上店铺应该做的准备工作。通过本部分的学习，读者可以掌握网上开店的基本流程、选择进货渠道和申请淘宝店铺的方法以及入驻天猫商城的方法。

第2部分（第4章~第5章）：该部分主要介绍拍摄并美化宝贝、使用和管理图片空间、设计店铺首页、设计商品详情页等内容。通过本部分的学习，读者能够掌握使用Photoshop处理和美化图片的方法，以及对店铺的不同板块进行设计和装修的方法。

第3部分（第6章~第9章）：该部分主要介绍发布商品、使用千牛工作台设置快捷沟通、买家管理、商品管理与数据分析、网店商品营销等内容。通过本部分的学习，读者能够学会查看和分析店铺数据的方法，并能掌握使用不同的营销方法对店铺商品进行营销。

第4部分（第10章~第12章）：该部分主要介绍使用直通车、淘宝客、钻石展位推广网店商品的方法，以及售后管理、手机淘宝的装修方法和推广方式。通过本部分的学习，读者能轻松掌握推广店铺的方法和技巧，为店铺带来更多的流量和转化率。

本书特点

1. 结构合理，循序渐进

本书从网上开店的准备开始讲解，按照网上开店的流程逐步深入，一步步介绍申请店铺、装修店铺、发布商品、运营推广、售后管理等知识。

2. 案例丰富，贴合实际

本书中的案例，源自淘宝、天猫皇冠级店铺人员的工作实践，这些经过实践检验的开店经验和方法更具参考价值和借鉴意义。

3. 图解操作，易学易懂

本书涉及的操作部分，均以详细、直观的图解方式进行讲解，零基础的读者也可轻松上手，举一反三。

4. 经验分享，贴心提点

书中特设“高手支招”小栏目，其内容都是TOP级店铺的从业人员在大量实战中总结和提炼的宝贵经验和操作技巧，可帮助读者即时解决网上开店过程中的各种难题，避免走入开店误区。

5. 视频教程，全程辅导

本书通过二维码的方式提供书中所有操作的高清视频演示，视频内容清晰、直观，并配有语音讲解，读者一看即懂，一学即会。

6. 超值资源，免费获取

为了便于读者学习和提升自己的业务能力，本书提供了大量的实用资源，包括同步操作教学视频、PPT课件、案例素材、效果文件、课程教案等内容，读者可根据需要选学这些内容，以丰富知识，提升技能。关注微信公众号“职场研究社”，回复“49652”，可免费获取这些赠送资源以及本书的所有教学视频。

本书由罗勤主编，参与资料收集、视频录制及书稿校对、排版等工作的人员还有肖庆、李秋菊、黄晓宇、赵莉、蔡长兵、牟春花、李凤、熊春、李星、蔡飓、曾勤、廖宵、何晓琴、蔡雪梅、李婷婷、蒲加爽等。尽管编者在编写的过程中精益求精，但由于水平有限，书中难免存在不足之处，欢迎广大读者批评指正，我们的联系邮箱是muguiling@ptpress.com.cn。

编　者

CONTENTS

目·录

第1章 认识网上开店...001

1.1 网上开店概述 ...002

1.1.1 现在开网店还能赚钱吗 ...002

1.1.2 网上开店与传统开店的对比 ...002

1.1.3 淘宝、天猫和微店各有什么特点 ...003

1.1.4 网上开店的条件和优势 ...007

1.2 网上开店的基本流程 ...010

1.2.1 选择开店平台 ...010

1.2.2 开设店铺并装修 ...011

1.2.3 进货 ...011

1.2.4 拍摄并上传商品 ...011

1.2.5 店铺营销与推广 ...012

1.2.6 店铺管理与售后服务 ...012

1.3 疑难破解 ...013

1. 网上开店失败的常见原因有哪些？ ...013

2. 网上开店应该具备哪些心理条件？ ...014

3. 网上开店有哪些经营方式？ ...014

1.4 边学边练 ...014

第2章 寻找好货源...015

2.1 网上卖什么商品最火 ...016

2.1.1 哪些商品适合网上销售 ...016

2.1.2 不可在网上销售的商品 ...016

2.1.3 网上热卖的商品 ...016

2.2 选择进货渠道 ...017

2.2.1 通过阿里巴巴进货 ...017

2.2.2 通过分销网站进货 ...021

2.2.3 通过供销平台进货 ...022

2.2.4 通过线下批发厂家进货 ...026

2.2.5 其他进货渠道 ...027

2.2.6 进货的技巧 ...028

2.3 疑难破解 ...028

1. 选择商品时应注意哪些事项？ ...028

2. 进货时需要注意的禁忌有哪些？......028
3. 如何掌握进货时机？......029
4. 如何获得批发商的支持？......029
2.4 边学边练......030

第3章 顺利开通第一个网店......031

3.1 注册淘宝会员激活支付宝......032
3.1.1 注册成为淘宝会员......032
3.1.2 登录淘宝账户......034
3.1.3 激活支付宝认证......035
3.2 申请淘宝店铺......036
3.2.1 做好店铺申请的准备工作......036
3.2.2 申请开通淘宝店铺......036
3.3 入驻天猫商城......040
3.3.1 天猫商城与淘宝的区别......040
3.3.2 入驻天猫商城的要求......040
3.3.3 入驻天猫商城的资费标准......041
3.3.4 天猫商城开店的步骤......042
3.4 店铺基本设置......044
3.4.1 设置店铺名称......044
3.4.2 设置店铺标志......046
3.4.3 设置店铺其他信息......049
3.4.4 宝贝分类管理......049
3.5 疑难破解......050
1. 注册淘宝账户时，密码设置有哪些要求？......050
2. 在设置店铺名称时，需要注意哪些事项？......050
3. 支付宝登录密码被锁定怎么办？......051
4. 如何设置并修改密码？......051
3.6 边学边练......052

第4章 宝贝的拍摄与美化......053

4.1 拍摄商品图片与视频......054
4.1.1 选择合适的拍摄器材......054
4.1.2 准备拍摄的环境......054
4.1.3 吸光类商品图片的拍摄......055
4.1.4 反光类商品图片的拍摄......056
4.1.5 透明类商品图片的拍摄......057
4.1.6 商品视频的拍摄......057

4.1.7 实战——拍摄水晶手链 058
4.1.8 实战——拍摄护肤品 ... 059

4.2 商品图片的处理 062

4.2.1 按照淘宝要求裁剪图片 062
4.2.2 变换图片的角度 064
4.2.3 替换图片背景 065
4.2.4 实战——裁剪商品细节图 070

4.3 商品图片的美化 071

4.3.1 调整曝光不足或曝光过度的图片 071
4.3.2 调整有色差的图片 ... 073
4.3.3 为宝贝图片添加必要的说明文字 075
4.3.4 虚化背景让宝贝更突出 077
4.3.5 批量处理图片 078
4.3.6 实战——制作户外旅行包主图 080

4.4 疑难破解 081

1. 网店商品拍摄的常见问题有哪些？ 081
2. 如何保证处理商品图片后照片不失真？ 083
3. 如何防止宝贝图片被盗用？ 083

4.5 边学边练 084

第5章 店铺装修 085

5.1 店铺装修前期准备 086

5.1.1 了解淘宝旺铺专业版和智能版的区别 086
5.1.2 确定店铺的装修风格 087
5.1.3 收集装修素材 088
5.1.4 认识店铺装修的模块 089
5.1.5 了解淘宝与天猫装修的区别 090

5.2 使用和管理图片空间 091

5.2.1 将图片上传至图片空间 092
5.2.2 分类管理图片空间 ... 093
5.2.3 查看引用图片 094
5.2.4 实战——创建“女士衬衫”文件夹并添加图片 095

5.3 店铺首页设计 096

5.3.1 店铺首页的布局设计 096
5.3.2 好的店招需要包含哪些元素 097

5.3.3 实战——设计耳机店铺店招和导航条........... 098
5.3.4 实战——制作女包轮播图........................ 102
5.3.5 实战——制作横向宝贝分类模块.................. 107
5.3.6 实战——制作女包店铺纵向分类导航........... 108

5.4 商品详情页设计 109
5.4.1 详情页设计的注意事项......................... 109
5.4.2 详情页的页面布局... 110
5.4.3 详情页设计的要点... 111
5.4.4 实战——制作女包商品详情页...................... 112
5.4.5 实战——制作耳机商品详情页...................... 119

5.5 疑难破解 123
1. 设计店招应注意哪些事项？........................ 124
2. 店铺装修有哪些误区？....124
3. 在进行店铺装修时，需要注意哪些色彩处理问题？.... 124

5.6 边学边练 125

第6章 发布商品..........127

6.1 加入消费者保障服务 128
6.1.1 消费者保障服务有什么作用.................. 128
6.1.2 消费者保障服务的内容有哪些.................... 128
6.1.3 必须缴纳消费者保证金的商品类目.............. 129
6.1.4 实战——为淘宝店铺缴纳消费者保证金... 129

6.2 发布一口价商品 130
6.2.1 选择发布商品的类目....130
6.2.2 拟定适合的商品标题..131
6.2.3 关键词的设置原则..... 132
6.2.4 制定合理的商品价格..133
6.2.5 设置商品运费.......... 133
6.2.6 设置其他信息.......... 134
6.2.7 实战——发布一件女式衬衫.................. 134

6.3 使用淘宝助理批量发布商品 137
6.3.1 新建并上传商品....... 138
6.3.2 预览并修改商品....... 139
6.3.3 批量上传商品.......... 140
6.3.4 导出/导入宝贝模板... 141

6.4 疑难破解 142
1. 天猫卖家如何缴纳消费者保证金？...................... 142
2. 淘宝可以拍卖商品吗？...142

3. 不能发布商品有哪些原因？ 143
4. 安装最新版本的淘宝助理后，之前的宝贝数据还在吗？ 143
5. 什么时候是商品上架的最佳时间？ 143
6. 为什么在编辑页中无法选择“全新”类型？ 143
6.5 边学边练 144
第7章 卖家与买家沟通的艺术 145
7.1 卖家与买家沟通应该掌握的技巧 146
7.1.1 卖家与买家沟通的用语规范 146
7.1.2 卖家与买家沟通必须具备的态度 147
7.1.3 卖家与买家沟通过程中的禁忌 149
7.1.4 卖家与买家沟通过程中遇见的常见的问题... 150
7.2 使用千牛工作台设置快捷沟通方式 151
7.2.1 设置自动回复，不让买家久等 152
7.2.2 设置快捷短语，迅速回复买家 154
7.3 买家管理 156
7.3.1 查找并添加买家....... 156
7.3.2 巧用文字和表情与买家交流 157
7.3.3 创建自己的买家群... 158
7.3.4 加入其他人的千牛群.... 161
7.4 疑难破解 162
1. 卖家在与买家沟通的过程中怎么管理自身的情绪？ 162
2. 卖家在与买家沟通的过程中如何巧妙地推销其他关联产品？ 163
7.5 边学边练 164
第8章 商品管理与数据分析 165
8.1 商品交易管理 166
8.1.1 上架/下架商品......... 166
8.1.2 修改商品信息........... 167
8.1.3 订单发货 169
8.1.4 退款处理 170
8.1.5 关闭交易 172
8.1.6 评价买家 172

8.2 用支付宝管理账目 173
8.2.1 查询账户余额 173
8.2.2 查看账单明细 174
8.2.3 申请提现 175
8.3 网店数据分析 175
8.3.1 店铺流量分析 176
8.3.2 商品销量分析 177
8.3.3 单品流量分析 178
8.3.4 客户数据分析 179
8.3.5 实战——查看店铺数据 181
8.4 疑难破解 184
1. 如何进行店铺健康诊断，并分析店铺问题？ 184
2. 若不知道怎么管理商品，有可以供卖家互相学习交流的地方吗？ 185
3. 除了生意参谋，还有什么工具能进行商品交易管理？....185
8.5 边学边练 186

第9章 网店商品营销...187
9.1 淘宝与天猫营销的区别....188
9.1.1 淘宝与天猫运营推广区别 188
9.1.2 淘宝与天猫店铺售后服务及客户权益区别...189
9.2 通过淘宝官方活动进行营销 189
9.2.1 淘金币营销 190
9.2.2 淘宝天天特价 193
9.2.3 试用中心 194
9.2.4 聚划算活动 196
9.3 四大淘宝店内促销活动....199
9.3.1 宝贝限时打折 199
9.3.2 宝贝搭配套餐 201
9.3.3 店铺优惠券 202
9.3.4 满就送 203
9.4 淘宝站外营销技巧 204
9.4.1 在淘宝论坛中推广店铺 204
9.4.2 通过微信推广店铺... 205
9.4.3 通过微博推广店铺... 208
9.4.4 在其他网站中推广店铺 211
9.5 疑难破解 214
1. 产品推广中有哪些搭配技巧？ 214
2. 店铺推广的误区有哪些？ 214
9.6 边学边练 214

第10章 网店商品推广的三大利器........215

10.1 直通车推广商品的技巧....216

10.1.1 直通车的准入条件...216

10.1.2 直通车的展现位置...216

10.1.3 直通车的扣费方式...219

10.1.4 创建直通车推广计划........................219

10.1.5 编辑投放计划.........223

10.2 招募淘宝客进行推广.....226

10.2.1 淘宝客的推广优势...226

10.2.2 淘宝客准入规则.....226

10.2.3 淘客、买家和卖家的关系....................226

10.2.4 淘宝客推广计划.....227

10.2.5 淘宝客佣金设置技巧........................229

10.3 利用钻石展位扩大销量................................230

10.3.1 钻石展位类型和展示位置................230

10.3.2 钻石展位的要求.....232

10.3.3 用钻石展位进行活动引流................233

10.3.4 用最少的钱购买最合适的钻石展位.....233

10.3.5 实战——创建营销目标与计划............233

10.4 疑难破解........................235

1. 智钻投放有哪些注意事项？ 235
2. 直通车有哪些竞价技巧？...236
3. 如何维护淘宝客？ 236

10.5 边学边练........................236

第11章 售后管理........237

11.1 物流管理........................238

11.1.1 如何选择合适的物流........................238

11.1.2 不同商品的包装技巧...239

11.1.3 物流状态跟踪.........241

11.2 中差评处理技巧............241

11.2.1 中差评的影响.........241

11.2.2 中差评的处理方法...241

11.2.3 如何引导买家修改中差评....................242

11.3 客户关系管理................243

11.3.1 客户管理对开店的影响........................243

11.3.2 如何寻找更多的新客户........................243

11.3.3 设置会员等级，建立会员制度................243

11.3.4 进行客户分组，合理管理客户 245
11.3.5 定期举办促销活动，回馈老客户 245

11.4 疑难破解 247

1. 贵重物品的快递技巧有哪些？........ 247
2. 如何避免恶意差评？........ 247
3. 如何缓解客服人员的工作压力？........ 248

11.5 边学边练 248

第12章 手机淘宝开店...249

12.1 认识手机端淘宝店 250

12.1.1 手机淘宝的优势 250
12.1.2 手机端淘宝店分析 250

12.2 手机端页面的装修 250

12.2.1 设置手机店铺店标与店招 251
12.2.2 设置手机宝贝模块 252
12.2.3 手机宝贝详情页发布 254

12.3 手机店铺运营推广 255

12.3.1 利用“码上淘”进行推广 255
12.3.2 利用微淘达人推广店铺 257

12.4 疑难破解 259

1. 如何保证手机端的安全？........ 259
2. 如何将手机淘宝上的宝贝链接分享给他人？........ 259

12.5 边学边练 260

第1章

认识网上开店

本章导读

网上购物是一种十分方便、快捷的购物方式，这种方式已经成为越来越多的人的购物首选。网上开店是基于网上购物这个大时代背景发展起来的行业，具有成本低、方式灵活等特点，若经营得当，可以为经营者带来十分可观的利润。本章将讲解网上开店的基本知识，让读者对网上开店有一个大致的了解和认识。

知识技能

※ 掌握网上开店的基本知识
※ 掌握网上开店的基本流程

1.1 网上开店概述

网上开店是时下非常流行的开店模式，与实体店相比，网上开店具有门槛低、风险小等优势，同时，网上开店的条件和方式也与实体店大相径庭。

1.1.1 现在开网店还能赚钱吗

近年来，随着全球电子商务的飞速发展，我国电子商务也发展得很快。从社会调查实践来看，大多数企业（多为中小企业）和个体用户已经陆续步入电子商务行列，它们采用传统经济与网络经济相结合的方式进行生产经营，在这个环境背景下，网上开店成为一种发展潮流。

电子商务市场的迅猛发展，使越来越多的人加入了网上开店的行列。中国互联网络信息中心发布的第42次《中国互联网络发展状况统计报告》显示，2018年上半年，全国网上零售额达到4.08万亿元，同比增长30.1%，其中，实物商品网上零售额为3.13万亿元，同比增长29.8%，增速比同期社会消费品零售总额增速高出20.4个百分点。

电子商务市场的快速发展离不开网络购物人数的支撑，据《中国互联网络发展状况统计报告》显示，截至2018年6月，中国网民规模已达到8.02亿人，互联网普及率为57.7%。仅2018上半年，中国网络购物用户规模为56892万人，与2017年末相比增长3560万人，占整体网民比例的71%。

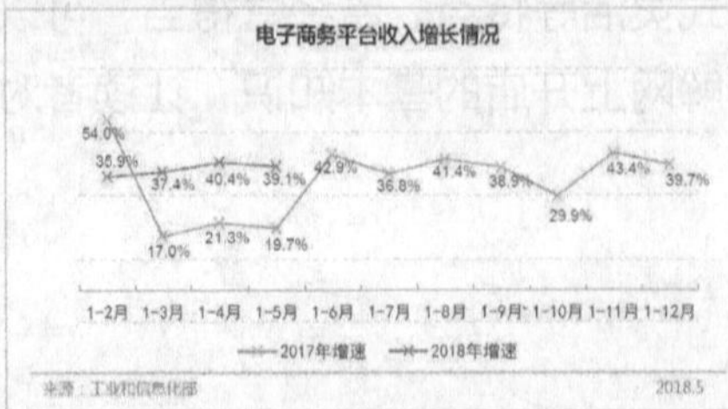

电子商务的交易额和用户规模的持续增长，使网络购物的优势进一步凸显，竞争的加剧，也将促使市场逐步走向成熟。随着我国网络环境的不断改善以及网民的不断增多，将会有更多的传统企业开展电子商务服务，中国的电子商务市场也会越来越大，其潜在的经济效益是巨大的。作为电子商务的一部分，就目前而言，网上开店随着互联网的快速发展呈现出良好的发展趋势。

1.1.2 网上开店与传统开店的对比

虽然实体店和网店的开店方式、经营方式大不相同，但基于双方本质上都是商店，所以也存在很多共同点，下表所示为网店与实体店在经营门槛、经营风险的经营模式方面的比较。

网店与实体店的比较

比较项目	相同点	不同点
经营门槛	（1）都必须是遵纪守法的公民 （2）都要进行定位分析，选择适合经营的商品 （3）都需要具有承受风险的心理准备 （4）都需要准备一定的资金投入 （5）都需要有吃苦耐劳的精神	（1）网店投入的资金较少；而实体店经营投入的资金较大 （2）实体店经营一般需要雇请员工，若仅靠自己经营，则需要全身心投入其中；而网店经营还可以采用兼职的方式经营
经营风险	（1）都存在资金亏损风险 （2）都存在同类商品销售的问题，需要承受竞争的考验 （3）都有商品的季节转换和淡旺季的问题，存在压货的风险	（1）实体店之间的竞争更激烈；而网店竞争所承受的压力比实体店小 （2）实体店在经营成本上投入很大；而网店的经营成本相对较小 （3）网店经营需要防范盗号风险；而实体店则需要担心洪灾、火灾、失窃等风险，相对而言，网店的风险小于实体店的风险
经营模式	（1）都必须通过优质的服务来赢得市场 （2）在开店初期，都需要以“多赚心，少赚银”的宗旨来积累客户 （3）都需要经常设计优惠促销活动吸引顾客 （4）都需要经过实物展示、详细介绍、商谈或讨价还价后达成交易	（1）实体店的工作时间具有一定的规律性；而网店的工作时间较自由灵活 （2）实体店经营具有明显的地域性，消费群体受到限制；而网店不受地域影响 （3）实体店是“面对面”进行交易；而网店则以汇款邮寄为主，由于无法看到实物，可能会使消费者对商品的质量产生顾虑

1.1.3 淘宝、天猫和微店各有什么特点

经营者需根据实际需要来选择网上开店平台，如个人用户适合在淘宝网等C2C（Consumer-to-Consumer，客对客）平台开设店铺，商家、企业等既可以选择C2C平台，也可选择京东商城、天猫商城等B2C（Business-to-Consumer，商对客）平台。由于智能手机的广泛普及，人们更倾向于使用手机进行购物，电子商务开始向移动端发展，由此带来了一个全新的网上开店平台——微店。

高手支招

B2C 是一种企业对消费者的电子商务类型，即企业直接面向消费者销售产品和服务的商业零售模式。B2C 电子商务一般以网络零售业为主，主要借助于互联网开展在线销售活动。

C2C 是一种个人对个人的电子商务类型。C2C 电子商务平台一般会为交易的双方提供网上在线交易平台，卖方将商品信息提供给交易平台，由交易平台展示商品，买方可选择需要的商品进行购买。

1. 淘宝网

淘宝网由阿里巴巴集团于2003年5月创立，是中国受众非常大的一个网购零售平台。近几年，随着规模的不断扩大和用户数量的快速增加，淘宝网逐渐由原本的C2C网络集市变成了集C2C、团购、分销、拍卖等多种电子商务模式于一身的综合性零售商圈。淘宝网为淘宝会员打造了非常全面和完善的网上交易平台，操作也比较简单，非常适合想要开设网络店铺的个人卖家。

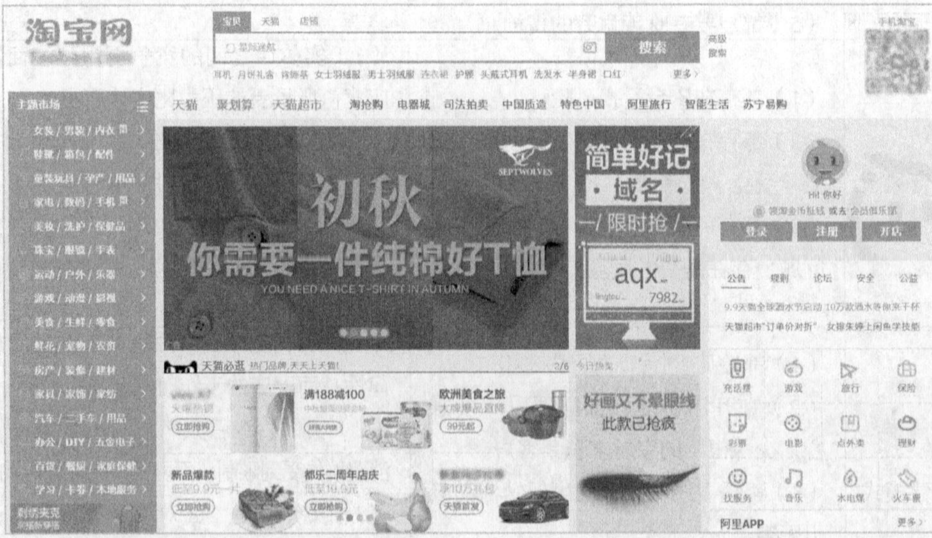

2. 天猫商城

天猫商城原名淘宝商城，是一个综合性购物网站。天猫商城是淘宝网打造的B2C电子商务网站，整合了众多品牌商和生产商，为消费者提供如100%品质保证、7天无理由退货以及购物积分返现等优质服务，其中天猫国际还为国内消费者直供海外原装进口商品。

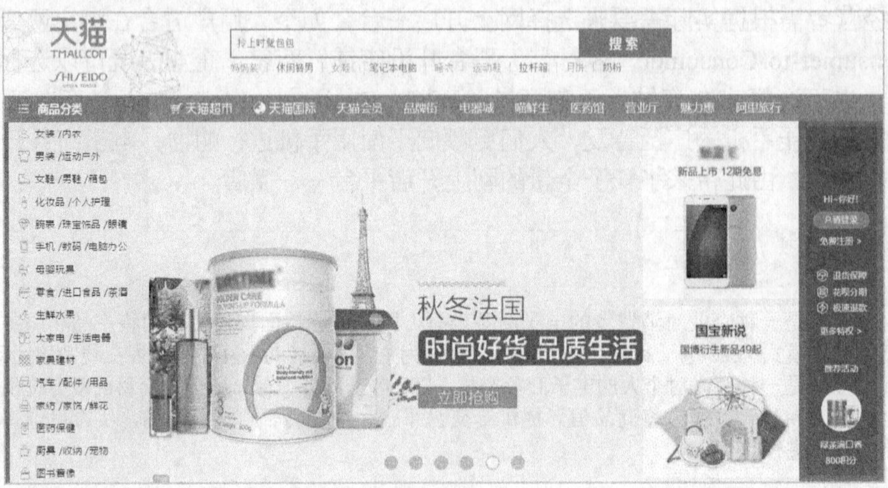

天猫店铺的类型有3种，分别是旗舰店、专卖店、专营店。在天猫上开店需要店主提供企业营业执照副本复印件、企业税务登记证复印件、商标注册证及授权书等资质文件，不同类型的店铺需要的资质文件不同。下图为旗舰店、专卖店、专营店所需的资质文件的区别。

资质类型	旗舰店	专卖店	专营店
开店企业资质	1. 企业营业执照副本复印件（根据2014年10月1日生效的《企业经营异常名录管理暂行办法》，需确保未在企业经营异常名录中且所售商品属于经营范围内） 2. 企业税务登记证复印件（国税、地税均可） 3. 组织机构代码证复印件 4. 银行开户许可证复印件 5. 法定代表人身份证正反面复印件 6. 联系人身份证正反面复印件 7. 商家向支付宝公司出具的授权书	1. 企业营业执照副本复印件（根据2014年10月1日生效的《企业经营异常名录管理暂行办法》，需确保未在企业经营异常名录中且所售商品属于经营范围内） 2. 企业税务登记证复印件（国税、地税均可） 3. 组织机构代码证复印件 4. 银行开户许可证复印件 5. 法定代表人身份证正反面复印件 6. 联系人身份证正反面复印件 7. 商家向支付宝公司出具的授权书	1. 企业营业执照副本复印件（根据2014年10月1日生效的《企业经营异常名录管理暂行办法》，需确保未在企业经营异常名录中且所售商品属于经营范围内） 2. 企业税务登记证复印件（国税、地税均可） 3. 组织机构代码证复印件 4. 银行开户许可证复印件 5. 法定代表人身份证正反面复印件 6. 联系人身份证正反面复印件 7. 商家向支付宝公司出具的授权书
品牌资质	1. 由国家商标总局颁发的商标注册证或商标注册申请受理通知书复印件 2. 若由权利人授权开设旗舰店，需提供独占授权书（如果商标权人为自然人，则需同时提供其亲笔签名的身份证复印件） 3. 若商标权人为境内企业或个人，请下载中文版独占授权书。若商标权人为境外企业或个人，可选择下载中文版或英文版独占授权书。（如果商标权人为境内自然人，则需同时提供其亲笔签名的身份证复印件。如果商标权人为境外自然人，则需同时提供其亲笔签名的护照复印件） 4. 若经营出售多个自有品牌的旗舰店，需提供品牌属于同一实际控制人的证明材料。此类店铺主动招商 5. 若申请卖场型旗舰店，需提供服务类商标注册证或商标注册申请受理通知书。此类店铺主动招商	1. 由国家商标总局颁发的商标注册证或商标注册申请受理通知书复印件 2. 商标权人出具的授权书（若商标权人为自然人，则需同时提供其亲笔签名的身份证复印件） 3. 品牌属于同一实际控制人的证明材料（出售多品牌的专卖店），此类店铺主动招商	1. 自有品牌：商标注册证或商标注册申请受理通知书复印件 2. 代理品牌：①商标注册证或商标注册申请受理通知书复印件；② 以商标持有人为源头的完整授权（详见各类目对授权的级数要求），若授权中的授权方为自然人，则需同时提供其亲笔签名的身份证复印件

高手支招

与天猫类似的网上开店平台有很多，如京东、易趣网、当当网、苏宁易购、国美在线等。

3. 微店

微商是通过移动端进行商品售卖的新型产物，主要通过微信、微博等沟通渠道，直接联系客户从而进行销售，十分注重买家之间的口碑相传，注重在微信朋友圈和微博等形成二次传播，吸引更多的客户。微商的兴起，使得更多的人加入微商大军。各种微店便产生了。微店类似于移动端的淘宝店，通过社交分享、熟人经济进行营销。

微店平台主要有两种模式：一种是B2C模式，如京东微店；另一种类似于C2C模式，如有赞、微盟等。其中C2C模式的用户较多。

（1）有赞

有赞原为口袋通，它为商家提供了完整的微店解决方法。有赞提供了全套的商品管理、订单管理、交易系统、会员系统、营销系统，通过有赞，商家可快速自由地定制自己的商城。

入驻有赞，所有服务全部免费，但为了保障消费者和店铺的权益，微商城开店需要进行店铺认证，认证包括个人认证和企业认证两种，都比较简单。有赞分销平台扮演了供销商和分销商两种角色。

- 供销商：能实现快速铺货，能保证品牌质量，严格控制公共库存，能实时查看分销订单，定期查看数据报表，预测交易趋势且快速响应市场需求。
- 分销商：能快速将分销商品上架到自己的有赞微商城店铺中；先卖货后付货款，零成本分销；拥有海量商品和个性化商品编辑，能满足客户的需求。

（2）微店（口袋购物旗下）

很多商店选择通过口袋购物旗下的微店进行手机开店，在微店进行开店，具有无门槛、零费用、一键分享吸引顾客、随时随地管理订单的优点。微店还有微店买家版，方便买家迅速找到附近优秀的卖家，畅享购物乐趣。

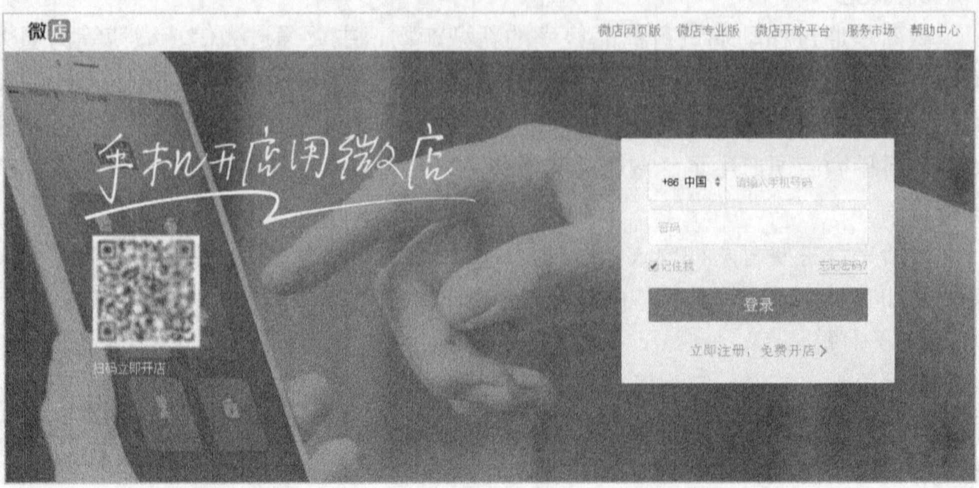

（3）微信小店

微信小店是基于微信公众平台打造的电子商务模式，具有添加商品、商品管理、订单管理、维权等功能。微信小店开通需要3个条件：必须是服务号；必须开通微信支付接口；服务号与微信支付都需要经过企业认证。用户登录微信公众平台，选择“微信小店”选项，便可打开微信小店页面。

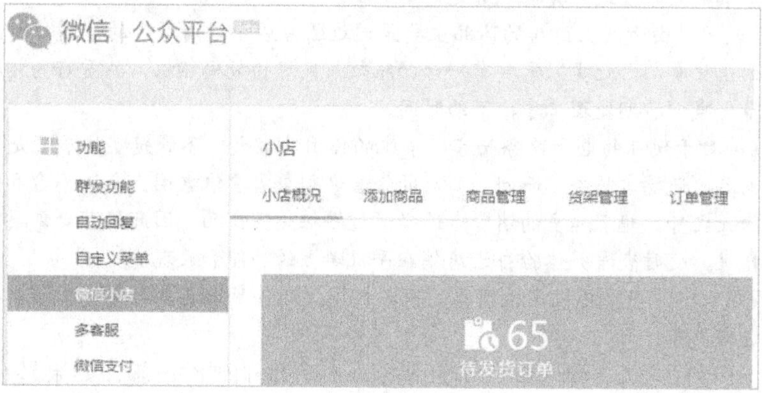

（4）微盟旺铺

微盟旺铺是基于微信小店的第三方解决方案，主要为移动电子商务的运营提供相关服务。微盟旺铺解决了商品上架难的问题，其后台采用拖曳式的设计，商家能通过简易操作生成不同的店铺风格。微盟旺铺还设置了多款互动游戏，以营造良好的用户体验，有利于商家留住用户，提高购买率。

1.1.4 网上开店的条件和优势

要想开一个成功的网上商店，经营者除了要具备良好的商业头脑之外，还需具备一定的计算机软硬件知识。互联网和计算机是网上开店的基本媒介，因此需要对其有一定的了解，除此之外，根据经营者开店的性质，还需配备适合的硬件设备。

1. 网上开店的硬件要求

网上开店的硬件一般指开店前或开店过程中必须使用或需要频繁使用的设备，下面对这些设备进行介绍。

- 计算机：计算机是网上开店必不可少的硬件，不管是兼职卖家还是专业卖家，都需要准备一台有基本配置的台式计算机或者笔记本电脑。
- 数码相机：由于网上商店的商品主要是通过图片展示给消费者的，图片精细与否直接影响着商品的出售率，因此卖家需要有一台拍照效果良好的数码相机。品质好的相机可以还原更多商品细节，减少后期处理工序，节约时间。
- 手机：对于现在的电子商务而言，手机的作用非常大。不管是实体店还是网上商店，都不仅是卖商品，还要卖服务，而网上商店的经营者则更需要依靠网上交流平台和手机来维护客户关系。除此之外，越来越多的消费者选择通过手机购买商品，因此经营者需要时刻关注手机端的店铺情况，随时查看并体验自己店铺在手机端上的功能和表现。
- 传真机和打印机：根据网上商店的商品性质，部分商店还需配备传真机和打印机，用于打印合同、文件等。

除了上述硬件之外，经营者可能还需要一些其他的硬件设施，如果是专业卖家或企业，还需要办公场所、固定电话以及其他与产品相关的设施。

2. 网上开店的软件要求

网上开店的软件要求主要与经营者的计算机操作能力有关，如系统和网页的基本操作能力，图形图像软件、网页制作软件、办公软件和聊天软件的使用等，下面对主要软件的使用方法进行介绍。

- 聊天软件的使用：网上即时聊天软件是卖家与买家沟通的主要媒介，很多买卖都是通过聊天软件达成的，因此卖家一定要掌握阿里旺旺、千牛工作台等主流聊天软件的使用方法，且具备一定的打字速度。下图所示为卖家登录千牛工作台后，通过旺旺与买家交流的页面。

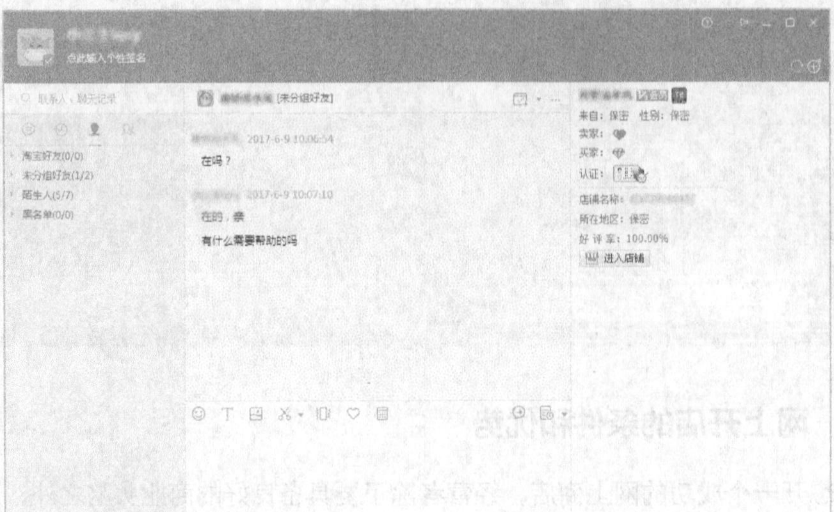

● 网页操作能力：网上商店是基于互联网诞生的一个行业，因此要求经营者对网络具有一定的认识，并且要具备一定的网页操作能力，需要熟知网页的打开、关闭，图片的上传、下载，文本的复制、粘贴和保存等操作。

● 电子邮件的收发：电子邮件是网络中常用的一种通信方式，在很多场合都需要使用，如联系卖家和维护客户关系、联系批发商、信息验证和确认等。电子邮件的形式多种多样，可以是文本、图片，也可以是声音和视频，使用非常便捷。

● 办公软件的使用：对于网上商店而言，办公软件中使用较频繁的主要是Excel和Word。Excel主要用于统计和分析各种销售数据、日常收支、员工工资等，Word主要用于编排文档，制作文件。

● 图形图像软件的使用：图形图像软件主要以Photoshop、光影魔术手等为主，主要用于处理商品图片、美化商品效果等。Photoshop是一款功能非常强大的图像处理软件，对于网店经营者而言，主要需要使用它的裁剪、调色、抠图、图层、画笔、文本、蒙版等工具。

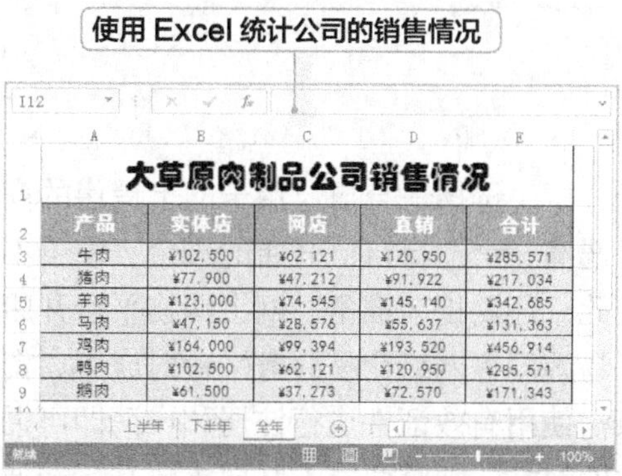

● 网页制作软件的使用：网页制作软件主要用于设计和制作网页，常用的网页设计软件为Dreamweaver，当经营者需要建立独立的网站时，就需要使用网页制作软件自主设计网页。

3. 网上开店的优势

与实体店相比，网店在成本、范围和适应性等方面都具有一定的优势。

● 成本优势：由于网店是虚拟商店，不需要消耗实体店铺所需的租金和装修成本，甚至可以不需要库存空间，因此比实体店成本低。同时，网店在人力方面的要求也没有实体店高，其所需的人力和时间更少。

● 范围优势：网络的世界性使网店的销售区域和货源范围非常广，而实体店受限于店铺的区域，销售范围和货源范围较窄。此外网店可以选择的商品范围也比实体店大，商品种类也比实体店更加丰富。

● 适应性优势：网店的适应性非常广，不管是企业、家庭还是个人，都可以创建自己的网店，有正式工作的人员也可以通过网店进行兼职，获得收入。部分实体店受季节影响较大；而网店在季节性商品转换上则比较便利，因此影响较小。但是实体店较之网店，也存在一定的优势。如实体店都是当面交易，购买者可以直观地查看商品的品质，也可以进行试用或试穿；而在网店中进行交易时，其交易方式是先支付货款，再等待商家邮寄商品，并且购买者无法直观地查看商品，可能会产生顾虑。

1.2 网上开店的基本流程

网上开店与线下实体店的开店流程比较相似，从店铺策划到售后服务，这个过程十分漫长，以淘宝网为例，由于淘宝集市店铺的门槛较低，因此开店的前期准备工作较天猫之类的B2C电子商务平台更简单。下面介绍集市店铺从策划到售后的开店过程。

高手支招

集市店铺一般也被称为C（Customer）店，淘宝网中的店铺均为C店。C店是淘宝网中的主体经营模式，所收取的费用较少，门槛较低，无论是公司经营还是个人经营，只需要进行身份认证，就可以创建自己的店铺。

1.2.1 选择开店平台

经营者在开店前期首先需要对市场进行分析，选择适合自己用于网上销售的商品，并找好合适的供应商和物流公司。然后选择一个适合自己开店的平台，由于不同类型的平台，对入驻商家的要求不同。因此，还需提前准备与网上购物平台开店要求相应的文件资料。一般来说，淘宝网、易趣网等网络交易服务平台对成本、资质等要求较低，基本属于全民可选模式，只需使用有效证件进行注册和申请即可拥有自己的店铺。而天猫商城、京东商城等B2C网站，则对商家入驻要求较高，普通个体户不能申请。下图所示为在淘宝网中开设的一家女装时尚棉麻店。

1.2.2 开设店铺并装修

选择开店平台后，用户便可注册淘宝会员，开通支付宝，然后申请开通淘宝店铺或入驻天猫商城。申请成功后，即可开始店铺的装修和管理。装修和管理店铺是个烦琐的过程，包含的内容非常多，如店铺名称设置、店铺招牌设置、图片管理、商品分类、商品导航、物流管理等。其中店铺名称的确定和商品类目的选择是该阶段比较重要的工作，好的店铺名字可以给消费者留下好印象，且方便消费者记忆，而商品类目的选择则与店铺日后的经营成效息息相关。

1.2.3 进货

对于进货这一阶段而言，低价进货、控制成本非常重要，而要做好这一点，就要选择好的进货渠道，并与供应商建立良好的合作关系。

网上商品的进货渠道很多，如阿里巴巴等很多批发网站都提供商品批发服务。此外，经营者也可选择线下实体批发市场进货，或选择厂家直接进货等。

1.2.4 拍摄并上传商品

经营者拿到商品以后，即可为商品拍摄好看的照片。由于消费者没办法直接接触和检查网店中的商品，因此通常顾虑较多，为了在一定程度上打消消费者的这种顾虑，商家需要向其展示商品的实拍图片。网上商店中商品的实拍图一般都要求美观，但美观的前提是保证图片不失真，否则容易产生很大的售后问题。

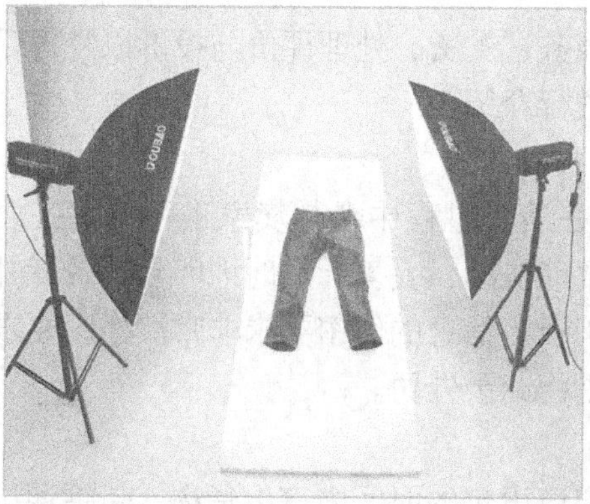

上传商品是指把商品的名称、产地、所在地、性质、外观、数量、交易方式、交易时限等信息上传到网站中。上传商品的过程也比较烦琐，如上传主图、选择二级类目、设置商品标题、设置商品属性、上传商品详情页、设置价格等。

商品标题非常重要，关乎店铺的流量，要提前进行分析和确定，商品的主图和详情页也要提前在Photoshop中进行制作。此外，商品价格的设置也是决定商品销量的重要因素之一。

1.2.5 店铺营销与推广

店铺开设初期，人气会比较低，此时就需要适当地进行营销推广。网上商店营销和推广的方式与实体店不一样，网上商店的推广主要是通过网络渠道进行的，如通过淘宝网自身推广平台进行推广，或通过其他自媒体平台进行推广。下图所示为淘宝网自身提供的推广工具。

1.2.6 店铺管理与售后服务

店铺管理与售后服务包括商品售中服务、发货、处理评价与投诉以及售后服务等。下面对店铺管理与售后服务的内容进行介绍。

1. 商品售中服务

通过网上商店进行消费的消费者，在消费过程中会与卖家进行一些必要的沟通，如提出某些问题或要求，此时卖家要能快速、妥善、及时地回复消费者并处理相关问题。需要注意的是，很多平台对消费者信息的保密要求非常严格，要求卖家严禁向第三人透露买家的相关信息，否则将给予处罚。

2. 发货

消费者确认购买商品后，卖家要在自己设定的时间内寄出货物，包括通过快递公司揽件、填写订单号以及更新订单信息等。发货快慢也是消费者在网上购物时非常关心的问题，因此卖家应尽量早发货，选择正规的快递公司，保证商品寄送的速度和质量。

3. 处理评价与投诉

店铺信用是网上商店非常重要且直观的一个评价因素，在完成交易之后，买卖双方都需对对方做出评价。淘宝网中买家对卖家的评价是可以更改的，如果遇到买家差评或投诉，卖家需尽快联系买家解决问题。如果遇到恶意投诉，卖家可拍照保留证据，然后向淘宝网进行投诉。卖家还可在评论区对恶意投诉的买家进行回复，让其他买家了解他是恶意投诉。

4. 售后服务

售后服务也是商品价值的一种体现，包括技术支持、退换货服务等，好的售后服务不仅可以为商品增值，还能扩大商品影响力，留住更多的回头客，也会直接影响商品的销量。

1.3 疑难破解

本章主要介绍了网上开店概述和网上开店的基本流程等知识，下面针对网上开店时可能会遇到的一些问题进行解答。

1. 网上开店失败的常见原因有哪些？

现在越来越多的人加入了网上开店的行业大军，但并不是所有人都取得了成功，导致网上开店失败的原因主要有以下9点。

- **未对自身进行谨慎评估便开店：**网上开店的门槛较低，因此许多人贸然进军网店行业，结果大多数失败于“没有做生意的经验”和“对网络了解不够全面”。要在网上开店做生意，需要具有一定的生意头脑，有良好的沟通表达能力，同时能适应并掌握快速变动的网络节奏。
- **开店定位不明确：**有部分卖家认为网上卖场空间无限，于是选择销售很多种类的商品，结果导致店铺没有特色，买家对店铺的印象模糊。对于一般网店新手而言，尽量从一个自己最精通的商品品类切入较好。
- **经营者仅销售自己喜欢的商品：**部分卖家只销售自己喜欢的商品，但网络世界较大，卖家应该快速找出大多数买家喜欢的商品，迎合大众的审美眼光。
- **对网店前景的预测过于乐观：**销售同一类商品的网店多如牛毛，如果店铺没有特色商品和诱人的实物照片，则买家未必会进入店铺浏览商品。如果没有独特的推广技巧，则很难吸引买家的目光。
- **广告投资收益比过低：**部分商家因为没有人气、没有业绩，于是选择花钱买广告，但最终因为收益比广告投资更低而“关门大吉”。其实，很多网店业绩不好不是因为缺少流量，而是出现经营问题，卖家应该先解决经营问题，再考虑花钱买流量。
- **有业绩、没利润：**由于竞争对手较多，大部分卖家常在竞争对手的刺激下，过度地削价竞争，这种卖家通常都有业绩，但没有利润。
- **缺乏特有的竞争优势：**若想在电子商务行业立足，最好能够拥有自己的优势背景。如具有医师资格证的卖家销售健康食品或保健品会更具说服力，若没有特殊背景，那么最好能有成本较低的进货渠道。
- **不够用心：**网上开店已进入激烈竞争的阶段，每天都有新的竞争者进入，卖家若不用心经营，势必会被淘汰。
- **经营团队存在问题：**在网店经营中，人的因素也是导致网上开店失败的原因之一。有时并非是团队成员不够优秀，常常是越杰出的团队，其成员间的冲突越大。重要经营伙伴自立门户、网站缺乏技术自主能力、团队人员对立内耗等都是经营过程中经常遇到的问题，也是网店走向失败的开始。

2. 网上开店应该具备哪些心理条件？

只有具备一定的心理条件，才能使网店顺利开下去，下面分别进行介绍。

● 别一开始就想赚钱：虽然网上开店的目的是为了赚钱，但在初期阶段，网店赚钱很难，这时店铺没有信誉，很少有买家会进店购买商品。因此，首先卖家应从心理上将开店作为一个学习、交朋友的过程，可以加一些人气旺的群，不提买卖，只聊一些经营经验等，等大家熟悉以后，卖家便可以将论题引到买卖上，之后他们若有需要便会想到你。

● 别害怕别人知道你是新手：大多数人觉得“新手”对于网店经营很不利，但新手也有其自身的优势，首先新手比较谦虚，当买家向你提出意见时，你应该很谦虚地接受意见，并感谢其提出的建议，这会让买家觉得你的态度很真诚。其次遇到很复杂的问题时，马上为买家找到解决的方法，买家收到解决方案后会认为你专业，从而留下良好的印象。

● 不要不好意思：很多新手推广店铺时，觉得自己是新手，给别人发信息人家不会理。实际上，主动出击会赢得机会，卖家可将广告词写得礼貌些，礼多人不怪，大多数人不会觉得反感。

● 要相互帮助：新手可能会遇到需要帮忙顶贴或加超链接等问题，此时新手卖家应该相互帮助，交流经验，若对方需要你的商品，也会主动和你联系，要知道，网店卖家也是网上购物的主力军。

● 要有耐心和信心：开店前期通常不会有收益，此时卖家一定要有耐心，要利用生意的冷淡期进行学习，半途而废者不会成功。

3. 网上开店有哪些经营方式？

网上开店的开放性和自由性，使其可以适应相当广泛的人群。而网上开店的经营方式不外乎网店与实体店结合经营、全职经营和兼职经营3种方式。

● 网店与实体店结合经营：如果经营者拥有实体店铺的支持，则在经营经验、销售技巧、商品价格设置等方面都会有一定的基础，此时开设网店店铺，也会具有一定的优势。如果是知名品牌的实体店，或者已经拥有一定忠实客户的实体店，则其开设网店就是锦上添花，更容易获得消费者的认可。

● 全职经营：该经营方式比较适合创业者、自由职业者、拥有货源的经营者等，全职经营网店需将全部精力投入到网店经营中，网店收入即是个人主要收入。新手卖家在全职经营网上店铺时，一定要有一个充分的学习和积累的过程，不要盲目，网店在经营到一定规模之后，也可以发展成线下实体店。

● 兼职经营：该经营方式适合空闲时间较多的大学生和上班族等，他们主要利用空余时间打理店铺。这种经营方式的网店其规模一般都较小，主要出售一些季节性商品、时效性商品和虚拟性商品。

1.4 边学边练

（1）分析各平台的开店特点与优势，了解现在主流的电子商务平台的开店流程。

（2）进入淘宝网，分析对比淘宝集市店与天猫商城的经营内容，并确定适合自己开店的平台。

第2章 寻找好货源

本章导读

在正式进行网上开店前，卖家需要做好开店前的准备工作，这样有利于网店的顺利开展。卖家首先需要分析网上热卖的商品，找到合适的网店商品，然后找准进货渠道，做到低价进货。本章将介绍卖家如何找到适合的网店商品以及如何选择进货渠道。

知识技能

※ 掌握适合网上销售的商品
※ 掌握如何选择进货渠道

视频讲解

（视频讲解：7 分钟）

2.1 网上卖什么商品最火

卖家在开店前需要了解适合在网上销售的商品都具有哪些特点，哪些商品是不可在网上销售的，哪些商品是消费者喜欢在网上购买的。卖家可以通过对网上热卖商品的分析来确定自己店铺需要销售哪类商品。

2.1.1 哪些商品适合网上销售

买家在网上购买商品时，由于无法直接接触商品，会心存顾虑，质疑商品的质量或价格等，因此并不是所有的商品都适合网上销售的模式。一般来说，适合网上销售的商品都具有以下5个特点。

- 便于运输：网上商品一般通过物流的方式实现从卖家到买家的商品转移，因此体积合适、重量适中且运输成本不高的商品适合网上销售。而体积庞大、运输困难、运输成本过高的商品则不适合网上销售，如大型体育器械。
- 价格优惠：由于网上商品的总体成本一般低于实体店的总体成本，因此在价格方面具有一定的优势，可以低于实体店的价格进行销售。如果网上商品在价格上不具备优势，则难以吸引买家购买。
- 利润空间大：如果商品的采购、储存、管理和运输成本高于商品本身的价值，则不适合网上销售。一般来说，应优先考虑毛利在30%以上的商品，而毛利低于10%的商品不足以支撑网店的初期运营。针对日常用品等利润空间不大的商品，可以采取组合、满减包邮等方式进行促销。
- 标准商品信任度高：标准商品指产品质量、性能等具有一定可靠性，容易开展售后服务，不容易出现产品质量纠纷，或是就算出现质量纠纷也容易解决的商品。买家在网上购买这类商品时对其信任程度相对较高，会少一些顾虑，卖家的销售过程也会比较顺利。
- 实体店不方便销售：外贸订单产品、国外代购产品、个性化设计、DIY产品等，相较于实体店而言，采用网上销售的方式更加方便。

2.1.2 不可在网上销售的商品

根据国家法律的相关规定，以下商品不能在网上销售。

- 国家法律法规禁止销售的商品，如管制刀具、武器弹药、淫秽物品、毒品、保护文物、走私物品、偷盗品和其他来源非法的物品等。
- 假冒伪劣产品。
- 其他不适合网上销售的商品，如部分医疗器械和药品、股票、债券、抵押品等。
- 不具备所有权或支配权的物品。

2.1.3 网上热卖的商品

目前，网上销售的交易量较大的商品包括服装、化妆品、珠宝饰品、手表等。

网购用户中，学生群体和上班族占网购用户的比重较大，因此网上购物具有年轻化的特点，卖家可以根据自身的条件和资源确定要销售的商品。商品的属性对销售也有制约作用，如果商品的价值高，那么获得的收入也较高，但投入较大。对于资金不充足的卖家而言，其负担不小。虽然网上交易没有地域的限制，但体积较大、较重且价格低的商品并不适合在网上销售，因为商品越重，其物流费用越高。

以淘宝网为例，目前网上交易量比较大的商品主要有女装、手机、美容护肤、数码配件、男装、箱包、女鞋、零食、汽车用品、电脑配件、玩具、床上用品、内衣等。下表所示为淘宝网2017年某月销量前十的商品。

淘宝网 2017 年某月销量前十的商品

排名	商品类目
1	女装
2	手机
3	美容护肤
4	数码配件
5	男装
6	箱包
7	女鞋
8	零食
9	汽车用品
10	电脑配件

网络购物市场的商品销售额和销量排名并不是固定不变的，时间、环境、消费观念、流行趋势、热门话题等都会对网上销售的商品排名产生影响。因此，选择好商品并不一定就能保证好销量，在选择好商品的基础上提高竞争力才是成功营销的关键。

2.2 选择进货渠道

网上商品的进货渠道很多，如通过阿里巴巴进货，通过分销网站寻找货源，通过线下厂家进货等。除此之外，通过寻找品牌积压库存、换季处理商品、拆迁与转让的清仓商品等途径也可以获得货源。

2.2.1 通过阿里巴巴进货

阿里巴巴是国内的一家网上采购批发市场，很多淘宝卖家喜欢通过阿里巴巴进货。阿里巴巴对各类商品进行了详细的分类，并且提供搜索功能，可以帮助买家快速准确地找到他们所需的商品。

1. 进货前的准备

在从阿里巴巴进货前，卖家首先需要进行用户注册，其注册流程比较简单，根据提示进行操作即可。阿里巴巴的账户与淘宝账户可以通用，因此拥有淘宝账户的用户可以直接登录阿里巴巴。

此外，在通过阿里巴巴寻找货源时，为了保证商品的质量，卖家需要事先对供货商做一些分析，包括以下几点。

- 查看供货商的资质、联系方式、厂家信息等。
- 查看供货商的“诚信通”年份，诚信指数越高的商家，其信用度越高。
- 查看商品的图片、销量及评价，还可事先小额订货，了解其供货速度。

2. 搜索商品

在阿里巴巴中搜索商品的操作比较简单，可以通过“行业市场”列表搜索商品，也可以直接搜索所需商品。

（1）通过“行业市场”列表搜索商品

阿里巴巴的“行业市场”列表对各种类型的商品进行了详细的分类，用户可直接选择所需商品品类，进入该类商品的搜索结果页面。下面以通过“行业市场”列表搜索“芭蕾舞鞋”为例进行介绍，其具体操作如下。

扫一扫

通过“行业市场”列表搜索商品

01 在浏览器地址栏中输入阿里巴巴网址，或通过百度搜索“阿里巴巴”，进入阿里巴巴批发网首页。在左侧的“货源市场”列表中选择所需的商品类型，这里选择“鞋靴/箱包/配饰”类目下的“鞋靴”超链接，进入鞋靴市场。

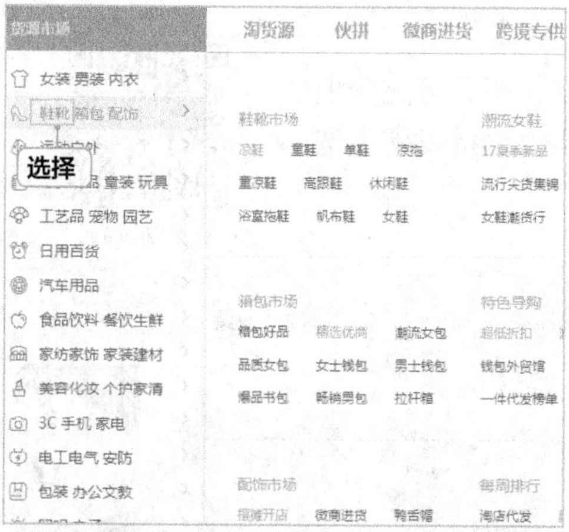

02 在鞋靴市场页面左侧的“鞋靴导购类目”列表中选择需要搜索的商品，这里单击“女鞋”类目下的“芭蕾舞鞋”超链接。

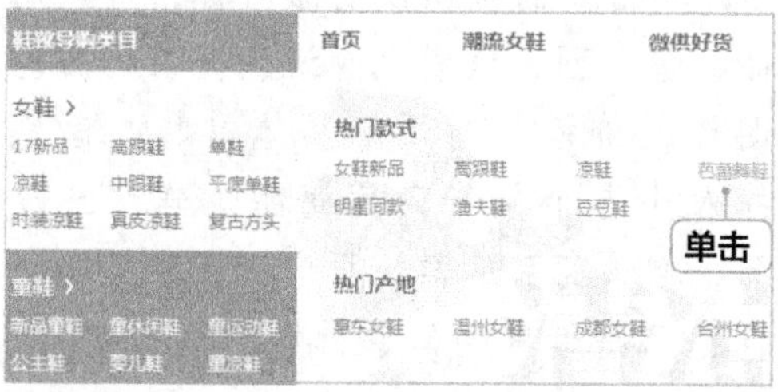

> **提个醒**
>
> 将鼠标指针移动到“行业市场”列表上，将展开当前类目下的二级类目，如“鞋靴/箱包/配饰”类目下还包括“女鞋”“男鞋”“童鞋”等二级类目，单击这些类目的超链接，也可进入相应的市场选择商品。

03 打开“芭蕾舞鞋”的搜索结果页面。

（2）直接搜索商品

直接搜索商品也是一种非常简单且常用的搜索方式。通过在阿里巴巴的搜索文本框中输入关键词，可以快速搜索到所需的商品，其具体的操作方法：在阿里巴巴批发网首页的搜索文本框中输入关键词，如“芭蕾舞鞋”，此时搜索文本框下方将自动弹出与“芭蕾舞鞋”相关的下拉列表，下拉列表中罗列了所搜索商品的相关分类。选择所需选项或直接单击 搜索 按钮，即可打开“芭蕾舞鞋”的搜索结果页面。

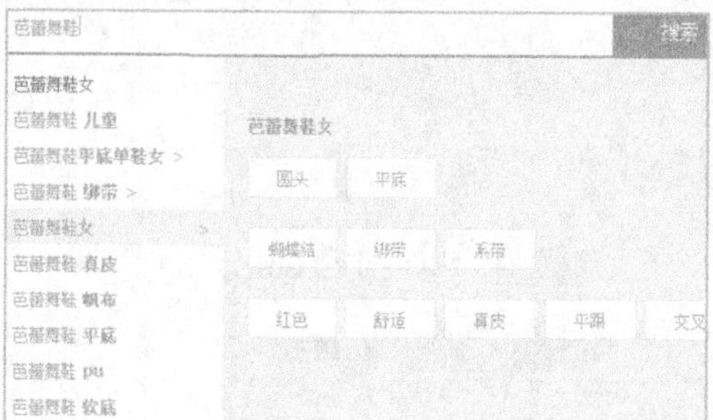

3. 选购商品

阿里巴巴批发网上的商品种类非常丰富，买家可充分地“货比三家”后再进行购买。例如，在阿里巴巴批发网上选购“懒人鞋”，其具体操作如下。

扫一扫

选购商品

01 在阿里巴巴批发网首页的搜索文本框中输入关键词“帆布鞋 女”，可以看到搜索页面中对帆布鞋进行了非常详细的分类，包括“选购热点”“鞋面材质”“流行元素”“风格”“价格”等，单击“选购热点”栏后的“懒人鞋”超链接。

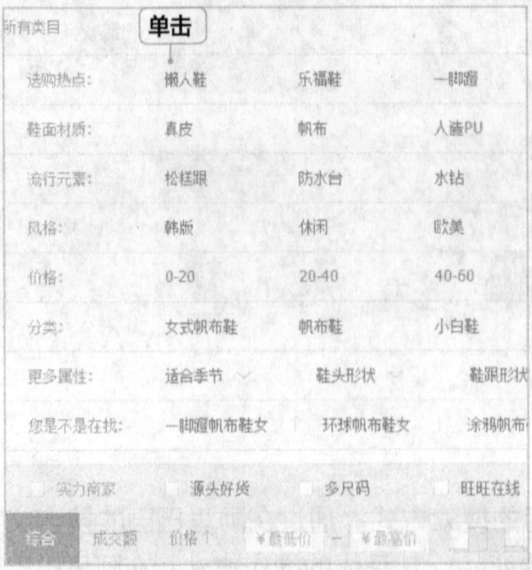

02 将价格区间设置为“40~60”，此时在“所有类目”栏中将显示已设置的选项，同时根据设置显示搜索出来的结果。

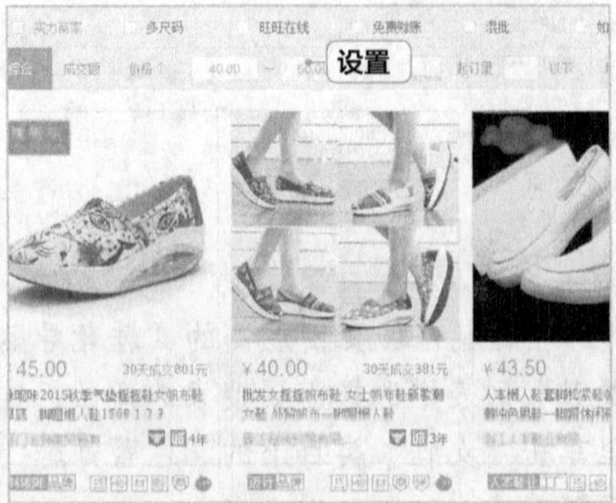

03 单击商品主图或商品名称，进入商品详情页面，滚动鼠标滚轮查看商品的图片、价格、材质等具体信息。浏览并对比各个供货商的商品，确认选择后，在该商品的详情页中设置商品的颜色、尺码等订购信息，然后单击 立即订购 按钮。

高手支招

是阿里巴巴实力商家的标志；n年代表该商家获得“诚信通”服务及其年份。

04 在打开的页面中输入收货地址、联系电话等信息，输入完成后单击确认收货信息按钮。在该页面的下方，还将显示已订购商品的信息、运费金额等，确认无误后单击提交订单按钮。

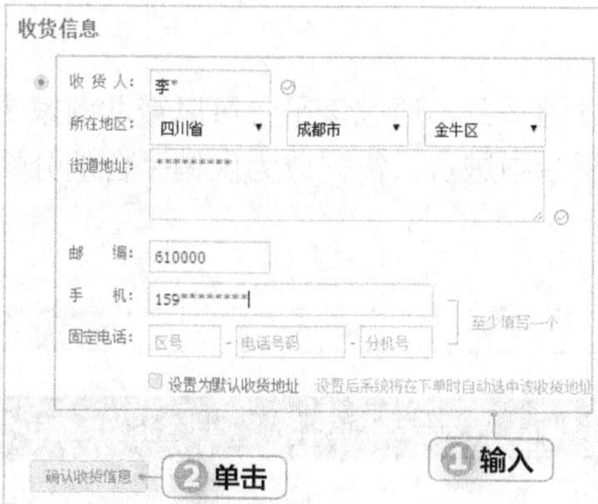

05 此时将打开支付页面，在该页面中选择支付方式并输入支付密码，然后单击确认付款按钮，即可完成交易。

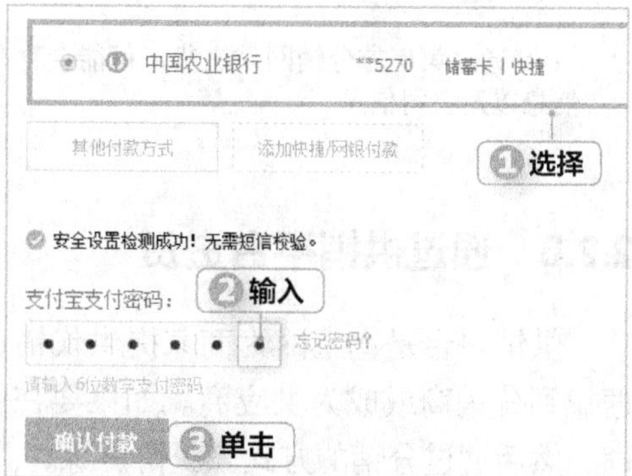

高手支招

阿里巴巴的购买操作与淘宝网非常类似，单击加入进货单按钮可以将所选商品添加至进货单，在完成商品的选购之后，进入“进货单”页面对所有选购商品的费用一次性进行支付，可以简化用户的购买流程。

2.2.2 通过分销网站进货

除了阿里巴巴之外，网络上还有很多提供批发服务的分销网站，如搜物网、衣联网、好多鞋等。其中，衣联网主要提供女装批发，好多鞋主要提供女鞋批发。它们的批发流程与阿里巴巴大同小异，首先需要在对应的分销网站中进行用户注册，然后选择所需商品，设置订购信息最后支付相应金额。下图所示为搜物网首页，用户在搜索文本框中直接输入商品关键词即可搜索所需商品。

> **高手支招**
>
> 通过第三方分销网站进货，可能会存在一些风险，建议买家进货前先查看供应商的网址信息以及公司信息。

2.2.3 通过供销平台进货

供销平台是淘宝网为商家提供代销、批发的平台，通过该平台可以帮助商家快速找到分销商或成为供应商。如果要在供销平台中进货，需先成为供销平台的分销商，然后通过分销的方式来获得货源。

1. 入驻供销平台

用户要在天猫供销平台进货，首先需要成为供销平台的分销商。下面介绍入驻天猫供销平台，成为分销商的具体操作。

扫一扫

入驻供销平台

01 进入“天猫供销平台”页面，单击 我要入驻供销平台 按钮，进入“招商标准”页面，单击 分销商入驻 按钮。

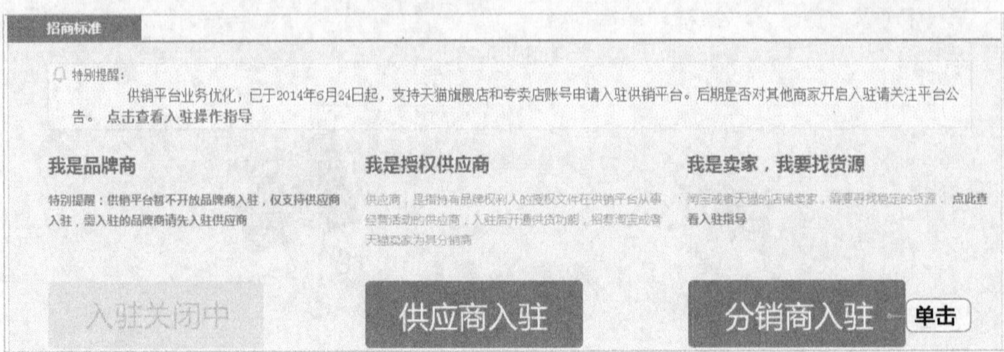

02 进入入驻页面，显示当前登录账号的“店铺基本信息”，按要求填写“联系人信息”。

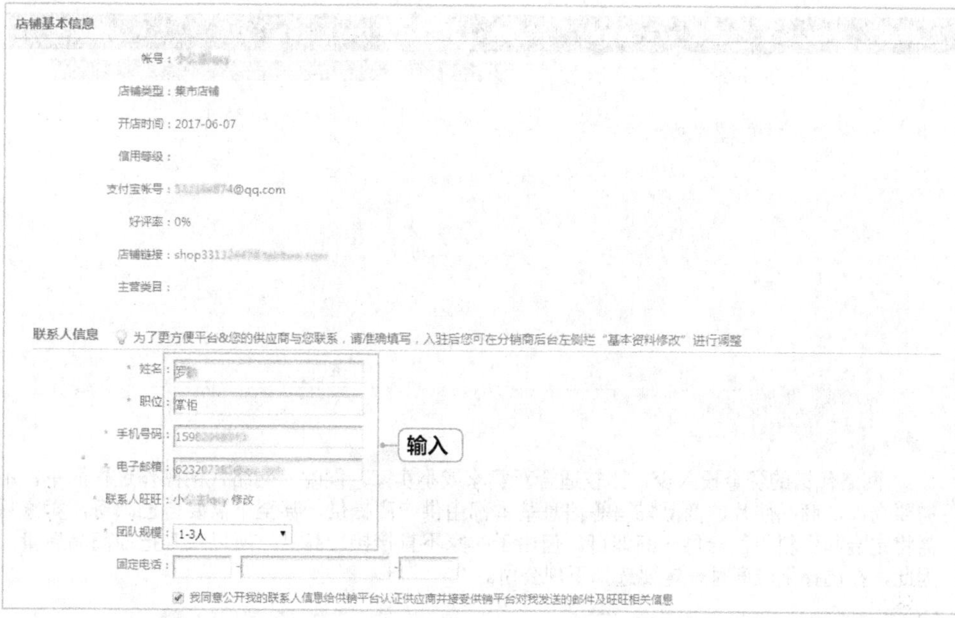

03 填写“货源需求登记”信息，选择需要分销的“类目”“利润空间”和“供应商主供货类型”，勾选“我同意签署《供销平台分销商协议》”复选框，单击 提交 按钮。

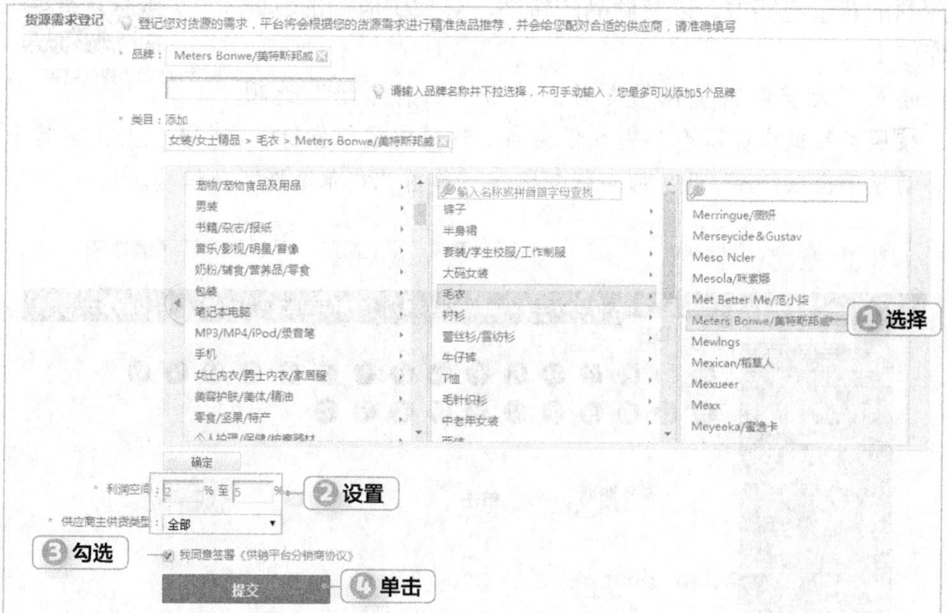

04 在打开的页面中将显示成功入驻供销平台的信息，此时用户即已成为分销商。

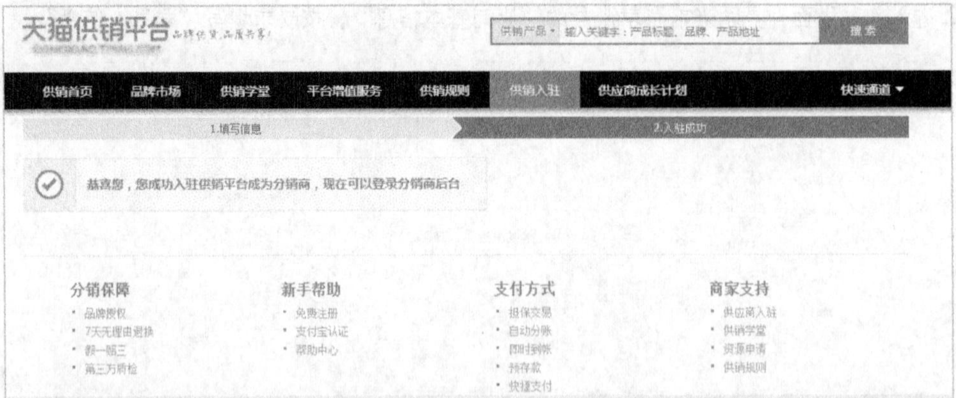

高手支招

网络代销的资金投入少，比较适合新卖家或小卖家。同时，网络代销操作过程简单，不需要仓库，商品照片、商品描写等信息基本都由供应商提供，甚至不需要自己邮寄，卖家只需将定金和资料提供给供应商即可。但由于卖家不直接接触商品，所以很难把控商品质量，因此，在选择供应商时一定要选择正规公司。

2. 寻找供应商

用户成为分销商后，便可在品牌市场、分销商后台寻找感兴趣的供应商。通过供应商提供的招募书，用户可以了解供应商的背景与实力，以及商品的特性。寻找供应商的具体操作如下。

扫一扫

寻找供应商

01 进入“天猫供销平台”页面，单击“品牌市场”选项卡，按照类目或者品牌名称查找供应商。这里将鼠标指针放在“A”上，在其下方将自动显示出以“A”开头的品牌超链接，单击“艾尔派斯”超链接。

02 此时即可看到该品牌授权的供应商列表。用户可以通过对比服务、动态评分、产品差别以及招募条件等，选择合适的品牌供应商。单击“查看招募书”超链接，可以查看供应商在招募书中详细写明的优势，以及部分渠道政策。

03 对比和确认好供应商后，单击申请合作按钮，进入“申请加盟”页面，了解清楚加盟的要求后，勾选中✓同意以上服务条款复选框，单击提交申请按钮。

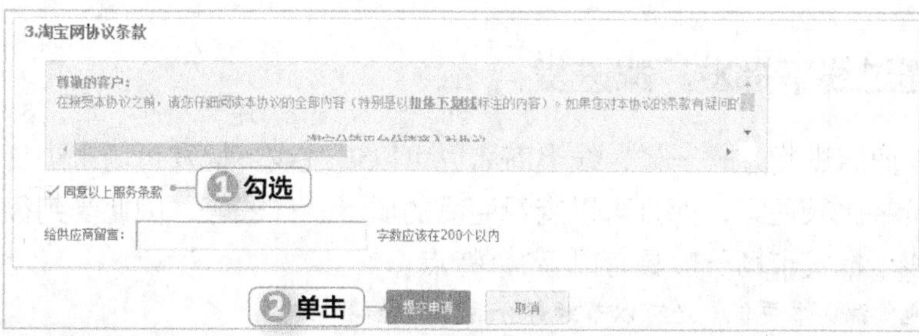

高手支招

通过对比不同供应商在招募书中列出的优势和渠道政策，用户可以找到自己适合自己加盟的供应商。

04 在打开的页面中单击“我的供销”超链接，进入分销商后台，在“供应商管理”中选择“申请加盟”选项，搜索供应商。在搜索结果列表中，查看供应商招募书，并选择是否申请。分销商可通过一键代发、品牌授权等筛选条件，筛选符合自己需求的供应商。申请后，供应商若同意建立合作关系，则合作关系签署成功。

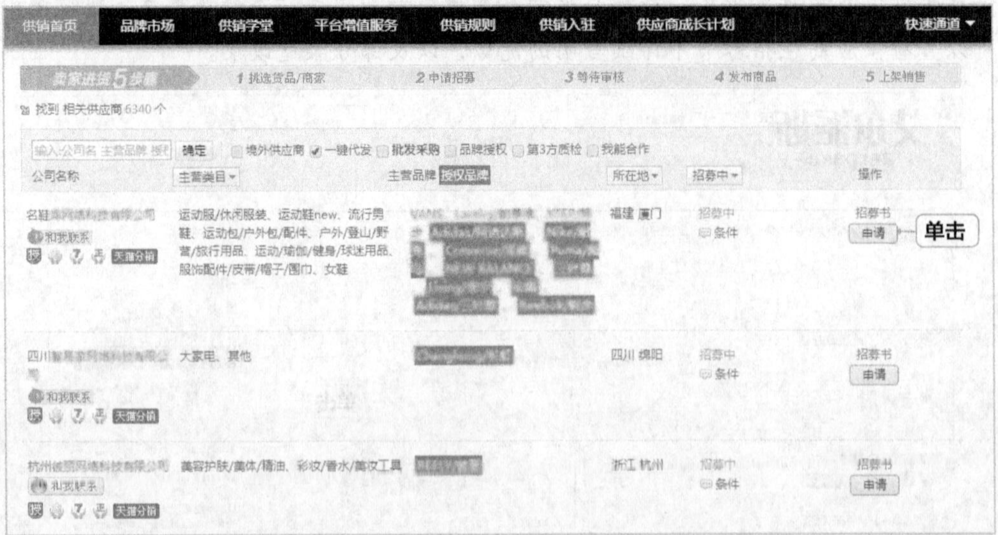

高手支招

在分销商寻找供应商的同时，供应商也会根据自己的需求寻找分销商，并对感兴趣的分销商发送合作邀约。用户进入分销商后台，在“供应商管理”中单击“我的供应商”超链接，进入“供应商的邀请”选项卡，可以查看供应商的合作邀约，在其中可以选择同意或拒绝。若分销商同意此合作邀约，则合作关系建立。

2.2.4 通过线下批发厂家进货

与线下商店进货方式一样，线上商店也可以通过线下批发市场来进货。批发市场的商品价格比较便宜，而且可以查看商品的质量、样式等，因此受到很多经营者的青睐。线下批发市场一般具有以下3个特点。

- 本地货源成本更低，还可以节约部分运输和仓储成本。
- 商品数量更丰富，品种更齐全，可选择范围更大。
- 进货时间和进货量都比较自由，补货时间更短。

经营者如果与本地批发市场的供应商建立了良好的供求关系，通常可以拿到更便宜、质量更好的货品，此外，经营者甚至可以等网上商店的商品售出以后再前往批发市场取货，这样不必占用过多的成本，也不会积压商品。

除了亲自前往本地批发市场选择货品之外，经营者还可以登录阿里巴巴产业带网来查询不同类型商品的产地以及本地的产业带。如要查询本地产业带。可在网站首页左侧的搜索文本框中输入产地名称，然后单击 按钮，在打开的页面中即可查看该产地的产业带。

2.2.5 其他进货渠道

线上商店的进货渠道非常多，除了阿里巴巴、分销网站、供销平台和线下批发市场，经营者还可以通过寻找品牌积压库存，寻找换季节、拆迁与转让的清仓商品来获得货品，或者通过二手闲置与跳蚤市场、外贸尾单货、国外打折商品等途径获得货品。

1. 寻找品牌积压库存

品牌积压库存一般是指当季未售完的品牌商品。对于很多买家而言，品牌商品更具有吸引力，他们也更信任品牌商品。品牌商在当季商品未售完时，为了清理积压库存，可能会选择低价出售或选择代销商进行代销。如果经营者有条件或者途径，可寻找可靠的品牌积压商品，再通过网店进行销售。

2. 寻找换季、拆迁与清仓商品

线下很多商店在换季、节后、拆迁或者清仓的时候，都会大量低价出售库存商品，通常价格较低，品种也较为丰富。经营者亦可买进这些低价商品，再通过网上商店进行销售。需要注意的是，清仓商品大多良莠不齐，要注意检查商品质量和有效期。

3. 寻找外贸尾单货

外贸尾单货是指厂家在生产外贸订单时的多余货品。在生产商品的过程中，难免会出现次品，为了保证外贸订单中货品的质量，厂家一般会多生产一些商品以备不时之需，而这些剩下的商品就变成了线上商店获得货源的一种途径。外贸尾单货性价比一般较高，但可能出现颜色、尺码不齐全的情况。此外，卖家还需要在外贸市场中仔细辨认外贸尾单货的真伪，确保商品质量。

4. 寻找国外打折商品

寻找货源时不要局限于国内，很多国外一线品牌在换季和节日期间，可能会大力度以低折扣出售商品，经营者也可通过国外代购的方式获取货源。

高手支招

二手市场也是获得货源的一种途径，但是二手市场商品的不确定性太高，可能会不合时宜，或品质得不到保证。

2.2.6 进货的技巧

对于店主而言，货品并不是盲目选择的，进货时不仅需要考虑货品的热度、质量等因素，还需要考虑成本、库存等问题。基本的进货要领一般如下。

- 选择好商品：好商品一般需具备顾客喜爱、质量好、价格合理等特点，因此店主在进货时，要注意辨别商品是否热门，是否有市场，是否价格合理，是否能满足顾客的需求。为了保证商品质量，店主可以“货比三家”后再建立合作关系。
- 合理进货：对于新产品而言，试销时进货量不宜过大。对于畅销商品而言，则需要检查和分析库存，提前进货，保证供应量，但库存建议不宜过大。对于季节性商品而言，季初可以多进，季中少进，季末补进。此外，还需要注意进货时机，一般大部分商品都需要提前进货。
- 控制成本：成本大小对盈利高低会产生直接影响，同时成本大小也直接影响着价格策略的实施。为了合理控制成本，店主需要充分了解商品和市场，还需要与供货商建立良好的长期合作关系，尽量以最低价格拿到商品。

2.3 疑难破解

本章主要讲解了如何寻找货源的相关内容，下面针对在进货时会遇到的一些问题进行解答。

1. 选择商品时应注意哪些事项？

为了保持较好的利润空间和发展空间，店主在选择商品时还需分析以下问题。

- 出售的商品是否为消费者的必需品或准必需品，是不是大众商品，持续购买和持续生产能力如何。
- 与线下商品相比，其价格优势和利润优势如何，运输是否便利。
- 是否容易被仿制，是否容易贬值。
- 是阶段性商品还是非阶段性商品。
- 售后服务难度如何。

商品的性质不同，营销和推广策略也不相同。对于从事电子商务的商家而言，商品的选择，销售策略的制定，对商品的规模、风险和利润等都会产生非常大的影响。

2. 进货时需要注意的禁忌有哪些？

除了要掌握进货的要点外，店主还需进货的禁忌，注意一些细节，避免因为细节问题影响与批发商的合作，影响店铺的经营与发展。店主进货时应注意以下8点。

- 不要贪便宜：由于经营初期还不能很好地把握整个市场的行情，此时，店主千万不要因为商品价格便宜就不管商品的质量如何而进行购买。如果购买了质量差的商品，店面销售时导致顾客失望则会得不偿失。

- 不要贪多：初期经营网店时，店主还不能完全把握顾客的喜好，因此不能因为货源不足而盲目进货。此时应采取多款少量的原则，分析顾客的品位，否则一旦造成压货的情况将导致损失。
- 不要到处拿货：尽量使自己的货源更加稳定，尽量保持在同一家批发商处拿货。即使发现其他批发商的价格比较便宜，也尽量和同一家批发商进行商谈，表明自己希望长期合作的意愿，争取拿到更便宜的价格。
- 不要长时间检查商品：在批发商处进货后，不要在批发商面前慢慢检查商品，先清点商品数量，然后尽量减少检查的时间，增加与批发商之间的信任。当然，如果发现商品确实存在问题，则可根据与批发商商定的协议换货。
- 不要纠缠不休：单件商品的利润通常很低，一般都靠批量销售来赚取利润，因此商品价格的调整幅度不会太大，一般保持在2%~5%。在此基础上，如果为了获得更低的价格而与批发商讨价还价，可能会引起批发商的反感，甚至不愿继续合作。
- 不要舍近求远：如果本地的批发市场就有店主需要的商品，就在本地进货。如果看到其他地方的价格较低，卖家就要从运费、残次品等风险的角度对进货进行考虑。
- 不要指望通过批发商换货来降低风险：进货时，不要对批发商提出“若是购买的产品不好卖可否退换为好卖的商品”等问题。如果你提出这样的问题，会被批发商认定为你是生意场上的新手，没有做生意的经验，批发商可能会因此抬高价格。批发商无义务为你承担进货的风险，他能为你做的最大支持是将次品进行更换。
- 选择合适的运输方式：在批发市场里，一般货物的运输方式是汽车运输或铁路运输，因为其运输成本相对较低，店主需要自己负责运输费用。若批发商出托运费用，则搬运到货场的费用必须由店主自己支付。

3. 如何掌握进货时机？

商场如战场，掌握时机很重要。商品从进货到入库上架需要时间，若商品无法按时到达，将导致缺货情况的发生，从而影响销售业绩和店铺的形象。因此，经营者一定要掌握进货的最佳时机。

- 跟潮进货：时尚、流行的变化会在一定程度上影响商品的销售，经营者需要制定合适的订货对策。
- 开店或装修后进货：店铺开张势必需要进货，经营者在对店铺进行装修后，新的店铺装修能给买家带来新鲜感，吸引顾客光临，此时进货能为店铺带来更多的销售额。
- 补货：由于顾客购买、新产品推广或促销活动等而造成缺货情况时，经营者应安排补货，抓住了最佳补货时机等于将商品销售了一半。
- 节日与促销进货：季节变化、节日、纪念日、地区特有的活动等都会影响商品的销售状态。经营者需要根据类似的活动期间的商品销售情况来进货，可以在季节性变化或节日、活动来临时增加某类商品的订货量。

4. 如何获得批发商的支持？

网上开店离不开货源，若能得到批发商的支持，将给网店的经营带来很大的帮助。影响批发商对经营者的支持的因素有以下两点。

- 首次进货金额：若首次进货金额较少，批发商会觉得你的实力不够，或认为你对他的产品信心不足。

● 补货的频率：若去批发商处补货的频率较高，即使数量不大，批发商也会认为你的货物周转较快，能为其带来长期的效益。

批发商对你的支持的主要表现：一有新品便立即通知你，且在下次进货时，可能会主动调整价格。若批发商觉得你是重要的客户，还会向你透露近期热销的商品。经营者了解行情后，对市场和客户的判断会更加准确。

2.4 边学边练

1. 在阿里巴巴搜索并选购商品“连衣裙”，将搜索价格区间设置为50~100元，然后设置商品的数量和颜色，加入订货单中。

2. 注册搜物网，在其中搜索并选购商品“T恤”，并设置商品的数量和颜色，然后将其加入订货单中。

第3章 顺利开通第一个网店

本章导读

要在淘宝网上出售商品，首先需要注册成为淘宝会员。成为淘宝会员后，需要验证相关信息并提供照片，等待淘宝验证审核通过后，就可以在淘宝上免费开店了。当然，开通店铺后，需要对店铺进行装修美化。本章将讲解开通淘宝店铺和入驻天猫商城的方法，并介绍如何对店铺进行基本设置。

知识技能

※ 掌握注册淘宝会员并激活支付宝的方法
※ 掌握申请淘宝店铺的方法
※ 掌握入驻天猫商城的方法
※ 掌握店铺基本设置的方法

视频讲解

（视频讲解：24 分钟）

3.1 注册淘宝会员激活支付宝

要想在淘宝开店，首先需要成为淘宝会员。用户在淘宝网一般以手机号码进行注册，手机号码注册也是淘宝默认的注册方式。成为淘宝会员后，还需要激活支付宝，即进行实名认证，这是开店之前必须完成的操作。

3.1.1 注册成为淘宝会员

扫一扫

注册成为淘宝会员

注册成为淘宝会员的操作比较简单，打开淘宝网后，根据系统提示进行相关操作即可，其具体操作如下。

01 通过浏览器搜索进入淘宝网首页，单击“免费注册”超链接。

02 打开“用户注册”页面，此时该页面中将打开“注册协议”对话框，单击 同意协议 按钮。

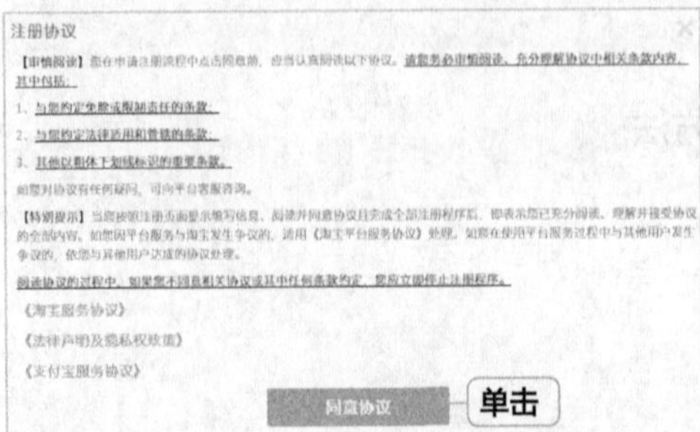

03 淘宝注册分为个人账户注册和企业账户注册两种。个人账户注册一般使用手机号码进行注册，企业账户注册可通过邮箱进行注册。这里默认为个人账户注册，在该注册页面填写注册所需的手机号码。

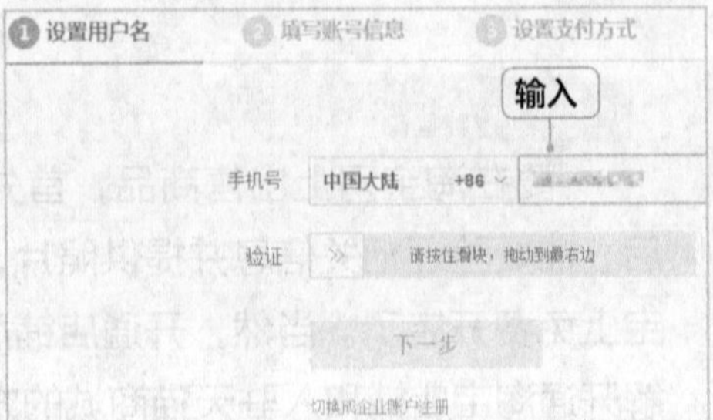

04 按住鼠标左键拖曳“验证”滑块至最右侧完成验证，然后单击 下一步 按钮。

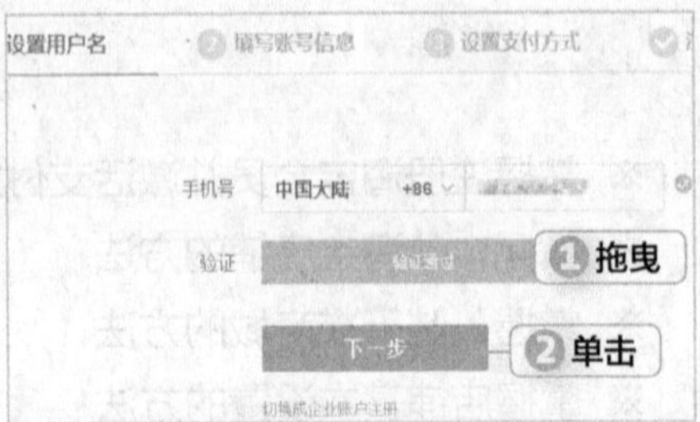

05 此时，淘宝注册系统将向所注册的手机号码发送验证码，在打开的“验证手机”页面的“验证码”文本框中输入收到的验证码，单击 确认 按钮。

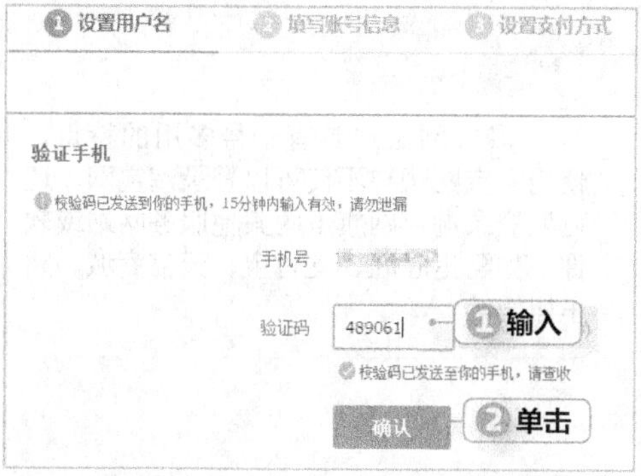

高手支招

淘宝会员的名称一经注册便不能更改，卖家可以选择与店铺相关且适合记忆的店铺名称，方便买家记忆。

06 打开“填写账号信息”页面，分别在“登录密码”“密码确认”文本框中输入账户密码，在“登录名”文本框中输入账户名称，然后单击提交按钮。

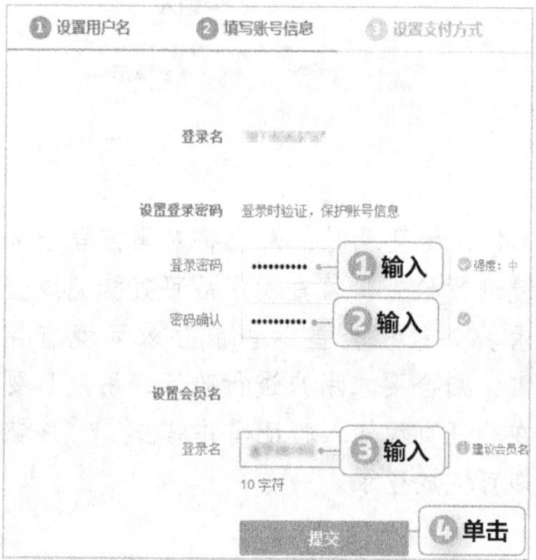

07 此时，将打开登录验证页面，单击手机短信验证按钮，在打开的页面中单击免费获取验证码按钮获取验证码，然后输入验证码再次进行验证，输入完成后单击确定按钮。

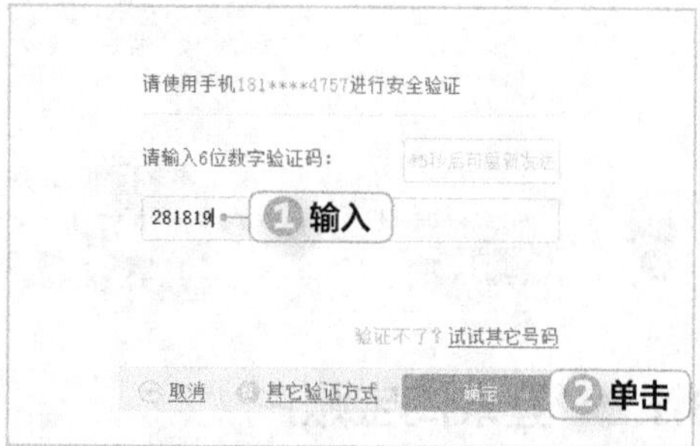

提个醒

淘宝网在很多时候都需要使用手机号码进行验证，因此建议选择常用的手机号码进行注册。

08 打开“设置支付方式”页面，在“银行卡号”“持卡人姓名”“证件”“手机号码”文本框中输入相应的信息，然后单击同意协议并确定按钮。

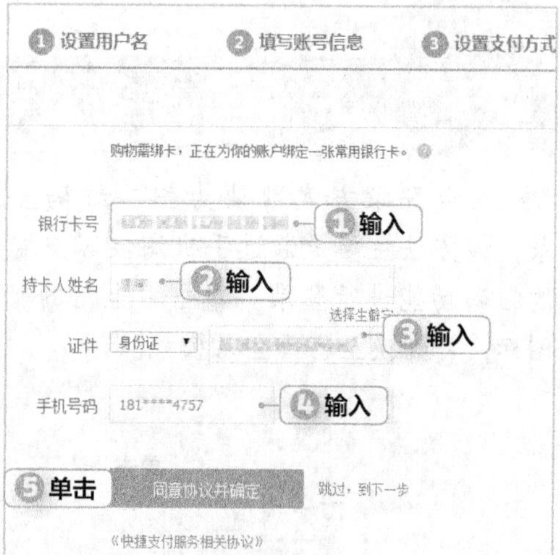

09 上述操作完成后，即完成了淘宝账户的注册，在打开的页面中会显示注册成功的信息。

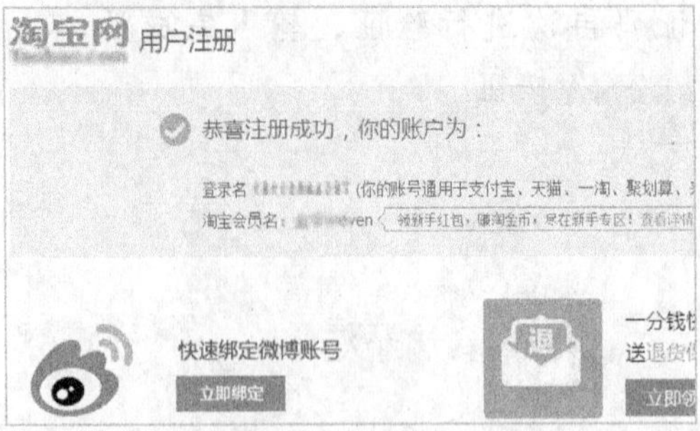

高手支招

淘宝网账户具有一号多用的特点，使用淘宝网账户不仅可以登录淘宝网，还可以登录淘宝网旗下的其他服务网站或软件，如阿里旺旺、支付宝、天猫商城、阿里妈妈等。

3.1.2 登录淘宝账户

扫一扫

登录淘宝账户

完成淘宝账户的注册后，即可在淘宝首页使用注册的账号和密码登录淘宝。下面介绍登录淘宝账户的方法，其具体操作如下。

01 打开淘宝网首页，在页面上方单击"亲，请登录"超链接，打开淘宝登录页面。

02 淘宝登录方式默认为扫二维码登录，该方法主要是通过手机淘宝客户端的扫码功能进行登录。单击右上角的图标，可切换至密码登录模式。

03 在密码登录页面的文本框中分别输入账户名称和密码，单击 登录 按钮。

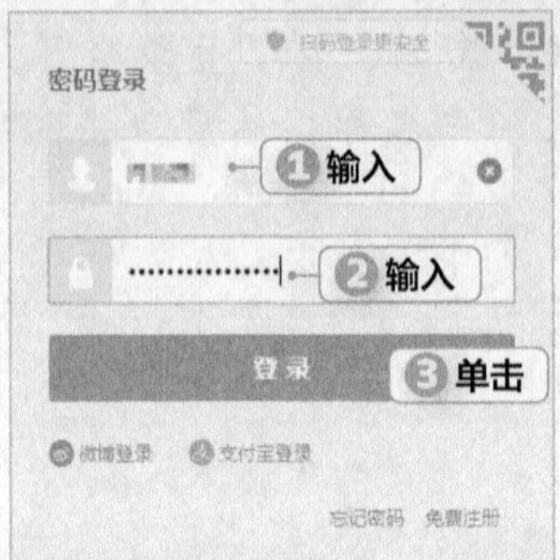

04 开始登录时，淘宝将对当前登录环境进行检查，检查无误后可直接完成登录。如果检查显示当前登录环境有异常，则会要求用户进行验证，用户只要在验证页面输入验证码并单击 确定 按钮即可完成登录。

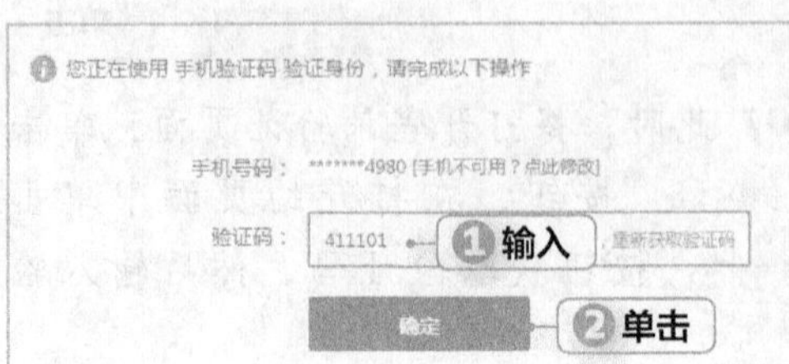

3.1.3 激活支付宝认证

扫一扫

激活支付宝认证

支付宝是淘宝主流的支付方式，要想成为淘宝卖家，必须激活支付宝认证。用户注册淘宝账号后，直接使用该账号就可以登录支付宝。下面介绍如何在支付宝中完成激活认证，其具体操作如下。

01 通过浏览器搜索，打开支付宝页面，单击 我是个人用户 按钮。

02 在打开的页面中单击 登录 按钮，打开登录对话框，在其中输入淘宝账号与密码，然后单击 登录 按钮。

03 登录成功后进入支付宝个人页面，在其中可查看支付宝账户的相关信息，将鼠标指针移动到“未认证”超链接上，在出现的提示框中单击“立即认证”超链接。

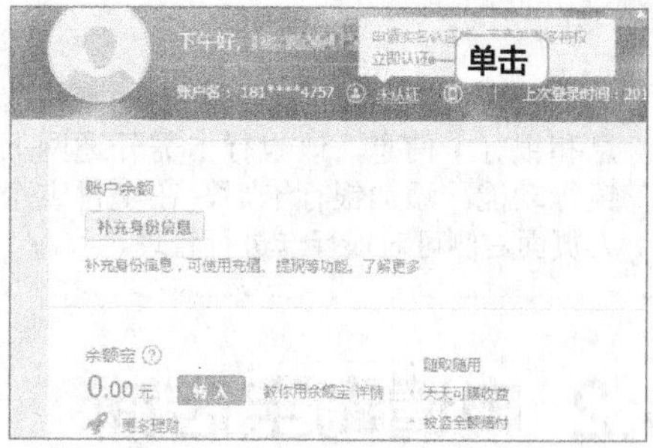

04 打开“支付宝注册”页面，在“设置身份信息”页面中输入支付密码和身份信息。

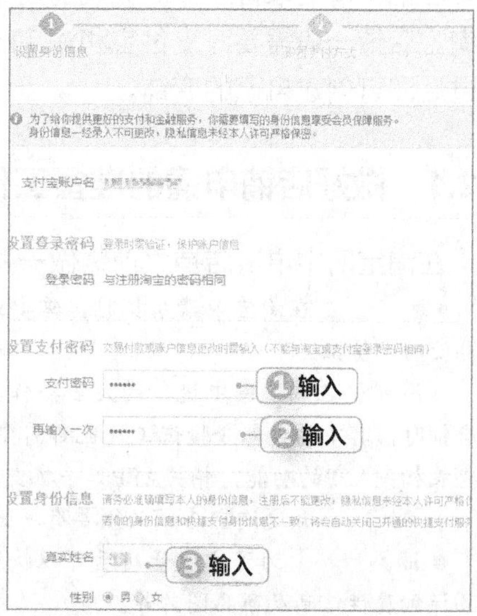

05 输入完成后单击 确定 按钮即可保存身份信息。

提个醒

支付宝认证需要输入登录密码和支付密码，支付密码不能与登录密码相同，且支付密码不能为纯数字。

06 打开“设置支付方式”页面，在该页面中输入银行卡号、持卡人姓名、证件、手机号码等信息，然后单击 获取校验码 按钮获取验证码，输入验证码后单击 同意协议并确定 按钮即可完成支付宝认证。

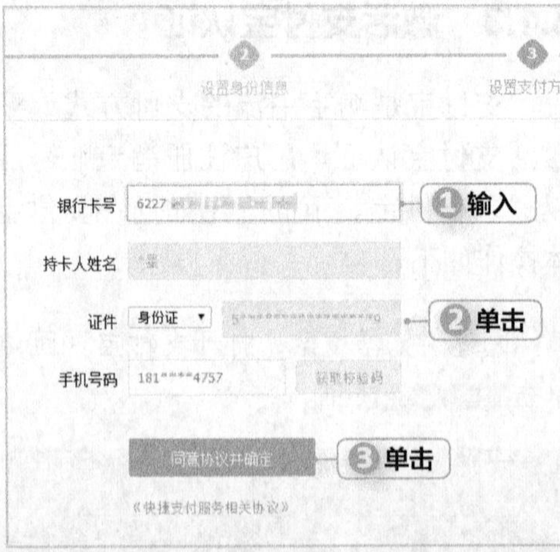

提个醒

支付宝认证必须填写真实的身份信息和银行卡信息，该银行卡需开通网上银行功能。添加银行卡后，在支付宝个人页面右侧可对银行卡进行管理。

3.2 申请淘宝店铺

为了能够更好地经营店铺，淘宝网店经营者在开店前应该先做好开店准备，即做好店铺申请的准备工作。完成前期的准备工作之后，即可申请开通淘宝店铺。申请淘宝店铺一般需要对支付宝和淘宝进行实名认证，然后等待淘宝官方审核，审核通过后即可创建自己的店铺。

3.2.1 做好店铺申请的准备工作

在淘宝网中申请店铺之前需做一些准备工作，主要有如下准备工作。

- 身份证：在淘宝申请店铺时，需要进行支付宝和淘宝开店的实名认证，这两项认证都需要使用身份证。
- 手机：在淘宝网中进行的大多操作都需要通过手机接收验证码。不仅如此，在申请淘宝店铺时，其中的大部分验证工作也都需要通过手机来完成，且手机必须具备可以扫描二维码和安装相关APP的功能，相关APP如手机支付宝和阿里钱盾等。
- 银行卡：开通淘宝店铺必须要有一张开通网银功能的银行卡。
- 商品资料：为了方便开店后可以快速发布商品，建议卖家提前准备好商品资料，包括商品详细属性信息及商品图片等。

3.2.2 申请开通淘宝店铺

扫一扫

申请开通淘宝店铺

申请开通淘宝店铺的操作比较简单，登录淘宝网后，将鼠标指针移至“卖家中心”选项卡，然后在弹出的下拉列表中选择“免费开店”，再根据提示操作即可申请开通淘宝店铺。下面详细讲解申请开通淘宝店铺的方法，其具体操作如下。

01 登录淘宝网首页，将鼠标指针移动到网页上方的“卖家中心”选项卡，在打开的下拉列表中选择“免费开店”选项。

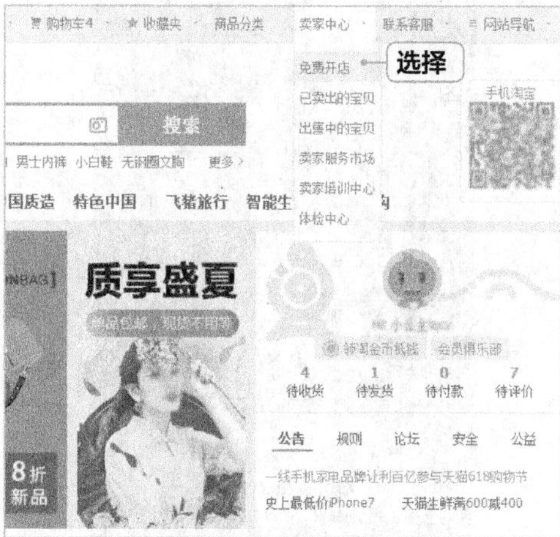

02 进入淘宝卖家中心的“免费开店”页面，在该页面中选择开店类型，这里选择“个人店铺”，单击 创建个人店铺 按钮。

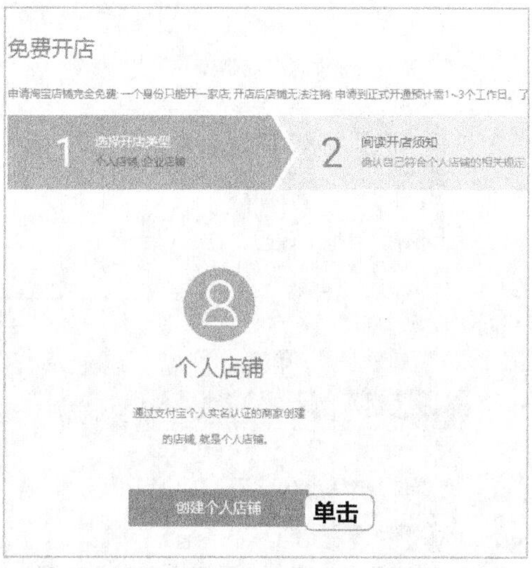

03 进入“阅读开店须知”页面，仔细阅读确认是否符合个人店铺的相关规定后，单击 我已了解，继续开店 按钮。然后进入“申请开店认证”页面，在该页面中可查看通过认证的选项，单击“淘宝开店认证”后的“立即认证”超链接。

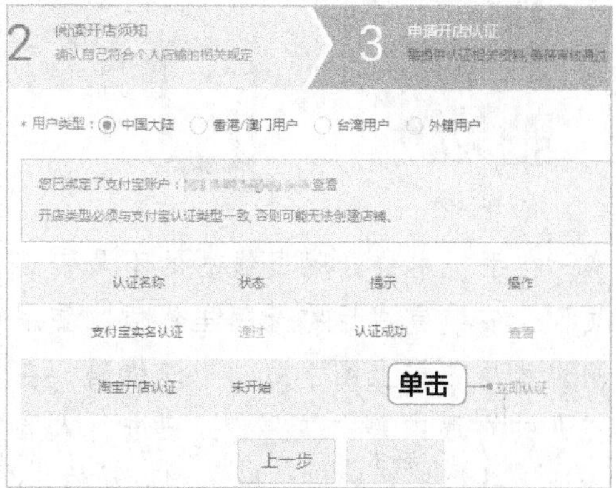

04 进入认证页面，单击 立即认证 按钮。

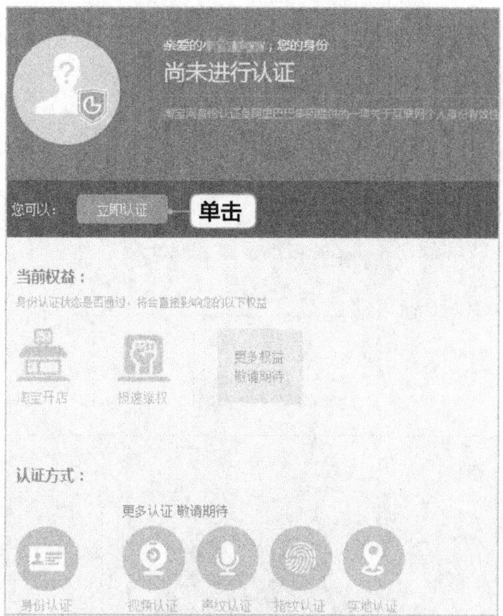

05 进入“淘宝身份认证资料”页面，该页面中介绍了身份认证的相关步骤。淘宝认证需要使用阿里钱盾，单击 扫码安装 按钮，使用手机扫描该下拉列表中的二维码。

06 在手机中打开阿里钱盾的下载安装页面，安装完成后打开阿里钱盾，使用阿里钱盾扫描上图中另一个二维码，在打开的页面中单击 开始认证 按钮进行人脸验证，并根据系统提示做出相应动作。

07 人脸验证完成后，进入“拍摄照片”页面，单击 立即拍照 按钮，按照系统提示和要求对身份证进行拍摄。

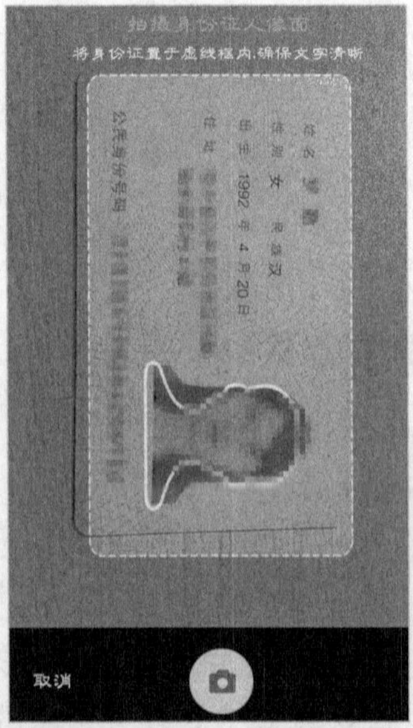

08 拍摄完成后，系统将显示所拍摄的照片，单击 下一步 按钮。

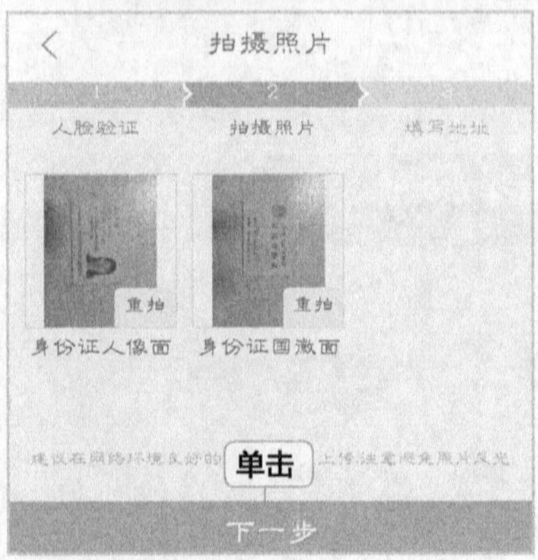

提个醒

拍摄身份证时，需要拍摄正反两面，同时必须根据提示进行拍摄身份证上的头像和国徽必须放入拍摄系统预设的头像框和国徽框中。

09 进入“填写地址”页面，在该页面中填写地址，然后单击 提交 按钮。

提个醒

在“填写地址”页面中单击 使用淘宝默认地址 按钮，可快速填入淘宝中设置的默认地址。

10 提交认证信息后，即可查看认证结果。

11 再次进入淘宝申请店铺页面，可看到支付宝实名认证已通过。单击 创建店铺 按钮。

12 在“免费开店”页面中，“淘宝开店认证”的状态显示为“通过”，单击 下一步 按钮。

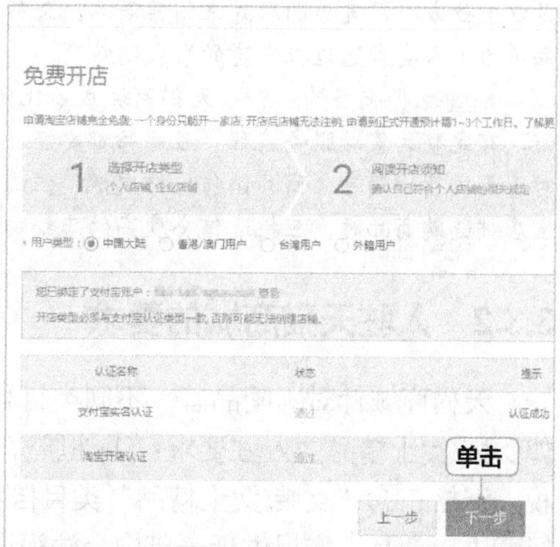

13 打开“阅读开店协议”页面，阅读

开店四大协议条款后，单击同意按钮。

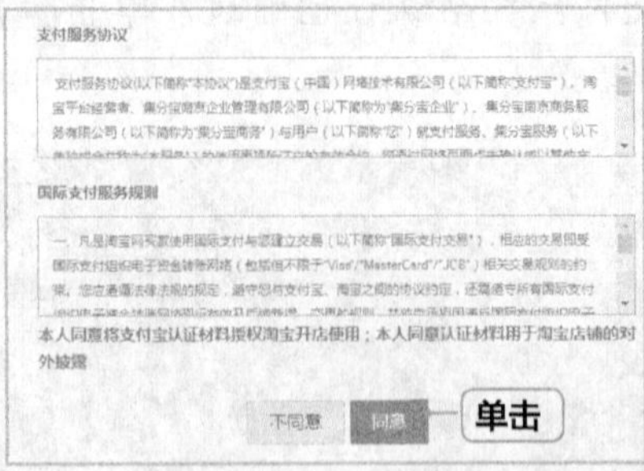

14 在打开的页面中，将显示店铺创建成功的提示信息。

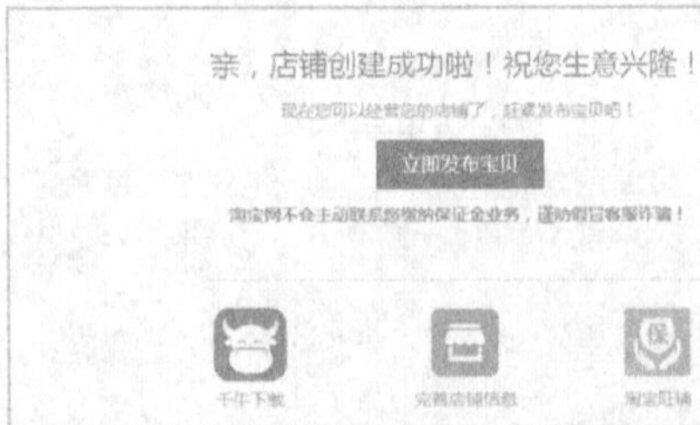

3.3 入驻天猫商城

在天猫商城开店之前，需要先了解天猫商城与淘宝的区别，以及天猫商城的基本规则、要求和资费标准等信息。

3.3.1 天猫商城与淘宝的区别

天猫商城与淘宝虽然是同属于阿里巴巴集团的购物平台，但二者之间存在一定的区别。

- 开店区别：天猫属于企业或品牌商城，开店审核比淘宝更加严格，需要营业执照、企业相关证明资料等材料，而且需要缴纳开店费用和保证金。与淘宝开店相比，在天猫商城开店成本更高。而淘宝可以是个人开店，也可以是企业开店，其中个人卖家较多，开店流程较简单，只需要通过身份证验证身份便可免费开通淘宝店铺。
- 商家与商家的区别：天猫与淘宝都属于购物平台，但天猫属于商家销售平台，基本上是以企业或公司直销的形式来销售商品，又称天猫商家，是众多品牌商品的销售商城。淘宝商品多为个人卖家通过批发货的形式销售商品。
- 商品及服务的区别：天猫商城成本比淘宝高，因此商品比淘宝稍贵，但信誉也相对较好，有完整的售后服务流程，且商品都要经过严格审核。淘宝属于集市商品，商品多样化，相对于天猫商城而言，商品销售价格更低，但淘宝个人卖家信誉下降幅度大。因此，消费者在淘宝店铺选购商品时，应挑选信誉度高的店铺购买商品。

3.3.2 入驻天猫商城的要求

天猫商城针对不同品牌、不同类目和不同店铺类型，提出了不同的入驻要求，如女装/女士精品的入驻要求：①注册资本不低于人民币100万元；②需具备一般纳税人资格；③“女装/女士精品”类目自荐品牌需提供商标注册证（即R标）；④如经营进口商品，需提供近一年内合法渠道进口证明；⑤店铺所经营的商品或服务必须符合法律法规、国家标准等质量要求，同时符合平台商品质量标准、天猫规则及商品发布规范等要求，详情参见《平台质量标准》、《天猫抽检行为规范》、《天猫行业标准》及《天猫规则》等平台规则；⑥所有提交资料需要加盖开店公司公章（鲜章）。如果商家选择入驻的“女装/女士精品”类目为卖场型旗舰店，则还需要满足：①开店公司需为35类服务类型商标的商标权人或其关联公司；②店铺内经营的商品品牌接受自荐品牌入驻，并且自荐品牌需提供商标注册证（即R标）；③店铺内经营的品牌需提供以商标持有人为源头的二级内完整授权，若授权中的授权方为自然人，则需同时提供其亲笔签名的身份证复印件。

如酒类的入驻要求：①注册资本不低于人民币100万元；②依法成立一年及以上；③需具备一般纳税人资格；④白酒类目自荐品牌需提供商标注册证（即R标），其他二级类目的自荐品牌需提供商标注册证（即R标）或申请日起已满半年的商标注册受理通知书；⑤专营店申请经营白酒二级类目的Moutai/茅台、五粮液、洋河、泸州老窖、剑南春、水井坊、古井贡、习酒、汾酒、杏花村、竹叶青品牌商品，需提供商标权人的直接授权书（授权商家经营其品牌的商品）；⑥专营店申请经营葡萄酒二级类目需提供商标权人的直接授权书；⑦申请经营酒类其他类目商品（啤酒、洋酒、葡萄酒以及白酒二级类目的Moutai/茅台、五粮液、洋河、泸州老窖、剑南春、水井坊、古井贡、习酒、汾酒、杏花村、竹叶青品牌除外）需提供以商标权人为源头的二级以内授权（授权商家经营其品牌的商品）；⑧专营店申请经营啤酒、洋酒、乳制品/成人奶粉二级类目商品，需提供以商标权人为源头三级授权书（授权商家经营其品牌的商品）；⑨开店公司需取得《食品流通许可证》或《食品经营许可证》；⑩经营国产酒类，生产厂商需取得《食品生产许可证》或《食品卫生许可证》；⑪如经营进口商品，需取得近半年内合法渠道进口证明（进口红酒和洋酒（预调鸡尾酒除外）可放宽至近5年）；⑫所有提交资料需要加盖开店公司公章（鲜章）。

3.3.3 入驻天猫商城的资费标准

天猫商城资费由保证金、软件服务年费、软件服务费组成。

- **保证金**：商家在天猫经营必须缴存保证金。保证金主要用于保证商家按照《天猫服务协议》、天猫规则经营，且在商家有违规行为时根据《天猫服务协议》及相关规则规定用于向天猫及消费者支付违约金。续约商家须在当年续签要求的时间内一次性缴存次年保证金，新签商家在申请入驻审核通过后须一次性缴存当年的保证金。
- **软件服务年费**：商家在天猫经营店铺必须缴纳年费，年费缴纳及结算详见《天猫2018年度软件服务年费缴纳、折扣优惠及结算标准》。
- **软件服务费**：商家在天猫经营需要按照其销售额一定的百分比（简称“费率”）缴纳软件服务费。天猫各类目软件服务费费率标准详见《2018年天猫各类目年费软件服务费一览表》。

不同的店铺其资费不同，如手机店铺的资费：保证金5万元、软件服务年费3万元、软件服务费费率2%。手机号码/套餐/增值业务类店铺的资费：保证金1万元、软件服务年费1万元、软件服务费费率0.5%~3%。不同类型店铺其具体的资费标准，可在天猫商城的资费标准页面中通过选择产品类型进行查看。

高手支招

商家权人类型不同，其资费也可能不同，如彩妆、香水、美妆工具，R标的保证金为5万元，TM标的保证金为10万元。

3.3.4 天猫商城开店的步骤

扫一扫

天猫商城开店的步骤

准备好开店所需的资料后，便可在天猫商城申请开通自己的店铺，其具体操作如下。

01 进入天猫商城首页，将鼠标指针移动至页面右上角的“商家支持”选项卡，在打开的下拉列表中单击“商家入驻”超链接。

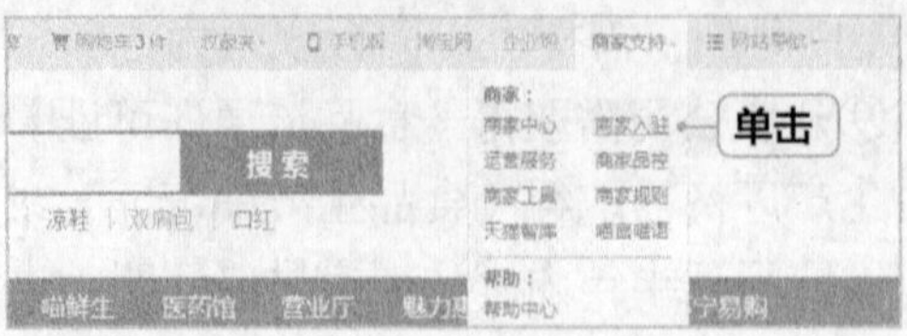

02 进入“商家入驻”页面，单击立即入驻按钮。

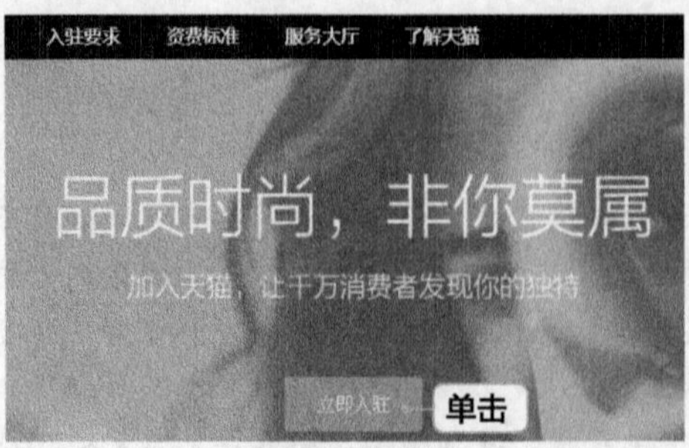

03 进入“天猫招商入驻申请”页面，该页面显示了入驻天猫商城的流程，以及每个流程需要完成的事项。勾选下方的4个复选框，打开“考核承诺函”页面，阅读完相关条款后，单击我已阅读以上协议，立即签署按钮，返回“天猫招商入驻申请”页面，单击立即入驻按钮。

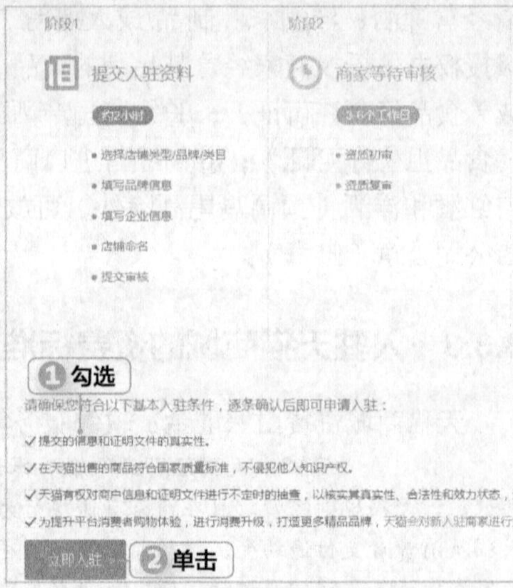

04 进入“选择店铺类型/品牌/类目”页面，选择店铺的类型、品牌与类目，这里单击“专营店”单选项和“所有类目”单选项，然后设置品牌为

“DUSTO/大东”。

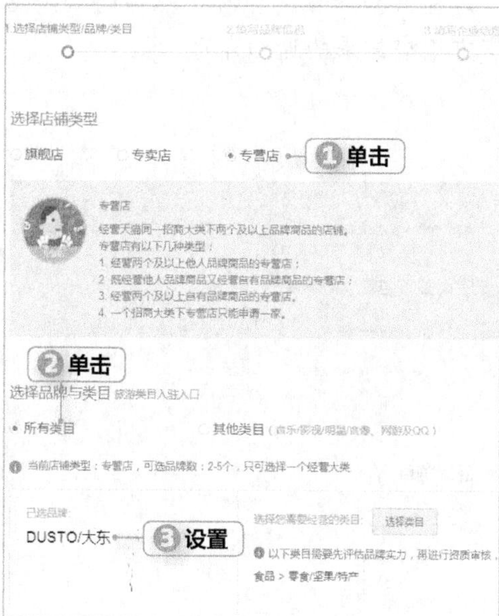

05 完成后单击下一步按钮，进入“填写品牌信息”页面，填写品牌信息，包括商标信息、商标资质。

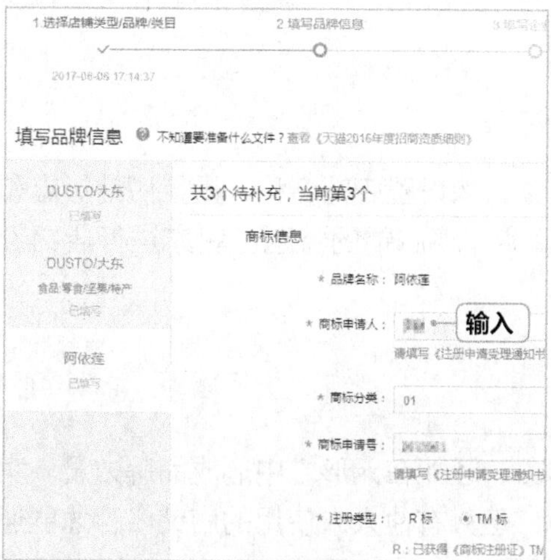

06 完成后单击下一步按钮，进入“填写企业信息”页面，填写企业基本信息和申请联系人信息等内容，填写完成后单击下一步按钮。

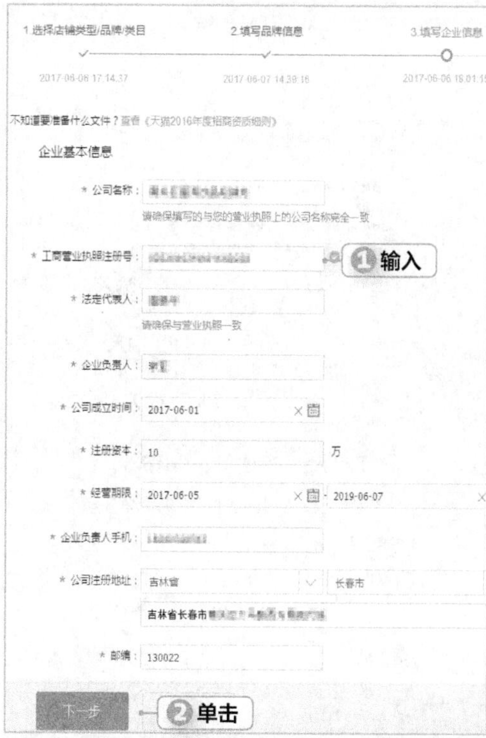

提个醒

在填写企业基本信息时，需要保证所填写的信息的真实性，且公司名称、工商营业执照注册号、法定代表人等信息应与营业执照上的信息保持一致。

07 在打开的页面中输入公司名关键词、公司名关键词全拼、可选关键词等信息，输入完成后单击下一步按钮。

高手支招

天猫店铺 ID 及域名一旦生成，则无法修改，因此在选择时需要慎重。若没有想要的店铺名或域名，可在“店铺命名建议”文本框中给店小二填写建议。

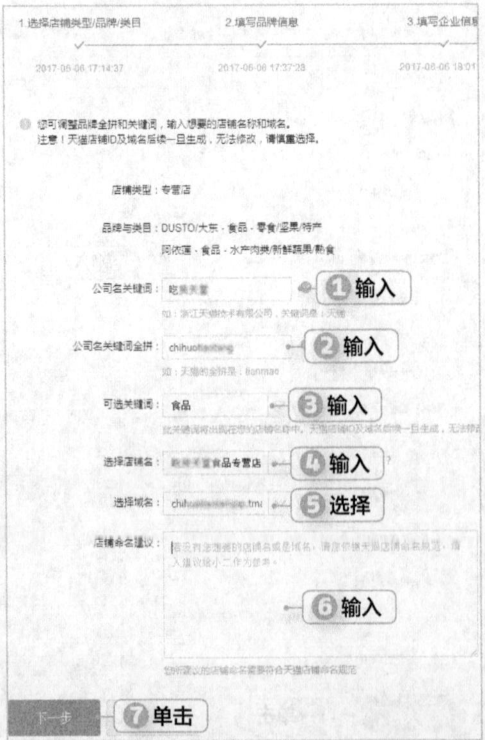

08 进入“入驻信息预览”页面，确认各项信息无误后单击确认无误提交按钮，即完成入驻天猫商城的流程，然后耐心等待官方审核结果的通知即可。

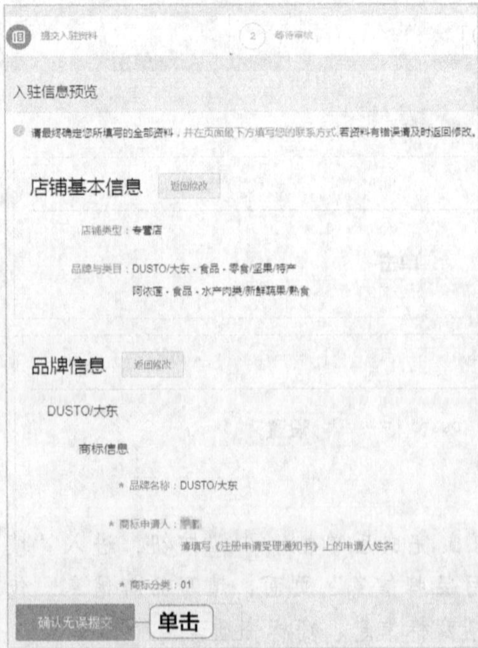

3.4 店铺基本设置

开通店铺后，需要对店铺进行基本的设置，如设置店铺名称，设置店铺标志和域名等信息，这些信息是店铺的重要标识，能体现店铺的特色。卖家进行店铺设置、管理和经营都是在卖家中心页面完成的。

3.4.1 设置店铺名称

好的店铺名称能给消费者留下深刻的印象，还能在无形之中形成品牌力量。卖家可根据店铺出售的商品自行设置店铺名称，但只有他人未使用的店铺名称才能通过审核。

1. 淘宝店铺命名的技巧

好的店铺名称有助于吸引买家的注意力，方便买家记忆，同时也便于买家在网上进行搜索。为店铺命名的技巧主要有以下7点。

- **隐含出售商品的种类：** 如数码港、淑苑女装、好宝贝童装、浪漫巧克力之家、唯美新娘铺子，这样命名的好处是买家一看店铺名称，就知道出售的是何种类型的商品。

● 隐含店主名字：如娜娜小店、夏衣小屋、水奈奈的糖，这些名称具有一定的亲和力，能给顾客一种亲切的感觉。但这样的店铺名称不够醒目，难以让顾客根据店铺名称就看出出售的商品类型，而必须要进入店铺查看。同时这类店名将来较难商业化，除非店主的名字已经在某一范围内小有名气。

● 隐含店主的名字和出售的商品种类：如笑笑宠物用品店、微微的花、小芸数码之家，这样命名的好处是两者兼顾，同时也为将来的发展打好基础。现在很多新卖家在开店时都选择这种命名方法。

● 隐含众多流行关键词：流行词是买家在购物网站中搜索较多的一种词语。使用流行词作为店铺名称，可以使买家更容易搜索到店铺，无形之中也给自己的店铺进行了推广。

● 简单、新颖：简单的店铺名称更容易被人记住，如果再加入一些新颖的元素命名，可使店铺不落俗套，快速引起消费者的注意，并使其光顾店铺。

● 尽量不要有生僻繁杂的字：有些店主为商品起名时，一味追求独特，在店铺名中加入生僻繁杂的字，这样不但使买家不易记住，而且也看不明白，这样的店名对店铺没有益处。

● 避免用数字和拼音字母：对大部分用户而言，字母和数字比汉字难记忆，因此店铺命名尽量避免用数字和拼音字母。

2. 天猫店铺命名规范

天猫店铺命名应遵守严格的规范。天猫店铺名可能关联商家店铺会员名、商家店铺旺旺账号及店铺域名等相关识别要素，一旦生成，则无法修改。天猫店铺名根据商家商品所在类目、品牌属性等要素生成，若店铺名称已被占用，天猫平台可进行适当调整。天猫店铺名命名规范如下表所示。

天猫店铺名命名规范

店铺类型	命名规则	域名规则
旗舰店	品牌名+（类目）+旗舰店	品牌英文名（或者品牌中文名拼音）
专卖店	品牌名+企业字号+专卖店	品牌英文名（若无，则使用品牌中文名拼音）+企业字号全拼或者首字母
专营店	企业字号+类目+专营店	企业字号全拼或者首字母+类目名全拼或者首字母
注释	1．店铺名字不得超过24个字符，支持中文、英文和数字 2．域名不得少于4个字符，支持英文、数字和“-”（英文状态下的横杠） 3．多品牌旗舰店可选用经营中的任一品牌+（类目）+旗舰店命名 4．由商标权利人独占性授权开设旗舰店的，若独占授权书中有类目限制，或者该品牌有多条产品线，商家只经营其中一条产品线产品，则必须在店铺名字中体现类目 5．专卖店命名中，若企业字号与品牌名一致，则启用以下规则：品牌名+企业行业词/区域+专卖店	

3. 店铺名称的设置

店铺名称需要在卖家中心进行设置，店铺名称设置是店铺基本设置的必要操作，它对店铺的流量具有很大的影响。下面讲解设置店铺名称的方法，其具体操作如下。

扫一扫

店铺名称的设置

01 进入淘宝卖家中心，在“店铺管理”栏中单击按钮，展开“店铺管理”栏的全部内容，然后单击“店铺基本设置”超链接。

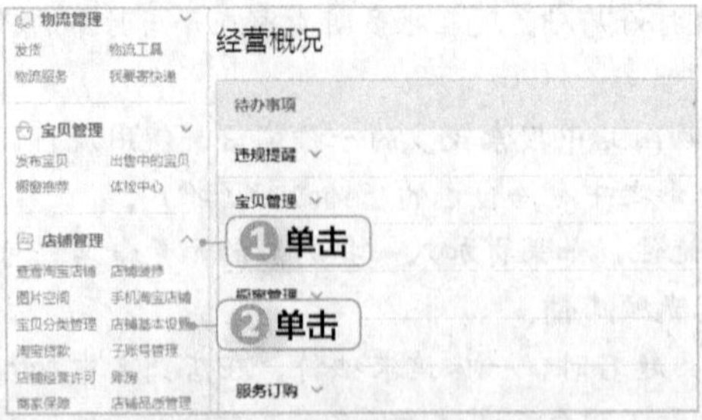

02 进入店铺基本设置页面，在“店铺名称”文本框中输入店铺名称。

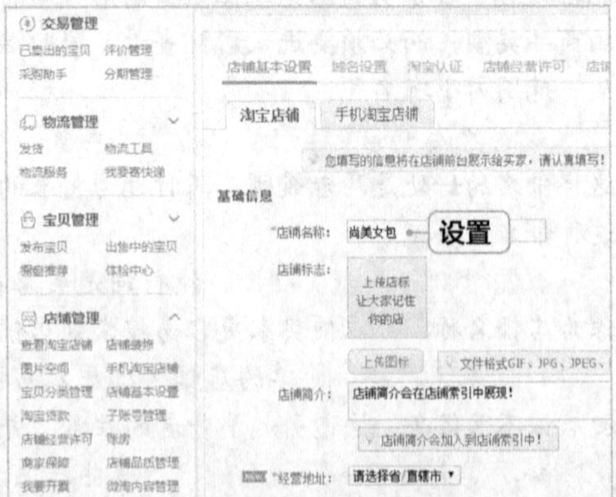

03 输入完成后单击按钮。

3.4.2 设置店铺标志

店铺标志是一个店铺的形象，给人以最直观的感受。它既可以代表店铺的风格、产品特性等，又能起到宣传店铺的作用。

扫一扫

制作店铺标志

1. 制作店铺标志

店铺标志的大小要求不大于80KB，建议尺寸为80像素×80像素。制作店铺标志的具体操作如下。

01 启动Photoshop CS6，按“Ctrl+N”组合键，打开“新建”对话框，在“名称”文本框中输入“女包店招”，在“宽度”和“高度”数值框中分别输入“80”，在“分辨率”数值框中输入“72”，单击确定按钮。

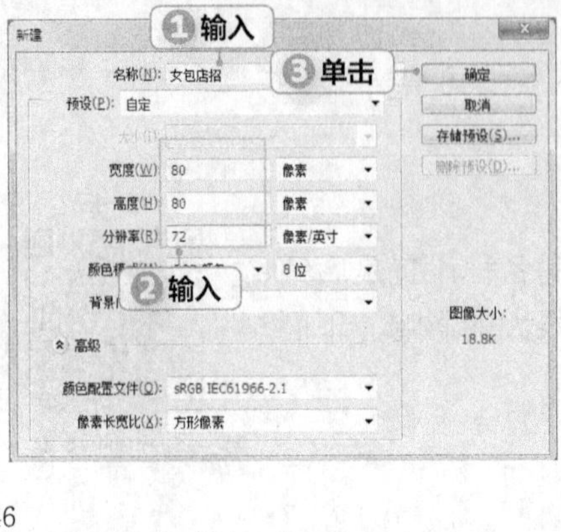

02 单击“钢笔工具”按钮，然后在工具属性栏中单击按钮，在打开的下拉列表中选择“形状”选项，设置填充颜色为“#c1196a”，绘制包包的形状。

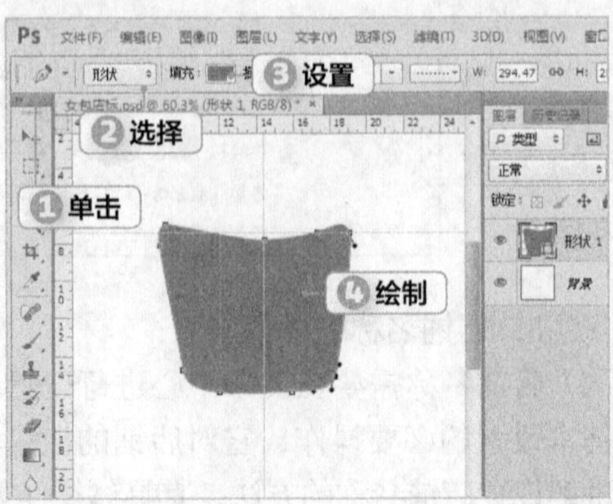

03 单击“渐变工具”按钮，设置渐

变填充为“#99226f”到“#c1196a”。依次选择【图层】/【栅格化图层】菜单命令，将形状图层转化为普通图层，按住“Ctrl”键单击图层缩略图，载入选区，按住鼠标左键不放，由选区下方向上方拖动鼠标，创建渐变填充。

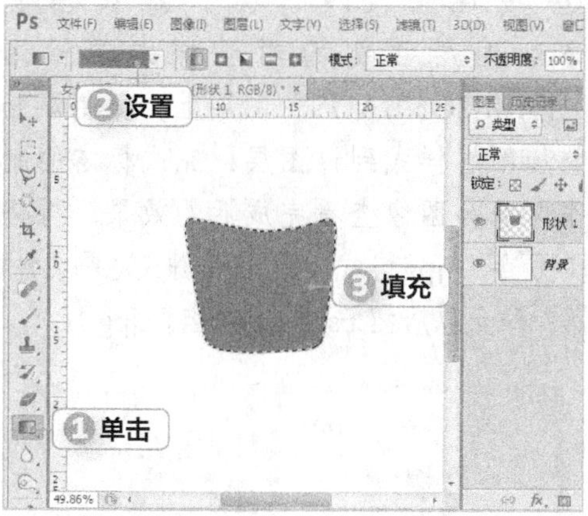

提个醒

只有将图层栅格化，才能将其载入选区并进行渐变填充。

04 单击“钢笔工具”按钮，在工具属性栏中单击 路径 按钮，在打开的下拉列表中选择“形状”选项；设置描边颜色为“#99226f”，描边粗细为“0.5点”，绘制一个包带的形状。

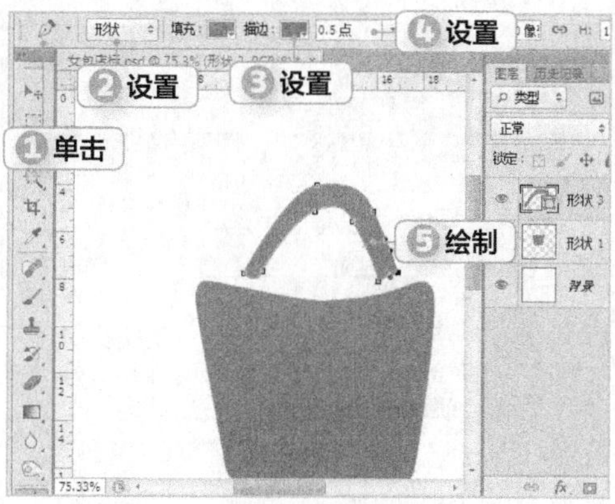

05 单击“钢笔工具”按钮，在工具属性栏中单击 路径 按钮，在打开的下拉列表中选择“形状”选项，取消描边，设置填充颜色为“白色”，在包身上绘制一个类似包带的形状，再继续绘制一个带孔形状。

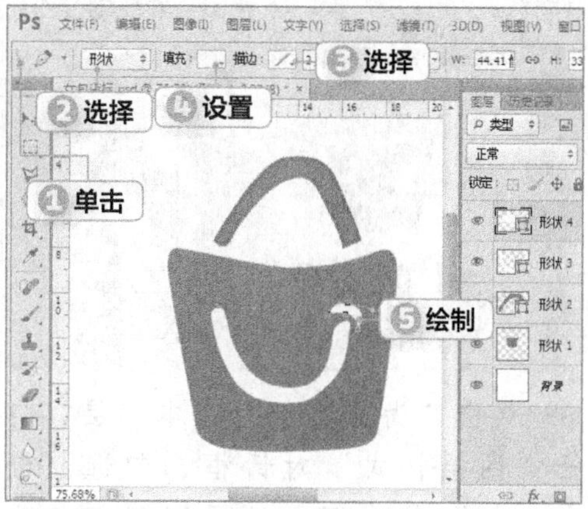

06 双击白色包带图层，打开“图层样式”对话框，勾选“投影”复选框，为其添加默认的投影样式；按“Alt”键，拖曳图层右侧的图层样式图标到带孔图层上，复制图层样式到该图层。

07 单击“横排文字工具”按钮，设置字体格式为“微软雅黑”“6点”“#c1196a”，在包的右上角输入字母“TM”；设置字体格式为

“百度综艺简体”“13.6点”，在包的下方输入“尚美女包”；设置字体格式为“Arial”“7.46点”，在“尚美女包”文字的下方输入字母“FASHIONBAGS”。

08 双击“尚美女包”文本图层，打开“图层样式”对话框，勾选“渐变叠加”复选框；设置渐变颜色为“#99226f”到“#c1196a”，设置渐变角度为“0度”，单击 确定 按钮。

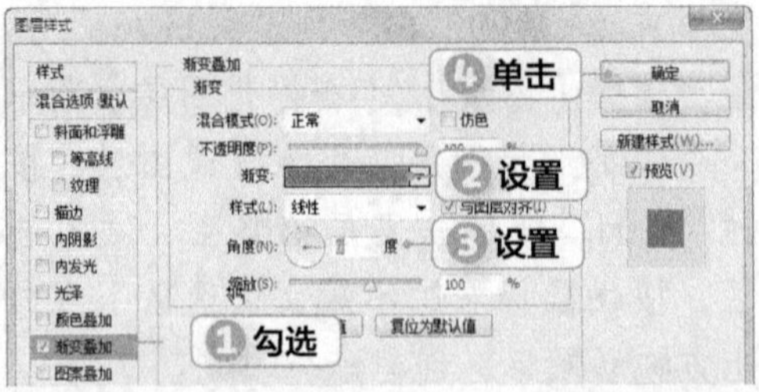

09 按住“Alt”键，拖曳渐变叠加图层右侧的图层样式图标到“FASHIONBAGS”图层上，复制渐变叠加图层样式到该图层，完成标志的制作。保存图像查看完成后的效果，再将其另存为.jpg格式（配套资源:\效果文件\第3章\女包店招.psd、女包店招.jpg）。

2. 上传店铺标志

下面将制作好的店铺标志上传至网店中，具体操作如下。

扫一扫

上传店铺标志

01 进入店铺基本设置页面，单击“店铺标志”栏的 上传图标 按钮，打开“打开”对话框，在其中选择店标图片（配套资源:\素材文件\第3章\女包店招.jpg），然后单击 打开(O) 按钮。

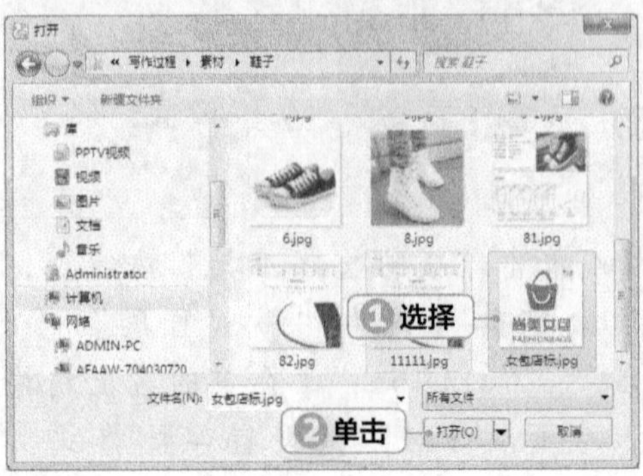

02 返回店铺设置页面，即可看到店标已成功上传到页面中。

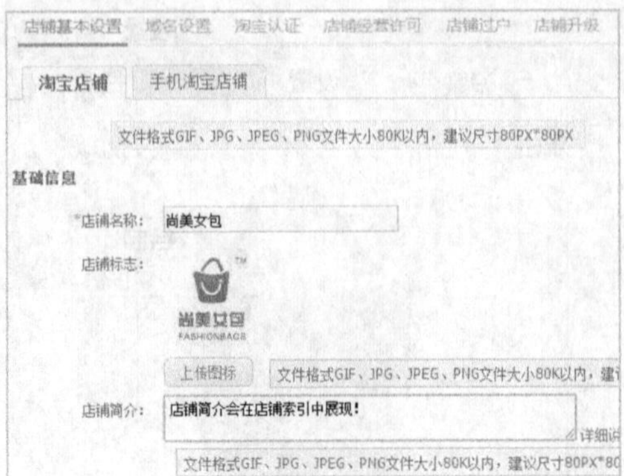

3.4.3 设置店铺其他信息

扫一扫

设置店铺其他信息

店铺基本设置页面中还包括店铺简介、经营地址、主要货源、店铺介绍等信息的设置，具体操作如下。

01 在“店铺简介”文本框中输入店铺简介。因为店铺简介会在店铺搜索过程中展现，所以应该填写具有实际意义的内容。

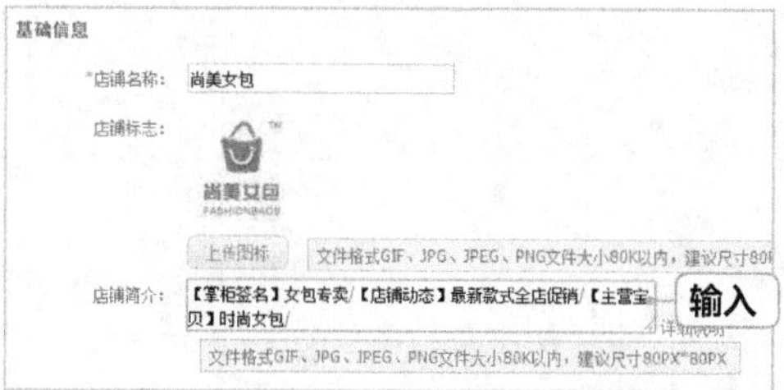

高手支招

在“店铺简介”栏后单击“详细说明”超链接，可查看店铺简介的填写方法。

02 在“经营地址”栏中单击下拉按钮▾，设置店铺经营地址，在“主要货源”栏中设置货源，在“店铺介绍”栏中填写店铺简介，然后单击保存按钮。

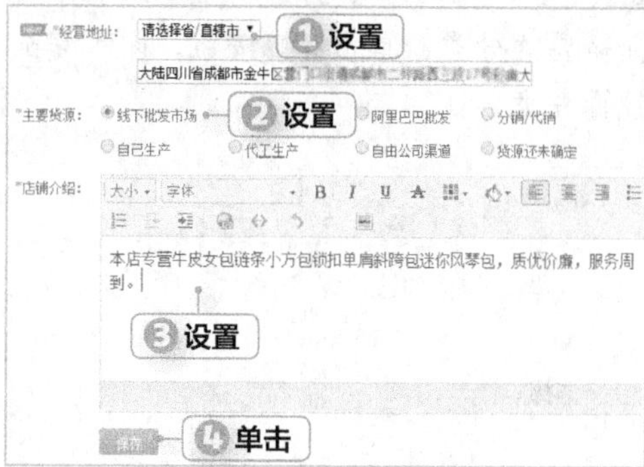

3.4.4 宝贝分类管理

扫一扫

宝贝分类管理

宝贝分类管理是指对店铺内要出售的宝贝进行分类管理。通过将宝贝分配到正确的分类中，店铺结构会更清晰、简洁，有利于买家搜索浏览。宝贝分类管理的具体操作如下。

01 进入淘宝卖家中心，在“店铺管理”栏中单击⌄按钮，展开“店铺管理”栏的全部内容，然后单击“宝贝分类管理”超链接。在打开的页面中单击＋添加手工分类按钮。

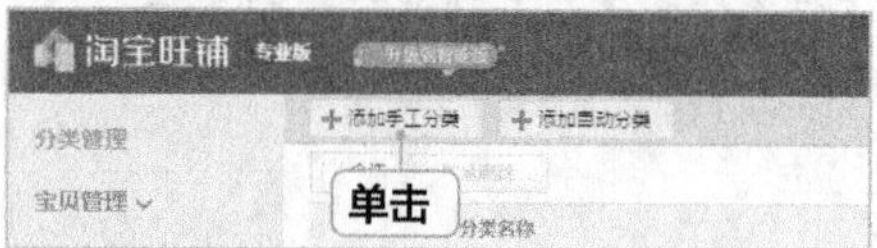

02 添加分类后在其中输入分类名称，单击添加子分类按钮，在子分类中输入内容。

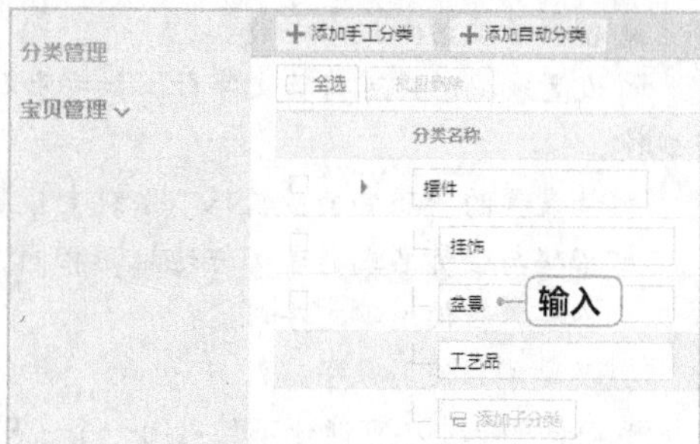

高手支招

如果对设置的分类不满意，可单击该分类后的“删除”超链接进行删除。若勾选分类前的复选框，再单击 批量删除 按钮，可同时删除选中的多个分类。

03 输入完成后单击右侧的 保存更改 按钮可保存分类设置，在左侧列表中选择“宝贝管理”选项，单击“未分类宝贝”选项卡，勾选未分类宝贝前的复选框，单击 批量分类 按钮，在打开的下拉列表中选择需要的分类，单击 应用 按钮，即可完成批量分类。

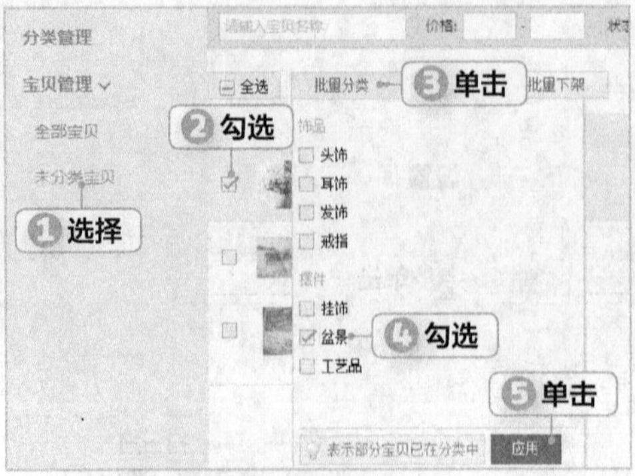

04 分类完成后，宝贝将在所属分类下显示。单击“编辑分类”栏下的“添加”超链接，可单独设置其分类。

提个醒

若有多个宝贝属于同一个类别，可依次勾选宝贝信息前具有相同类别的多个复选框，单击 批量分类 按钮即可批量设置宝贝的类别。

3.5 疑难破解

本章主要讲解了在淘宝和天猫平台开店的具体操作，以及如何对店铺进行基本的设置。下面针对本章可能遇到的问题进行解答。

1. 注册淘宝账户时，密码设置有哪些要求？

为了保障账户的安全，在注册设置密码时，应注意以下问题。

- 密码长度为6~16个字符。
- 设置密码时，可将英文字母、数字和符号进行组合，还可区分字母的大小写，尽量不要有规律。
- 如设置的密码安全性较低，系统会提醒用户进行密码修改，直到符合安全性要求。
- 密码与会员名或电子邮件地址不相同。
- 不要单独使用英文字母。
- 不要单独使用数字。
- 不同的账户尽可能地不使用同一个密码，以免一个账户被盗，连带其他账户同时被盗。

2. 在设置店铺名称时，需要注意哪些事项？

店铺命名的注意事项有以下4项。

- 简洁通俗，朗朗上口：店铺名称要简洁明了，通俗易懂，读起来要响亮畅达、朗朗上口。如果店铺名称使用生僻字，不仅读起来很拗口，还不容易被浏览者熟记。
- 别具一格，独具特色：网店有很多，若为自己的店铺起一个特别的名称，不仅能体现一种不同的品味和风格，还能引起浏览者的注意。
- 与经营的商品相关：店铺的名称应该和自己店铺经营的商品息息相关，最好能做到通过店铺名称便可看出经营范围。
- 用字吉祥，给人美感：店名可以使用一些寓意比较吉祥、符合中国人审美的字词，切忌剑走偏锋，为了吸引人而使用一些隐晦低俗的名称，这会使浏览者产生反感情绪。

3. 支付宝登录密码被锁定怎么办？

若支付宝登录密码提示被锁定，可通过找回密码的方式重新设置密码。

找回登录密码的方式有8种，支付宝系统可根据各账户的情况自动进行判断。

- 手机校验码找回：若手机号码仍在使用，可使用该方法找回密码。
- 安全保护问题找回：适用于记得安全保护问题答案的情况。
- 电子邮箱找回：适用于邮箱能收到邮件的情况。
- 证件号码+电子邮箱找回：适用于邮箱能收到邮件，且记得注册和认证支付宝时填写的证件号码的情况。
- 安全保护+电子邮箱找回：适用于记得安全保护问题答案且邮箱能收到邮件的情况。
- 密保令动态口令找回：适用于密保令用户，可通过输入密保令动态口令进行验证并修改密码。
- 手机校验码+证件号码找回：适用于手机号码仍在使用，且记得注册和认证支付宝时填写的证件号码的情况。
- 人工审核找回：支付宝会向你的支付宝账户邮箱发送一封邮件，用户根据邮箱提示填写相关身份信息并提交，客服人员会在48小时内进行核实处理。

4. 如何设置并修改密码？

为了确保账户的安全，可设置或修改登录密码，还可设置密保问题，提升账户安全性。将鼠标指针移至登录的账户名上，在打开的下拉列表中单击“账户管理”超链接，在打开的页面中可查看账户的安全等级。单击“登录密码”后的“修改”超链接，可修改账户的登录密码。

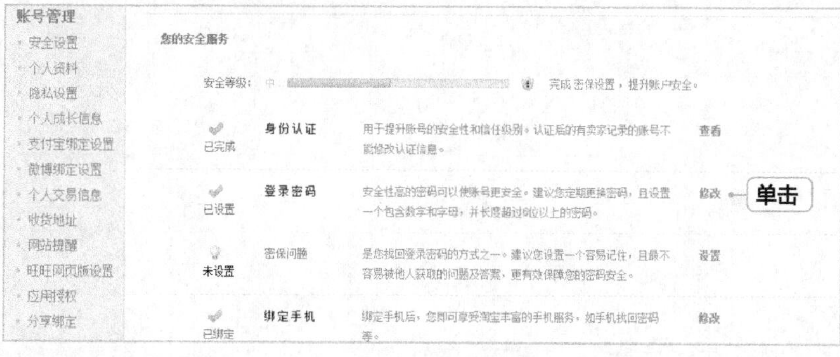

单击“密保问题”后的“设置”超链接，在打开的页面中可选择安保方式，包括“通过验证短信”“通过验证支付密码”“通过验证电子邮箱”3种，选择好安保方式后，单击其后的立即添加按钮，根据提示添加密保问题即可。

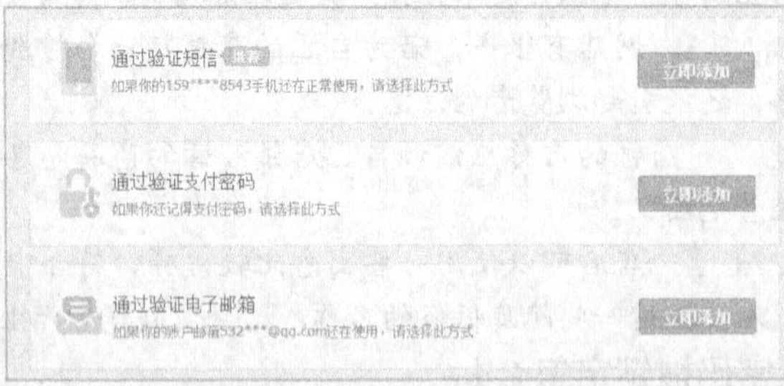

3.6 边学边练

（1）使用邮箱注册淘宝账户，然后登录支付宝进行认证。

（2）登录淘宝账户，申请自己的店铺，然后对店铺进行基本的设置，包括店铺名称、店铺标志、店铺简介等设置。

第4章

宝贝的拍摄与美化

本章导读

商品图片与商店橱窗中摆放的商品一样，在网店营销的过程中起着展示商品的作用。对于网上商店而言，清晰、美观的商品图片是吸引买家点击和购买商品的重要因素。当商品图片因拍摄等客观原因存在瑕疵时，卖家就需要对图片进行必要的处理。同时，为了吸引更多的买家点击和查看商品，卖家还需要对图片进行适当的美化。本章介绍商品图片的拍摄方法，以及图片处理的方法（以常用的图片处理软件Photoshop CS6为例），通过本章的学习，读者可以掌握拍摄、处理与美化商品图片的方法与技巧。

知识技能

※ 掌握商品图片与视频的拍摄方法
※ 掌握商品图片的处理方法
※ 掌握商品图片的美化方法

视频讲解

（视频讲解：35 分钟）

4.1 拍摄商品图片与视频

要拍摄网店商品图片，并不需要有太专业的摄影设备，卖家可根据需要选择合适的器材。

4.1.1 选择合适的拍摄器材

拍摄的商品类型不同，对相机的性能要求也不同。如果是拍摄网店的商品，入门级的单反相机就可以完成。对于辅助器材，一般可以选择遮光罩、三脚架、反光板、静物台、照明灯。

4.1.2 准备拍摄的环境

在拍摄商品前，拍摄人员可根据要拍摄出的效果，有针对性地搭建拍摄环境。

1. 小件商品的拍摄环境

小件商品适合在干净的环境中进行拍摄，因为小件商品本身体积小，在拍摄时占用的空间也较小。微型摄影棚可有效解决小件商品的拍摄环境问题，利用微型摄影棚，既可以避免布景的麻烦，又能拍摄出漂亮的、主体突出的商品照片。在没有摄影棚的情况下，则应尽量使用白色或纯色的背景来替代，如白纸或颜色单一、清洁的桌面等。

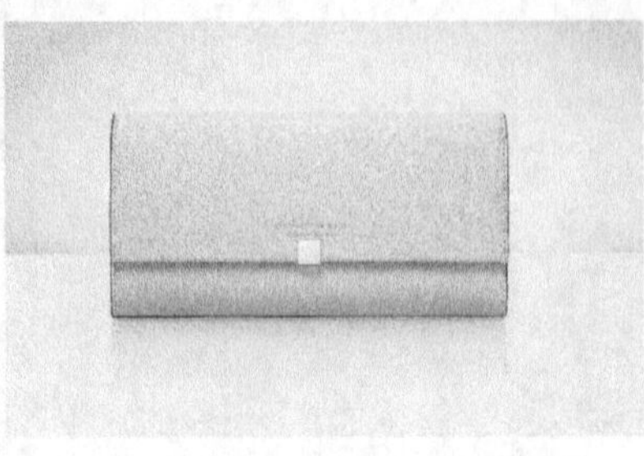

2. 大件商品的室内拍摄环境

对大件商品进行室内拍摄时，应尽量选择整洁且单色的背景，照片里最好不要出现其他不相关的物体（为了衬托商品而使用的参照物或配饰除外）。室内拍摄对拍摄场地的面积、背景布置、灯光环境等都有要求，一般需要准备辅助器材，如柔光箱、三脚架、同步闪光灯、引闪器、反光板等。

3. 大件商品的外景拍摄

大件商品的外景拍摄需要有合适的环境或应用场景来作为背景，通过自然光和反光板来补光拍摄，可以使拍摄的效果更加自然。例如，泳装可在海边或泳池边进行拍摄；时尚潮流的服装可在临街的商场、酒吧等地方进行拍摄。

4.1.3 吸光类商品图片的拍摄

吸光类的商品，其表面较粗糙，质地或软或硬，如毛衣、棉麻制品、橡胶、石雕、亚光塑料等。

为了体现出它们的质感，拍摄时可以使用稍硬的光线进行照明，一般以侧光、侧逆光为主，这样能更好地体现其表面的明暗起伏变化，增强立体感。若光线太柔和，则可能会弱化商品表面的质感。如果拍摄表面结构十分粗糙的商品，如裘皮、石雕等，可以用聚光灯、闪光灯、太阳光直射照明，其光线更硬、更锐利，在凹凸不平的表面会产生细小的投影，能够更好地表现商品的质感。

4.1.4 反光类商品图片的拍摄

反光类商品指不锈钢制品、银器、电镀制品、陶瓷品等，该类商品表面光滑，具有较强的光线反射的能力，因此拍摄时不会出现柔和的明暗过渡现象。

因为反光类商品没有明暗过渡，若直接拍摄，商品图会缺少明暗层次变化，此

时可借助反光板来拍摄。在拍摄时，可以将一些灰色或深黑色的反光板或吸光板放于拍摄物的旁边，让物体反射出这些光板的颜色，增加拍摄物的厚实感，从而改善其表现的效果。在拍摄反光商品时，灯光也很重要，可以采用较柔和的散射光进行照明，这样不但能使色彩更加丰富，还能将质感最大化地显示。

拍摄反光类商品常常需要一定的技巧，如可以将大面积的柔光箱和扩散板放于拍摄物的两侧，并尽量靠近拍摄体，这样既可以形成均衡柔和的大面积布光，还可以将这些布光全部罩在拍摄物的反射区域内，使其显示出明亮光洁的质感。

4.1.5 透明类商品图片的拍摄

透明类商品常指玻璃制品、水晶制品和部分塑料制品等，这类商品由于具有透明的特点，因此通透性和对光线的反射能力较强。拍摄透明类商品时，要表现其玲珑剔透的质感，因此在选择光线时，通常选择侧光、侧逆光和底部光等，透明体因其厚度不同，会产生不同的光亮差别，从而产生不同的质感。

在黑色背景下拍摄透明类商品时，布光应该与被拍摄物相分离，此时可在拍摄物两侧使用柔光箱或闪光灯添加光源，把主体和背景分开，再在拍摄物前方添加灯箱，将物体的上半部分轮廓进行体现，以此来表现玻璃制品的透明度，使其呈现晶莹剔透的效果，如果被摄物中盛有带色液体或透明物，为了使其色彩不流失，可在被摄物背面贴上与外观相符的白纸，对原有色进行衬托。

4.1.6 商品视频的拍摄

现在很多网店都在店铺中添加视频来提升店铺的档次，但在拍摄视频时，可能出现一些问题，如摄影机过分移动，会导致拍摄的画面倾斜、不平衡；在逆光的情况下拍摄，画面的主体会不清晰；固定画面太少，后期编辑时没有过渡的镜头；声音不清楚等。为了避免出现这些情况，拍摄时的总体原则是平、准、稳、匀。

- 平：保持摄像机处于水平状态，尽量让画面在取景框内保持平衡。
- 准：在摇镜头或移动镜头时，起幅和落幅要一次到位，不能晃来晃去的。
- 稳：画面稳定是视频拍摄的核心，拍摄时应尽量使用三脚架，避免因变焦而出现画面模糊不清的情况。
- 匀：在拍摄过程中，运动镜头的速度要匀称，除特殊情况外，避免出现时快时慢的现象。

4.1.7 实战——拍摄水晶手链

本节拍摄一款水晶手链。拍摄时，使用黑色的背景布以及白色的瓷盘、碗、杯来衬托手链的光泽，要求拍摄出水晶的透明质感和宝石的炫丽感。拍摄过程中，还可通过模特、场景和道具的搭配来丰富手链的展现效果。具体的操作过程如下。

01 布置两盏带有柔光箱的摄影灯；主光从拍摄物顶部进行打光；在拍摄物右侧打辅助光，其光线要比主光弱；在拍摄物左侧通过反光板进行补光。然后戴上手套，并为模特戴上手链，拍摄手链不同角度的佩戴效果。

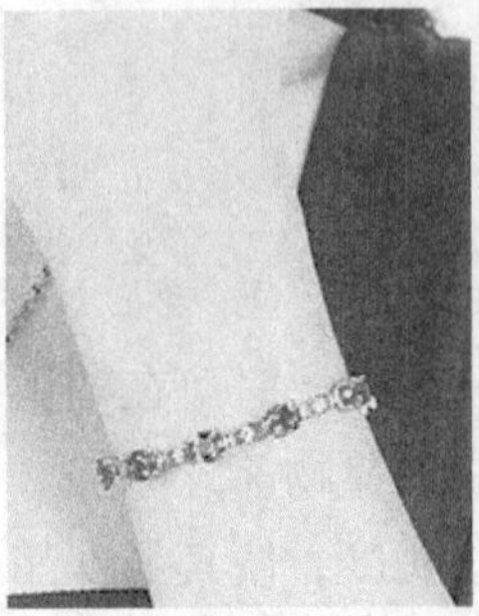
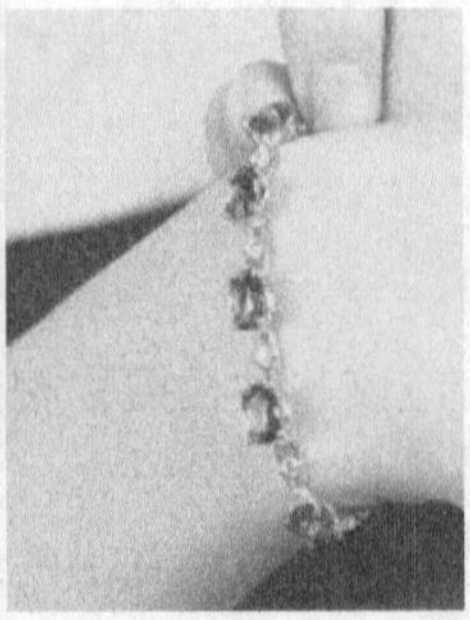

02 在静物台上铺上黑色的背景布，将手链呈圆形放置在静物台上，拍摄其整体的效果。

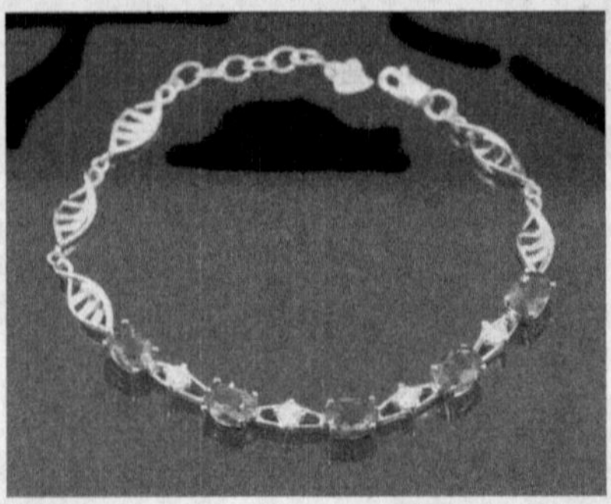

03 将手链拉成一条斜线，并保持其正面朝上，利用对角线构图法，拍摄手链带有水晶的主体部分，展示水晶的全貌。

04 将黑色的背景布抽掉，换上白色的背景布，在其上摆放一个白色的瓷盘，在瓷盘后方摆放一束紫色的花来装饰背景。仔细擦拭瓷盘，保证瓷盘干净，无指痕等，然后将水晶项链放在瓷盘中间，并摆放成圆形。通过不同的造型拍摄来体现这个手链的形状和大小。

05 在静物台上铺上黑色的背景布，在其上摆放一只白色的瓷碗，将手链有水晶的部分搭在碗口，另一部分向右下方拖曳，并放置在背景布上利用对角线构图法拍摄，以展示手链镶嵌水晶部分的工艺细节纯手工的焊接技术，加上物理固定，保障了水晶镶嵌得牢固，不易脱落。

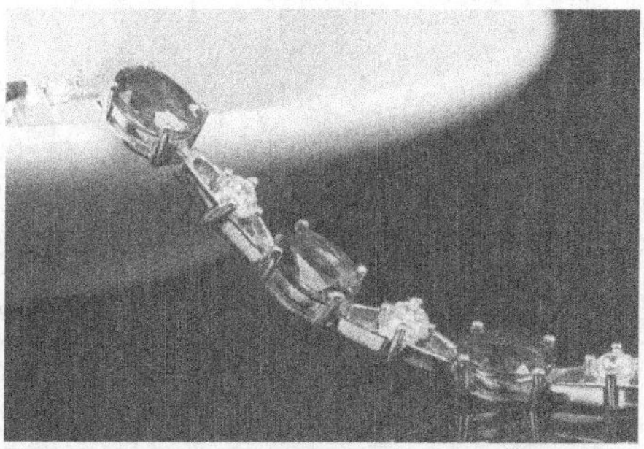

06 将大口碗替换为白色的瓷盘，将手链沿瓷盘的直径摆放，切换至微距镜头，通过微距镜头拍摄手链的表面，体现其纯手工的打磨技术和表面处理工艺，以及精细的做工。

07 将瓷盘替换为白色的瓷杯，将手链沿瓷杯沿垂下，拍摄水晶之间的拼接方式，展示其精细的做工。

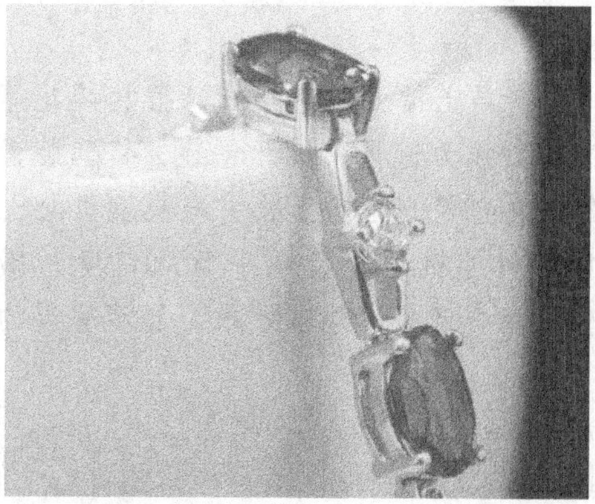

08 将静物台上的所有道具撤下，将手链平铺在静物台上，拍摄手链首链扣，以及链尾的S925银的标志，展示商品的材质和做工。

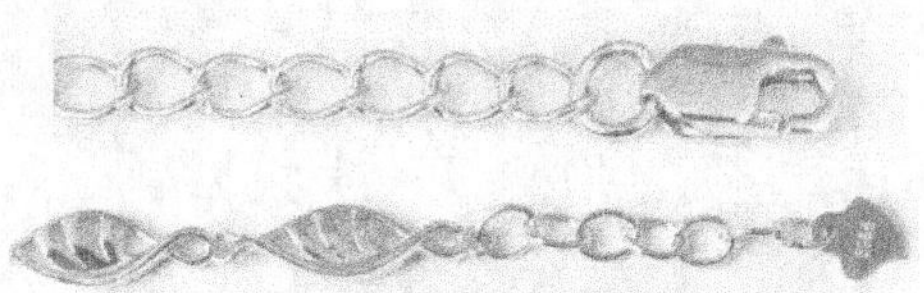

4.1.8 实战——拍摄护肤品

本节将拍摄一组护肤品的产品图，先拍摄整体套装的效果，然后分别拍摄单品的图片，最后拍摄产品使用的效果图，具体操作如下。

01 将套装产品放置在桌上，在套装盒后面放一块颜色适宜的木板，使套装盒依靠在木板上。在木板旁边放绿植作为道具。用两盏带有柔光箱的摄影灯进行左右侧45° 打光，从正前方拍摄带有包装的产品图，展示其整体外观效果。

02 在桌上铺上白色桌布，摆放鲜花等装饰物作为道具，拆开包装，将套装盒斜靠在包装盒上盖上，并与桌面呈45°角，从相机与套装盒平行的角度拍摄套装盒中产品的外观效果，展示套装的组成。

提个醒

产品包装盒上的那层透明的塑料纸，其反光性强，拍摄时可将其撕掉。

03 将单品保湿乳从包装盒中取出并放在白色的桌布上，在其旁边横着摆放包装盒，在包装盒旁边摆放几片绿叶，拍摄时，与保湿乳瓶身对焦，使画面产生景深的视觉效果。

04 将包装盒撤掉，将绿叶摆放至保湿乳的旁边进行拍摄，这样不仅能展示商品的整体效果，还能使画面的色彩更加丰富。

05 打开保湿乳，倒出豆粒大小的一滴到手背上，拍摄未使用保湿乳前的手背，然后将保湿乳涂抹均匀，等待几秒拍摄使用后的效果。

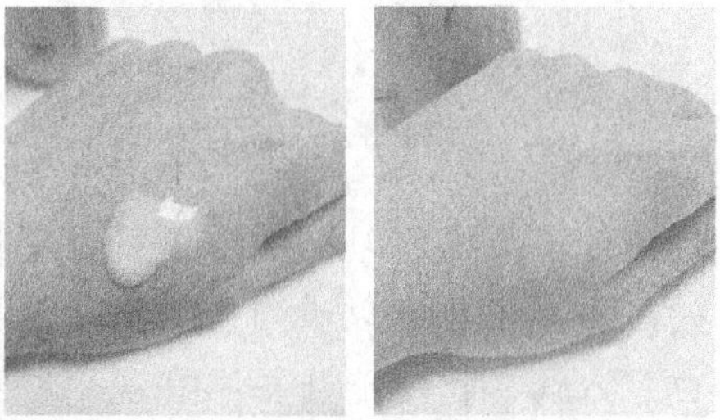

06 将保湿水平放在深色的木桌上，并沿着桌子的对角线方向摆放，相机在保湿乳上方45°角位置处进行拍摄。

07 在保湿乳瓶口的前方放其包装盒作为背景，将相机的机位放低，从瓶底的位置进行拍摄。

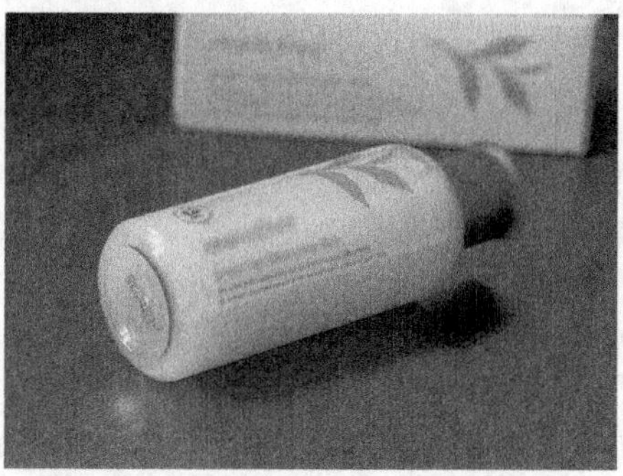

08 打开保湿乳瓶盖，将保湿乳倒一点在手背上，拍摄试用的画面。

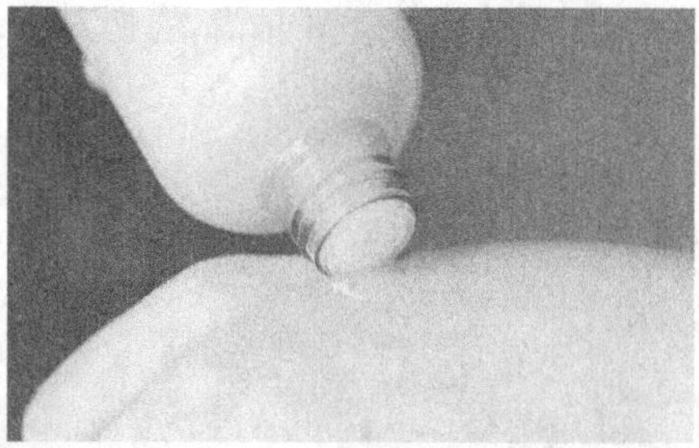

09 在桌上铺一块深色且不反光的布，并在其上放置一些道具，将面霜放在其包装盒上，用相机在面霜前方平行的位置进行拍摄，要求拍出景深的效果。

10 将面霜倒放在桌上，拍摄面霜底部的结构、生产日期与生产编号等信息，展示产品的正规性。

11 将面霜瓶盖打开并依靠在瓶身上，展示打开盖子后的效果。

高手支招

若拍摄的产品属于无铅无汞的产品，可拍摄测试商品图片，这样更能增加买家的信任度，刺激购买。

12 手放在白色的桌上，打开瓶盖，取一点面霜涂抹在手背上，拍摄使用面霜前的效果。

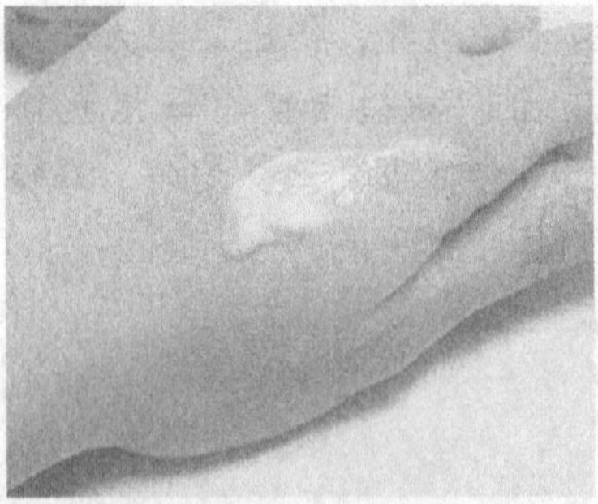

13 将面霜涂抹均匀，拍摄使用面霜后的效果。对比后可以看到手背比之前更加白皙水润，这样能让买家直观地看到使用产品前后的对比效果，打消买家对商品使用效果的顾虑。

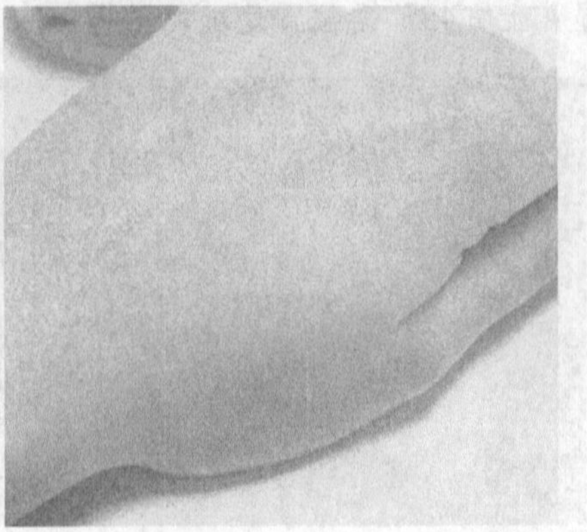

4.2 商品图片的处理

为了使拍摄的照片更加美观和符合标准，需要使用图片处理软件对图片进行处理，如裁剪图片大小、变换角度、替换背景等。图片处理软件可根据需要进行选择，如Photoshop、光影魔术手、美图秀秀等。下面以Photoshop CS6软件为例介绍商品图片处理的常用方法。

4.2.1 按照淘宝要求裁剪图片

淘宝网店中不同模块有不同的图片尺寸要求，拍摄好的商品图片、经过处理后的图片可能因为大小问题而无法添加到对应的模块中，或者添加后无法在模块中展示，此时，就需要对图片的大小进行调整，让图片符合要求。

1. 网店图片的常见尺寸

淘宝店铺中的店标、店招、宝贝分类、促销区公告和宝贝描述等模块图片，都有一定的尺寸要求或者大小要求，搞清楚这些限制，是店铺装修的前提。下表所示即为淘宝网中常见的图片尺寸及具体要求。

淘宝网中常见的图片尺寸及具体要求

图片名称	尺寸要求（像素）	文件大小	支持图片格式
旺旺名片 / 头像	120 × 120	≤ 100KB	GIF、JPG
店标	80 × 80 或≤ 100 × 100	≤ 80KB	GIF、JPG、PNG
宝贝主图	800 × 800	≤ 500KB	JPG、GIF、PNG
直通车推广图	800 × 800 或 320 × 320	≤ 500KB	JPG、GIF、PNG
钻石展位图	640 × 200、520 × 280、170 × 200、375 × 130、168 × 175	≤ 80KB	JPG、GIF、PNG
宝贝描述图片	500 × 500	≤ 100KB	PNG、GIF
公告栏图片	宽度≤ 340，高建议不超过 450	≤ 500KB	JPG、GIF
店招图片	默认：950（天猫 990）× 120 全屏：1920 × 150	≤ 100KB	GIF、JPG、PNG
轮播图片	默认：（950 × 450）~（950 × 650）	< 50KB	GIF、JPG、PNG
全屏海报	建议：（1920 × 400）~（1920 × 600）	< 50KB	GIF、JPG、PNG
分类图片	宽度小于 160，高度不超过 90	< 50KB	GIF、JPG、PNG
导航背景	950 × 150	不限	GIF、JPG、PNG
页头背景	不限	< 200KB	GIF、JPG、PNG
页面背景	不限	< 1MB	GIF、JPG、PNG

高手支招

淘宝的图片尺寸和天猫商城的图片尺寸有所区别，其中淘宝首页中的整体框架宽度为1920像素，默认宽度为950像素（天猫为990像素），页面主体宽度应该尽量控制在950像素（天猫为990像素），最宽不超过1200像素。详情页淘宝宽度为750像素（天猫宽度为790像素）。

2. 按尺寸裁剪图片

扫一扫
按尺寸裁剪图片

在制作商品图时，常常会根据图片的用途，将图片裁剪为规定的尺寸。下面将“水杯.jpg”图像裁剪为800像素×800像素的主图，其具体操作如下。

01 打开“水杯.jpg”素材文件（配套资源:\素材文件\第4章\水杯.jpg），单击“裁剪工具”按钮，在工具属性栏中单击不受约束按钮，在打开的下拉列表中选择“大小和分辨率”选项。

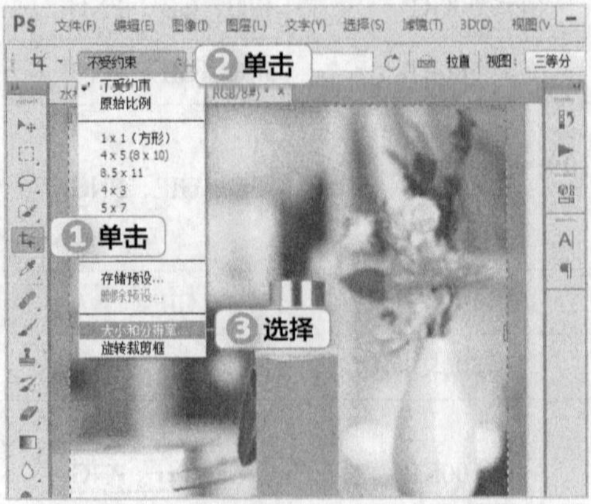

02 打开“裁剪图像大小和分辨率”对话框，设置宽度和高度均为“800像素”，再设置分辨率为“72像素/厘米”，单击确定按钮。

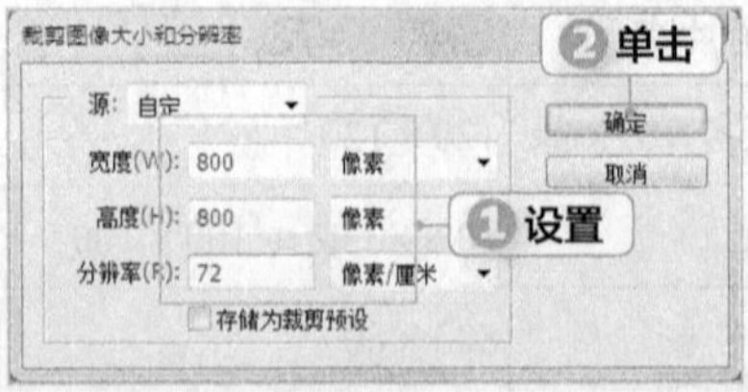

03 返回图像编辑区，即可发现图像中已经出现裁剪框，按住鼠标左键并拖曳，调整裁剪框在图像中的位置，确定裁剪区域后按“Enter”键完成裁剪操作（配套资源:\效果文件\第4章\水杯.jpg）。

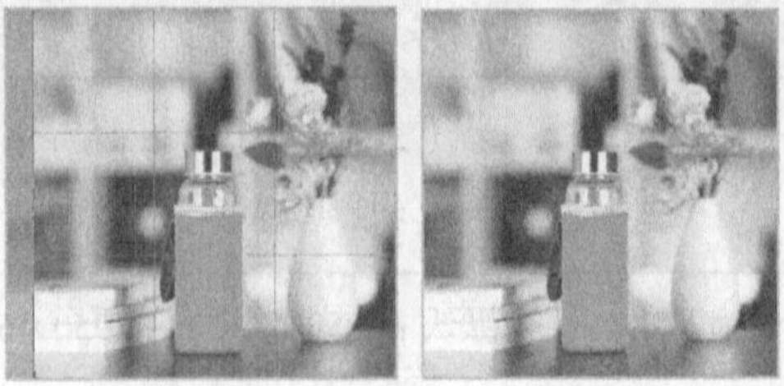

4.2.2 变换图片的角度

扫一扫
变换图片的角度

在拍摄商品过程中，可能因为角度选取得不对，导致拍摄的照片出现倾斜或透视变形等问题，此时，需要变换图片的角度，使其达到人眼自然观看到的效果。

下面将倾斜的素材图片进行角度调整，使其达到垂直于水平线的效果，然后裁剪至合适的大小，其具体操作如下。

01 打开素材文件“香水.jpg”（配套资源:\素材文件\第4章\香水.jpg），可以看到该图片存在倾斜的现象。

02 双击“背景”图层，打开“新建图层”对话框，设置“名称”为“图层0”，单击确定按钮。

03 按“Ctrl+T”组合键进入自由变化模式，将鼠标指针放在定界框的右上角外侧，当指针变为形状时，按住鼠标左键旋转图像，旋转到适当位置后释放鼠标左键。

04 按“Enter”键确定。单击“裁剪工具”按钮，在工具属性栏中设置裁剪模式为“不受约束”，将图片中的空白部分裁剪掉。

05 按“Enter”键，完成图片的裁剪（配套资源:\效果文件\第4章\香水.jpg）。

4.2.3 替换图片背景

为了使商品更具吸引力，有时需要为商品替换背景。不同的图片，其抠取的工具也有所不同，对于纯色的背景，可使用魔棒工具组进行抠取；对于轮廓清晰的商品，可使用磁性套索工具进行抠取；对于半透明的商品，则可使用通道进行抠取。

1. 抠取纯色背景的商品图片

对于背景单一的图片，有多种抠取方式，如通过“色彩范围”命令抠取、使用魔棒工具抠取等。下面介绍在Photoshop中使用“色彩范围”命令和魔棒工具抠取纯色背景的方法，其具体操作如下。

扫一扫

抠取纯色背景的商品图片

01 在Photoshop中打开素材文件（配套资源:\素材文件\第4章\吹风机.jpg、电吹风背景.jpg），在工具箱中单击“魔棒工具”按钮，在图片背景中单击鼠标左键，即可选择整个背景区域。

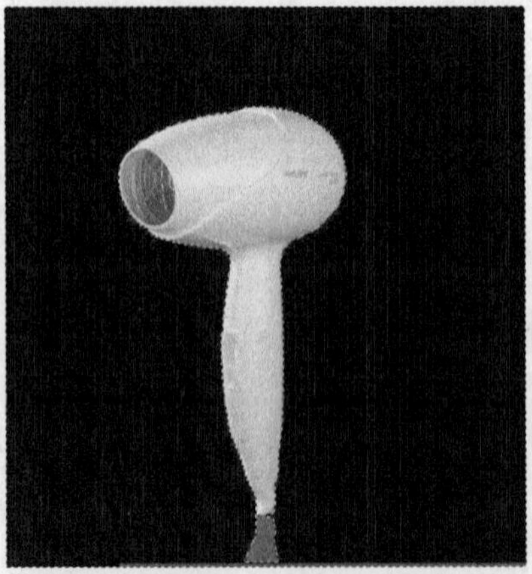

02 依次选择【选择】/【反向】菜单命令，将选区转换为图片主体。

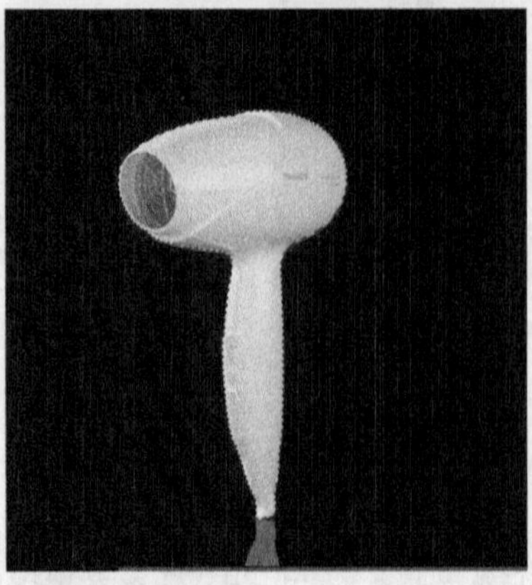

高手支招

如果发现有漏选或多选的部分，可在工具属性栏中单击“添加到选区”按钮或“从选区中减去”按钮，对选区进行增加或减少操作。

03 在Photoshop中继续打开素材文件（配套资源:\素材文件\第4章\电器.jpg），选择【选择】/【色彩范围】菜单命令，打开“色彩范围”对话框，在其中单击“吸管工具”按钮，然后单击图片的背景区域进行取样，再拖曳“颜色容差”的滑块来调整颜色容差，设置完成后单击 确定 按钮。

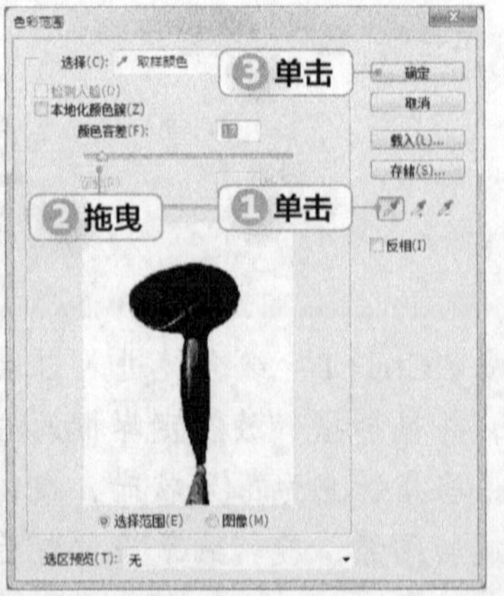

04 返回Photoshop绘图区，对选区进行增加或减少操作，然后使用“反向”命令将选区转换为图片主体部分。

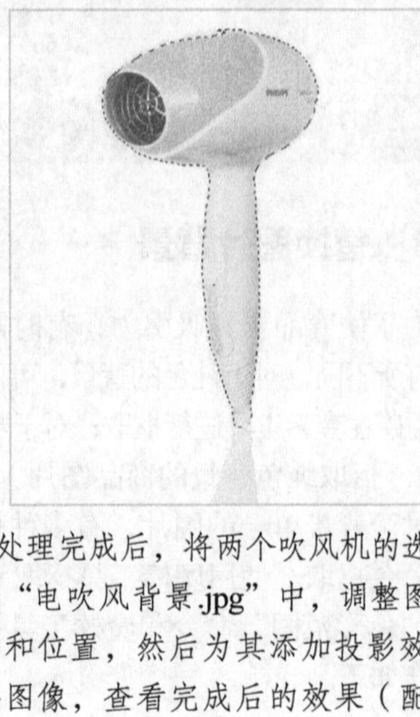

05 处理完成后，将两个吹风机的选区拖曳到“电吹风背景.jpg”中，调整图片的大小和位置，然后为其添加投影效果，保存图像，查看完成后的效果（配套资

源:\效果文件\第4章\电吹风.psd）。

高手支招

在抠取图片前，注意对图片进行分析，不同形状、不同背景、不同性质的图片，所适用的抠取方式也不相同。在完成图片的抠取后，为了保持边缘的真实感，还可以适当设置羽化效果。

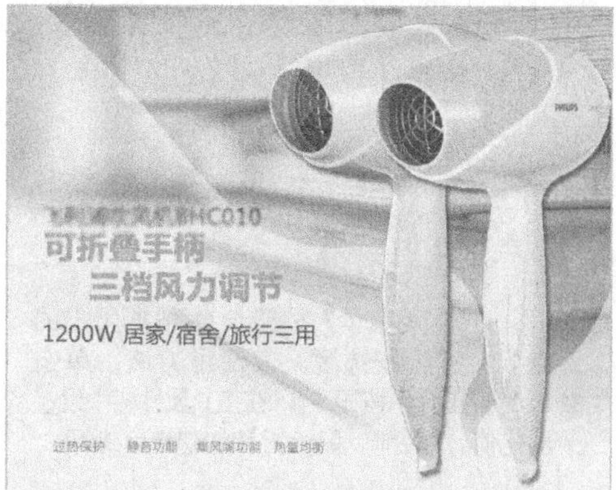

2. 抠取轮廓清晰的商品图片

扫一扫

抠取轮廓清晰的商品图片

若需要抠取的商品图片形态不规则，但轮廓清晰，则可使用“磁性套索工具”按钮来进行抠取。

打开“手机壳.jpg”素材文件，使用“磁性套索工具”抠取手机壳，并将其应用到背景中，其具体操作如下。

01 打开“手机壳.jpg”素材文件（配套资源:\素材文件\第4章\手机壳.jpg）。

02 单击“磁性套索工具”按钮，在工具属性栏中设置“羽化”为“5像素”，将鼠标指针移动到商品边缘即可自动依附商品，沿着商品边缘移动鼠标指针即可抠取出商品。

高手支招

羽化选区是为了使选区的边缘更加平滑，使抠取的物体效果更加逼真。

提个醒

在抠取商品的过程中，可根据需要放大或缩小图像，方便查看抠取物体的边缘，使抠取的路径更加准确。放大图像的方法：按“Ctrl+空格”组合键，在图像上单击鼠标左键；缩小图像的方法：按“Atl+空格”组合键，在图像上单击鼠标左键。

03 打开“手机壳背景.jpg”素材文件（配套资源:\素材文件\第4章\手机壳背景.jpg），将抠取后的手机壳图片拖曳到背景中，调整位置，保存图像并查看完成后的效果（配套资源:\效果文件\第4章\手机壳.psd）。

> **提个醒**
>
> “套索工具”按钮可根据用户的需要自行绘制选区。其使用方法：单击“套索工具”按钮，在工具属性栏中设置羽化值，然后拖曳鼠标指针创建选区即可。

3. 抠取半透明的商品图片

对于一些特殊的商品，如水杯、酒杯、婚纱、冰块、矿泉水等，若使用一般的抠图工具进行抠图，则得不到想要的透明效果，此时需结合钢笔工具、图层蒙版和通道等进行抠取。

下面以抠取婚纱为例讲解半透明商品的抠图方法，读者可借鉴该方法进行其他半透明商品的抠取。其具体操作如下。

扫一扫

抠取半透明的商品图片

01 打开“婚纱.jpg”素材文件（配套资源:\素材文件\第4章\婚纱.jpg），按“Ctrl+J”组合键复制背景图层，得到“图层1”图层。

02 在工具箱中单击“钢笔工具”按钮，沿着人物轮廓绘制路径，注意绘制的路径不包括半透明的婚纱部分。打开“路径”面板，将路径保存为“路径1”。

03 按“Ctrl+Enter”组合键将绘制的路径转换为选区，单击“通道”面板中的按钮，创建“Alpha 1”通道。

04 复制“蓝”通道，得到“蓝 副本”通道，为背景创建选区，填充为黑色，取消选区。

05 依次选择【图像】/【计算】菜单命令，打开“计算”对话框，设置“源2”通道为“Alpha1”，设置“混合”为“相加”，单击 确定 按钮。

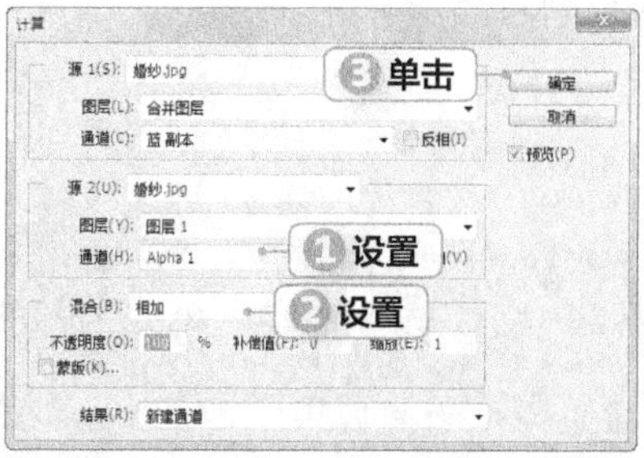

06 查看计算通道后的效果，然后在“通道”面板底部单击按钮，载入通道中的人物选区。

07 打开“图层”面板，选择“图层1”，按“Ctrl+J”组合键复制选区到“图层2”上；隐藏其他图层，查看抠取的婚纱效果。

08 打开“婚纱背景.psd”素材文件（配套资源:\素材文件\第4章\婚纱背景.psd），将人物拖曳到“婚纱背景.psd”图像中，调整其大小与位置，保存文件并查看完成后的效果（配套资源:\效果文件\第4章\婚纱.psd）。

4.2.4 实战——裁剪商品细节图

扫一扫

裁剪商品细节图

商品细节图是指以图片的形式，将产品的局部细节进行裁剪放大，达到清楚地介绍产品、美化商品详情页的目的。

本实战将先压缩大图，方便与细节图形成对比，然后利用椭圆选框工具裁剪商品大图的细节，并旋转裁剪后的图像，最后添加描边与投影效果，修饰细节图，其具体操作如下。

01 打开“细节图.psd”“手提包1.psd”和“手提包2.psd”素材文件（配套资源:\素材文件\第4章\细节图.psd、手提包1.psd、手提包2.psd）。

02 在“手提包1.psd”中选择手提包，然后将其拖曳到“细节图.psd”中的相应位置。使用相同的方法，将“手提包2.psd”中的手提包选区拖曳到“细节图.psd”中相应的位置，调整图像的大小。

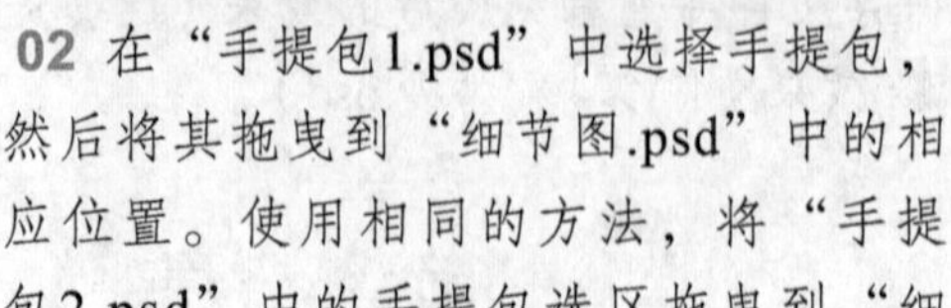

03 切换到“手提包1.psd”窗口，在手提包图层下方新建白色背景图层，按“Ctrl+E”组合键合并背景图层与手提包图层。

04 单击“椭圆选框工具”按钮◯，按住“Shift”键在需要展示的细节图处绘制圆形选区，按“Ctrl+J”组合键以圆形选区创建图层。

05 拖曳新建的圆形图层到“细节图.psd”窗口中，调整其位置，按“Ctrl+T”组合键，拖曳定界框右上角的旋转符号旋转图像。

06 在“图层”面板中双击细节图所在图层右侧的空白处，打开“图层样

式”对话框，勾选“描边”复选框，设置“大小”为“2像素”，“位置”为“外部”，“混合模式”为“正常”，“不透明度”为“100%”。

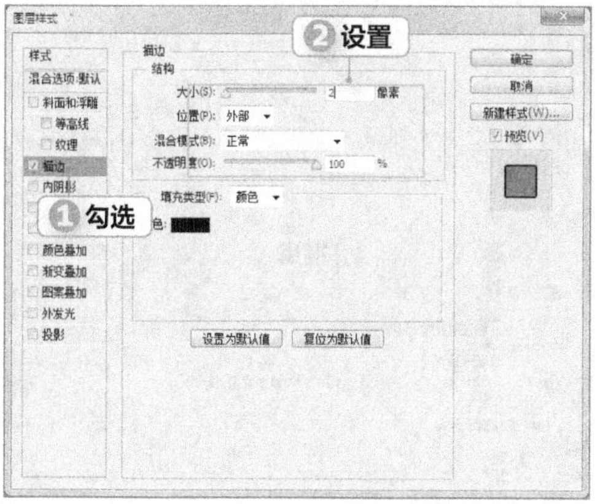

07 勾选“投影”复选框，设置“混合模式”为“正片叠底”，“不透明度”为“75%”，“角度”为“135度”，“距离”和“大小”均为“5像素”，单击 确定 按钮。

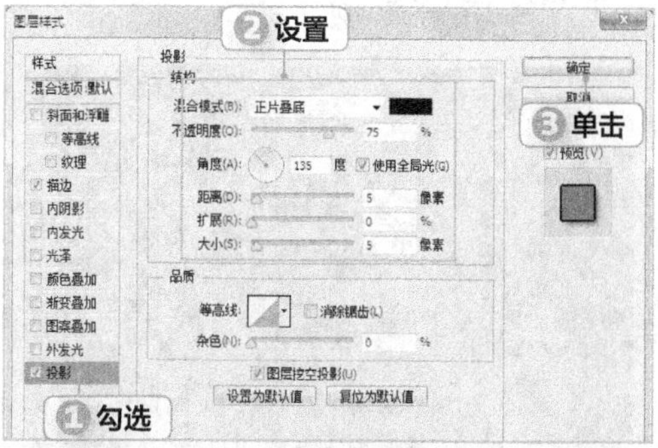

08 返回工作页面，查看描边与阴影的应用效果。按“Ctrl+S”组合键保存文件，查看完成后的效果（配套资源:\效果文件\第4章\细节图.psd）。

4.3 商品图片的美化

为了使图片中的商品引人注意，画面更加美观，通常会对图片进行美化。美化图片主要包括调整曝光不足或曝光过度，调整图片的色差、添加文字、虚化背景等。

4.3.1 调整曝光不足或曝光过度的图片

若图片曝光不足或曝光过度，将会影响产品的展示效果。提高图片的亮度，可以使商品暗部的细节得到更好地表现，提高图片的鲜艳度，可以增加画面的美观度。在Photoshop中可以通过“色阶”和“曲线”命令调整图片的亮度和色彩，使图片曝光正常，色彩表现力更强。下面对一款手表图片进行调整，在调整过程中，先通过“色阶”命令使图片曝光正常，再通过“曲线”命令调整图片的质感，其具体操作如下。

扫一扫

调整曝光不足或曝光过度的图片

01 打开“手表.jpg”图像（配套资源:\素材文件\第4章\手表.jpg）。

02 按“Ctrl+L”组合键，打开“色阶”对话框，向左拖曳白色滑块，设置色阶值为“127”，单击 确定 按钮。

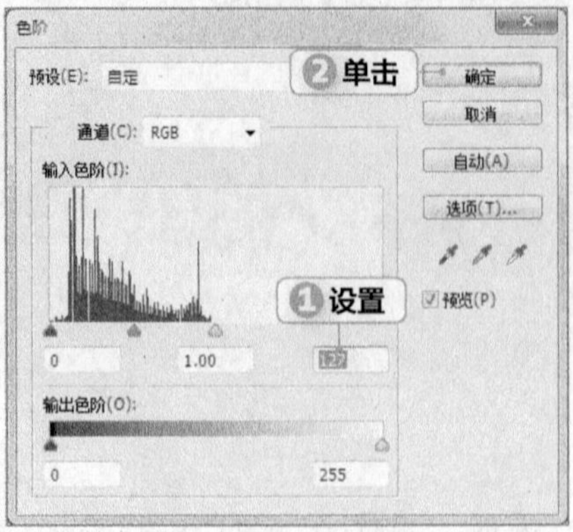

03 返回工作页面，查看调整色阶后的效果。

04 按“Ctrl+M”组合键，打开“曲线”对话框，在曲线中线的上下端单击分别拖曳，调整图像亮部与暗部的对比度，单击 确定 按钮。

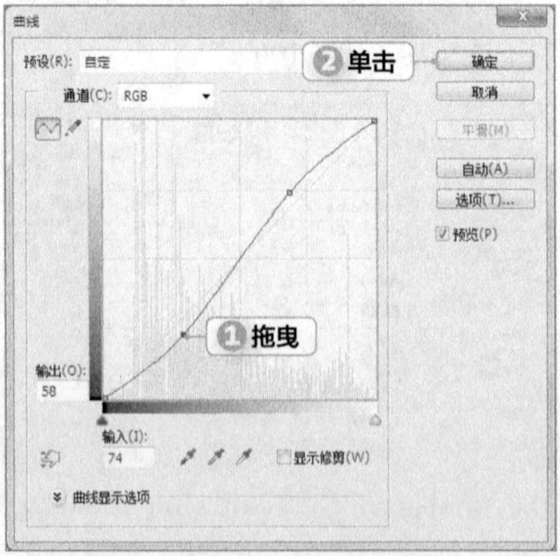

05 返回工作页面，保存图像，查看调整曲线后的效果（配套资源:\效果文件\第4章\手表.psd）。

高手支招

除此之外，还可以通过“亮度/对比度”或“曝光度”命令来进行调整。“亮度/对比度”是对整个图片的明暗和色彩之间的对比进行调整，还可以通过调整图像亮部与暗部之间的比例来调节图像的层次感；“曝光度”可以调整图像的暗部和亮部，常用于处理细微的曝光不足或过度的照片。它们都可以通过【图像】/【调整】菜单命令进行操作。

4.3.2 调整有色差的图片

扫一扫

调整有色差的图片

组合使用Photoshop的曲线、色相饱和度、阴影/高光等功能，可以对有色差的图片进行调整，使其色彩恢复正常。下面对“洁具.jpg”图片进行调整，并纠正水槽的颜色，使其恢复不锈钢的本色，具体的操作如下。

01 打开“洁具.jpg”素材文件（配套资源:\素材文件\第4章\洁具.jpg）。

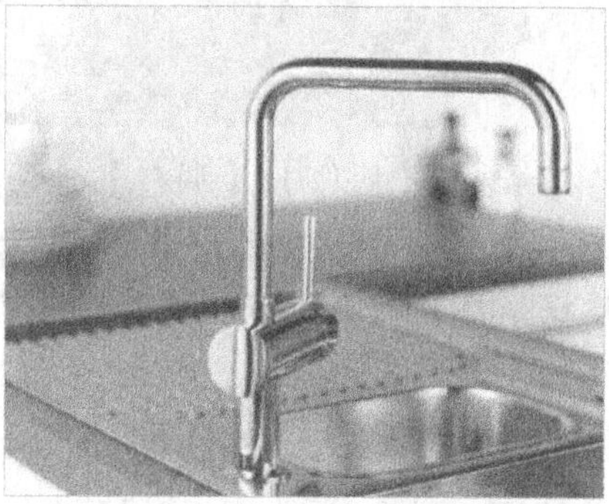

02 依次选择【图像】/【调整】/【曲线】菜单命令，打开“曲线”对话框，在“通道”下拉列表中选择“红”选项。将鼠标指针移动到曲线编辑框中的斜线上，单击鼠标左键创建一个控制点并拖曳调整。

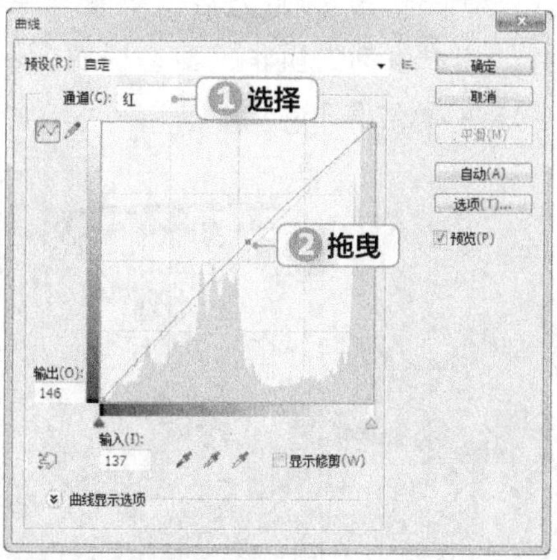

03 在“通道”下拉列表中选择“蓝”选项，向下拖曳曲线，或在“输出”和“输入”文本框中分别输入“136”和“145”。

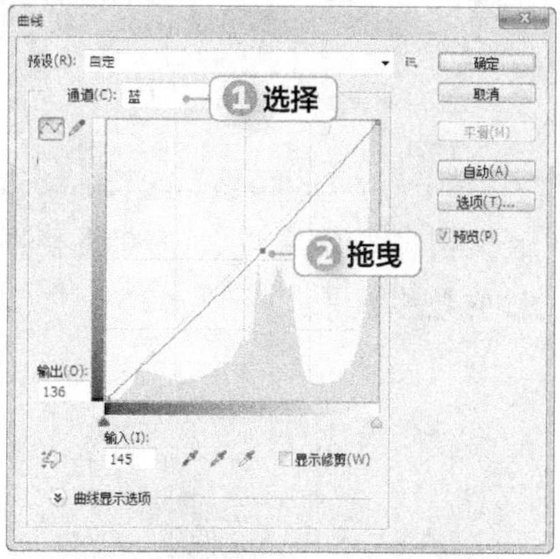

04 使用相同的方法，在“通道”下拉列表中选择“绿”选项，在“输出”和“输入”文本框中分别输入“134”和“144”。

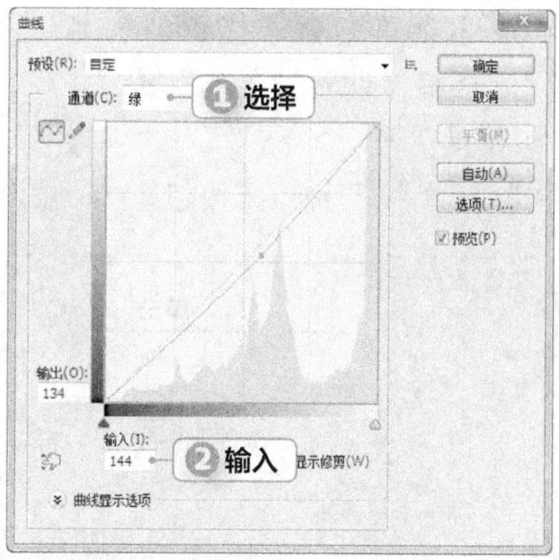

05 在“通道”下拉列表中选择“RGB”选项，调整曲线，从而增加亮度，单击 确定 按钮。

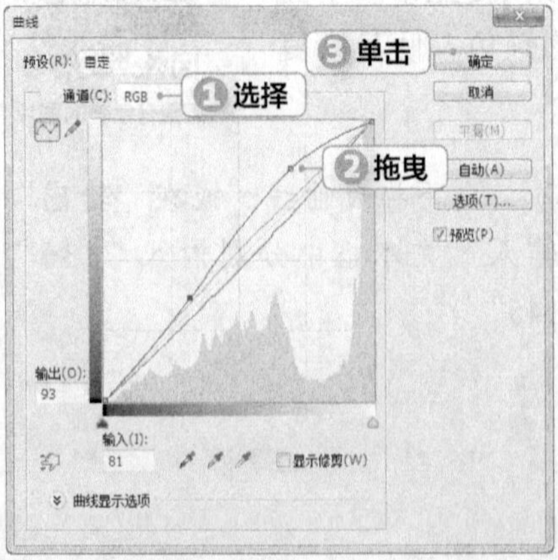

06 返回图像显示窗口，查看调整图片曲线后的最终效果。

07 依次选择【图像】/【调整】/【色相/饱和度】菜单命令，打开“色相/饱和度”对话框，设置“色相”为“+7”，“饱和度”为“-15”，“明度”为“+7”，单击 确定 按钮。

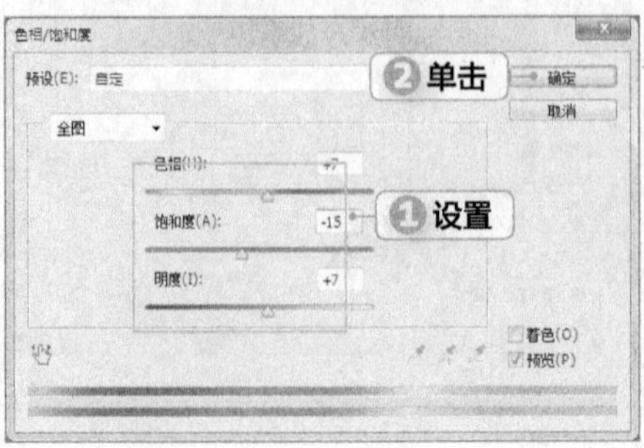

08 返回工作页面，查看调整饱和度后的效果。

09 依次选择【图像】/【调整】/【阴影/高光】菜单命令，打开“阴影/高光”对话框，将“阴影”的“数量”设置为“29%”，“高光”的“数量”设置为“11%”，单击 确定 按钮。

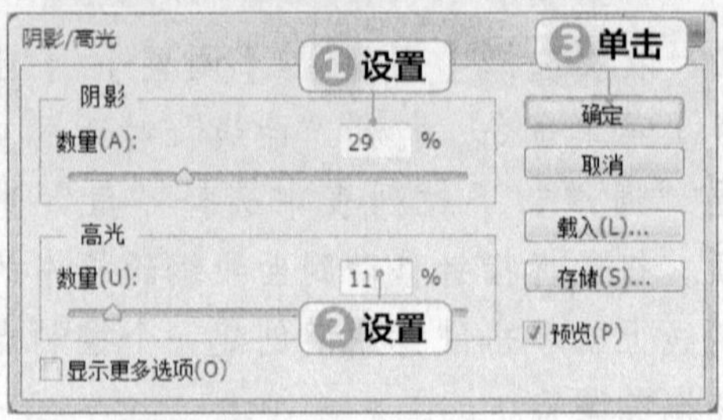

10 查看调整阴影/高光后的效果。保存文件，完成本例的操作（配套资源:\效果文件\第4章\洁具.jpg）。

高手支招

在处理图片时，可提高对比度、调整饱和度来增加画面的通透性。需要注意的是，对比度不能调得太高，否则会使暗部细节丢失或高光溢出；而饱和度太高，画面会过于艳丽，显得太假。

4.3.3 为宝贝图片添加必要的说明文字

扫一扫

为宝贝图片添加必要的说明文字

文字是商品图片的重要组成部分，文字不但能传递商品信息，还能起到促进买家购买商品的目的。下面为“樱桃.jpg”图像文件输入说明性文字，其具体操作如下。

01 打开素材文件“樱桃.jpg”（配套资源:\素材文件\第4章\樱桃.jpg）。

02 在工具箱中单击“横排文字工具”按钮T，在工具属性栏中设置字体为“Broadway”，字号为“50点”，字形为“浑厚”，颜色为“#e60012”，在图像编辑区的左侧输入字母“fresh”。

03 单击“横排文字工具”按钮T，依次选择【窗口】/【字符】菜单命令，打开“字符”面板，设置字体为“Broadway”，字号为“30点”，行距为“24点”，字距为“-25”，颜色为“#e60012”，在文字的下方输入字母“super”。

04 使用相同的方法输入文字“汶川大樱桃 来了 全程顺丰冷链（航空/陆运）”，设置字体为“方正兰亭特黑简体”，然后在“来了”文字的右侧按“Enter”键进行分段，设置上方文字的字号为“35点”，下方文字的字号为“23点”。选择整段文字，依次选择【窗口】/【段落】菜单命令，打开“段落”面板，设置左缩进为“2”，设置段前添加空格为“5”。

05 依次选择【图层】/【图层样式】/【投影】菜单命令，打开“图层样式”对话框，设置“不透明度”为“40%”，其他参数保持默认设置，单击 确定 按钮。

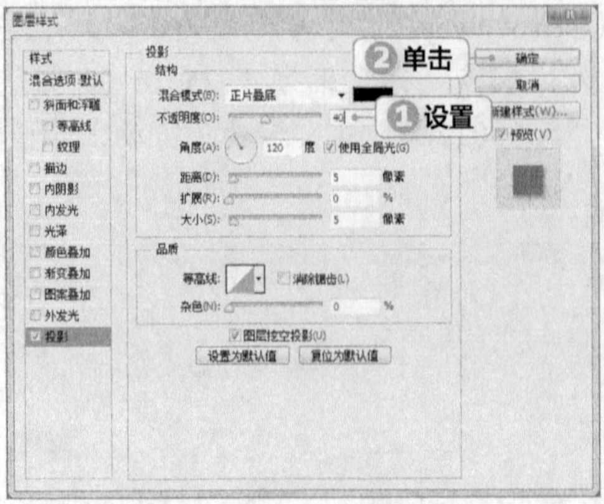

06 此时可发现对应的文本已经添加了阴影，使用前面相同的方法输入左双引号和右双引号，分别调整其大小，并与文字对齐。

07 使用相同的方法，在下方输入下图所示的文字，并设置字体为“微软雅黑”，字号分别为“13点”和“11点”，颜色分别为“黑色”和“白色”。

08 单击“矩形工具”按钮，设置矩形的大小为“250像素×30像素”，在白色文字下方绘制矩形。

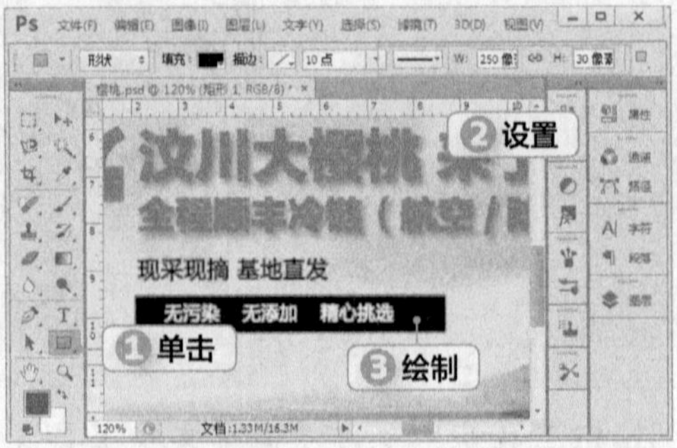

09 单击“椭圆工具”按钮，在工具属性栏中设置填充颜色为“#2e7a11”，在白色文字的左侧绘制直径为8像素的圆。

10 使用相同的方法，在其他白色文字的左侧绘制相同大小的圆，绘制完成后保存图像，查看完成后的效果（配套资

源:\效果文件\第4章\樱桃.psd）。

提个醒

用户也可使用椭圆选框工具绘制圆形选区，再为其填充颜色。

4.3.4 虚化背景让宝贝更突出

背景虚化是指将图片的景深变浅，使焦点聚集在主体上，营造主体与背景之间的一种前清后虚的效果。对背景进行虚化处理，是为了避免背景喧宾夺主，影响主体的表现效果。下面虚化拖鞋的背景，其具体操作如下。

扫一扫

虚化背景让宝贝更突出

01 打开素材文件“拖鞋.jpg”（配套资源:\素材文件\第4章\拖鞋.jpg），单击“多边形套索工具”按钮，在图像中拖曳鼠标指针进行绘制，创建选区。

02 依次选择【选择】/【反向】菜单命令，或者按“Ctrl+Shift+I”组合键反选选区。

提个醒

在为图像创建选区时，最好使选区与图像的边缘之间有一定的距离，避免在绘制选区的过程中出错。

03 依次选择【选择】/【修改】/【羽化】菜单命令，打开“羽化选区”对话框，在“羽化半径”文本框中输入羽化值“30”，单击 确定 按钮。

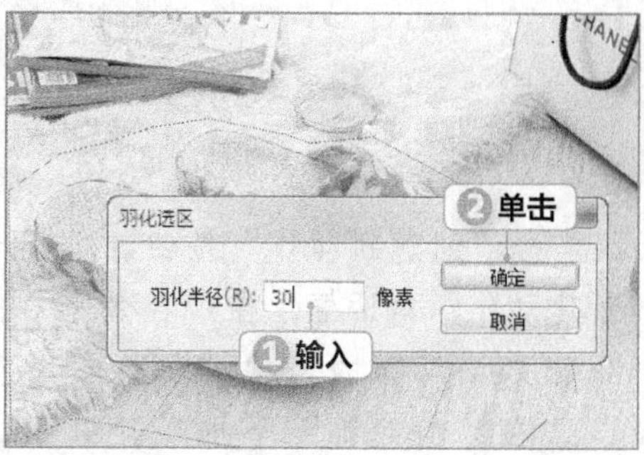

04 返回工作页面，依次选择【滤镜】/【模糊】/【镜头模糊】菜单命令，打

开“镜头模糊”对话框，设置“半径”和“叶片弯度”的值分别为“28”和“5”，单击 确定 按钮。

05 返回Photoshop CS6工作页面查看模糊后的效果，然后按“Ctrl+D”组合键取消选区，保存图像，查看完成后的效果（配套资源:\效果文件\第4章\拖鞋.psd）。

4.3.5 批量处理图片

网店的商品非常多，逐一处理会特别浪费时间，如果需要对多张图片进行相同的操作，可以通过Photoshop的图片批处理功能来实现。下面在Photoshop中创建动作并批处理图片，其具体操作如下。

扫一扫

批量处理图片

01 在Photoshop中打开一张素材图片（配套资源:\素材文件\第4章\女包），依次选择【窗口】/【动作】菜单命令，打开“动作”面板。

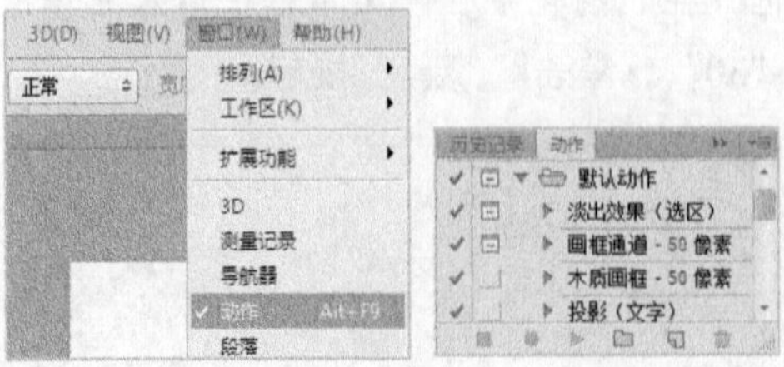

02 单击“创建新动作”按钮，打开“新建动作”对话框，在“名称”文本框中输入该动作的名称“调整图片色调”，在“功能键”下拉列表中可以设置动作的快捷键，然后单击 记录 按钮。

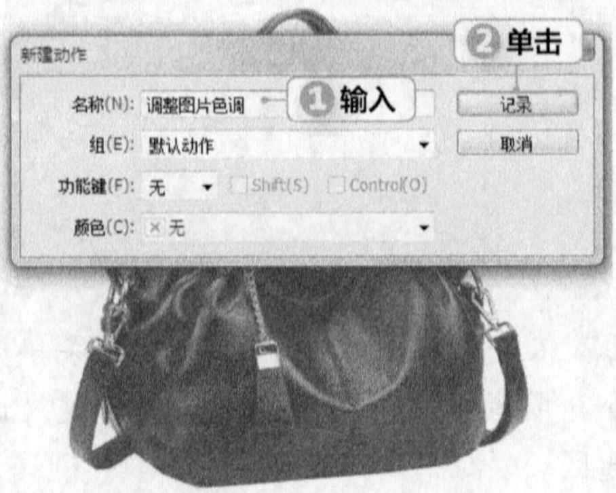

高手支招

在 Photoshop 中已经默认提供了很多批处理的动作，为了便于区分，在设置动作名称时，可设置为当前操作的名称。

03 记录动作之后，在“动作”面板中将显示“正在录制”按钮■。此时即可开始进行相应操作，这里依次选择【图像】/【自动色调】菜单命令。

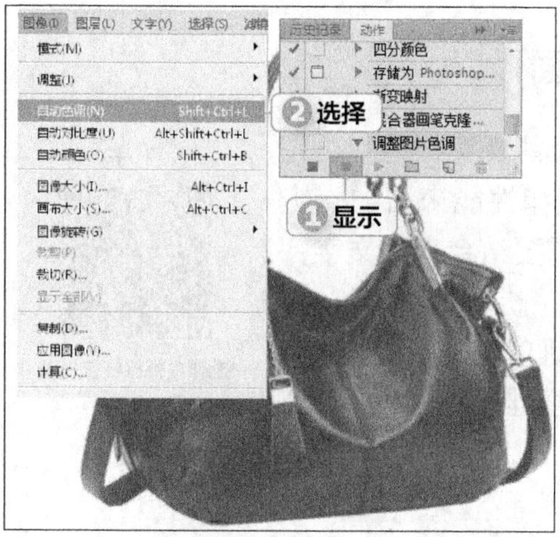

04 操作结束后，在“动作”面板中单击“停止播放/记录”按钮■，停止动作的录制，在“动作”面板中可查看该动作。

05 依次选择【文件】/【自动】/【批处理】菜单命令，打开“批处理”对话框，在“动作”下拉列表中选择动作“调整图片色调”，在“源”下拉列表中选择需要处理的图片类型，这里选择“文件夹”选项，单击 选择(C)... 按钮，打开“浏览文件夹”对话框，设置图片的来源“女包”文件夹，单击 确定 按钮，在“目标”栏中选择图片处理后保存的方式为“文件夹”选项，设置处理完成后的图片的保存位置。

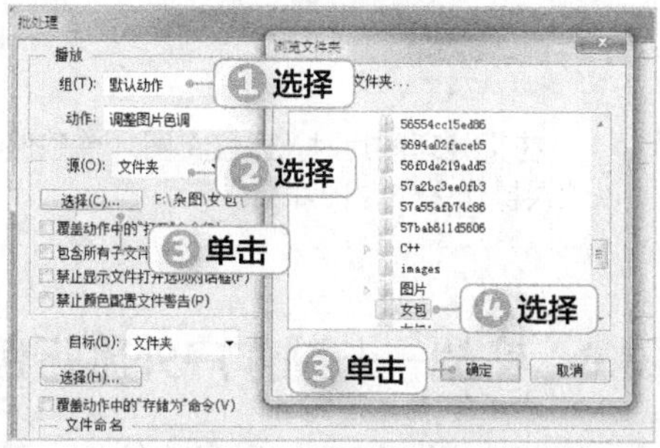

06 单击 确定 按钮，将自动对源文件夹中的图片进行批处理。处理过程中将打开“JPEG选项”对话框，提示对图片进行保存设置，在“图像选项”栏中设置“品质”为“10，最佳”，单击 确定 按钮进行保存。

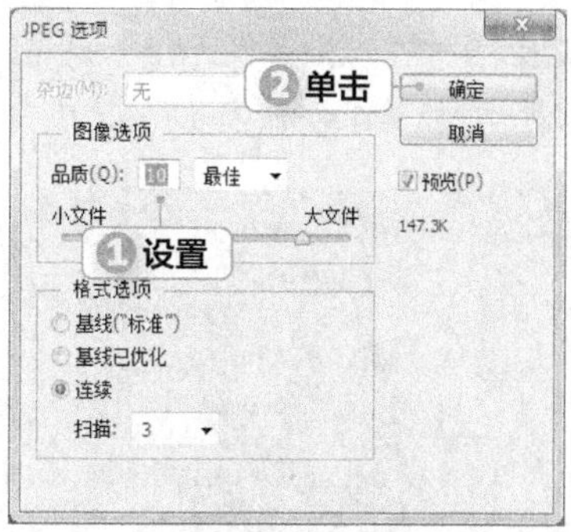

07 依次完成所有图片的处理后，打开目标文件夹即可看到所有图片的大小已被调整（配套资源:\效果文件\第4章\女包）。

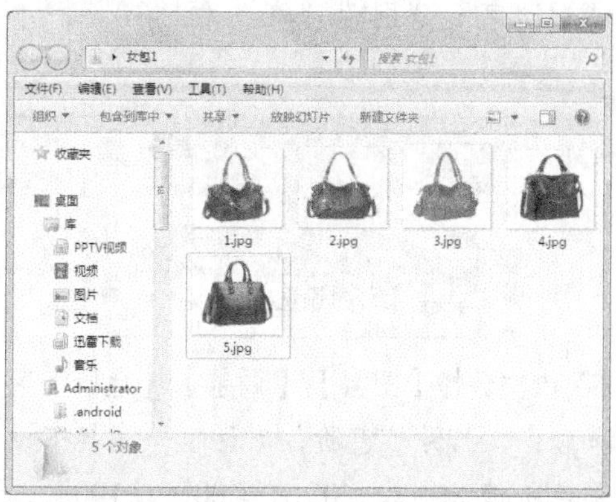

高手支招

在批处理图片时，建议将图片单独保存在另外的文件夹中，不要覆盖原文件夹中的图片，以免误操作丢失源图片文件。

4.3.6 实战——制作户外旅行包主图

商品图片作为买家购买的依据，要求其能真实、清晰、完整地展示产品。商品主图需要通过其特点和性能来增加点击量，因此对其色彩的要求较高，同时，还需要结合卖点文字，使其更具吸引力。

扫一扫

制作户外旅行包主图

本例将处理户外旅行包商品图片，在处理时先对旅行包的亮度、对比度和色彩进行调整，使其色彩效果更佳。然后为其添加背景，其具体操作如下。

01 打开素材“旅行包.jpg”（配套资源:\素材文件\第4章\旅行包.jpg）。

02 依次选择【图像】/【调整】/【亮度/对比度】菜单命令，打开“亮度/对比度”对话框，在其中设置“亮度”和“对比度”分别为“60”和“30”，单击 确定 按钮。

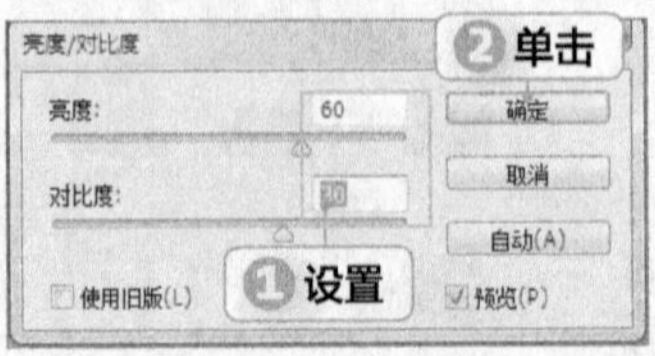

03 依次选择【图像】/【调整】/【色阶】菜单命令，打开“色阶”对话框，在其中设置色阶值分别为“0”“1.00”“190”，单击 确定 按钮。

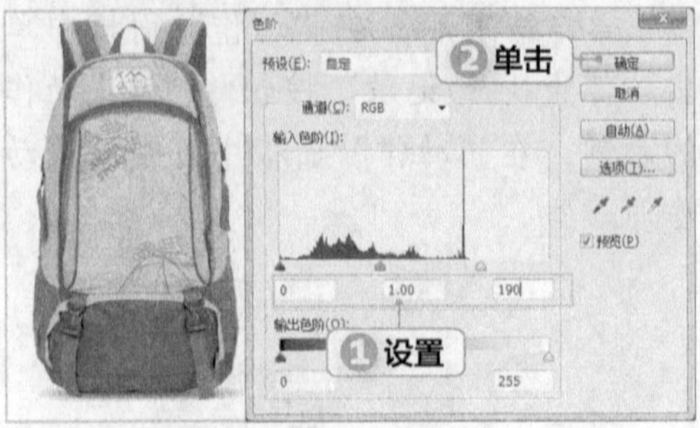

04 依次选择【图像】/【调整】/【曲线】菜单命令，打开“曲线”对话框，创建两个不同的点，分别拖曳控制点对图像进行调整，然后单击 确定 按钮。

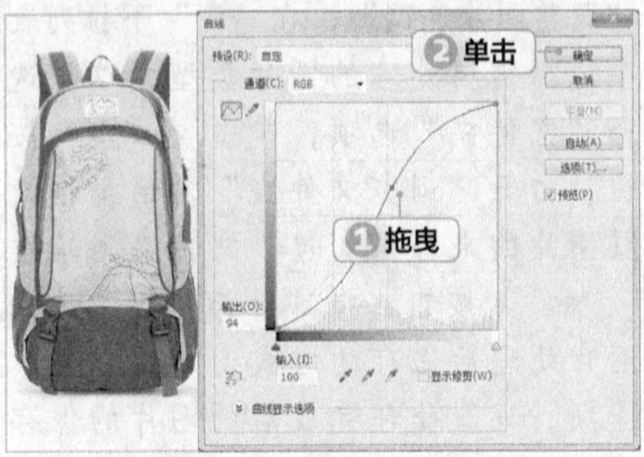

05 依次选择【图像】/【调整】/【曝

光度】菜单命令，打开“曝光度”对话框，设置“曝光度”“位移”和“灰度系数校正”分别为“+0.21”“+0.0040”和“0.72”，单击 确定 按钮。

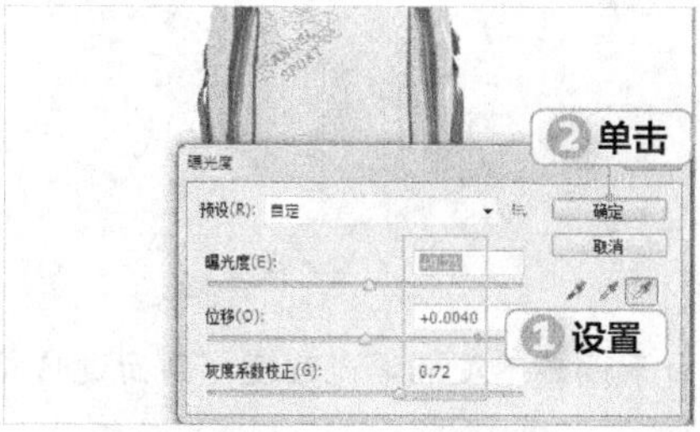

06 依次选择【图像】/【调整】/【色相/饱和度】菜单命令，打开“色相/饱和度”对话框，设置“色相”“饱和度”分别为“+20”“−10”，单击 确定 按钮。

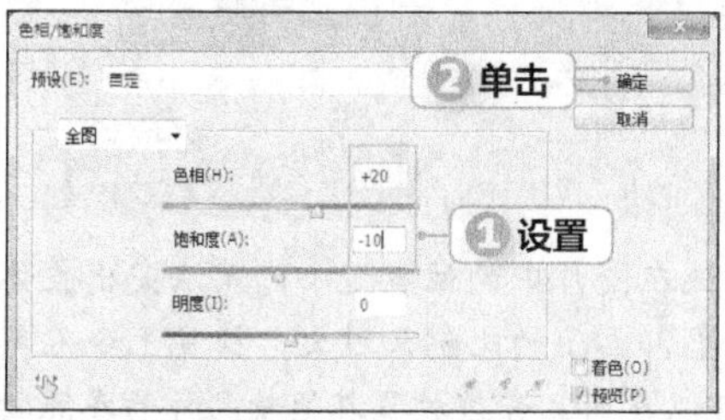

07 在工具箱中单击“魔棒工具”按钮，在空白处单击，将空白区域创建为选区，按“Ctrl+Shift+I”组合键反选选区，即可选择旅行包图像。

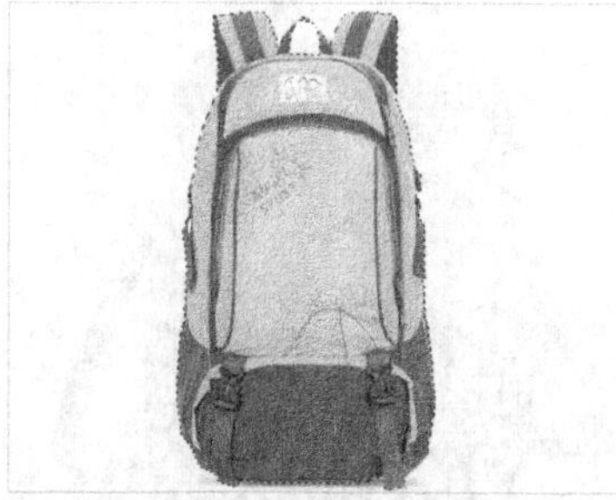

08 打开“旅行包背景.jpg”图像文件（配套资源:\素材文件\第4章\旅行包背景.psd），将旅行包拖曳到背景中，调整图像位置，保存图像并查看完成后的效果（配套资源:\效果文件\第4章\旅行包.psd）。

4.4 疑难破解

本章主要讲解了淘宝商品的拍摄技术和美化处理方法，下面针对商品拍摄和美化过程中可能遇到的问题进行解答。

1. 网店商品拍摄的常见问题有哪些?

商品图片在网店中起着至关重要的作用，一张好的图片可以让推广工作事半功倍。以下是很多网店卖家在拍照过程中常遇到的问题。

- **失真或模糊：**图片失真或模糊不仅会使买家失去购买兴趣，还会增加退换货的概率。例如，下图中的包原本是宝蓝色的，由于严重的色差，使其变成了偏绿色，这不但增加了客服的售后工作量，甚至产生差评。而茶杯因为拍摄得过于模糊，使人看不清楚茶杯上的图案等细节，买家通常不会点击浏览该商品。

● 过暗或过亮：下图中的饰品在拍摄过程中，由于曝光不足或曝光过度，画面过暗或太亮，使人无法看清楚饰品的材质和纹理。

● 主体过小或过大：下图的左图作为主体的项链在图片中的位置过小，无法突出主体商品，导致买家无法看到项链的细节；而右图项链吊坠占画面的比例又过大，视觉上令人不舒服。如果希望买家对商品的大小有更清楚的了解，可以在商品旁边放置其他物品作为参照物，但物品的颜色选择要恰当。单个商品不宜在图片中占据过大的比例，否则会给人压迫感宜采取中央构图方式，这样商品会更加清晰。

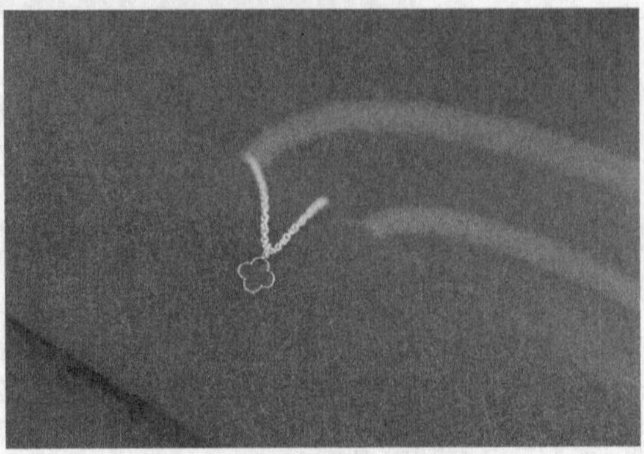

● 主次不分：下图的左图中没有突出主体商品，让买家无法区分是卖摆放台还是佛珠，所以在拍摄商品时，衬托商品的道具不可喧宾夺主，主次不分。

● 商品的疏密不当：下图的右图中，商品摆放得较为随意，虽然具有一定的活力，但缺少节奏感和韵律，显得没有生气。

● 背景与商品搭配不当：下图的左图中，餐具是白色的，背景也是白色的，使餐具不能突出显示，不能体现其立体感。因此，背景的选择也尤为重要，背景搭配合适，可以突出商品；而背景搭配错误，会减弱照片的整体效果。

● 展示不够充分：下图的右图中，主图的拍摄与后期制作效果都不错，但忽略了商品细节的展示。卖家只展示了钱包的正面，而钱包的厚度、金属拉链的做工、内部结构等都未进行展示，这样一张图片是很难打动买家的，因此在展示商品时，要注意展示商品的特点和细节。

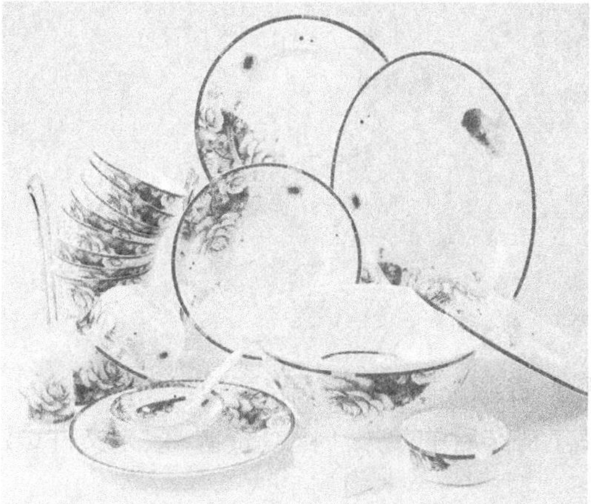

2. 怎么保证处理商品图片后照片不失真?

在进行商品图片处理时，为确保图片不失真，可进行简单的细节处理，如处理污渍、曝光度和色阶等，可通过细节的把控让图片不失真。若是因为商品图片的像素过低，放大后导致失真，可调整其分辨率，分辨率越高，图片越清晰。

3. 怎么防止宝贝图片被盗用?

若要防止商品图片被盗用，可以为图片添加水印。水印主要分为文字水印和图片水印两种模式，下面分别进行介绍。

● 文字水印：在Photoshop的工具箱中选择文字工具，在商品图片中输入水印内容，然后选择文字图层，在“图形样式”对话框中设置文字的样式和透明度，设置完成后调整水印的位置即可。

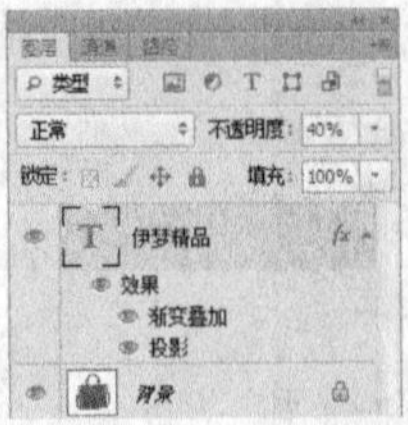

- **图片水印**：在Photoshop中打开商品图片和水印图片，将水印图片拖曳到商品图片中，调整水印图片的大小、位置和透明度即可。

4.5 边学边练

（1）拍摄一组香水的产品图，拍摄重点是表现香水的透光度。在拍摄时，可使用鲜花和花瓣作为道具进行点缀，营造一种清新的氛围。

（2）打开“美女.jpg”素材文件（配套资源:\素材文件\第4章\美女.jpg），先抠取图中的美女，然后为其替换背景，保存制作后的效果（配套资源:\效果文件\第4章\洗发水.psd）。

（3）打开“不锈钢炒锅.psd”图像文件（配套资源:\效果文件\第4章\不锈钢炒锅.psd），在其中添加卖点文字和形状（配套资源:\效果文件\第4章\不锈钢炒锅.psd）。

第5章 店铺装修

本章导读

网店装修是网上开店必不可少的一步，好的店铺装修不仅能体现店铺风格，还能方便买家操作，获得买家的认可，这是店铺成功经营的一个非常重要的因素。本章将介绍店铺装修前期准备、使用和管理图片空间、店铺首页设计、商品详情页设计等内容。通过本章的学习，读者能熟练掌握店铺装修的相关知识。

知识技能

※ 掌握店铺装修前期准备的知识

※ 掌握使用和管理图片空间的方法

※ 掌握店铺首页设计的方法

※ 掌握商品详情页设计的方法

视频讲解

（视频讲解：90 分钟）

5.1 店铺装修前期准备

为了打造出具有特色的店铺，在装修店铺前，卖家一定要提前做好准备。首先需要了解自己店铺使用的版本，以及淘宝旺铺专业版和智能版的区别；其次，还要根据自己的商品确定店铺的风格，收集与店铺风格相关的素材。除此之外，还可浏览其他店铺的装修风格，吸取优秀店铺的优点，以便更好地规划自己的店铺。

5.1.1 了解淘宝旺铺专业版和智能版的区别

进入淘宝店铺装修页面，即可查看店铺的版本。目前淘宝有3个版本，分别是淘宝旺铺基础版、淘宝旺铺专业版和淘宝旺铺智能版。

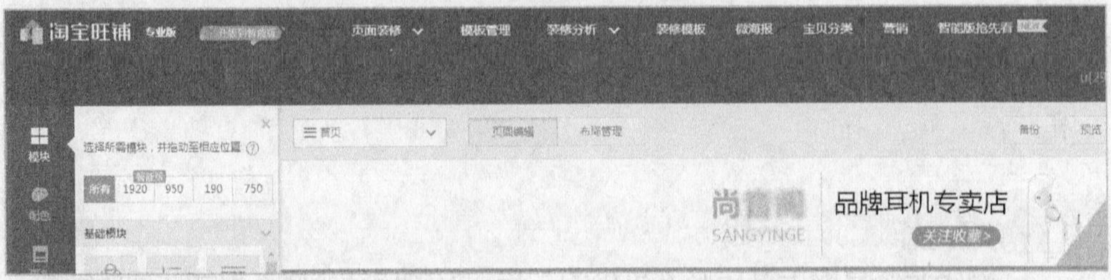

● 淘宝旺铺基础版：淘宝旺铺基础版是永久免费的，其功能与早期的扶植版类似，只有两栏结构没有通栏布局。

● 淘宝旺铺专业版：淘宝旺铺专业版是淘宝最新的旺铺版本，一钻以下的店铺可以免费使用淘宝旺铺专业版，一钻以上的店铺则需付费，旺铺价格为50元/月。专业版和基础版除了收费不同外，功能上也存在着区别，淘宝旺铺专业版拥有通栏布局、背景设置、可包含50个自定义页面等内容，而淘宝旺铺基础版则没有。基础版和专业版对于一钻以下的店铺可以随意切换。

● 淘宝旺铺智能版：智能版在专业版的基础上新增了一些功能模块，如切图模块、视频导入、千人千面、倒计时模块、1920宽屏装修等，从转化、效率和营销层面提升了店铺的操作性。专业版旺铺可以升级为智能版，智能版在PC专业版的基础上，提供了更丰富的无线装修功能与营销方法，提升了装修效率与数据化运营能力。在店铺装修页面单击“智能版抢先看”选项卡，可以查看智能版所提供的新功能。

5.1.2 确定店铺的装修风格

店铺出售的商品不同，店铺风格就会有很大的差异。如服装类的店铺，其装修风格一般都比较华丽，多以模特图片为主，非常注重美观性；家具和装修等类型的店铺，则比较注重物品的搭配和摆放；运动、数码、五金等类型的店铺，则更注重实用性和功能性。下图为现在比较主流的店铺首页效果，全屏轮播海报和商品图片的组合，让画面变得更加完美。

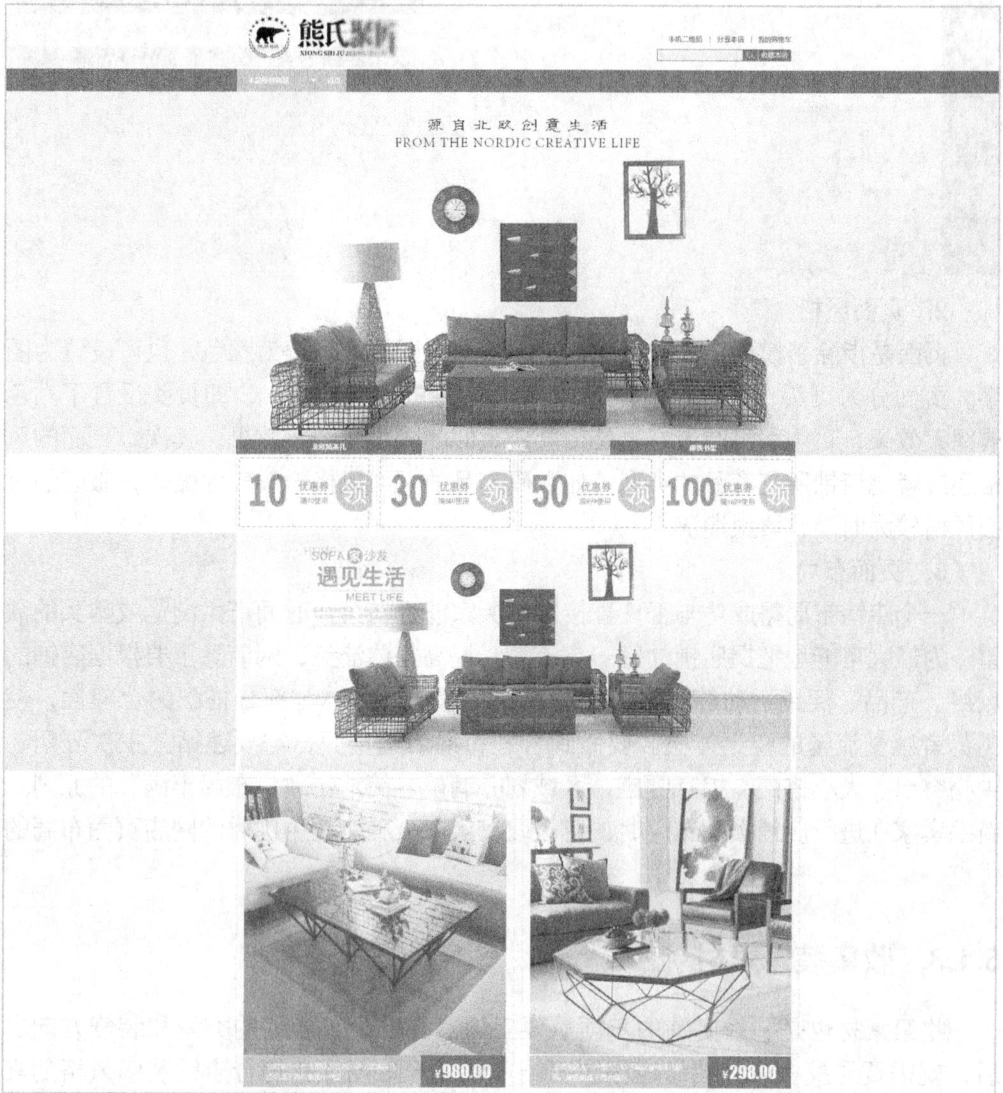

1. 店铺模板的颜色

店铺模板的颜色风格是店铺的主要基调，一般需要与店铺所经营的商品的属性相适应。在淘宝网中，可通过配色模块来设置店铺模板的颜色。其方法很简单，进入卖家中心，在左侧“店铺管理”栏中单击“店铺装修”超链接，打开店铺装修页面，在左侧导航栏中单击“配色”选项卡，在打开的面板中选择所需的颜色选项即可。

2. 页面风格

页面是指除了模板以外的页面背景区域，该区域可设置为颜色，也可设置为图案。页面分为页头、页中和页尾3部分，每部分的风格要统一，即页头设置了颜色或图案效果，页中和页尾最好也是相同或相似的颜色或图案效果；其次，页面的风格还应考虑店铺所售商品的类型，如数码产品的页面风格一般较为酷炫，服装的页面风格较为时尚，紧跟潮流。

3. 页面布局

一个店铺布局得成功与否，直接影响买家能否在第一时间产生浏览或购买的欲望。为最大可能地把握店铺的每一点流量，提高整体流量，网店除了要根据店铺的风格、产品、促销活动等进行布局外，还要求讲究整体与部分搭配的合理性，使浏览者感受流畅的视觉体验。要做到合理布局店铺页面，需要遵循“主次分明、中心突出、大小搭配、相互呼应，区域划分明确、简洁一致，布局丰满”的原则。新手卖家在进行店铺页面布局时，可吸取淘宝或天猫店铺中优秀的网店页面布局的优点。

5.1.3 收集装修素材

收集素材也是装修店铺的一项重要工作。在明确了店铺的类型和装修方向之后，就需要寻找在店铺装修过程中可能用到的一些图片和符合店铺装修风格的素材，为后期的设计打下基础，主流的素材网一般包括素材中国、昵图网、千鸟网、花瓣网等。下图为素材中国网站中展现的模板。

5.1.4 认识店铺装修的模块

在淘宝装修页面中，单击“模块”选项卡，可以看到淘宝网中提供的所有基础模块，如“宝贝推荐”“自定义区”“图片轮播”“宝贝排行”“无线二维”等。其中“自定义区”可由用户进行自定义添加模块，由于其没有固定尺寸的限制，所以常用于展示特色的宝贝或店铺的活动，是店铺装修最常使用的模块，设计美观的页面基本上都是通过“自定义区”来实现的。

添加店铺模块的方法比较简单，选择所需的模块，将之拖至相应位置即可。

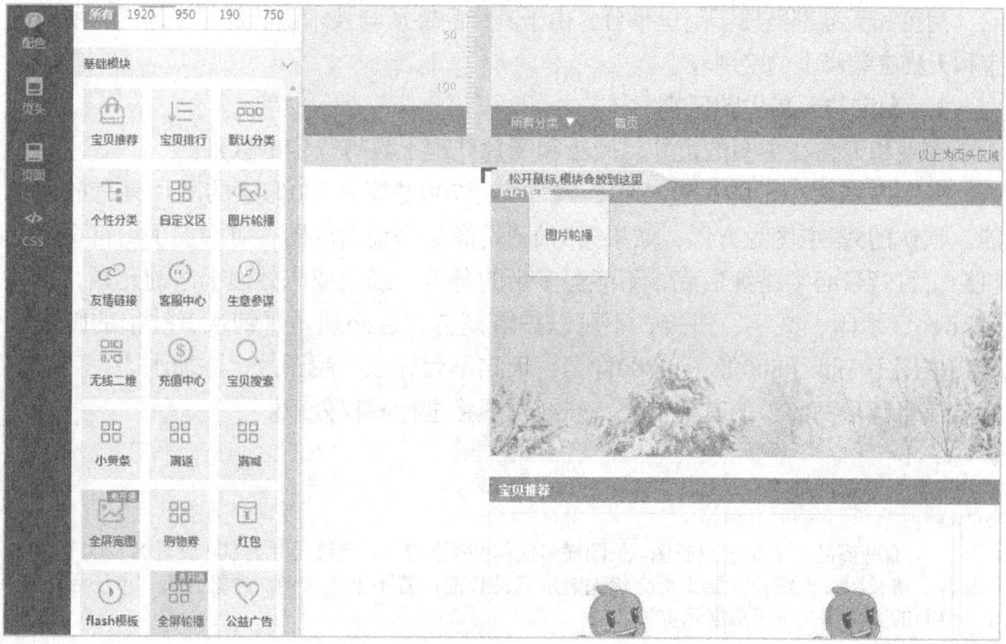

在添加模块后单击编辑按钮，在打开的对话框中可对该模块进行设置。

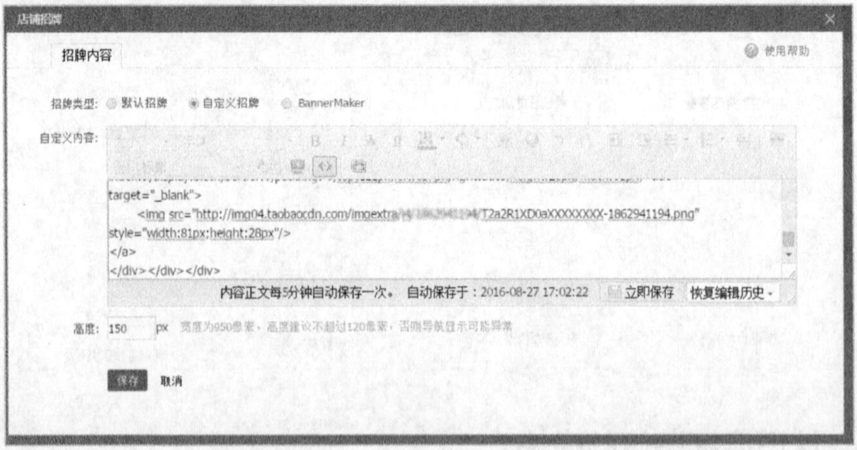

高手支招

若发现添加的模块过多或有不需要的模块，可以将其删除。删除方法：在模块右上角单击×删除按钮，即可将该模块删除。

5.1.5 了解淘宝与天猫装修的区别

淘宝和天猫都同属于阿里平台，由于其产品性质与技术团队都师出同门，所以淘宝和天猫在装修上的差别较小。

1. **淘宝与天猫主图区别**

淘宝和天猫在主图的尺寸、大小和图片处理上具有一定的区别。

淘宝主图大小不能超过3MB，尺寸大于700像素×700像素的图片具有放大功能。默认的5张主图为方形，如果第5张图是商品平铺白底图，可增加手淘首页曝光机会，且背景必须是纯白底，不能有多余的背景、线条或未处理干净的元素，不能有Logo、水印、文字、拼接，不可以拍摄模特，且必须是平铺或者挂拍的图片。天猫主图不应低于800像素×800像素，天猫不允许在商品图片上添加水印、商标、优惠信息等除商品外的其他信息，一经发现将进行降权处理。

高手支招

有些商品可上传宝贝长图，长图横竖比例必须为2:3，建议尺寸为800像素×1200像素，若上传长图，无线搜索结果页会优先展示商品长图，若不上传长图，搜索列表、市场活动等页面的竖图模式将无法展示宝贝。

下图所示的3张图片，左侧和中间的图片符合主图的要求，右侧的图片在产品图片上添加了商标，因此，不符合主图的要求。

2. 淘宝与天猫详情页的区别

淘宝详情页的宽度尺寸不大于750像素，而天猫详情页的图片宽度尺寸不大于790像素。

3. 淘宝与天猫上传与工具应用的区别

淘宝和天猫都可以通过两种方式上传商品：一种是在店铺后台直接进行上传；另一种是利用淘宝助理进行上传。在上传商品的过程中，天猫要求上传更多的产品资质信息，如服装类目的吊牌、水洗标签等。而通过淘宝助理上传图片时，需要下载对应的版本进行上传。

5.2 使用和管理图片空间

店铺中的图片基本都放置在图片空间中，完善充足的图片空间可以提升图片管理的效率，提高商品图片的展示速度和消费者的购物体验。

5.2.1 将图片上传至图片空间

扫一扫

将图片上传至图片空间

装修店铺会使用大量的图片素材，这些素材都放置于卖家的图片空间中，图片素材越多，占用的空间越多。很多平台都会为卖家提供免费的图片存储空间，而淘宝网中1钻以下的卖家可以免费无限量使用图片空间，而1钻以上的卖家则免费送30MB容量的图片空间。卖家进行装修或发布宝贝前，可将图片上传到图片空间，需要使用时直接从中选择。下面讲解将图片上传至图片空间的方法，其具体操作如下。

01 登录淘宝卖家中心，在左侧的“店铺管理”栏中单击“图片空间”超链接。

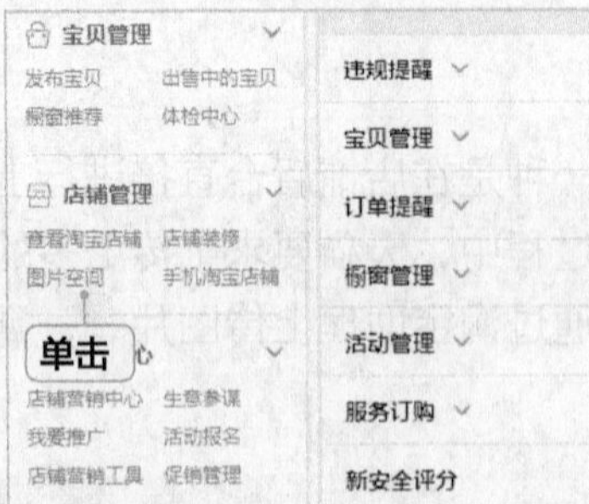

02 进入图片空间页面，在页面上方单击上传图片按钮。

03 打开“上传图片”对话框，在其中的“通用上传”栏中单击点击上传按钮。

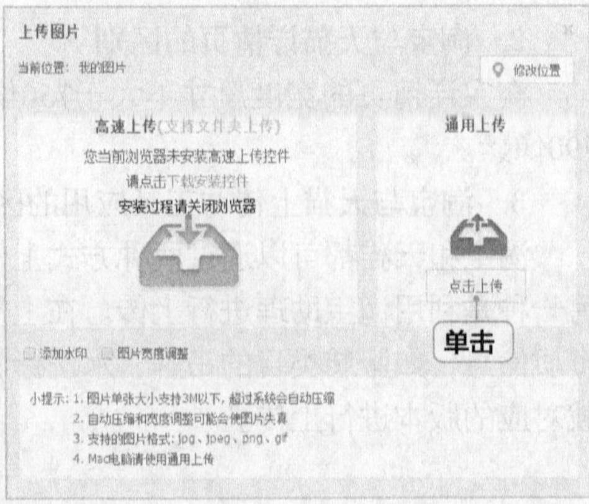

04 打开“打开”对话框，在其中选择需要上传的图片，单击打开(O)按钮。

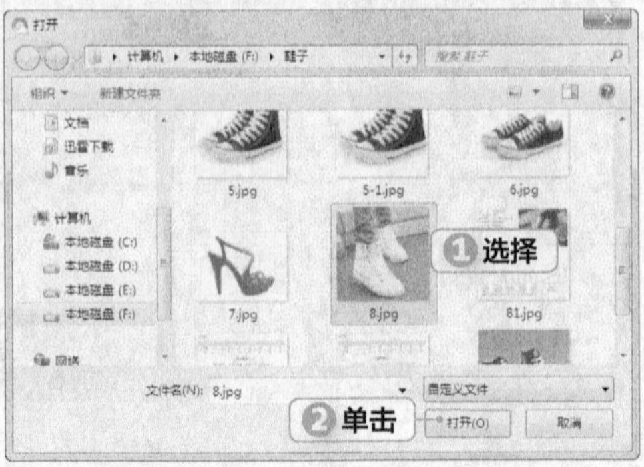

05 此时，将打开图片上传提示框，并显示图片上传的进度，上传完成后，将自动返回图片空间，即可查看上传后的图片。

高手支招

由于在淘宝网中上传的图片类型有很多，为了快速进行区分，可以新建图片文件夹对同类型图片进行单独放置。如新建“800×800”文件夹，用于单独存放像素为“800×800”的图片。具体方法：在图片空间页面上方单击 新建文件夹 按钮，打开“新建文件夹”对话框，在文本框中输入“800×800”，单击 确定 按钮即可。

高手支招

如果图片空间不能满足需求，还可以通过其他途径获取，如租用淘宝图片空间，有很多服务商提供淘宝空间的租赁服务。

5.2.2 分类管理图片空间

在上传图片时，如果没有对图片的类别进行设置，图片会存放在“默认分类”下，为了便于区分不同的图片，可以对图片进行分类管理。下面先新建文件夹，然后进行图片移动和替换等操作，以更加方便地管理不同的图片，其具体操作如下。

扫一扫

分类管理图片空间

01 进入图片空间，单击 新建文件夹 按钮。

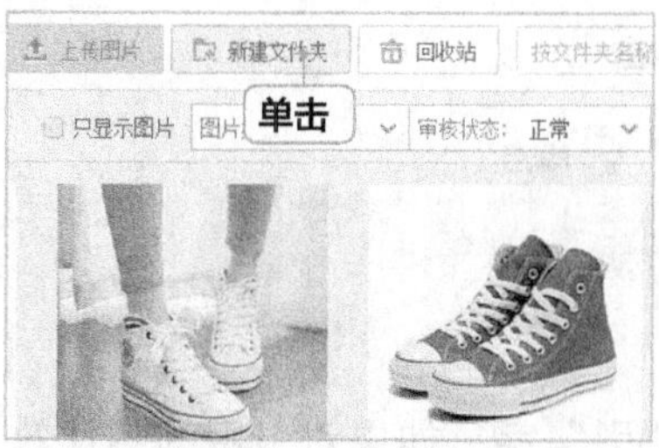

02 打开“新建文件夹”对话框，输入文件夹名称“宝贝主图”，单击 确定 按钮。

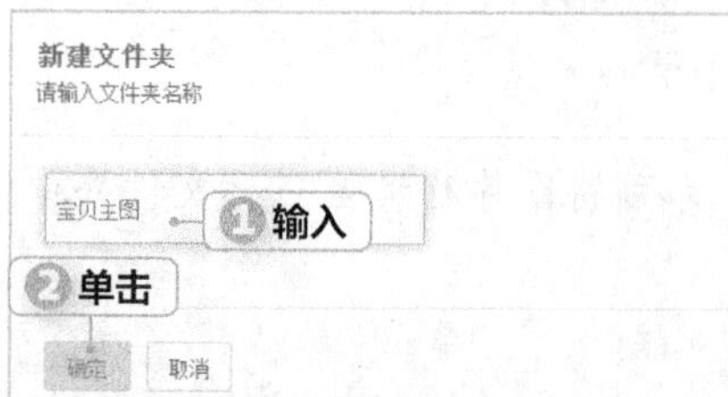

03 左侧图片的目录将显示新建的文件夹。

04 在我的图片栏中选择需要移动的宝贝图片，单击鼠标右键，在弹出的快捷菜单中选择“移动”命令。

05 打开“移动到”对话框，在其中选择“宝贝主图”文件夹，然后单击 确定 按钮。

06 即可将图片移动至目标文件夹中。

07 若需要替换图片空间中的图片，则可选择需要替换的图片，在工具栏中单击 替换 按钮。

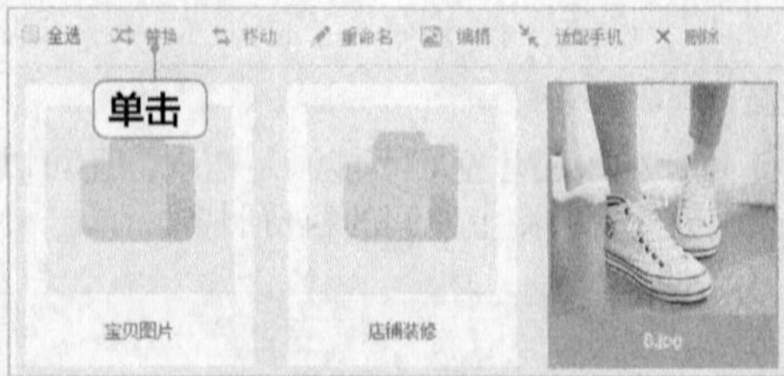

08 打开“替换图片”对话框，在其中单击 选择文件 按钮，打开“打开”对话框，在其中选择需要替换的图片，返回“替换图片”对话框，单击 确定 按钮即可完成图片替换。

5.2.3 查看引用图片

图片空间中已被引用的图片右上角将显示“引”字，如果对引用的图片效果不满意或引用图片不正确，可对图片进行替换。具体方法：选择被引用的图片，在工具栏中单击 查看引用 按钮，打开“查看引用”对话框，在其中可查看引用该图片的位置，单击 替换 按钮，打开“替换图片”对话框，单击 选择文件 按钮，打开“打开”对话框，选择需要替换的图片，返回“替换图片”对话框，单击 确定 按钮，即可替换所选择位置的图片。

高手支招

适配手机是指将电脑端图片尺寸自动调整为适应手机端大小的图片，可以方便卖家对手机端店铺进行装修。在图片空间中选择图片，在打开的工具栏中单击 适配手机 按钮，即可将图片自动裁剪成可以适应手机端大小的尺寸。对于不需要的图片，可单击 删除 按钮删除。

5.2.4 实战——创建“女士衬衫”文件夹并添加图片

下面将在图片空间中上传女士衬衫的图片，然后创建文件夹进行分类管理，其具体操作如下。

扫一扫

创建“女士衬衫”文件夹并添加图片

01 进入图片空间，单击 新建文件夹 按钮，打开“新建文件夹”对话框，输入文件夹名称“女士衬衫”，单击 确定 按钮。

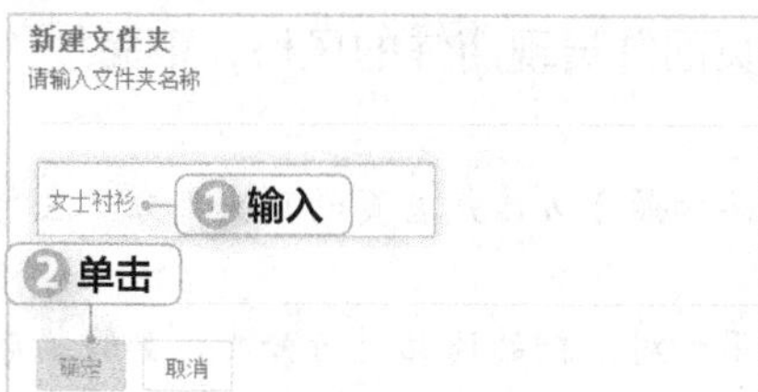

02 在页面上方单击 上传图片 按钮，打开“上传图片”对话框，在其中的“通用上传”栏中单击 点击上传 按钮。

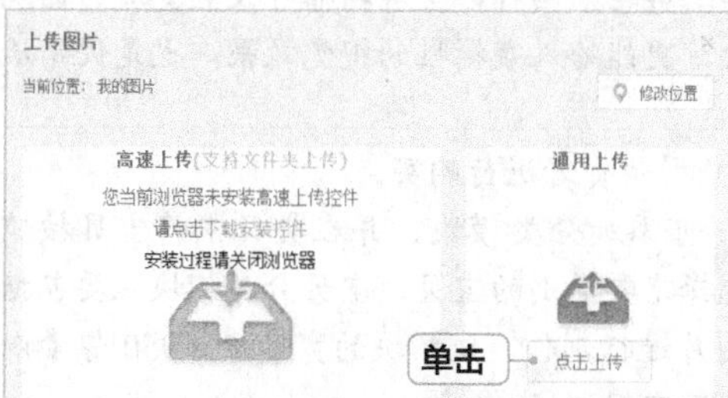

03 打开“打开”对话框，在其中选择需要上传的图片，单击 打开(O) 按钮，即可进行上传操作。

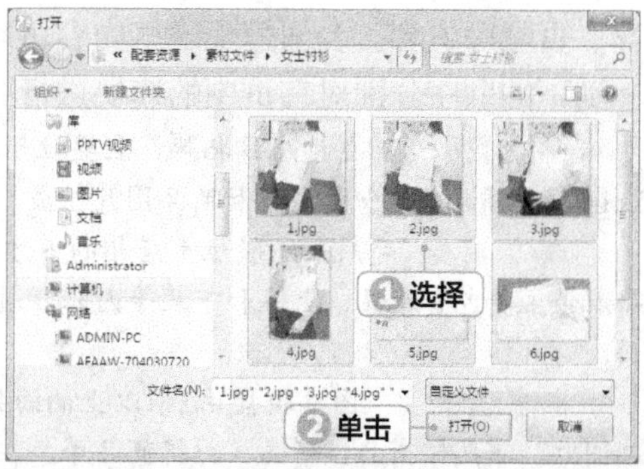

04 完成上传后，在“我的图片”栏中选择需要移动的所有图片，在“工具栏”中单击 移动 按钮。

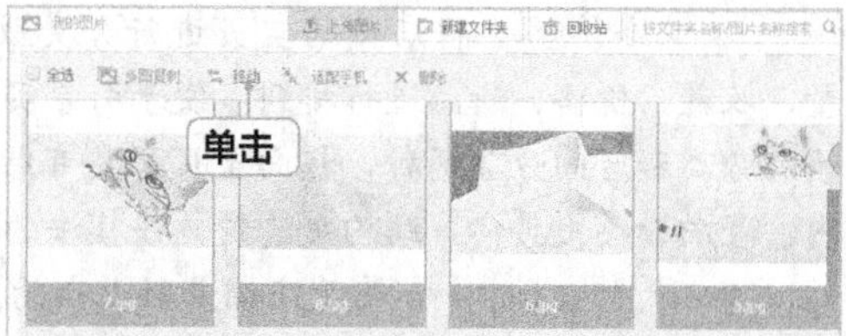

05 打开“移动到”对话框，选择“女士衬衫”文件夹，单击确定按钮。

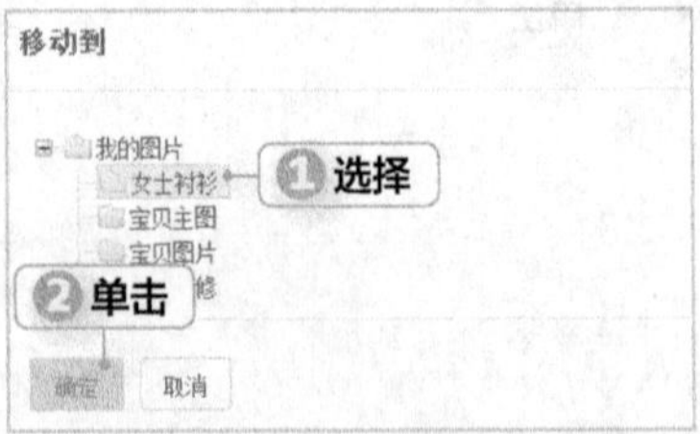

06 此时，图片将移动至目标文件夹中，查看移动后的效果。

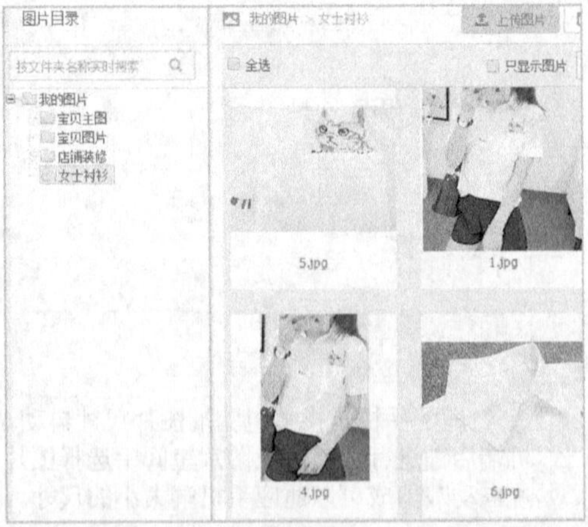

5.3 店铺首页设计

店主在制作店铺首页前，首先需要对店铺的首页进行布局设计，并了解店招中需要包含哪些元素，然后再对首页中各个模块进行制作。

5.3.1 店铺首页的布局设计

淘宝店铺的首页一般包括店招、导航、图片轮播、优惠券、宝贝分类、宝贝推荐、页尾等内容。合理搭配这些内容可以丰富页面并展现店铺的风格，下面按照从上到下的顺序分别对首页中的模块进行介绍。

- 店招：店招也称店铺招牌，主要位于店铺页面的最上方，是首页的页头部分，主要由Logo、店铺名称、少量文案和商品图片组成。
- 导航条：导航条一般位于店招的下方，主要用于对店铺的商品进行分类，如服装店的导航条主要包含新品、上装和下装等内容，通过导航条可以帮助买家快速跳转到对应的分类页面。
- 图片轮播：图片轮播由2张以上的海报组合而成，图片轮播主要用于播放店铺中的商品图片，如热销商品、新品、打折商品等。在店铺中添加图片轮播模块后，进入店铺主页即可自动放映所设置的图片。轮播海报分为默认尺寸和全屏轮播两种，全屏轮播可设置宽度为1920像素的全屏海报与全屏轮播图，其显示的区域更大，更能给人震撼性的视觉效果，也是促销活动时的常用模块，但需要花钱开通。
- 优惠券：该模块可设置店铺的优惠信息，吸引消费者进行购买。
- 宝贝分类：将店铺的宝贝进行分类放置，可添加分类模块，并在类目中将宝贝按销量、收藏、价格、新品进行排列，便于引导买家选择需要类别的宝贝。宝贝分类模块主要包括横向分类和竖向分类两种，横向宝贝分类可结合图片进行制作，该模块的宽度应为950 像素以内，竖向分类更具体，结构更清楚，该模块的宽度不宜超过150像素。
- 新品上新预告：展示店铺最新上市的宝贝，可以给顾客一种向导的作用，是店铺营销中必备的模块。

- 宝贝推荐海报：店铺装修中宝贝推荐模块在网店就像是一条横幅，使用宝贝推荐模块可以自动添加店铺中销售最好的产品，或手动添加想要打造的爆款。
- 宝贝搜索：设置搜索的关键和价格区间，以便客户点击和搜索整个店铺宝贝。
- 客服中心：在页头、页中以及页尾处一般都需要添加店铺的客服模块，其目的在于能让顾客很快地找到客服人员并咨询宝贝的相关信息。
- 收藏：收藏模块能够增强客户体验，增加客户黏性，促进客户的二次购买。
- 页尾：可添加手机店铺网址和二维码等模块，方便客户收藏店铺。

如下图片所示，左图为首页中各个模块的布局框架，右图为一款女包的首页，在其中显示了全屏海报、优惠券、宝贝推荐海报、收藏、页尾等模块内容，页面整体风格统一，很好地展示了店铺的特色。

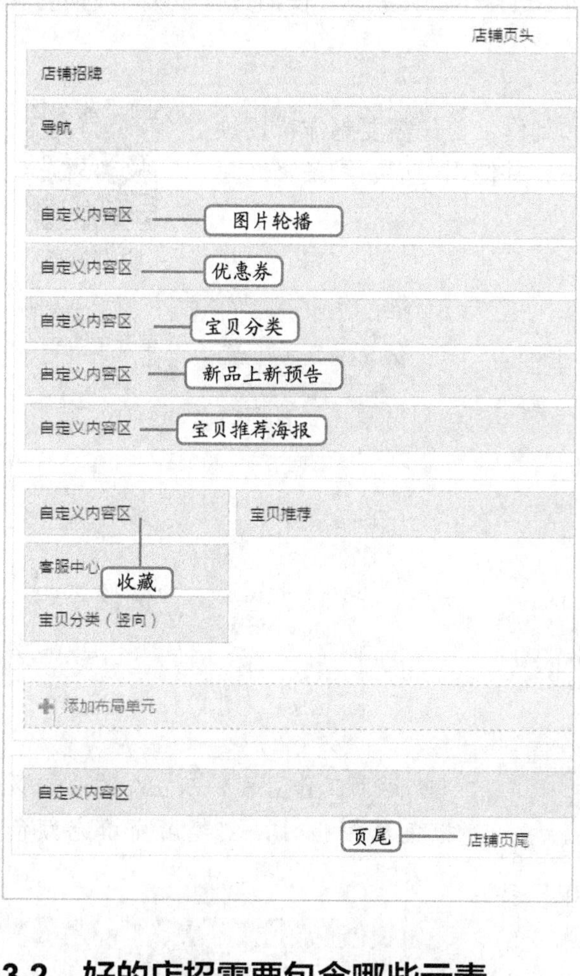

5.3.2 好的店招需要包含哪些元素

店招设计是网店装修中很重要的部分，它在店铺中的位置比较明显，主要起广告牌的作用，因此在设计店招时要注意以下4个要点。

- 品牌Logo和店铺名：需要在醒目的位置添加店铺Logo和店铺名，方便给买家留下深刻的印象。
- 品牌Slogan（广告语）：从广告语中展示店铺的特点、风格、形象等内容。
- 视觉点：可通过优惠信息、促销信息等吸引消费者。
- 关注或收藏店铺入口：添加关注或收藏店铺入口，可提高购买者再次光临的概率。

5.3.3 实战——设计耳机店铺店招和导航条

设计店招时，需要紧密结合店铺的定位和品牌的形象特征，并将其清楚地体现出来。店铺的定位是指清楚精准地展示店铺的产品，以便快速吸引目标消费群体。品牌特征是指通过对店铺名称、标志进行个性化展示，使消费者形成对店铺的基本印象，便于店铺的后期宣传。

1. 设计常规店招

下面对常规的店招进行设计和制作，首先需要制作背景效果，然后添加耳机产品素材与文案，并使用图形、线条修饰画面，其具体操作如下。

扫一扫

设计常规店招

01 新建大小为950像素×120像素，分辨率为72像素/英寸，名为“常规店招”的文件。新建图层，单击“钢笔工具”按钮，在绘图区绘制形状。

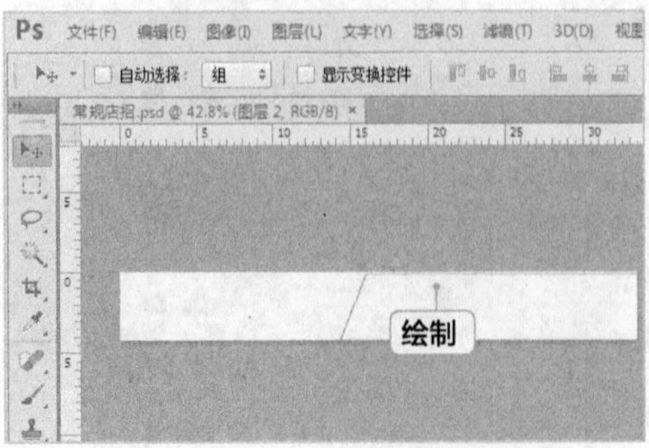

02 新建图层，按“Ctrl+Enter”组合键将路径转化为选区。单击“渐变工具”按钮，单击渐变填充条，打开“渐变编辑器”对话框，设置渐变填充颜色分别为“#4bc6ff”和“#4ca1e2”，单击 确定 按钮。

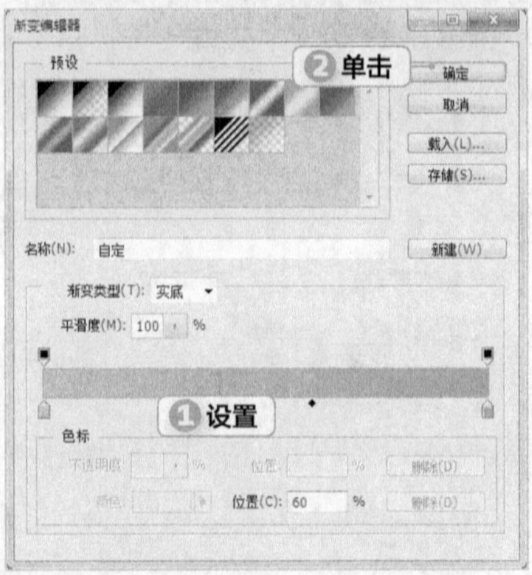

03 返回工作页面，从左向右在选区上拖曳鼠标指针，创建渐变填充颜色的效果。

04 单击“横排文字工具”按钮T，设

置字体格式为“方正兰亭粗黑_GBK、36点”，设置字体颜色为“#34b1ed”，输入“尚××”文本；设置字体格式为“Corbel、20点”，在尚××下方输入字母“SANGYINGE”。

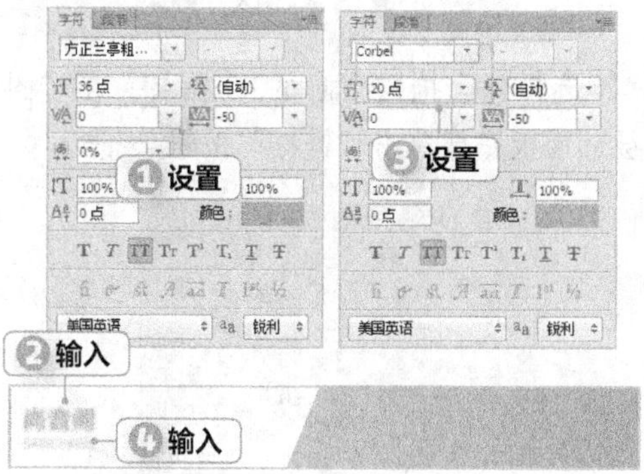

05 单击“直线工具”按钮，在工具属性栏中设置填充颜色为“#bfbfbf”，粗细为“1像素”，取消描边，按住“Shift”键向下拖曳鼠标左健绘制直线。

06 单击“横排文字工具”按钮，设置字体格式为“微软雅黑、28点、黑色”，输入“品牌耳机专卖店”文本。

07 单击“圆角矩形工具”按钮，在文字下方绘制颜色为“#f3002e”的圆角矩形。

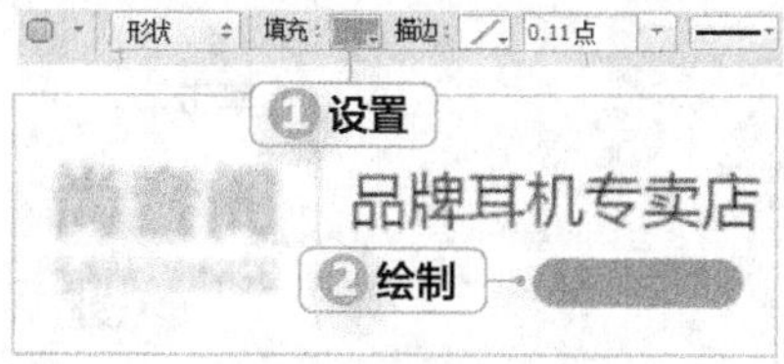

08 单击“横排文字工具”按钮，设置字体格式为“微软雅黑、16点、倾斜、白色”，在圆角矩形上方输入“关注收藏”文本。

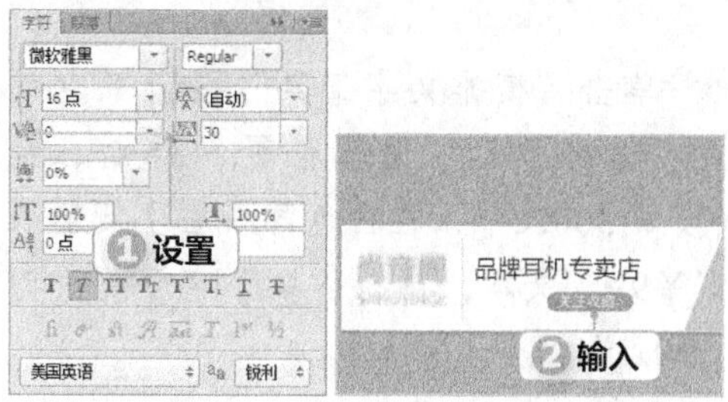

09 打开“耳机素材.psd”素材文件（配套资源:\素材文件\第5章\耳机素材.psd），将其中的耳机素材分别拖曳到“常规店招”文件中，调整各素材的位置和大小，再拖曳白色耳机所在图层，将其移动到渐变形状图层下方。

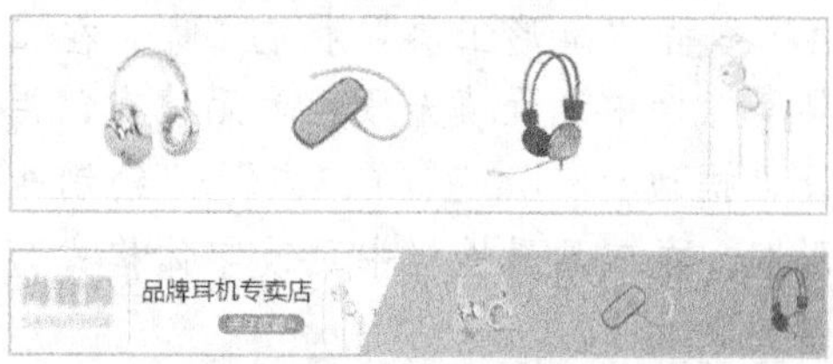

10 在“图层”面板中双击黄色耳机所在图层，打开“图层样式”对话框，勾选“投影”复选框，在右侧的面板中设置下图所示投影参数，单击确定按钮，完成投影的添加，使用相同的方法，继续为后两种耳机添加投影。

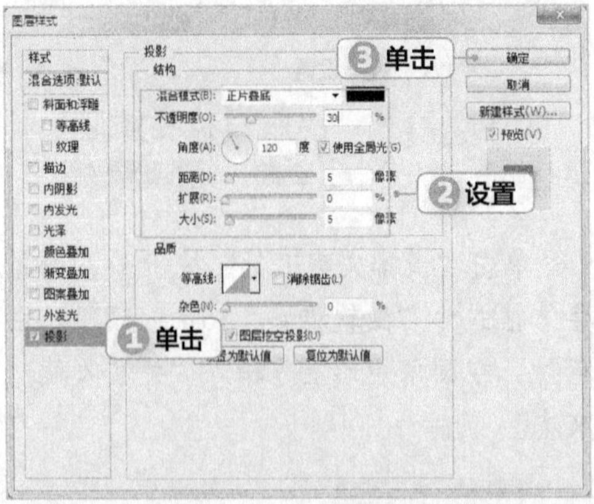

11 单击“横排文字工具”按钮T，设置字体格式为“微软雅黑、36点、锐利、#f3002e”，在白色耳机右上侧输入“￥99”文本，再将“￥”字号更改为“20点”。

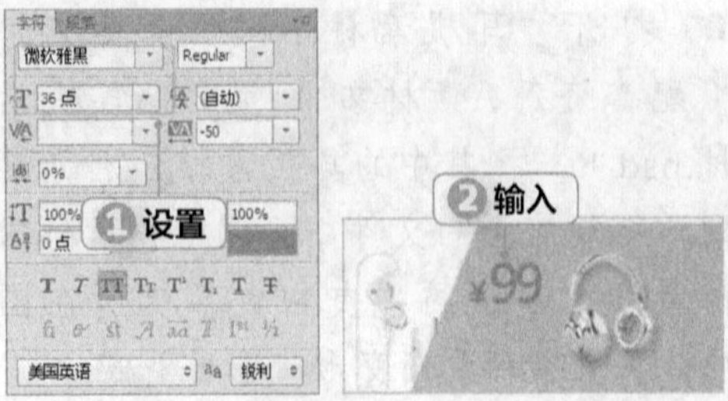

12 单击“矩形工具”按钮，在工具属性栏中设置填充颜色为无填充，再设置描边为“黑色、0.5点”，绘制矩形框，在工具属性栏中更改字体格式为“16点、黑色”，在矩形框上输入“抢购”文本。

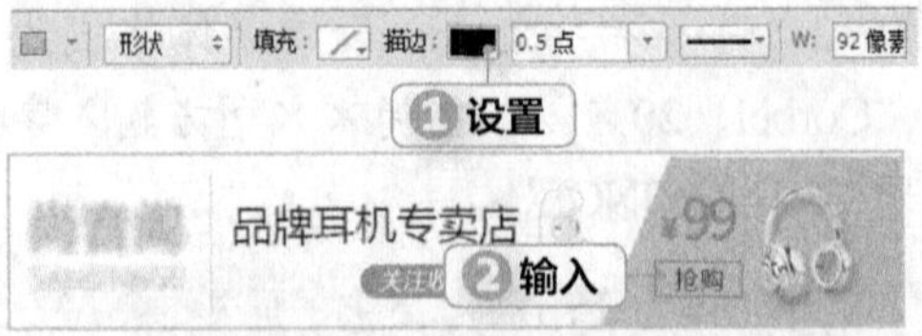

13 选择包含抢购信息的3个图层，在“图层”面板底部单击“链接”按钮。

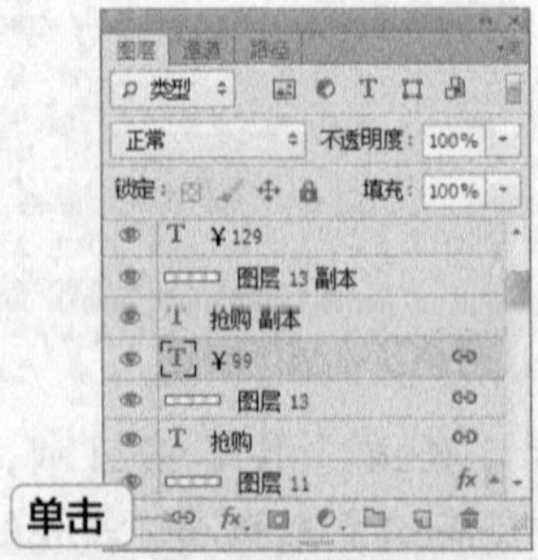

14 按“Ctrl+J”组合键复制链接的图层，将复制的图层移动到下一个耳机素材的左侧，再次复制链接的图层，将复制的图层移动到最右侧耳机的左侧，更改价格。设置完成后依次选择【文件】/【存储为】菜单命令，将文件保存为JPG格式，完成常规店招的制作（配套资源:\效果文件\第5章\常规店招.jpg）。

2. 设计通栏店招和导航条

扫一扫

设计通栏店招和导航条

通栏店招即宽度为1920像素的店招，由于显示器的分辨率不一致，对通栏店招的显示完整度也不一样，为了保证店招的主要信息在任何显示器上都能完整显示，需要在店招的左右两侧空出宽度为485像素的区域，不放置主要文案和图片。而导航条则位于店招的下方，用于展示店铺的分类，是买家进入所需页面的一个重要途径，下面在常规店招的基础上制作通栏店招，其具体操作如下。

01 新建大小为1920像素×150像素，分辨率为72像素/英寸，名称为“通栏店招”的文件。依次选择【视图】/【标尺】菜单命令，在工作区显示标尺。

02 单击“矩形选框工具”按钮⬚，在工具属性栏中设置“样式”为“固定大小”，“宽度”为“485像素”，在文件灰色区域的左上角单击创建选区，从左侧的标尺上拖出参考线到选区右侧，使其与选区对齐，使用相同的方法在右侧创建参考线。

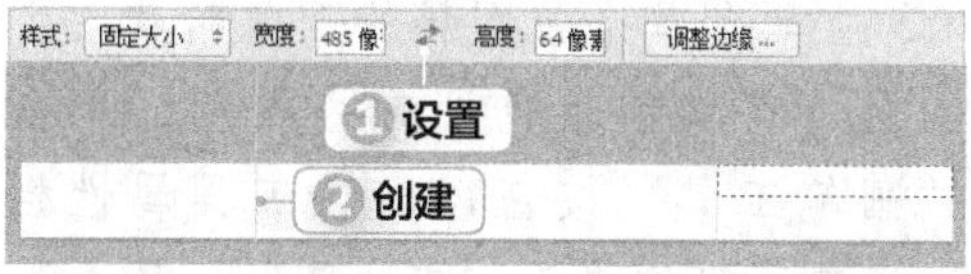

03 新建图层，将前景色设置为“#074a72”，再次单击“矩形选框工具”按钮⬚，在工具属性栏中设置宽度为“1920像素”，高度为“30像素”的固定选区，在图像下方单击创建选区，再按“Alt+Delete”组合键填充选区。

04 选择“常规店招”文件中的所有图层，将其拖曳到“通栏店招”文件中，选择蓝色渐变条图层，按“Ctrl+T”组合键，拖曳右侧的边线，延长至页面边缘。

05 单击“横排文字工具”按钮T，设置字体格式为“黑体、18点、锐利、白色”，字符间距为“50”，在导航条上依次输入导航内容，在输入过程中可使用参考线控制导航内容的间距。

06 在“全部商品”导航文本下方新建图层，绘制矩形选区，并填充为“#4ca2e3”颜色。将文件保存为jpg格式，完成通栏店招的制作（配套资源:\效果文件\第5章\通栏店招.jpg）。

高手支招

淘宝默认的导航条样式比较单一，为了体现店铺的特色，大多数店铺选择制作全屏店招，在全屏店招中制作导航条，然后为其设置热点并添加链接。

5.3.4 实战——制作女包轮播图

扫一扫

制作女包轮播图

轮播模块就是欢迎模块，轮播也可设置常规轮播模块效果（即750像素×250像素）和全屏轮播效果（宽度为1920像素，高度为400~800像素）两种。轮播图至少需要两张图片才能形成轮播效果，下面将介绍制作两张全屏海报轮播图的具体方法。

1. 制作首张轮播图

制作海报时，要根据店铺的风格和需要表达的信息来确定海报风格，下面介绍在Photoshop中打开素材，制作首张轮播图的具体操作。

01 新建大小为1920像素×580像素，分辨率为72像素/英寸，名称为“全屏海报1”的文件，打开素材文件（配套资源:\素材文件\第5章\图片1），将其中的素材拖曳到“全屏海报1”中，按“Ctrl+T”组合键调整图片大小和位置，再拖曳图层调整图层的顺序。需要注意的是，不能将商品与文案放置到两边360像素的区域。

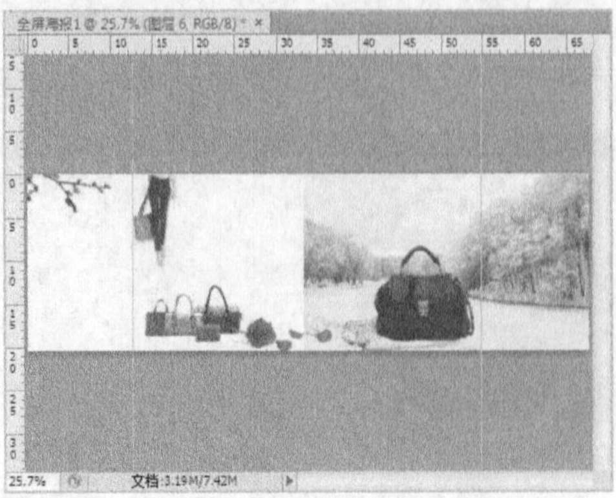

02 在“图层”面板中双击人物所在的图层，打开“图层样式”对话框，勾选“投影”复选框，在右侧的面板中设置不透明度为“21%”，角度为“120度”，距离为“7像素”，大小为“5像素”，设置完成后单击 确定 按钮。

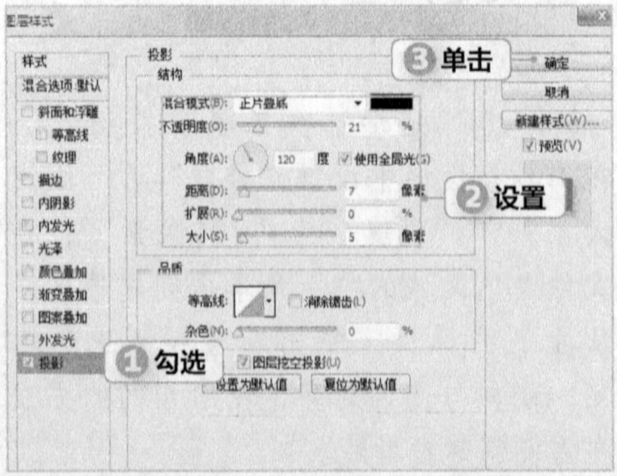

03 在黑色单个包图层的下方新建一个图层，将其前景色设置为黑色，单击“画笔工具”按钮，在工具属性栏中设置画笔样式为“柔边圆”，增大画笔半径，单击鼠标左键绘制投影区域，按“Ctrl+T”组合键压缩投影区域的高度，形成阴影效果。

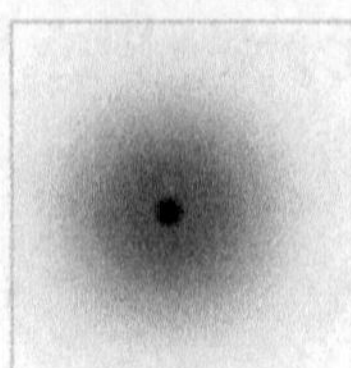

04 单击“横排文字工具”按钮，在图片上方输入字母“FASHION IMMEDIATELY TO”，在工具属性栏中设置字体格式为“Didot LT Std、74.8点”，颜色为黑色。完成后输入“寒冷

冬季，有我与你相依”文本，并设置字体格式为“黑体、22.41点”。

05 新建黑色背景图层，并将前景色设置为白色，单击“画笔工具”按钮，在工具属性栏中设置画笔样式为“柔角”，不透明度设置为100%。依次选择【窗口】/【画笔】菜单命令，在打开的“画笔”面板中设置笔刷大小为“10像素”，勾选“间距”复选框，设置间距值为“180%”，在面板下方即可预览设置后的效果。

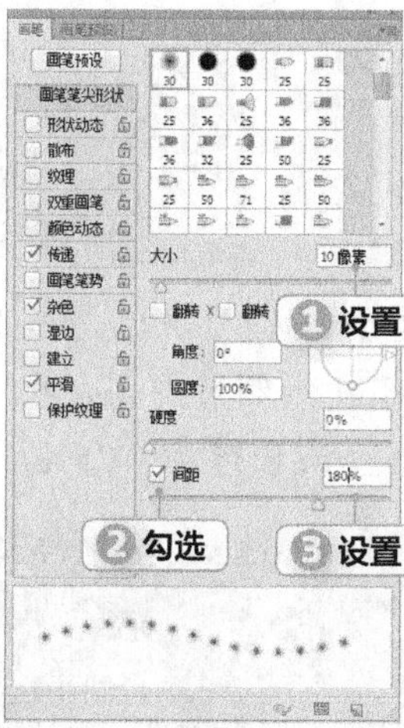

06 在“画笔”面板中勾选“形状动态”复选框，设置大小抖动值为“100%”，最小直径为“1%”，勾选“散布”复选框，设置散布值为“1000%”，数量为“1”，数量抖动值为“99%”。

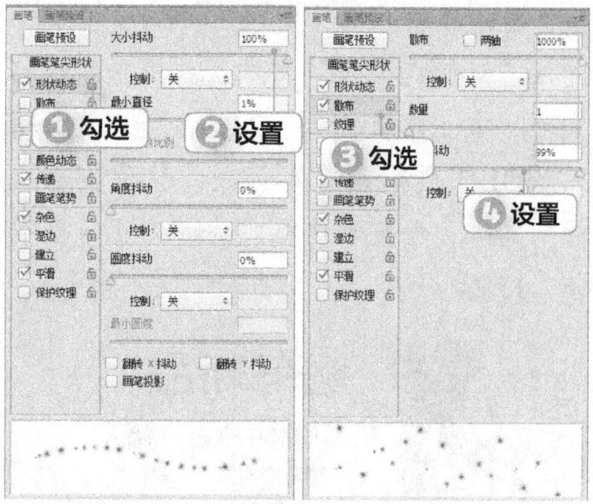

07 拖曳鼠标左键绘制雪花效果，注意控制雪花的密度与方向，可在绘制过程中不断调整画笔大小，多建几个雪花图层，增加雪花的层次感。

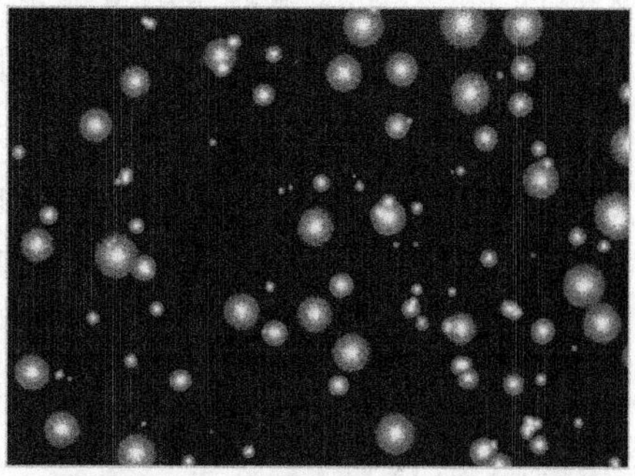

08 将“雪花”图层的不透明度设置为“70%”，隐藏黑色背景图层。

09 单击“横排文字工具”按钮T，在模特右侧输入“暖冬新品”文本，在工具属性栏中设置字体格式为“方正韵动中黑简体、44.6点”，颜色为黑色。设置完成

后，再次单击“横排文字工具”按钮T，输入“时尚随即来”文本，并设置字体格式为“方正准圆简体、24.7点”，然后输入“OL气质范儿随处而来，让你闪耀全场”文本，设置字体格式为“方正准圆简体、13.2点”。

10 新建名为“标签”的图层组，新建一个图层，单击“矩形选框工具”按钮，在文本下方绘制一个矩形选区，将前景色设置为“#b40000”，按“Alt+Delete”组合键为矩形填充前景色。在标签上输入文本并设置“抢购价”的字体为“宋体”，“新品8折”的字体为“方正中等线简体”，“99”的字体为“Myriad Pro”，“元起”的字体为“Adobe 黑体std”，完成后调整文字大小和位置。单击“直线工具”按钮，在文本中间绘制白色线条分割文本。

11 依次选择【文件】/【存储为】菜单命令，将图片保存为psd格式，即可完成首张轮播海报的制作（配套资源:\效果文件\第5章\全屏海报1.psd）。

2. 制作第二张轮播图

下面在Photoshop中打开素材，制作第二张全屏轮播海报图，其具体操作如下。

01 新建大小为1920像素×580像素，分辨率为72像素/英寸，名称为“全屏海报2”的文件。新建一个图层，将前景色设置为“#338997”，按“Alt+Delete”组合键填充前景色，继续新建图层，将前景色设置为“#80bbc4”，单击“画笔工具”按钮，选择“柔边圆”画笔样式，增大画笔半径，单击鼠标左键绘制柔边圆效果。

02 按“Ctrl+T”组合键调整绘制的柔边圆显示效果。

03 将前景色设置为白色，单击“钢笔工具”按钮绘制装饰条，在“图层”面板中设置不透明度为“25%”。

04 继续使用矩形工具、直线工具和钢笔工具绘制装饰矩形、线条与摆放台，分别设置不透明度。选择右下角的矩形，按“Ctrl+T”组合键进行变换，拖曳旋转图标，旋转矩形的角度。

05 按住“Ctrl”键单击摆放台图层的图标，载入摆放台选区，单击“渐变工具”按钮，在工具属性栏中设置渐变类型为“线性渐变”，单击渐变颜色条，打开“渐变填充器”对话框，单击颜色条的下边缘增加色标，拖曳色标调整色标的位置，单击选择色标，设置色标颜色分别为“#e0e0da、#f9f8f4、#f9f8f4、#fefdf7、#e4dfd9、#e2ddd9”，设置完成后单击确定按钮。

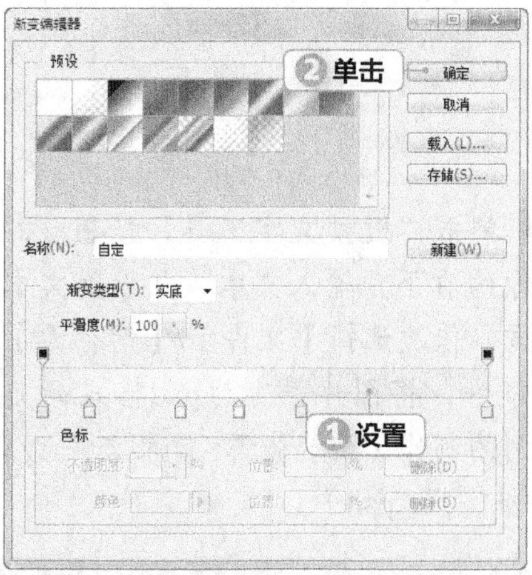

06 返回工作页面在摆放台上，自上而下垂直拖曳鼠标左键创建渐变填充效果，即可呈现具有立体感的摆台效果。

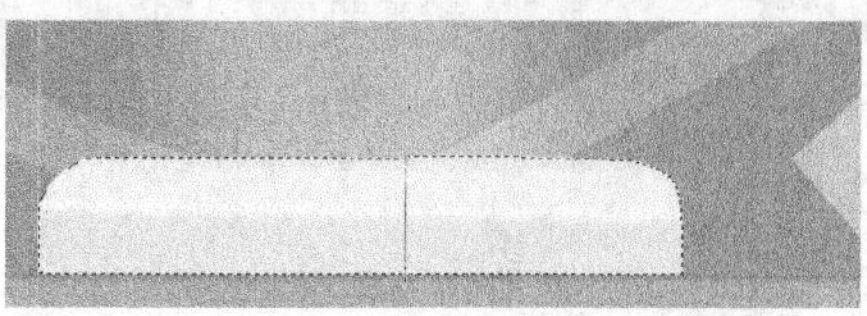

07 在“图层”面板中双击摆台所在图层，打开“图层样式”对话框，勾选“投影”复选框，在右侧的面板中设置投影参数，设置完成后单击确定按钮为摆放台添加投影。

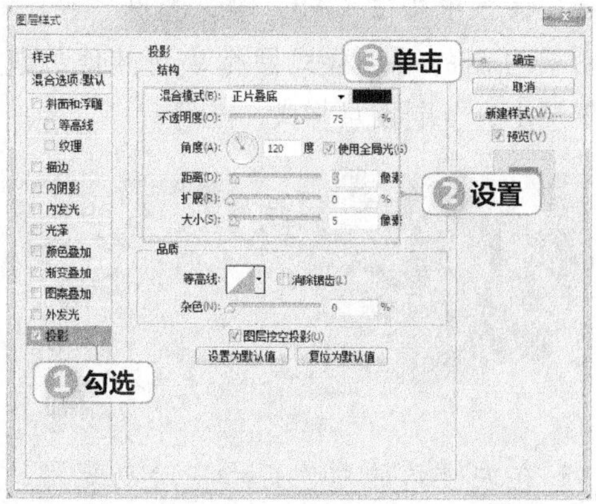

08 使用相同的方法设置其他图层的透明度与图层投影，在图像中添加“气球.png”素材文件（配套资源:\素材文件\第5章\气球.png），调整气球的大小与位置，并为其添加投影效果，为线条添加浅黄色的外发光效果。

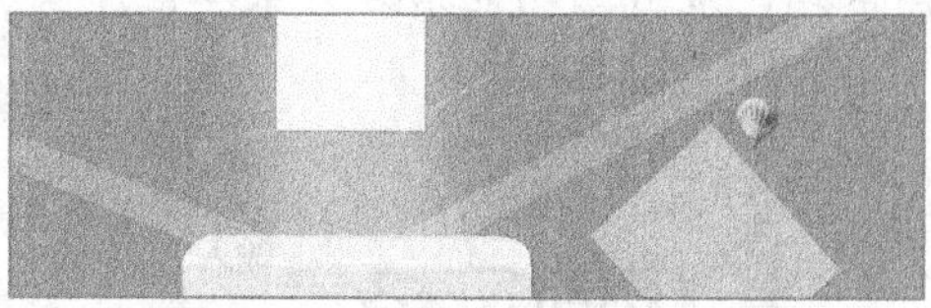

09 打开“包.psd”素材文件（配套资源:\素材文件\第5章\包.psd），将包拖曳到“全屏海报2”中，选中所有的包，按“Ctrl+T”组合键变换所有包，然后按住“Shift”键等比例调整包的大小，移动包的位置，并将包放置到摆台上，调整图层的顺序，使包呈V字形排列，单击“链接图层”按钮链接所有包图层。

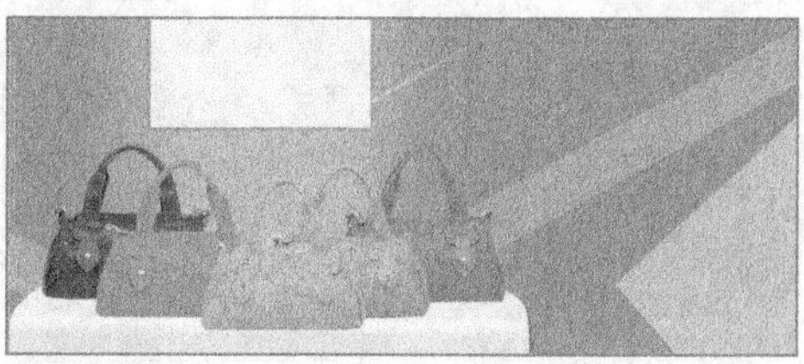

10 使用相同的方法为"包1"添加距离与大小均为"2"的投影效果，在"图层"面板中按住"Alt"键，拖曳"包1"图层右侧的图层样式图标 fx 到其他的包图层上，复制图层样式。

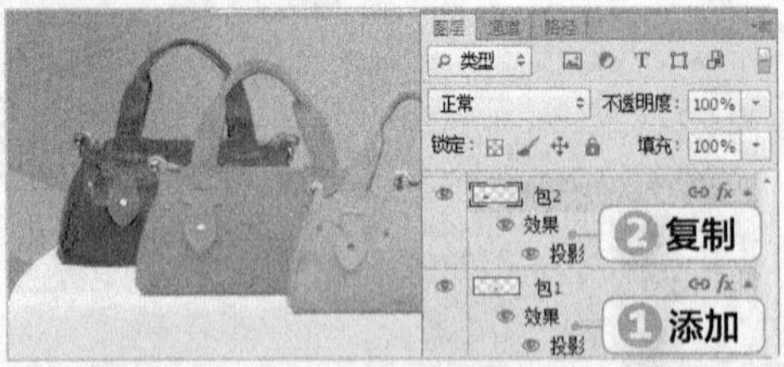

11 在左上角的白色矩形中绘制矩形，并填充为"#927117"，单击"横排文字工具"按钮 T，在矩形底纹上输入"秋装抢鲜"文本，在工具属性栏中设置字体格式为"方正兰亭粗黑简、24点、犀利、白色"。设置完成后，依次使用文字工具输入其他文本，并设置字体格式，最后绘制竖条装饰文本。

12 单击"横排文字工具"按钮 T，在工具属性栏中设置字体格式为"Didot LT Std、74.8点"，输入字母"FASHION IMMEDIATELY TO"，按"Ctrl+T"组合键调整字母倾斜角度。

13 依次选择【图层】/【栅格化】菜单命令，栅格化文本图层，按住"Ctrl"键单击文本图层的图标，载入文本选区，单击"渐变工具"按钮，在工具属性栏中单击渐变颜色条，打开"渐变编辑器"对话框，设置中间颜色为"#338997"、两边颜色为白色的透明渐变，设置完成后单击 确定 按钮。

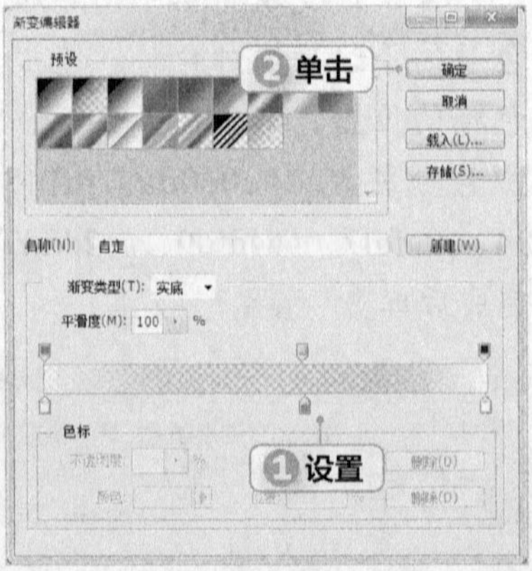

14 单击"横排文字工具"按钮 T，在图像的右下角输入文本，并设置文本的格式，依次选择【文件】/【储存为】菜单命令，将图片保存为psd格式，完成本例的制作（配套资源:\效果文件\第5章\全屏海报2.psd）。

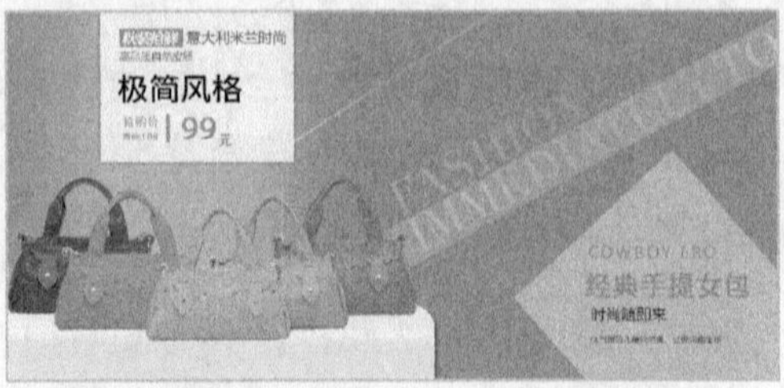

高手支招

在添加商品的描述与价格时，其文字内容需要与商品对应，轮播海报的字体与排列方式要大致统一，形成系列感。

5.3.5 实战——制作横向宝贝分类模块

下面将讲解横向分类导航模块的制作方法，首先使用颜色不同的矩形进行布局，然后将图片、包、文本组合在一起，设计出分区清晰、美观大气的横排分类模块，其具体操作如下。

扫一扫

制作横向宝贝分类模块

01 新建大小为950像素×750像素，分辨率为72像素/英寸，名为“横向分类模块”的文件。单击“矩形工具”按钮▭绘制矩形，其布局与颜色如下图所示。

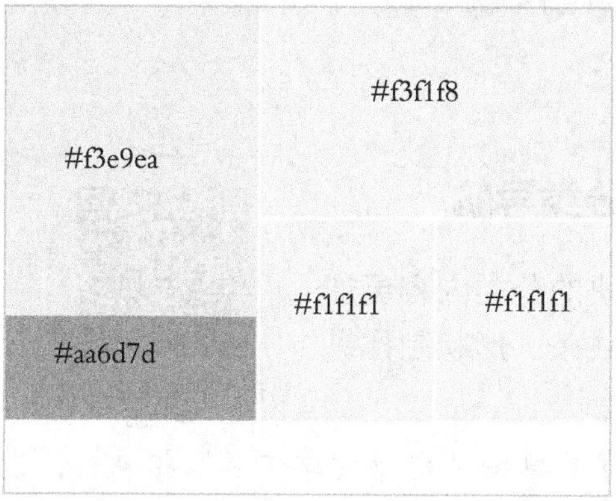

高手支招

商品分类有推荐商品的作用，因此商品分类的内容可以是店铺人气较高的商品图片，以吸引买家进入店铺。同时为了保持页面的简洁美观，要注意统一图片之间的间距。

02 打开素材文件“包素材1~包素材4.jpg”（配套资源:\素材文件\第5章\包素材\），将其中的素材拖曳到“横向分类模块”中，按“Ctrl+T”组合键变换图片，然后按住“Shift”键等比例调整图片大小和位置，再单击“魔棒工具”按钮选择图片的背景，按“Delete”键将图片背景删除。

03 单击“横排文字工具”按钮T，设置字体为“微软雅黑”，输入下图中所有文本，将“爆款”字体更改为“方正兰亭中黑简_GBK”，设置文本的颜色、大小与位置，并进行文本的组合。完成后在“点击进入”文字右侧绘制三角形，再在“Hot”文字下方绘制装饰形状，在“爆款”下方绘制矩形。

04 新建图层，单击“钢笔工具”按钮，绘制手提包的形状，按住“Ctrl”键单击选择绘制的形状，单击“画笔工具”按钮，在工具属性栏中设置画笔大小为“2像素”，硬度为“85%”，在

“路径”面板中单击“描边画笔路径”按钮描边绘制的路径。

05 使用相同的方法绘制并描边其他包的图形，单击“横排文字工具”按钮T，输入类别的中英文文字，其中调整中文字体为“微软雅黑”，英文字体为“Arial”，调整字体颜色、大小与位置，在“所有宝贝”下方新建图层，绘制灰色矩形作为底纹，保存图像，查看完成后的效果（配套资源:\效果文件\第5章\横向分类模块.psd）。

5.3.6 实战——制作女包店铺纵向分类导航

扫一扫

制作女包店铺纵向分类导航

纵向分类导航模块比横向分类导航模块的分类内容更加具体，结构更加清楚。下面将使用文本、线条、形状制作纵排分类模块，其具体操作如下。

01 新建大小为200像素×50像素，分辨率为72像素/英寸，名为“纵排分类模块”的文件。将前景色设置为黑色，单击“椭圆工具”按钮，按住“Shift”键不放绘制圆形，调整圆形的大小与位置。

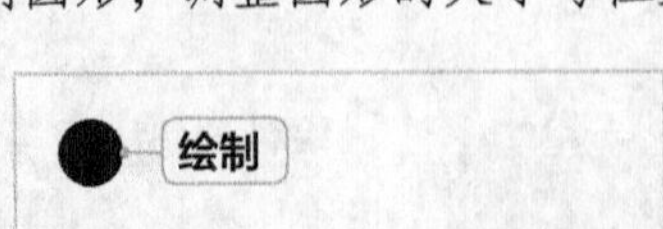

02 设置前景色为白色，单击“自定形状工具”按钮，在工具属性栏中的“形状”下拉列表中选择下图所示的箭头，按住“Shift”键不放，在圆上绘制箭头，调整箭头的大小与位置。

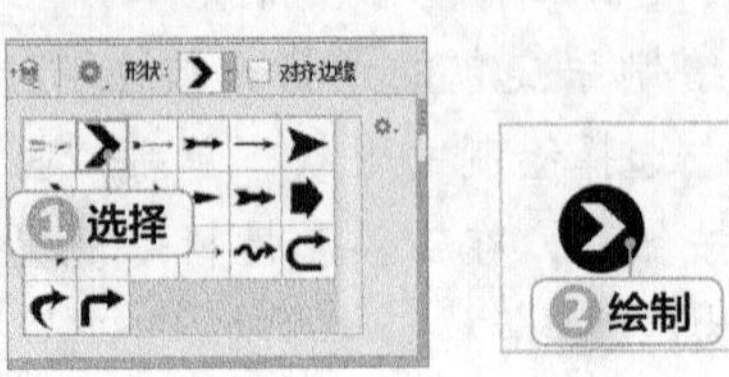

03 单击“横排文字工具”按钮T，设置字体格式为“微软雅黑、加黑”，输入“宝贝分类”文本，调整该文本的大小与位置，单击“直线工具”按钮，设置线条的填充颜色为黑色，线条粗细为“3像素”，按住“Shift”键不放，在宝贝分类下方绘制一条直线。

04 将背景色设置为白色，单击“裁剪工具”按钮拖曳其下边缘，向下扩展画布。

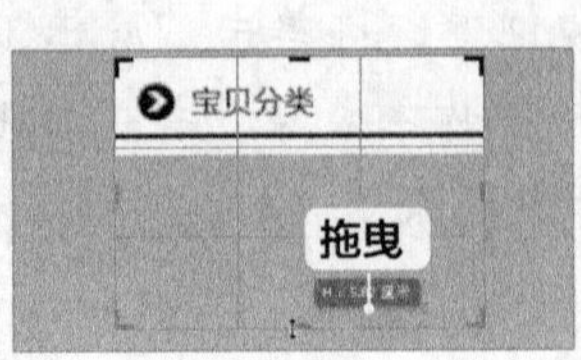

05 单击“矩形选框工具”按钮，设置固定大小的高度为“30像素”，在线条右上角单击创建固定大小的选区，沿着选区创建辅助线，使用相同的方法创建等高的辅助线网格，在辅助线上方输入下图所示文字，并设置字体为“微软雅黑”，调整字体的大小和位置。

高手支招

使用网格也可实现布局，依次选择【视图】/【显示】/【网格】菜单命令可显示网格，依次选择【编辑】/【首选项】菜单命令，在打开的对话框中可设置网格的间距。

06 在“Hot 爆款专区”下方新建一个图层，单击“钢笔工具”按钮绘制装饰条，并填充为黑色，然后将分类文本填充为白色，再在其右侧绘制白色三角形。使用相同的方法，在其他文字下方绘制形状，单击“直线工具”按钮，在工具属性栏中设置虚线轮廓样式，轮廓色设置为灰色，取消填充，将粗细设置为“1像素”，按住“Shift”键在详细分类文本下面绘制虚线，完成本例的操作，可看到完成后的效果（配套资源:\效果文件\第5章\纵排宝贝分类.psd）。

5.4 商品详情页设计

商品详情页是由文字、图片、视频构成的，向买家介绍宝贝属性、使用方法等详细情况的页面，是卖家向消费者推荐商品的关键页面，它的主要作用是完成订单，因此，它也是关乎店铺转化率的页面。

5.4.1 详情页设计的注意事项

美观漂亮的商品详情页可以为商品增色、吸引消费者关注、增加商品的售出概率，而为了使制作出的详情页规范完整，需遵循以下几点要求。

- 商品详情页的风格应该与店标风格、店招风格等一致，不能相差太大，以免页面整体不协调。
- 商品详情页的内容一般都比较多，为了避免消费者浏览详情页时出现加载过慢的问题，建议不要使用太大的图片。
- 商品详情页主要通过浏览器进行浏览，因此要保证图片链接正确，还要保证其设计符合HTML语法要求，防止出现浏览错误的问题。
- 在店铺管理页面中直接进行商品描述十分不方便，因此建议先通过Photoshop制作好商品详情页再进行上传。
- 商品详情页的宽度和高度没有具体要求，但是宽度一般控制在750像素以内。

5.4.2 详情页的页面布局

商品详情页的页面布局由几大模块构成，主要包括焦点图、宝贝展示、宝贝亮点展示、宝贝细节、产品规格、功能展示等模块，这些模块对打动买家起着十分关键的作用，下面分别进行介绍。

- 焦点图：详情页焦点图一般位于宝贝详情页的最上方，是为推广该款宝贝而设计的海报，它由产品、主题与卖点3部分组成，其目的在于吸引消费者购买该产品。
- 宝贝展示：将宝贝巧妙地摆拍或为宝贝添加吸引人的场景，让店铺的宝贝看起来更诱人，能更好地展示出店铺商品自身的优势，配合广告文案，使消费者了充分解宝贝。
- 宝贝亮点展示：宝贝的亮点实质是商品卖点的表达形式之一。亮点可以理解为商品具备的别出心裁或与众不同的特点。
- 宝贝细节：宝贝的细节模块是买家深入了解宝贝的主要途径，在制作宝贝详情页时，最大限度地把宝贝的优势细节展示出来，可以推动订单的促成。
- 产品规格：某些宝贝对规格尺寸的要求比较严格，如一些机器配件、鞋子等。顾客通过宝贝图片并不能准确地把握宝贝的大小，此时加入产品规格参数就能很好地解决问题。
- 功能展示：若买家购买商品重视的是它的功能性，那么在进行店铺装修时需要添加功能展示模块，将店铺商品的各个功能进行详细的解析。
- 搭配展示：很多买家在购买单品时不懂搭配知识，此时卖家通过搭配展示可以为其提供专业的搭配意见。此外，搭配展示还可以让买家一次性购买更多的商品，提升店铺销售业绩，提高店铺购买转化率。
- 包装展示：精美的包装是体现产品服务质量的重要部分，是店铺营销实力的体现，对包装进行展示能够提升买家的放心度，从而提升其购物体验。
- 促销活动：促销活动通过适当让利给消费者，以获得更多流量和订单，最终获得更大的利益。在详情页中添加宝贝促销信息，能够在宝贝决策中起到很大作用。
- 关联营销：关联营销模块主要用于推荐搭配的宝贝或推荐类似的宝贝。推荐搭配的宝贝可以增加客单价，而推荐类似的宝贝，可以在客户不满意当前宝贝时给出更多产品的选择，尽可能地留住客户，提高店铺的流量转化。
- 会员营销：会员营销模块可以促进消费者二次甚至更多次的消费，同时会员制也可以带来间接的客源，增加店铺的订单量。会员营销常见的手段是组建粉丝群、组织各种会员活动，提供会员折扣等，这些都可通过营销模块进行体现。

● 证书保证：在网购中，质量是很多顾客比较担心的问题。卖家通过质检合格证书、晒好评以及三包服务可以打消顾客这一顾虑。

● 买家须知：买家须知模块可以防止买家在购买时产生不必要的误会，帮助店铺减少很多售后问题。

下图为一个水杯的商品详情页，主要包括详情页焦点图、宝贝展示模块、证书保证、宝贝细节模块、搭配展示模块等，很好地体现了商品的特点。

5.4.3 详情页设计的要点

宝贝详情页的内容要引发消费者的兴趣，在策划各个模块时，需要根据产品特点进行策划，主要把握以下3点即可。

- **引发兴趣、激发潜在需求：** 在宝贝详情页中，可以利用创意性的焦点图来吸引顾客眼球，兴趣点可以是产品的销量优势、产品的功能特点、产品的目标消费群、营销等，这些可以激发顾客的潜在需求。
- **赢得消费者信任：** 赢得消费者信任可从商品细节的完善、买家痛点和产品卖点的挖掘、同类商品对比、第三方评价、品牌附加值、消费者情感、塑造拥有后的感觉等方面入手，说服客户掏钱购买。
- **替顾客做决定：** 通过品牌介绍、提高客单价、数量有限、库存紧张、预购从速等手段促使犹豫不决的顾客快速下单。若买家浏览整个描述页后仍然没有下单，可通过相关推荐模块进行其他商品的推荐。

5.4.4 实战——制作女包商品详情页

本例介绍女包商品详情页的制作，由于这款女包的样式特点是简单、大方，因此设计时要采用简洁的色块进行搭配，再通过搭配建议、亮点图、信息展示图、细节图等来展示商品的信息。

扫一扫

制作女包详情页焦点图

1. 制作女包详情页焦点图

下面进行女包详情页首页焦点图的制作，本例采用灰色背景，以配合首页简洁大气的风格，其具体操作如下。

01 新建大小为750像素×600像素，分辨率为72像素，名为“详情页首页焦点图”的文件。新建一个图层，单击“渐变填充工具”按钮，在工具属性栏中设置由白到灰的渐变，单击“径向渐变”按钮，从图像中心向外拖曳鼠标左键创建渐变填充效果。

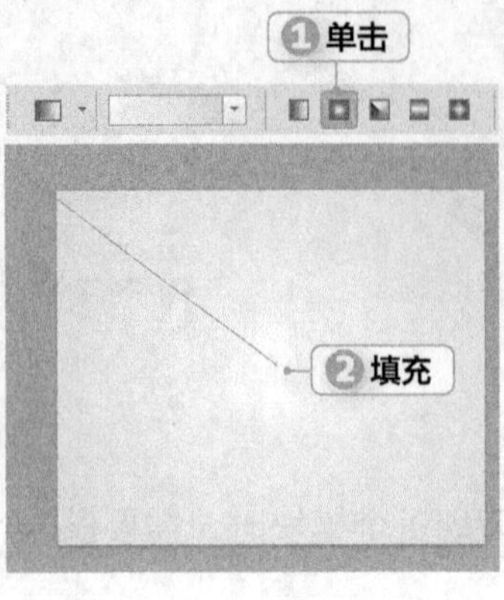

02 设置前景色为“#485a72”，单击“多边形套索工具”按钮，在左上角绘制三角形选区，按“Alt+Delete”组合键为三角形选区填充前景色。

03 打开“详情页素材.psd”素材文件（配套资源:\素材文件\第5章\详情页素材.psd），将其中的包和眼镜素材拖曳到当前文件中，调整素材的位置和大小，为包所在的图层添加投影图层样式。

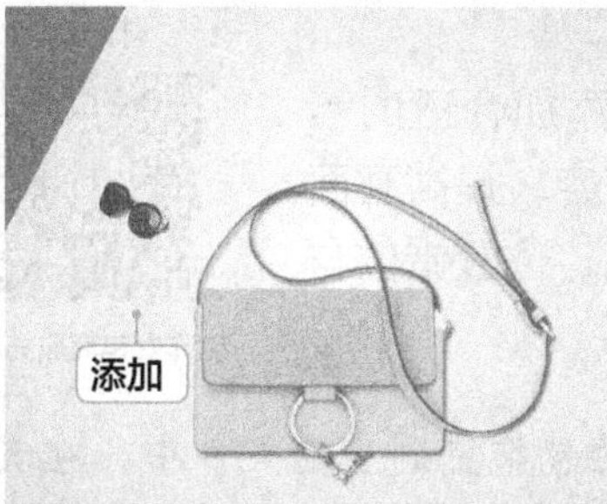

04 设置前景色为黑色，单击“横排文字工具”按钮T，设置文字样式为“方正小标宋简体、加黑”，输入文本，调整文本大小与位置，再更改第一排文本的颜色为“#9c9a9b”，字形为“倾斜”，更改第三排文本的字体为“微软雅黑”。保存文件，完成首页焦点图的制作（配套资源:\效果文件\第5章\详情页首页焦点图.psd）。

扫一扫

制作女包搭配建议模块

2. 制作女包搭配建议模块

下面使用单品来搭配女包，衬托出女包的质感，并在其上输入文本装饰画面，其具体操作如下。

01 新建大小为750像素×800像素，分辨率为72像素，名为“建议搭配图”的文件，打开“分类条.psd”和“详情页素材.psd”素材文件（配套资源:\素材文件\第5章\分类条.psd、详情页素材.psd），将分类条和素材拖曳到当前文件中，调整分类条和素材的位置和大小。

02 设置前景色为黑色，单击“横排文字工具”按钮T，设置字体样式为“方正宋一简体、加黑”，输入文本，调整文本颜色、大小与位置。保存文件，完成女包搭配建议模块的制作（配套资源:\效果文件\第5章\建议搭配图.psd）。

3. 制作女包商品亮点图

扫一扫

制作女包商品亮点图

下面对商品亮点模块进行制作，首先需要添加合适的素材，调整素材的大小与位置，然后输入相关的内容，提高画面的美感。在文本的组合方面应注意通过大小对比、位置错位与文本的对齐来提高层次感，其具体操作如下。

01 新建大小为750像素×2043像素，分辨率为72像素/英寸，名为“商品亮点图”的文件。将分类条移动到文档中，打开“详情页素材.psd”素材文件（配套资源:\素材文件\第5章\详情页素材.psd），将其中的3张模特图拖曳到当前文件中，调整素材的位置和大小，并统一大小与间距。

02 在右图上方绘制矩形，并设置填充颜色为“#f6f6f6”。输入文本，设置中文字体为“微软雅黑”，英文字体为“Ms Reference Sans Serif”，调整文本的大小与位置，制作亮点“时尚新宠”。

03 将“详情页素材.psd”文件中肩带较长的包拖曳到当前文件中，在其左上角输入亮点文本，并调整文本的大小与位置。

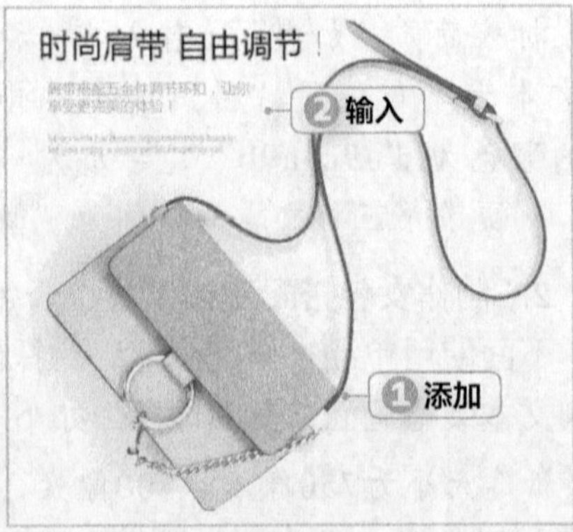

04 将“详情页素材.psd”文件中能看见包内部结构的素材拖曳到当前文件中，继续将物品文件拖曳到包的上层，移动到包口位置，调整素材的大小与位置，在其左上角输入亮点文本，保存文件，完成亮点图的制作（配套资源:\效果文件\第5章\商品亮点图.psd）。

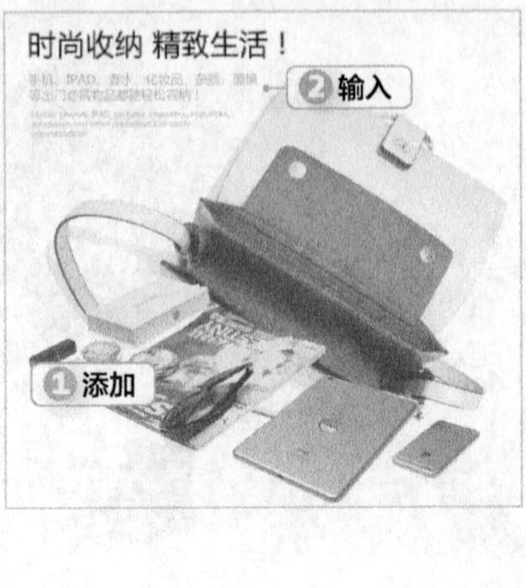

4. 制作女包信息展示图

扫一扫

制作女包信息展示图

下面制作女包的信息展示图，主要包括女包的商品属性，如品牌、结构、容量尺寸等；还有商品颜色的展示。在制作女包信息展示图时，首先需要填充背景，再输入参数，最后绘制装饰矩形，其具体操作如下。

01 新建大小为750像素×360像素，分辨率为72像素/英寸，名为“商品参数图”的文件。打开“分类条.psd”素材文件（配套资源:\素材文件\第5章\分类条.psd），将制作的分类条移动到文档中，单击“矩形工具”按钮，绘制矩形，并设置填充色为“#bebdbd”。

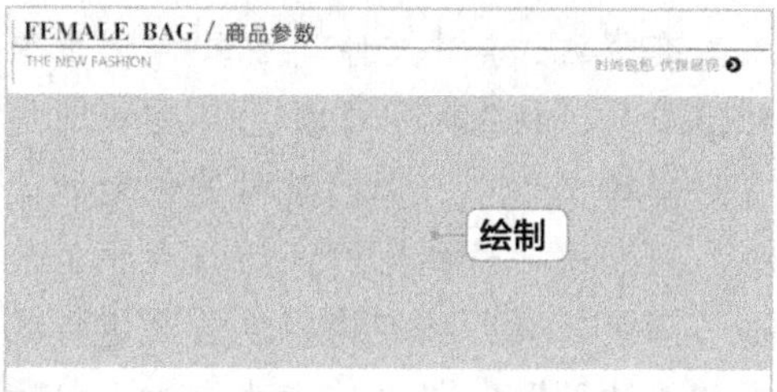

02 单击“横排文字工具”按钮T，在工具属性栏中设置字体样式为“微软雅黑、14、白色”，拖曳鼠标左键绘制文本框，输入参数文本，加粗冒号前面的文本，在工具属性栏中单击“打开字符与段落面板”按钮，设置行间距为“24点”。

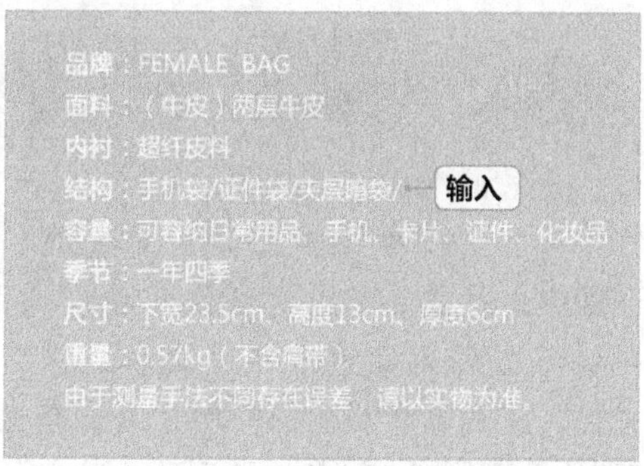

03 在段落文本右侧绘制白色线条分隔文字，继续输入其他文字，并设置英文字体为“Times New Roman”，在参数下方绘制黑色和灰色矩形（#585757），其中灰色矩形表示选中状态，保存文件，完成商品参数图的制作（配套资源:\效果文件\第5章\商品参数图.psd）。

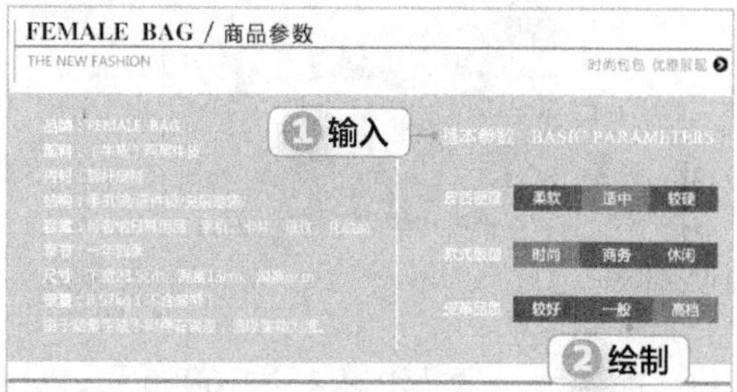

04 新建大小为750像素×475像素，分辨率为72像素/英寸，名为“实物对比参照拍摄图”的文件。打开“分类条.psd、详情页素材.psd”素材文件（配套资源:\素材文件\第5章\分类条.psd、详情页素材.psd），将其中的分类条和实物对比参照拍摄图拖曳到当前文件中，调整素材的大小和位置。

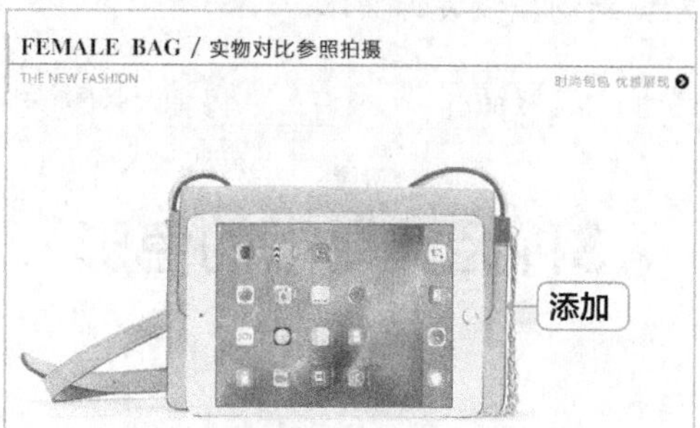

05 创建辅助线，单击“直线工具”按钮 ，在工具属性栏中设置填充颜色为黑色，粗细为“1像素”，取消描边，按住“Shift”键拖曳鼠标指针绘制标注线；单击“横排文字工具”按钮 T，在工具属性栏中设置字体样式为“黑体、15、黑色”，输入标注文本保存文件，完成实物对比参照拍摄图的制作（配套资源:\效果文件\第5章\实物对比参照拍摄图.psd）。

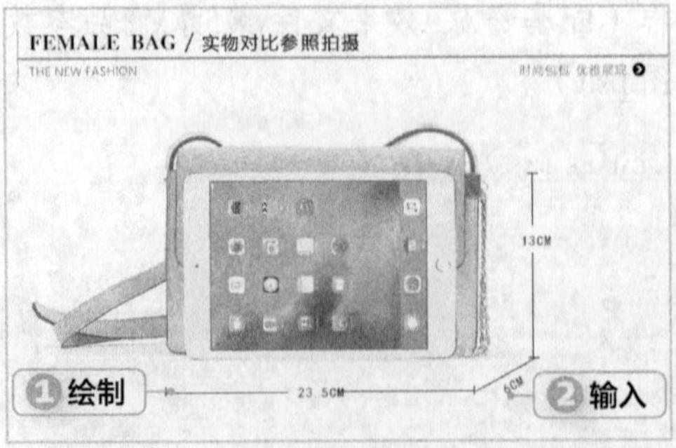

06 新建大小为750像素×360像素，分辨率为72像素/英寸，名为“颜色展示图”的文件。单击“横排文字工具”按钮 T，设置字体为“反正兰亭中黑_GBK”，在页面中上方输入下图所示文本，调整字体大小。单击“直线工具”按钮 ，在工具属性栏中设置描边颜色为“#aba9ac”，粗细为“2.65”，描边样式为“虚线”，按住“Shift”键拖曳鼠标左键绘制虚线装饰文本。

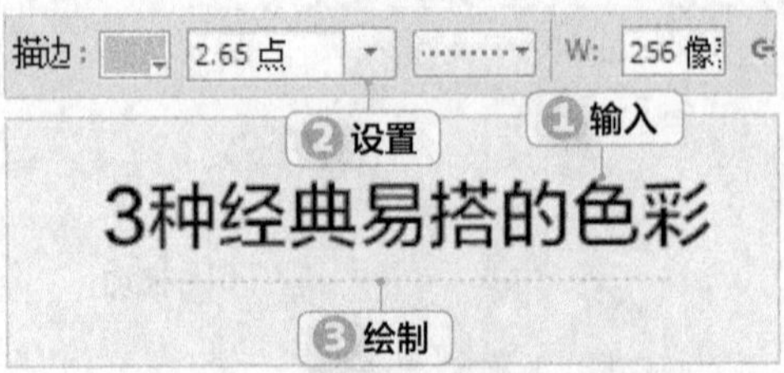

07 单击“椭圆工具”按钮 ，按住“Shift”键拖曳鼠标左键绘制圆，再复制两个圆，分别设置填充颜色为“#aba9ac”“#111114”“#e67a33”，以相同的间距将3个圆排列成行。

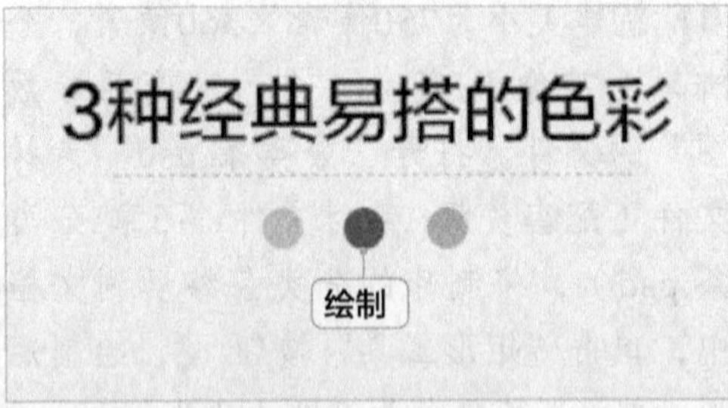

08 打开“详情页素材.psd”素材文件（配套资源:\素材文件\第5章\详情页素材.psd），将3款不同颜色的展示图拖曳到当前文件中，调整素材的位置和大小，注意统一这些图的间距与大小，单击“画笔工具”按钮 ，设置画笔样式为“柔边圆”，将画笔大小增加至包大小，在包下方新建一个图层，单击鼠标左键完成柔边圆的制作，变换圆的高度与宽度，形成投影，复制投影，并将其置于其他包的底层位置。

09 单击“横排文字工具”按钮 T，设置字体样式为“微软雅黑、20点”，在包下方输入颜色的相关文本，保存文件，完成颜色展示图的制作（配套资源:\效果文件\第5章\颜色展示图.psd）。

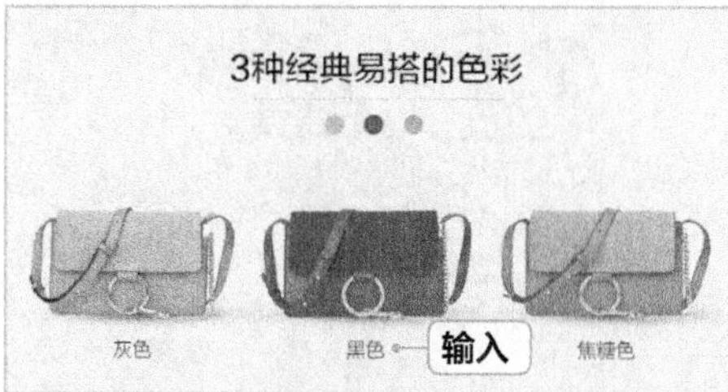

10 新建大小为750像素×360像素，分辨率为72像素/英寸，名为“商品全方位展示图”的文件。打开“分类条.psd、详情页素材.psd”素材文件（配套资源:\素材文件\第5章\分类条.psd、详情页素材.psd），将分类条和详情页素材中的女包图形拖曳到图像中，并为第二张侧面包素材添加灰色矩形作为背景。

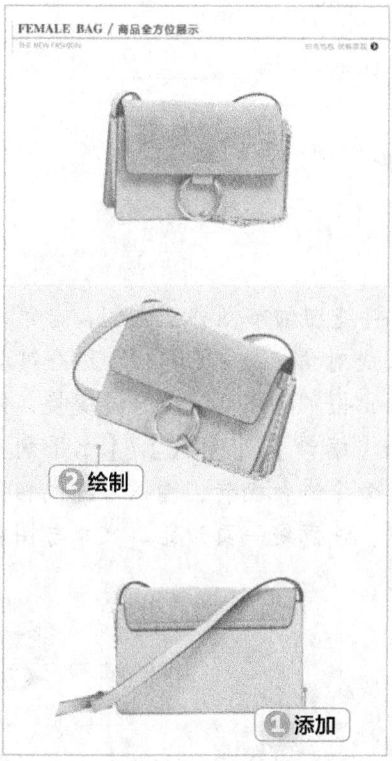

11 单击“画笔工具”按钮，设置画笔样式为“柔边圆”，将画笔大小增至包大小，在包下方新建图层，单击鼠标左键得到柔边圆效果，变换圆的高度与宽度，形成投影，复制投影，并将之置于其他包的底层位置。

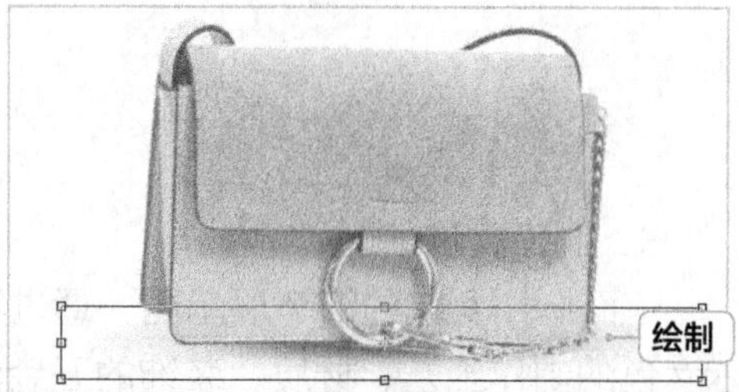

12 单击“横排文字工具”按钮，在工具属性栏中设置字体样式为“微软雅黑、20、#444343”，输入展示角度文本；缩小英文单词的字号，单击“直线工具”按钮，在工具属性栏中设置描边颜色为“#aba9ac”，粗细为“2.65”，描边样式为“虚线”，按住“Shift”键在文本左右两侧拖曳鼠标指针绘制虚线装饰文本。

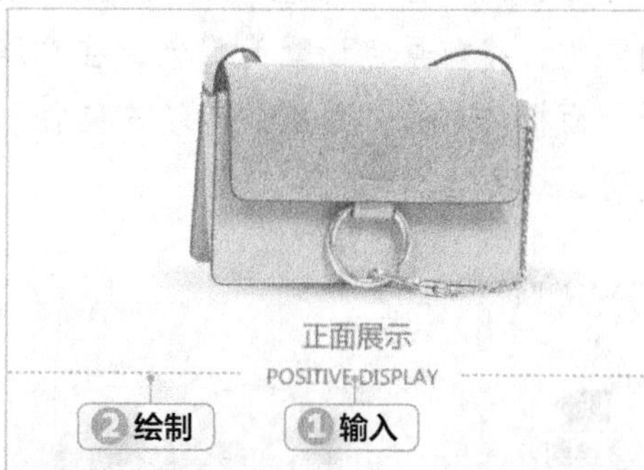

13 使用相同的方法制作其他展示图的投影、文本与虚线，保存文件，完成商品全方位展示图的制作（配套资源:\效果文件\第5章\商品全方位展示图.psd）。

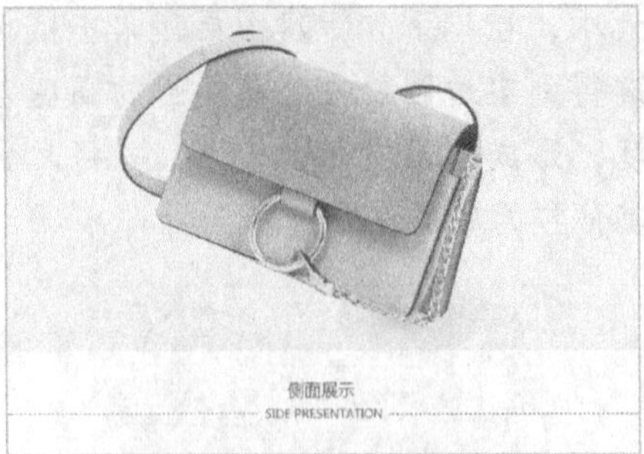

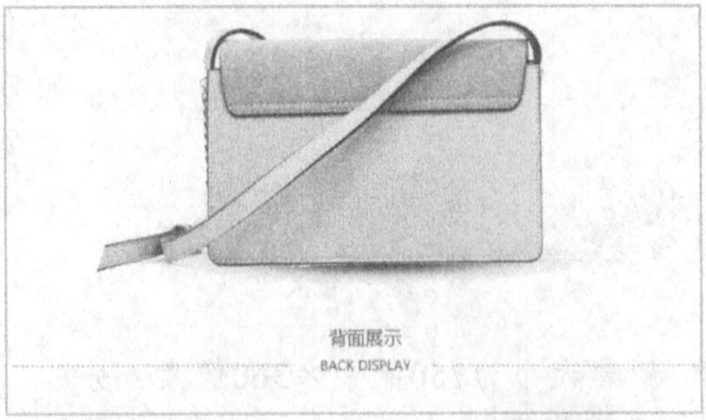

5. 制作女包细节展示图

扫一扫

制作女包细节展示图

下面制作女包的细节展示图，通过将包的细节放大，来展示女包的制作工艺、材质、装饰的五金件等，制作完成后，应添加文案以增强说服力，其具体操作如下。

01 新建宽度750像素×1190像素，分辨率为72像素/英寸，名为“商品细节展示图”的文件。打开“分类条.psd、详情页素材.psd”素材文件（配套资源:\素材文件\第5章\分类条.psd、详情页素材.psd），将分类条和素材中的细节展示图中的材质图移动到页面右侧，新建一个图层，单击“钢笔工具”按钮绘制箭头，将前景色设置为黑色，在“路径”面板中单击“用前景色填充路径”按钮填充为黑色。

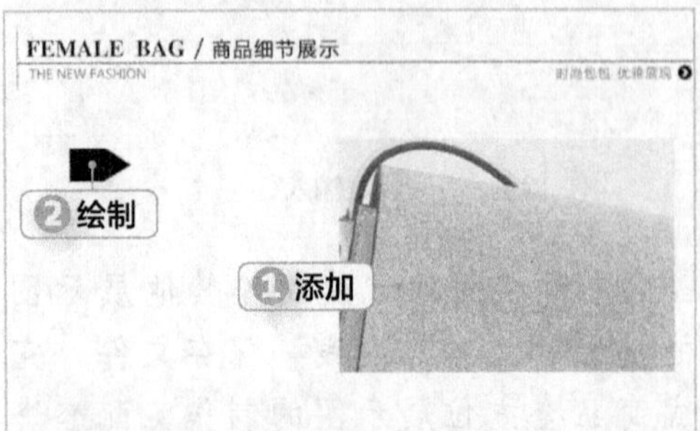

02 单击“横排文字工具”按钮，输入面料的说明信息，并设置“牛皮面料”的字体为“微软雅黑”，其他字体为“黑体”，调整文本的大小与颜色，进行文本的大小对比，突出重点信息“牛皮面料”，设置数字“01”的字体为“Impact”。

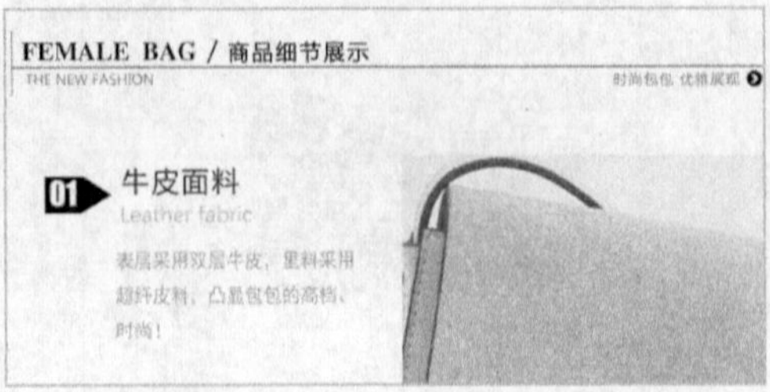

03 将缝纫细节图移至左侧，与第一张图形成对角，按“Ctrl+J”组合键复制箭头，按“Ctrl+T”组合键变换，依次选择【编辑】/【变换】/【水平翻转】菜单命令进行翻转，输入与缝线相关的信息，注意统一页边距、文本与图片的距离。

04 使用相同的方法制作细节03与细节04，保存文件，完成细节展示图的制作

（配套资源:\效果文件\第5章\商品细节展示图.psd）。

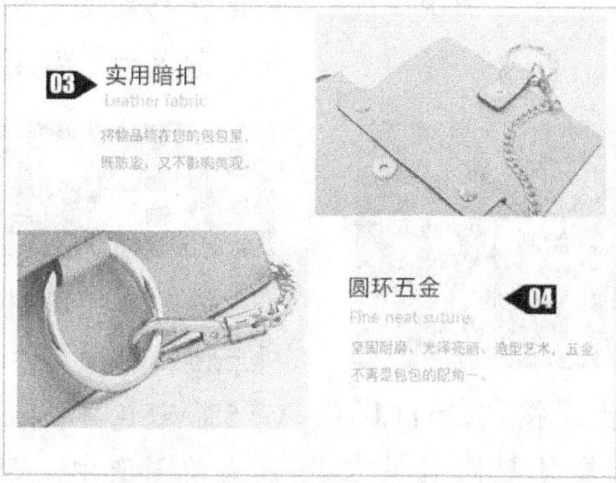

5.4.5 实战——制作耳机商品详情页

扫一扫

制作耳机商品详情页

下面将制作一款耳机的商品详情页，在制作时，着重制作细节展示和参数展示等模块，其具体操作如下。

01 新建一个大小为750像素×800像素、名为“详情页”的文件。新建图层，单击“矩形选框工具”按钮在画布上方绘制一个矩形，绘制完成后将其颜色填充为“#2e2f39”。

高手支招

在制作详情页时，需要保证各板块的色调统一，若色块过多，将显得颜色过于杂乱，给人以一种杂货铺的感觉。

02 新建一个图层，单击“矩形选框工具”按钮绘制一个矩形，然后再单击“渐变工具”按钮，在其工具属性栏中单击渐变条，打开“渐变编辑器”对话框，将色标的颜色均设置为白色，再将第2个不透明度色标的不透明度设置为“0%”。设置完成后，单击确定按钮。

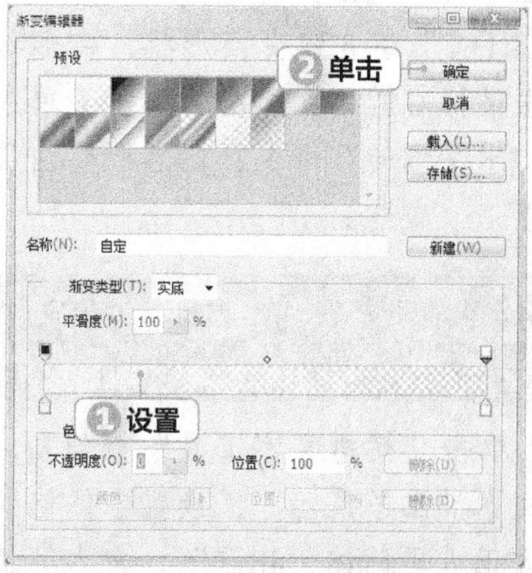

03 用鼠标左键在矩形选区中自上而下拖曳，为矩形选区进行渐变填充，然后按“Ctrl+T”组合键调整该图层大小。

04 绘制一个横向的形状，将其颜色设置为白色，调整形状的大小，将其与竖向形状连接起来。

05 同时选择两个形状，按“Ctrl+J”组合键复制图层，调整复制图层的位置，并将其不透明度设置为“40%”。

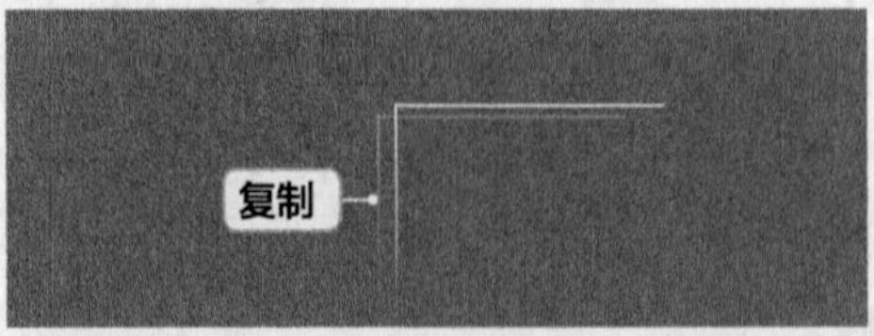

06 同时选择4个形状图层，按“Ctrl+J”组合键复制图层，再按“Ctrl+T”组合键变换形状，在形状上单击鼠标右键，在弹出的快捷菜单中选择“水平翻转”命令，然后调整图层的位置。

07 单击“横排文字工具”按钮T，输入文本“细节展示”，设置字体格式为“方正大黑简体、48点”，文本颜色为“#f7f7f9”。

08 继续单击“横排文字工具”按钮T，输入字母“THE DETAIL SHOW”，设置字体格式为“Segoe Print、18点”，文本颜色为“#f7f7f9”。

09 将“蓝色耳机.png”和“白色耳机.png”素材文件（配套资源:\素材文件\第5章\蓝色耳机.png、白色耳机.png）拖入当前图像中，调整图片的大小，并将蓝色耳机放置于白色耳机之下。

10 选择白色耳机，按“Ctrl+T”组合键变换图形，然后在图片上单击鼠标右键，在弹出的快捷菜单中选择“旋转”命令，旋转图片至合适角度。

11 选择蓝色耳机图层，按“Ctrl+J”键复制图层，按“Ctrl+T”键变换图层，单击鼠标右键，在弹出的快捷菜单中选

择“垂直翻转”命令，然后将垂直翻转后的图层垂直移动到原图层下方。

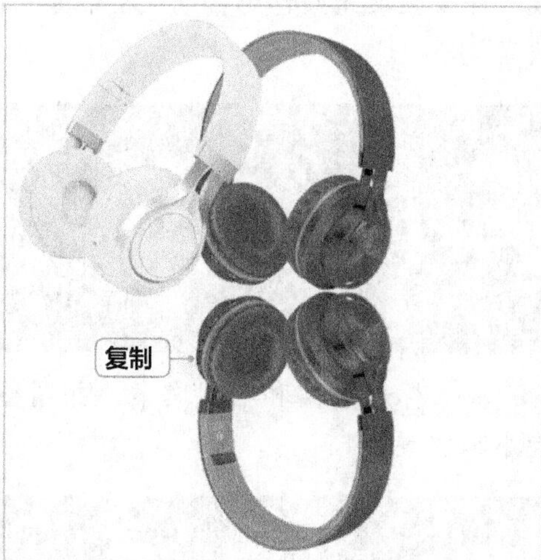

12 为该图层新建一个蒙版图层，然后单击“渐变工具”按钮，打开“渐变编辑器”对话框，将两个色标的颜色都设置为黑色，将第一个色标的不透明度设置为“100%”，将第二个色标的不透明度设置为“0%”，单击 确定 按钮。

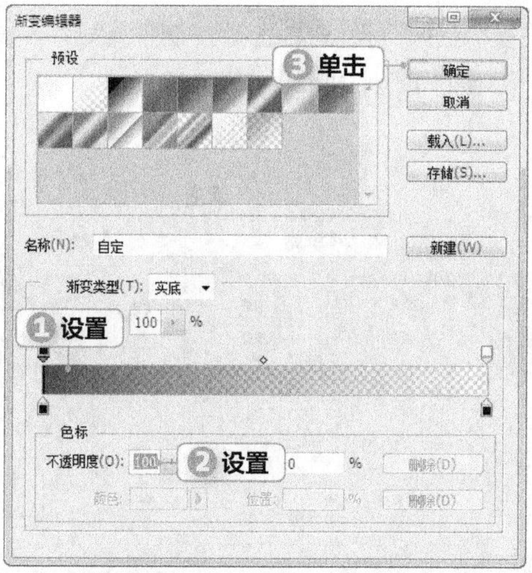

13 在蒙版图层上自下而上拖曳鼠标指针，创建图层的渐变效果，为原图层制作倒影效果。

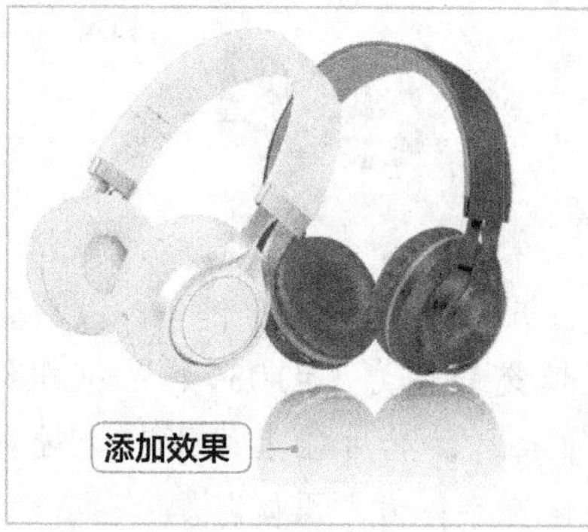

14 使用相同的方法复制白色耳机的图层，并为其制作倒影效果。

提个醒

为图片添加倒影是为了使图片看上去更加具有立体感和光影感，除了倒影之外，也可选择为图片制作阴影和投影效果。

15 绘制一个圆角矩形，将其颜色填充为“#10374e”，在圆角矩形上输入文本“01”，然后调整圆角矩形和文本的位置。

16 在圆角矩形下方绘制一条直线，并设置填充颜色为“#10374e”，粗细为“1像素”，然后在直线形状上输入文本并设置字体为“黑体”。

17 单击“横排文字工具”按钮T，拖曳鼠标绘制一个文本框，在其中输入描述文案，并设置字体为“汉仪细中圆简”。

18 绘制一个矩形选区，将其颜色填充为“#2e2f39”，复制白色耳机图层并对其进行垂直翻转，删除不需要的图片部分。

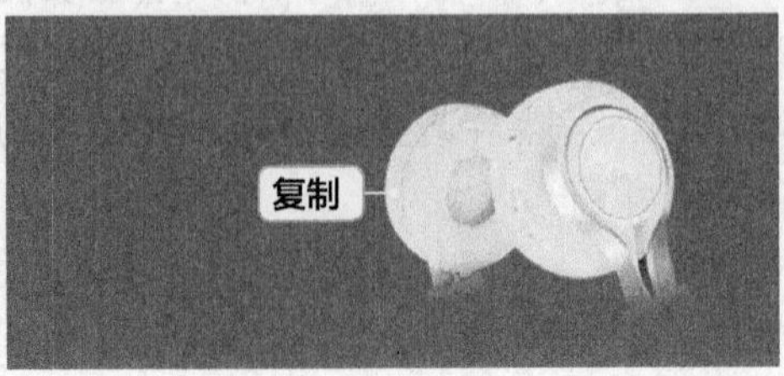

19 绘制一个圆角矩形，将其颜色填充为白色，在圆角矩形下方绘制一条直线，并设置填充颜色为白色，粗细为“1像素”。

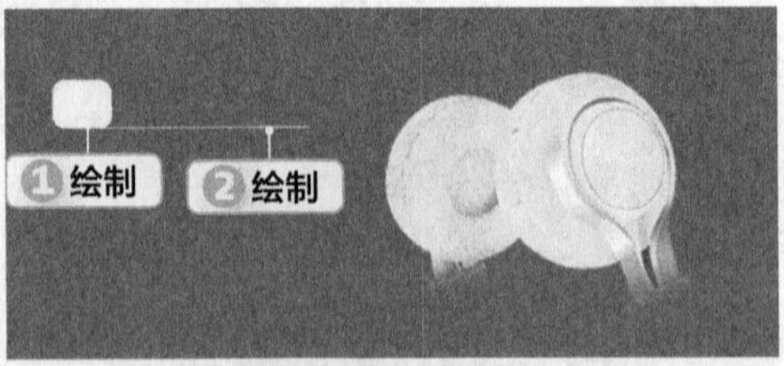

20 输入标题文案和描述文案，并调整大小和位置。

21 依次选择【图像】/【画布大小】菜单命令，打开“画布大小”对话框，在“高度”数值框中输入“2400”，在其后的下列表中选择“像素”选项，在“定位”栏中单击↑按钮，然后单击 确定 按钮，向下扩展画布。

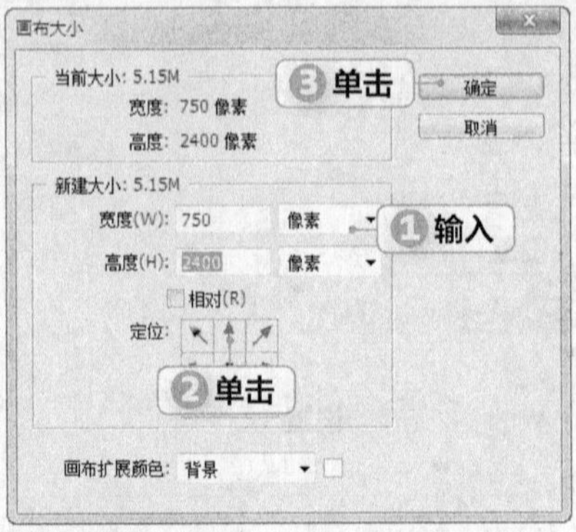

22 使用相同的方法制作页头部分，或复制已制作的页头部分，将其颜色更改为黑色渐变效果。

23 使用相同的方法，打开“耳机详情页素材.psd”素材文件（配套资源:\素材文件\第5章\耳机详情页素材.psd），继续制作详情页的其他部分，保存图像查看完成后的效果（配套资源:\效果文件\第5章\详情页.psd）。

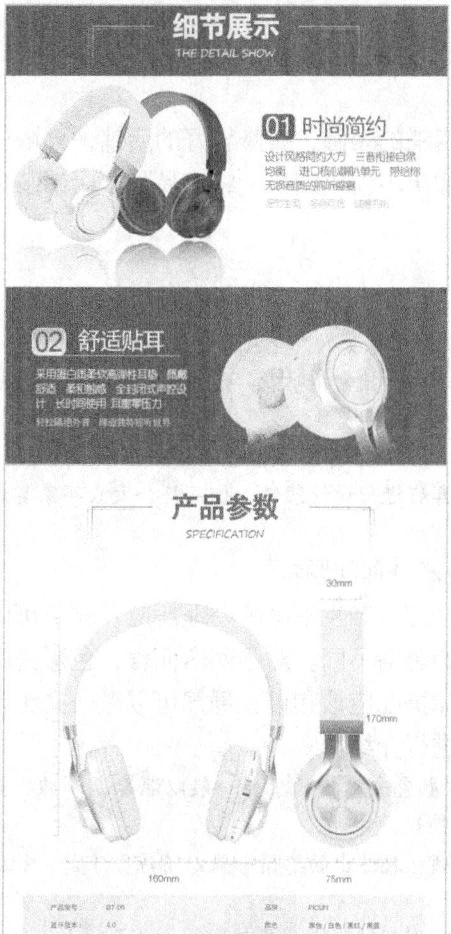

高手支招

详情页的制作方式多种多样，可将细节图放置于第一屏，也可将大图放置于第一屏。详情页可以包含的内容有很多，卖家可根据实际情况进行选择。

5.5 疑难破解

本章主要讲解了店铺装修的相关知识，主要包括店招设计、导航条设计、轮播图设计、详情页设计等，下面主要针对店铺装修中遇到的一些问题进行解答。

1. 设计店招应注意哪些事项?

为了使店招便于记忆，在制作店招时需要遵循两个原则：一是品牌形象的植入；二是抓住产品定位。品牌形象的植入可以通过店铺名称、标志进行展示，而产品定位则是指展示你的店铺所卖的产品，精准的产品定位可以快速吸引目标消费群体进入店铺。在制作店招过程中需要注意以下5点。

- 店招必须凸显品牌的特征，包括风格和品牌文化等。
- 视觉重点不宜过多，1~2个即可，过多会给店招造成压力，卖家需要根据店铺现阶段的具体情况进行分析，如果是进行促销的阶段，可重点突出促销的信息。
- 店标的整体风格需要与店内的产品统一。
- 颜色需要保持整洁，不能太过复杂。
- 若店招包含季节的要素，则需要随季节的变换及时进行更换。

2. 店铺装修有哪些误区?

进入一家店铺首页，首先映入眼帘的是店铺的装修，装修较好的店铺，会增加买家的购买欲望。但在店铺装修的过程中，如果不注重细节，将容易陷入店铺装修的误区，主要包括以下6点。

- 导航条混乱，无清晰明确的顶端导航。
- 轮播图片过于花哨，不能凸显特性。
- 商品详情页入口过多，流量不能充分集中到较有优势的几个宝贝上。
- 忽略了首页搜索功能，若店铺的宝贝较多，添加搜索框功能，能帮助访客快速找到想要的宝贝，节约了访客时间，也增加了订单促成的概率。
- 首页配色不宜过多，配色多于7种，会给人以一种杂货铺的感觉。
- 店铺装修不能抓住重点，店主根据自己的喜好进行设计装修，但不符合大众买家喜欢的设计风格。

3. 在进行店铺装修时，需要注意哪些色彩处理问题?

不同的色彩作用于人的视觉器官，通常会使人产生不同的心理反应。颜色可以象征一年四季，象征冷暖，不同的颜色表达的感情不同。对于网店而言，色彩搭配也有一定的讲究。总的来说，网店色彩的整体搭配应该和谐，局部可以做一些比较强烈的对比色。下面对一些常见的色彩搭配进行介绍。

- 暖色调：红色、橙色、黄色等色彩，这些颜色表达出的感情一般以温馨、和煦、热情、积极为主，同时由于颜色明亮，也会使人心情愉悦。
- 冷色调：青色、蓝色、紫色等色彩，这些颜色表达出的感情一般以清凉、宁静、雅致为主，使人感到冷静温和。
- 对比色调：指将色性相反的颜色搭配起来，例如红和绿、黄与紫等，由于对比强烈，这种对比搭配会产生强烈的视觉效果，使人感到亮丽、鲜艳。但是这种搭配非常挑剔，如果搭配不好，容易落于俗艳。

5.6 边学边练

（1）新建名为“护肤品”店招的通栏店招文件，导入素材背景与产品图（配套资源:\素材文件\第5章\背景.jpg、护肤品.jpg），添加文本与图形，制作包含网店店名、收藏按钮、导航条的通栏店招，完成后的效果如下图所示（配套资源:\效果文件\第5章\护肤品店招.psd）。

（2）新建名为“婚纱店铺首页”的文件，利用搜集的婚纱素材（配套资源:\素材文件\第5章\婚纱照店铺首页\）制作店招、海报，添加新品、婚纱、礼服和小礼服的分类条，将不同风格的婚纱分栏排列，采用浅黄色的主色调，整体风格甜美、浪漫，完成后的效果如下图所示（配套资源:\效果文件\第5章\婚纱店铺首页.psd）。

（3）利用搜集的素材（配套资源:\素材文件\第5章\登山包\）制作登山包的详情页。根据登山包的风格，采用橄榄色和深绿色作为店铺的颜色，给人户外登山的清新感；在模块选择上，采用产品设计理念、产品信息、产品细节卖点、快递与售后模块，使画面更加和谐，完成后的效果如下（配套资源:\效果文件第5章\登山包

详情页.psd）。

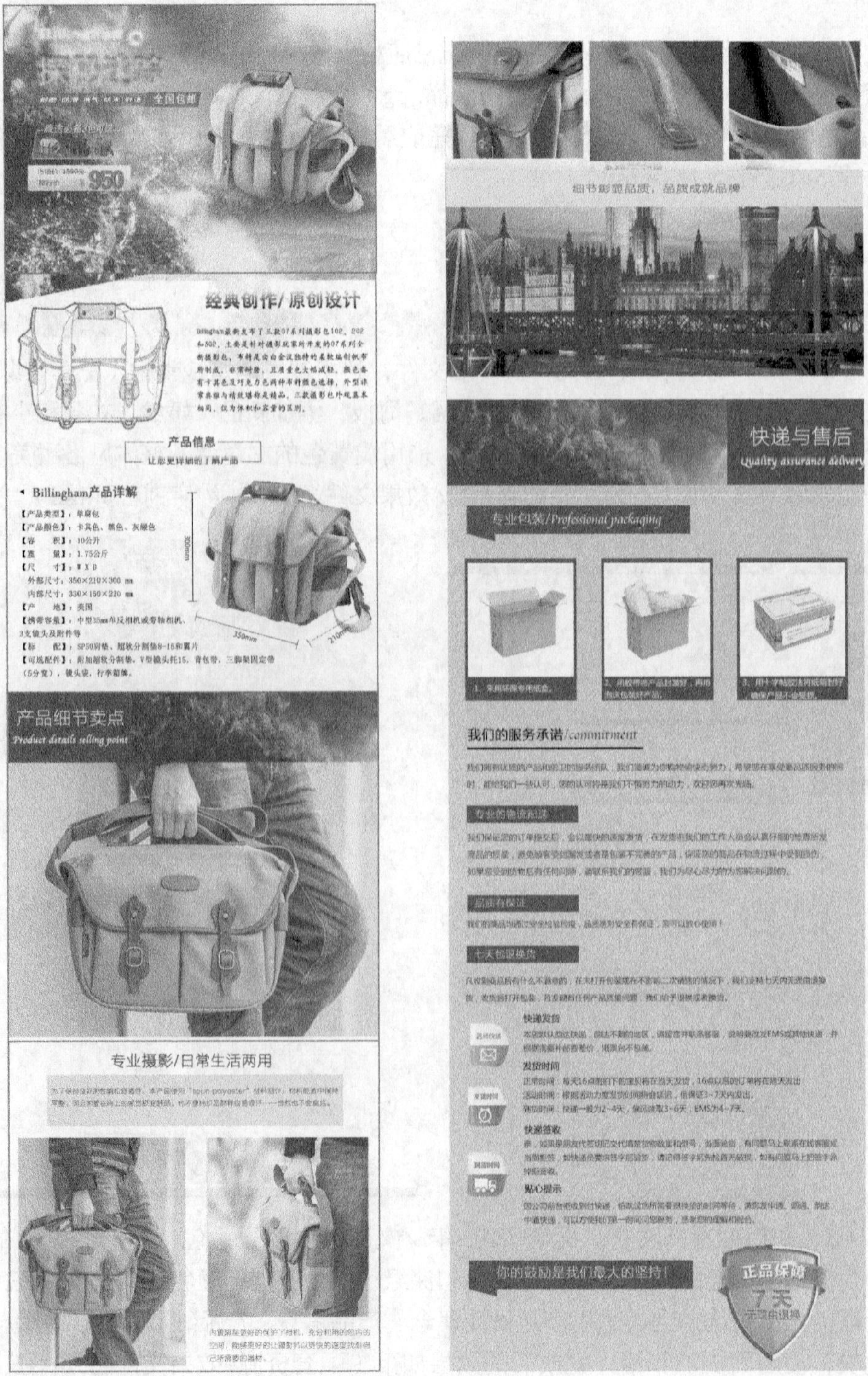
全国包邮
950
经典创作/原创设计
产品信息
让您更详细的了解产品
Billingham产品详解
产品细节卖点
Product details selling point
专业摄影/日常生活两用
细节彰显品质，品质成就品牌
快递与售后
专业包装/Professional packaging
我们的服务承诺/commitment
专业的物流配送
品质有保证
七天包退换货
快递发货
发货时间
快递签收
贴心提示
你的鼓励是我们最大的坚持！
正品保障
7天

第6章 发布商品

本章导读

进行店铺装修后，就可以发布商品了，但要注意，并非所有的商品类目都能进行发布，部分商品需要先加入消费者保障服务，才能进行发布。本章将讲解加入消费者保障服务、发布一口价商品、使用淘宝助理批量发布商品等知识，通过本章知识的学习，读者能够轻松掌握发布宝贝的方法。

知识技能

※ 掌握加入消费者保障服务的知识
※ 掌握发布一口价商品的方法
※ 掌握使用淘宝助理批量发布商品的方法

视频讲解

（视频讲解：14 分钟）

6.1 加入消费者保障服务

在淘宝中经营店铺，需要加入消费者保障服务，加入该服务不仅能对买家提供一些保障，还能使店铺得到买家的认可。下面对消费者保障服务的作用、消费者保障服务的内容和必须缴纳消费者保证金的商品类目等知识进行讲解。

6.1.1 消费者保障服务有什么作用

为了让消费者在网上购物时能得到更好的保障，提升经营部分类目商品的卖家的服务水平与商品质量，淘宝按照《消费者保障服务协议》的规定，要求部分商品类目的商家必须缴纳消费者保证金，不缴纳消费者保证金，则不能发布全新商品，只能发布二手商品或闲置商品。

消费者保障服务是对商家信誉的一种认可，可以让买家增加对店铺的信任度，可以提升店铺的人气。加入消费者保障服务并缴纳消费者保证金，不仅能帮助买家进行购物决策，而且能使商品店铺在搜索排序上也有一定的优势。另外，拥有消费者保障服务后，可以对买家提供一些保障，如先行赔付、7天退货等。缴纳了缴费者保证金后，在店铺的资质栏中将显示缴纳的金额，同时会提升店铺的信誉度。

6.1.2 消费者保障服务的内容有哪些

消费者保障服务包括保证金、订单险、账期保障3部分。

- **保证金**：指根据消费者保障服务协议的条款及淘宝网其他公示规则的规定缴存并冻结于卖家的支付宝账户，在卖家未履行消费者保障服务承诺时用于对买家进行赔付的资金。根据服务内容的不同，保证金也分为基础保证金与特色服务保证金。

- 订单险：淘宝网消费者保障服务履约保证保险，即交易保障险，指用于保障卖家针对每笔订单按照消费者保障服务协议如约履行消费者保障服务承诺的一种保证保险。不是淘宝所有商品类目都必须要投保订单险，订单险的保障范围与淘宝规则规定的售后保障范围一致。
- 账期保障：账期保障属于消保资金保障的一种，在用户开通账期保障后，货款将在交易成功后15天内保留在用户的支付宝账号不可用余额。期间如发生售后事项，则根据最终判责结果确定是否作为赔付使用。

6.1.3　必须缴纳消费者保证金的商品类目

在淘宝网中，有些商品类目规定必须缴纳消费者保证金，商品类目不同缴纳的金额也不相同。为了更好地保障消费者的权益，提升卖家的服务水平和商品质量。淘宝依照《消费者保障服务协议》，规定一些商品类目必须缴纳消费者保证金。

扫一扫

必须缴纳消费者保障金的商品类目

6.1.4　实战——为淘宝店铺缴纳消费者保证金

商品类目不同，缴纳保证金的标准也不同，首先需要根据经营的商品类目计算应缴纳的消费者保证金金额，然后进行缴纳。卖家一般只缴纳一次消费者保证金，经营多类目商品的卖家，以主营类目商品所需缴纳的金额为准。下面介绍销售书籍的店铺缴纳保证金的方法，其具体操作如下。

扫一扫

为淘宝店铺缴纳保证金

01 进入“卖家中心”页面，单击“消保服务”后的“保证金”超链接。

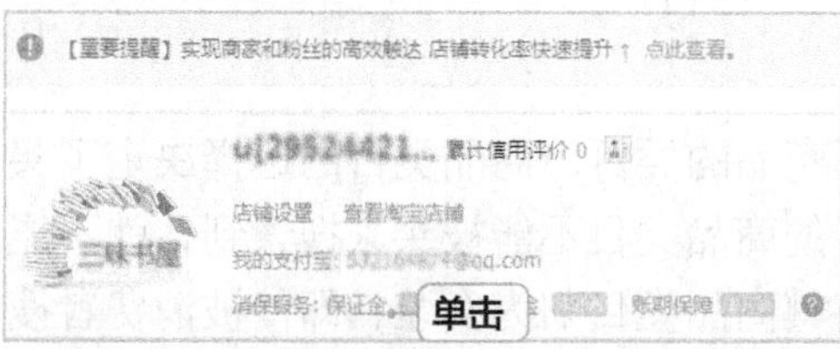

02 进入保证金服务页面，单击“保证金额度计算器”超链接。

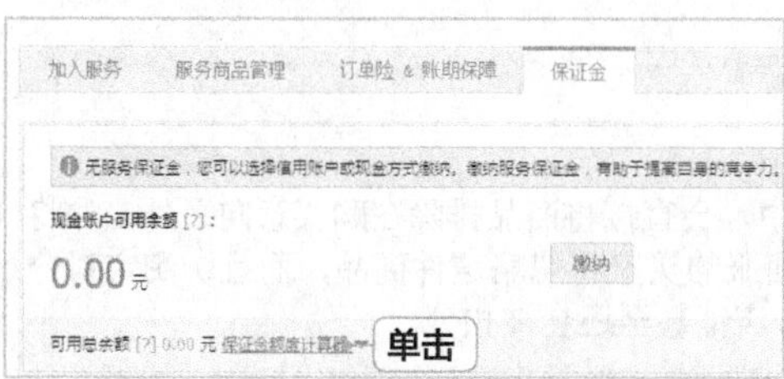

03 在“搜索一级类目”文本框中输入类目关键字“书籍”，在展示的列表中选择相关类目。

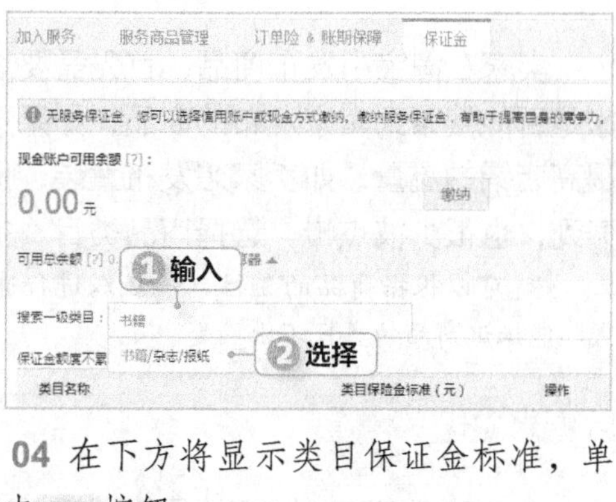

04 在下方将显示类目保证金标准，单击 缴纳 按钮。

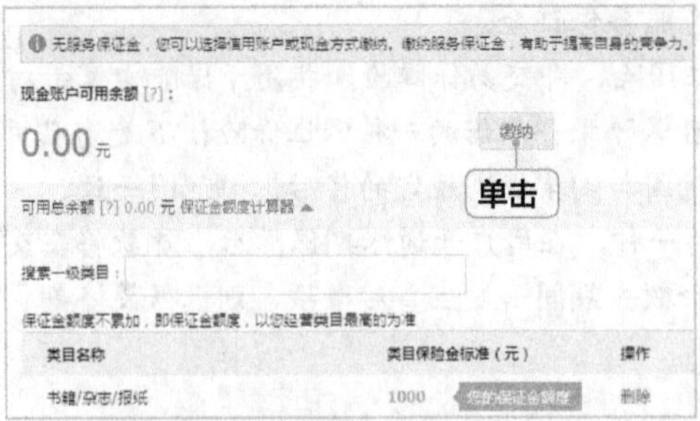

提个醒

在“搜索一级类目”文本框中输入类目后，在“类目保险金标准”显示的金额标准为0时，表示该类目不属于必须缴纳保证金的范畴。

05 在缴费页面显示缴费额度，输入支付密码，单击确定按钮即可。

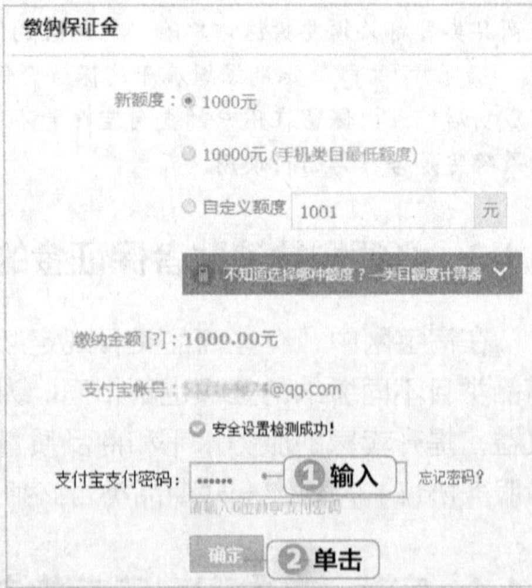

6.2 发布一口价商品

缴纳保证金后，便可发布商品，即将商品信息上传至网店中。在上传商品的过程中，需要掌握商品的发布技巧，如选择发布商品的类目、拟定合适的商品标题、关键词的设置原则、制定合理的商品价格、设置商品运费等。

6.2.1 选择发布商品的类目

卖家在淘宝中发布商品，首先需要选择商品的类目，商品类目的选择决定了买家是否能搜索到卖家发布的商品，如果选择的商品类目不能被买家搜索到，就不能提高店铺的流量，如卖家想发布童装，但将其商品类目归为女装，即使被消费者搜索到，也很少被点击。选择商品类目，主要有以下2种方法。

- 可以根据商品的属性，一级级进行选择，直到最后一级类目，这是最常用的选择方式，能保证商品的类目不出问题。

高手支招

商品没有准确的类目，买家在浏览的过程中，会直接将商品排除在购买意向之外，如将“女装”分类到“男士西服”类目，浏览男士西服的买家将忽略这件商品，而且，淘宝对分类有硬性规定，随意安排类目的商品会被下架，店铺甚至还会被扣分。

● 直接在类目的搜索框中，输入所需要发布的商品的关键词，如“帆布鞋”，系统会自动匹配出相应的类目，供卖家选择。

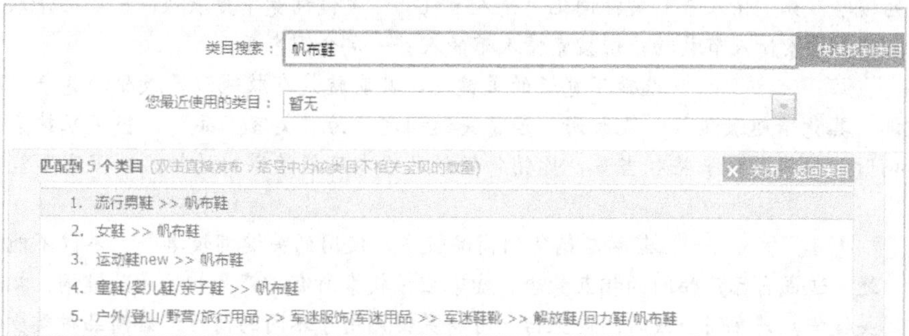

6.2.2 拟定适合的商品标题

好的商品标题能让买家直接锁定你的商品，从而大大增加商品的浏览量，对店铺的经营有着至关重要的作用。宝贝标题需限定在30个汉字（60个字符）以内，否则会影响发布。游戏币类目目前可支持输入60个汉字。

标题要尽量简单直接，还要突出卖点。要让买家即使只看一眼，也能知道商品的特点，知道它是什么商品。宝贝的标题需要和当前商品的类目、属性保持一致，如出售的是女装T恤，则不能出现童装等非女装T恤外的关键词。一个好的标题可以包含商品名称、同一商品的别称、品牌名、商品必要的说明等信息。

● 商品名称是商品标题必须具备的要素。

● 在不同的地区，某个商品的称呼可能不同，卖家需要尽可能地将别称写上去，如土豆，在部分地域称为洋芋，其学名为马铃薯，这种情况下，在标题中应体现其别称，让买家能轻松地搜索到你的商品，如“迷你小土豆新鲜黄心农家蔬菜洋芋批发马尔科马铃薯高山土豆5斤”。

● 一些商品需要在标题中添加有关商品的形式和数量的说明，如充值点卡的商品，需要说明是多少的点卡，以及是直充还是卡密的形式充值等，如“梦幻西游点卡2 梦幻点卡充值”“网易一卡通100元1000点自动充值”。

- 将商品的品牌名放入标题中，知名的品牌具有品牌效应，更能得到买家的认可，如“阿依莲2018新款女夏收腰显瘦A字修身短裙圆领短袖气质淑女连衣裙”。
- 在标题中添加商品的卖点信息，促销、商品的功能性等都属于商品的卖点信息，如“飞科吹风机大功率负离子发廊电吹风机家用冷热风理发店风筒不伤发”。

6.2.3 关键词的设置原则

标题中的词语是由一个一个的关键词组成的，关键词设置得是否恰当，能在很大程度上决定标题的搜索排名。因此，关键词将决定宝贝的排名顺序，在设置关键词时，不仅需要避免出现同行竞争，还需要通过关键词展现宝贝。可根据以下6个规则设置关键词。

- 避开竞争，精确定位：将产品进行精准的定位，避开竞争大的关键词，能提升商品被搜索到的概率，如“情人节”关键词比“情人节礼物”关键词竞争更激烈，需要买情人节礼物的买家，将会搜索情人节礼物，但搜索情人节的人并一定会买东西。
- 关键词不宜过宽泛：选择不宽泛的关键词，其实就是有效地避开激烈的竞争，越宽泛的关键词，其竞争越激烈，如洗面奶，若将关键词定位为“美容产品”，当买家搜索美容产品关键词时，搜索的结果将相当多，你销售的产品根本不能获得好的排名，买家不能看到你的商品。
- 关键词不宜太单一：若网店销售的商品较多，使用的关键词较单一，不仅不能获得好的流量，还会造成自己产品间的相互竞争。卖家应该搜索所有与产品相关的关键词，挑选10个作为常用关键词，若在同一段时间内上传，可将关键词用于不同的商品；若商品种类少，上传时间较分散，可设置主要的关键词。
- 关键词应符合用户搜索习惯：在设置关键词时，需要根据用户的搜索习惯进行设置，如卖礼物的商家，将关键词设置为“情人节礼品”，而用户的习惯搜索为“情人节礼物”，则会造成流量损失。
- 使用扩展关键词：扩展关键词也被称为长尾关键词，就是那些比较长，较少人使用但也能为店铺带来一定流量的关键词，如卖礼品的商家，“情人节礼物”和“生日礼物”关键词的竞争较激烈，使用“生肖礼物”“男生女生礼物”“约会见面礼物”“夫妻情人节礼物”等。
- 关键词可组合使用：组合关键词就是一种商品选择不同的关键词进行组合使用，以便商品能出现在多种关键词搜索的结果中，从而增加商品的曝光率。但关键词组合不是指堆砌关键词，可选择一个主流热门的关键词加两个扩展关键词，如“通勤连衣裙淑女连衣裙雪纺连衣裙”“气质短靴秋冬短靴时尚短靴”等。

根据关键词的设置原则，首先设置发布类目，然后选择关键词，再根据产品的卖点和属性等信息组织关键词，这样才能使宝贝标题更加具有竞争力，如“针织衫女开衫薄外套春夏装新款短款百搭毛衣外搭小披肩 防晒衫”“夏季新款男士休闲鞋老北京布鞋韩版潮透气帆布鞋板鞋网面鞋子男鞋”等。

6.2.4 制定合理的商品价格

商品的价格是影响买家购买的重要因素之一，同一件商品可能会有很多卖家在销售，若商品的其他方面相同，价格越低，越能得到买家的青睐。但是并不建议绝对低价，价格太低，反而会让买家产生疑虑。制定合理的商品价格，主要可从以下5个方面进行。

- 多对比同类商品不同卖家的定价，定价不宜比平均定价太高或太低，应该从中找到最佳切入点。
- 运费与定价合理安排，在商品售价不变的情况下，可降低商品价格，设置运费。
- 将价格进行分割，对于一些通过计量单位称重或量尺寸的商品，可使用较小的单位进行定价，如牛肉的价格为200元1千克，可更改为10元50克。
- 价格非整数法，如定价100元与99元，虽然只有1元的差别，但就买家的心理而言，99元只花费了几十块钱，这是一个极能激发消费者购买欲望的价格。
- 在定价的数字上，使用国人比较喜欢的带有寓意的数字，如“6”和“8”，很多人认为“8”与“发财”的发音相似，能给自己带来发财的好运，“6”具有六六大顺的寓意，这种定价能满足消费者心理上的需求。

6.2.5 设置商品运费

网上商品都是通过物流进行交易的，常见的运输方式包括平邮、快递和EMS 3种，卖家需要根据商品的重量与体积，或商品的保质期等情况进行相应的运费设置。设置商品运费的方法：在发布商品页面中的“宝贝物流服务”栏中单击 新建运费模板 按钮，打开“运费模板设置”页面，设置运费的相关信息，然后单击 保存并返回 按钮。

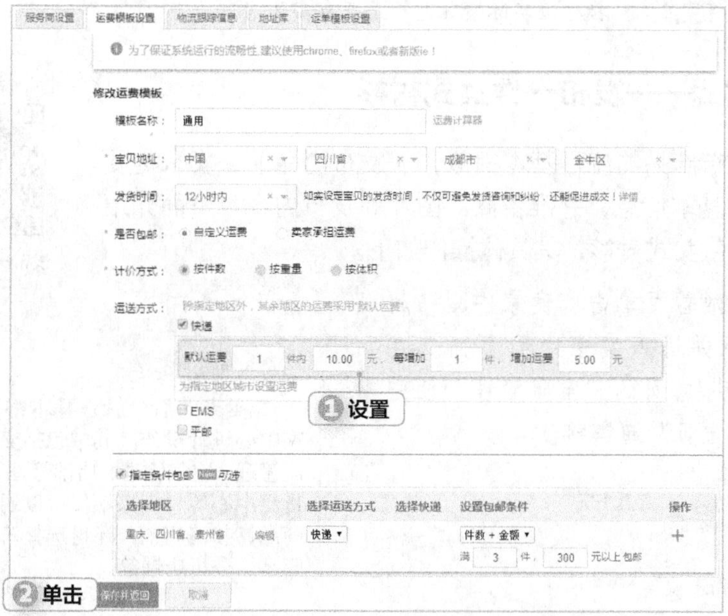

淘宝中的运费计价方式包括按件数、按重量和按体积3种。买家可根据商品的具体情况设置计价的方式。

- 按件数：就是按商品的件数进行收费，如衣服、饰品等比较适合该计价方式。
- 按重量：是按商品的重量进行计价的方式，如称重的物品或体重较大的商品可使用该计价方式。
- 按体积：该方式适合体积较大的商品，如家电、大型器材等。

在设置商品运费时，也可设置为包邮。包邮指卖家对所售商品承诺在其指定的地区内向买家承担首次发货运费。包邮商品第一次发出所产生的运费由卖家承担，包邮商品因退、换货产生的邮费，参照《淘宝争议处理规则》处理。首次不等于首重。无论商品重量是多少，包邮商品的卖家都应承担首次发货的全部运费。

6.2.6 设置其他信息

在发布商品时，还需要设置一些其他信息，如商品描述、店铺简介、经营类型、店铺介绍、主要货源、是否有实体店等，下面分别进行介绍。

- 商品描述：商品描述就是将商品的准确信息传递给买家，是对图片信息的补充，可介绍商品的性能、材料、产地、售后等信息。
- 店铺简介：店铺简介包括掌柜签名、主营宝贝和店铺动态3方面。掌柜签名能体现店铺的个性；主营宝贝体现了店铺内的主要宝贝的类型和风格，如民族风女装等；店铺动态可设置最近店铺的促销信息，如全场包邮和五折优惠等。
- 经营类型：根据自身经营类型选择个人全职、个人兼职、公司开店等。
- 店铺介绍：对店铺的整体情况进行介绍，也是店铺宣传的一种方式。
- 主要货源：指选择主要货源的方式。
- 是否有实体店：指根据实际情况选择是否有实体店。

6.2.7 实战——发布一件女式衬衫

扫一扫

发布一件女士衬衫

网上发布产品的流程基本相似，在发布商品前，卖家需要了解商品的基本信息，并准备商品图片等发布内容。下面介绍如何发布一款女式衬衫，其具体操作如下。

01 在淘宝网首页单击“卖家中心”超链接，登录并进入卖家中心页面。在“卖家中心”首页的“宝贝管理”栏中单击“发布宝贝”超链接。

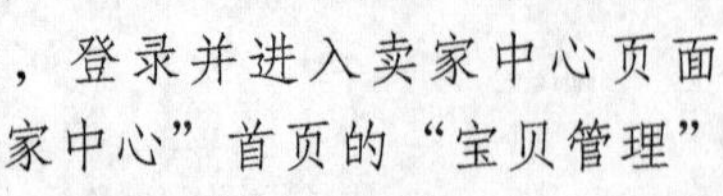

高手支招

卖家的后台管理基本都可以通过卖家中心进行操作，其中包括交易管理、物流管理、宝贝管理、店铺管理、营销管理、货源中心等。卖家不仅可以通过后台发布商品、装修店铺，还可选择营销工具推销商品、分析店铺等。

02 进入商品发布页面，在左侧列表框中选择商品类目，这里选择“女装/女士精品”，在右侧打开的列表选择商品的二级类目，这里选择“衬衫”，再在右侧打开的列表中选择商品的品牌，单击 我已阅读以下规则，现在发布宝贝 按钮。

高手支招

在设置商品类目时，也可直接搜索商品类型，然后在打开的列表中选择商品类目和二级类目。

03 在打开的页面中继续填写商品宝贝类型、宝贝标题、宝贝卖点、宝贝属性等内容。

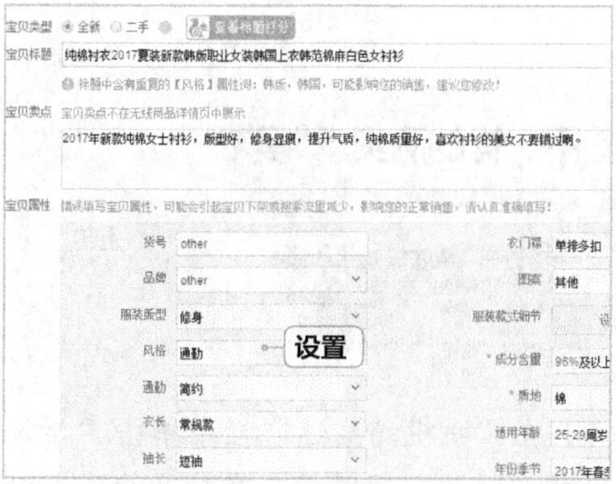

04 滑动鼠标滚轮，上传商品图片。单击“宝贝主图”的图片框，打开“图片空间”对话框。

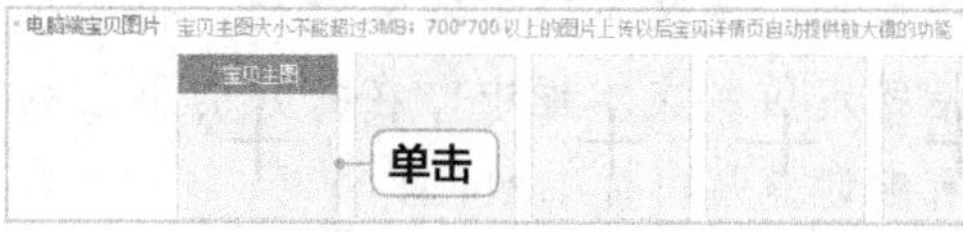

05 在“图片空间”对话框中单击“上传新图片”选项卡，单击 点击上传 按钮。

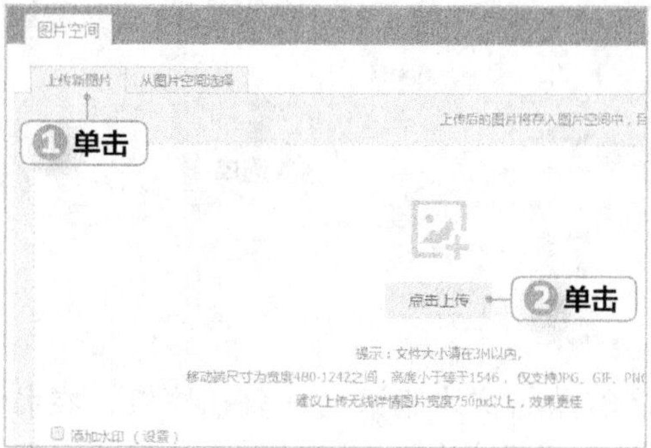

06 打开“打开”对话框，在其中选择需要上传的商品图片，再单击 打开(O) 按钮。

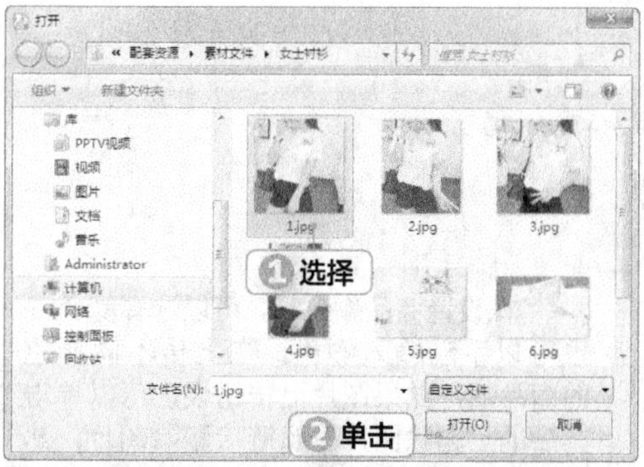

07 按照该方法，依次上传其他商品主图。

08 在“宝贝规格”的“颜色分类”栏中单击勾选文本框前的复选框，将鼠标指针定位到文本框中，在打开的下拉列表中选择常用标准颜色。

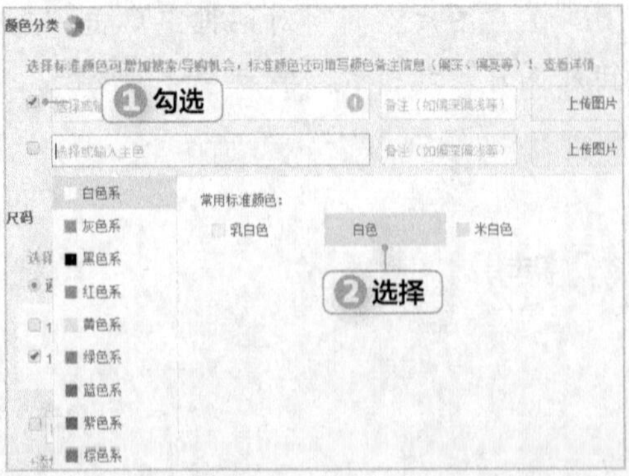

09 单击文本框后的 上传图片 按钮，在打开的“图片空间”对话框中设置当前颜色的商品图片，然后依次设置商品的其他颜色，并上传图片。

高手支招

在设置商品颜色时，可以选择颜色，也可以手动输入颜色。在上传不同颜色的商品后，如果图片上传错误，可以单击其后的“删除图片”超链接删除图片，然后单击 上传图片 按钮重新上传。

10 在“尺码”栏中设置商品的尺码。

11 在“宝贝销售规格”栏中输入商品的价格和数量。如果商品价格相同，可直接在“批量填充”栏中输入统一的价格和数量。

颜色分类	尺码	*价格（元）	*数量（件）
白色	150/80A	98	100
	155/80A	98	100
	160/84A	98	100
	165/88A	98	100
	170/92A	98	100
	175/96A	98	100
	175/100A	98	100
乳白色	150/80A	98	100
	155/80A	98	100
	160/84A	98	100
	165/88A	98	100
	170/92A	98	100
	175/96A	98	100
	175/100A	98	100

12 操作完成后单击 确定 按钮，然后在“电脑端描述”栏中设置商品详情描述，这里单击“添加图片”按钮，在打开的“图片空间”对话框中上传商品详情页的图片。

13 在“手机端描述”栏中单击“导入电脑端描述”超链接，在打开的列表中单击 确认生成 按钮，将生成新的手机版详情页。

14 在“宝贝物流服务”栏中设置商品的物流方式。

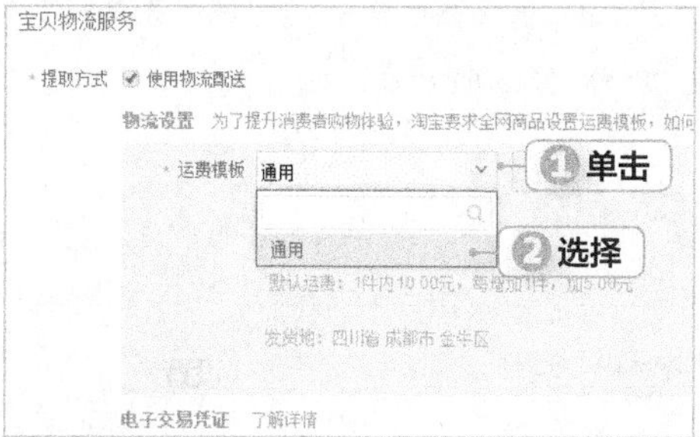

提个醒

如果已经提前设置了物流方式，可直接在“运费模板”下拉列表中进行选择，如果未设置物流模板，可单击新建运费模板按钮新建物流模板。

15 依次设置“售后保障信息”和“宝贝其他信息”。

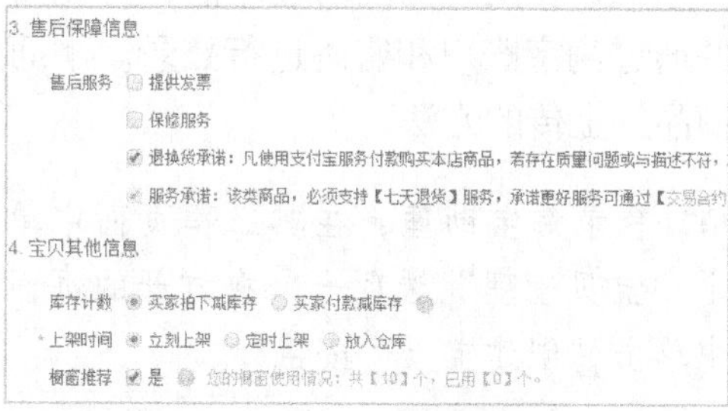

16 设置完成后单击发布按钮，即可发布商品。过后将提示宝贝发布成功，成功后即可进入店铺查看发布的商品，也可在“分享给好友”栏中单击复制链接按钮，将商品分享给买家。

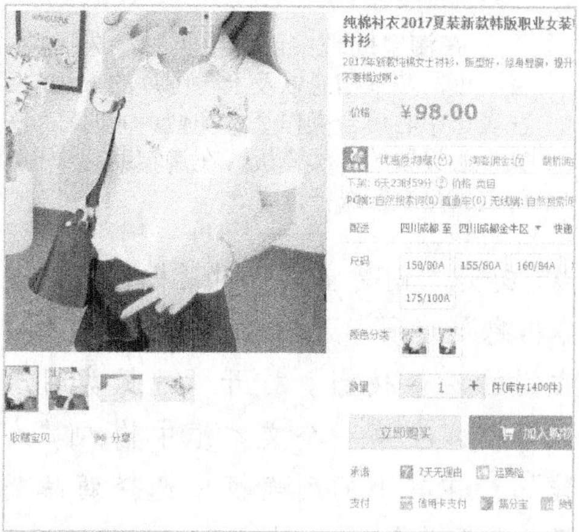

6.3 使用淘宝助理批量发布商品

淘宝助理是一款功能十分强大的淘宝商品管理软件，通过它可以快速完成很多商品的管理操作，如新建并上传商品、预览并修改商品、批量上传商品、导入/导出宝贝模板等，下面分别对这些知识进行介绍。

6.3.1 新建并上传商品

扫一扫

新建并上传商品

卖家在使用淘宝助理之前，首先需要下载并安装该软件，并通过淘宝账户和密码进行登录。下面介绍通过淘宝助理新建商品并上传的方法。

01 登录淘宝助理，在其工作页面中单击“宝贝管理”选项卡，在打开的页面中单击“创建宝贝”按钮。

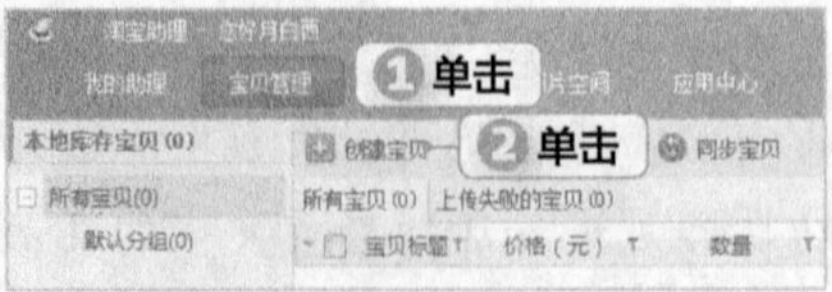

高手支招

在淘宝助理中创建宝贝时，选择类目、填写基本信息以及上传图片的方法与在卖家中心后台操作基本类似。同时在卖家中心设置的各类模板，在淘宝助理中也可以直接进行选择。

02 打开“创建宝贝”对话框，在“基本信息”选项卡下单击“类目”文本框右侧的选类目按钮。打开“选择类目”对话框，在第一个文本框中输入“女鞋”，在其下的列表框中选择商品类目，然后单击确定按钮。

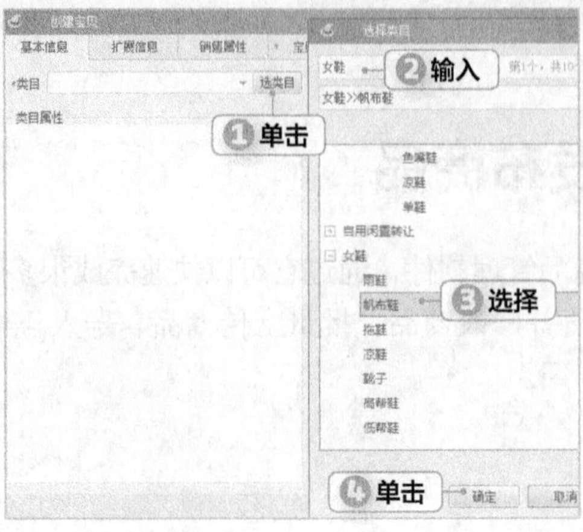

03 在“类目属性”栏中设置商品的品牌、工艺、材质、风格、上市年份等属性，然后在右侧的“宝贝标题”“宝贝卖点”“一口价”文本框中输入相关内容，并对“所在地”和“运费模板”进行设置。

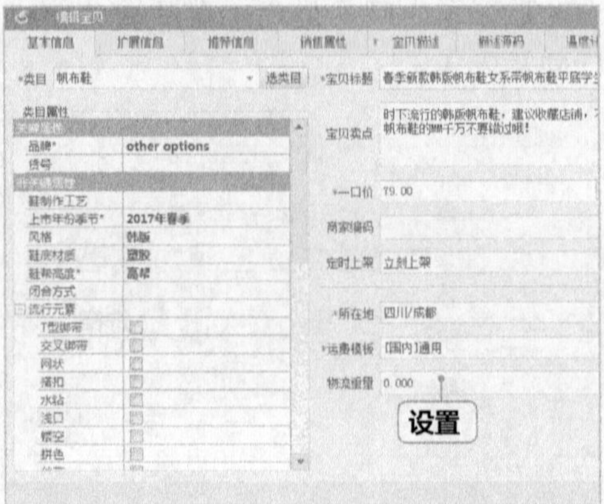

04 在“创建宝贝”对话框右侧单击“宝贝图片”选项卡，然后单击+添加图片按钮，打开“选择图片”对话框，在其中选择要上传的商品图片。

05 单击插入按钮，确认上传商品主图后，在“创建宝贝”对话框中单击

“销售属性”选项卡，在左侧列表框中设置商品的颜色和尺码，然后在右侧设置商品的价格和数量。

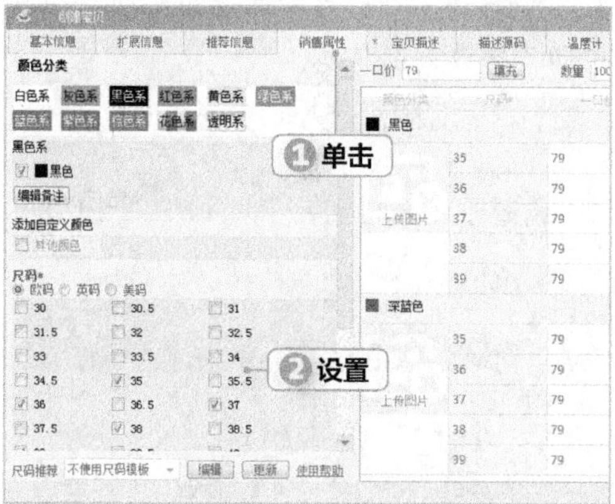

06 在“创建宝贝”对话框中单击“宝贝描述”选项卡，在其中编辑商品描述，或直接单击“插入空间图片”按钮，打开“选择图片”对话框，选择并上传商品描述页的图片。

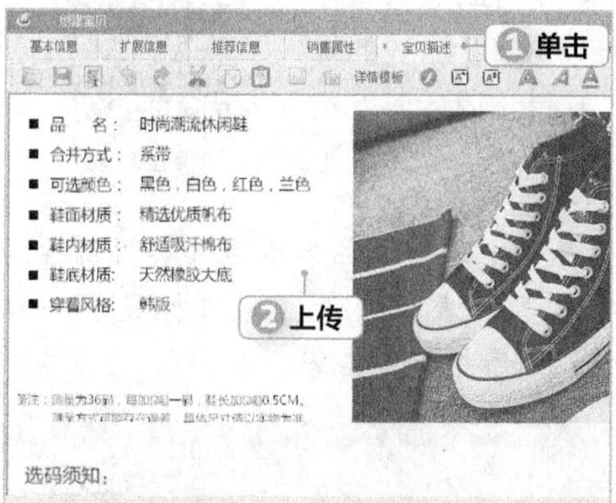

高手支招

在设置商品的类目属性时，应尽可能地全面、准确和真实，不可随意设置。对于虚假不实的商品信息，淘宝会对其进行惩罚，从而影响店铺的健康运营。该准则同样适用于标题、主图和详情页的设置。

07 设置完成后返回“宝贝管理”页面，单击 保存并上传 按钮。

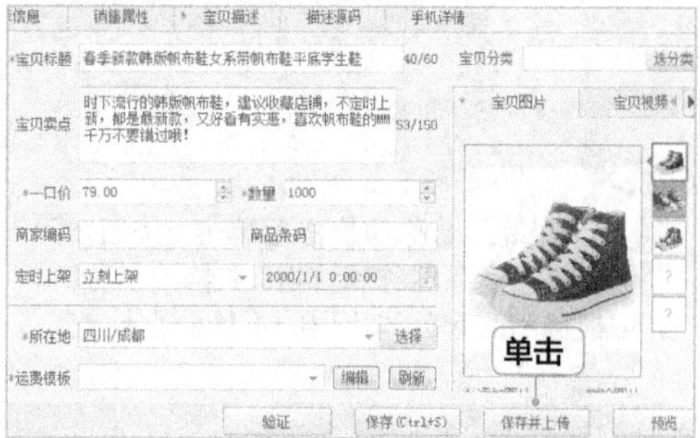

08 最后在打开的提示对话框中单击 上传 按钮即可。

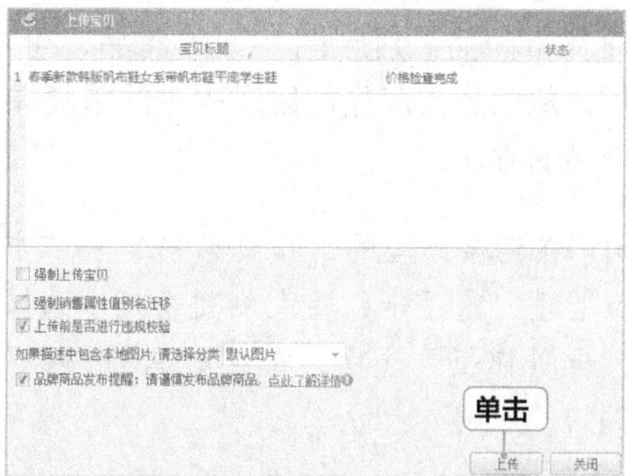

6.3.2 预览并修改商品

商品发布上架之后，如果发现商品信息不完善或者有误，还可以打开宝贝发布页面，对商品价格、名称、描述等重新进行编辑。在淘宝卖家中心修改商品信息的具体操作如下。

扫一扫

预览并修改商品

01 进入淘宝卖家中心，在“宝贝管理”栏中单击“出售中的宝贝”超链接，打开出售中的宝贝页面。

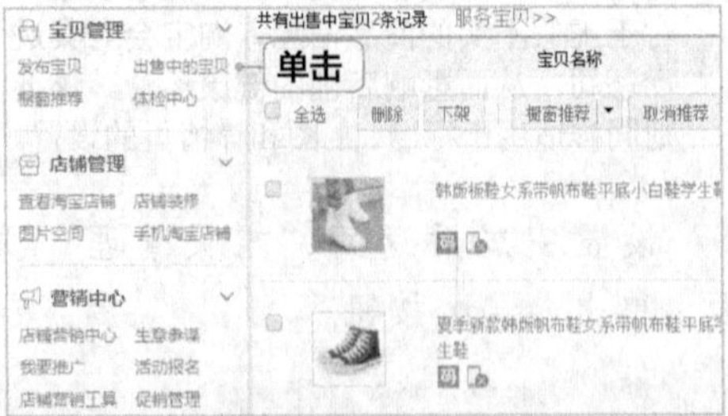

高手支招

在商品名称和价格后单击 按钮，可快速修改商品名称和价格。在修改名称时，可根据商品颜色和尺码的不同分别设置。

02 勾选需要修改的商品前的复选框，并单击相应按钮，可对其进行下架、删除和橱窗推荐等操作，单击商品后的“编辑宝贝”超链接，可打开商品发布页面，在其中即可修改商品信息。

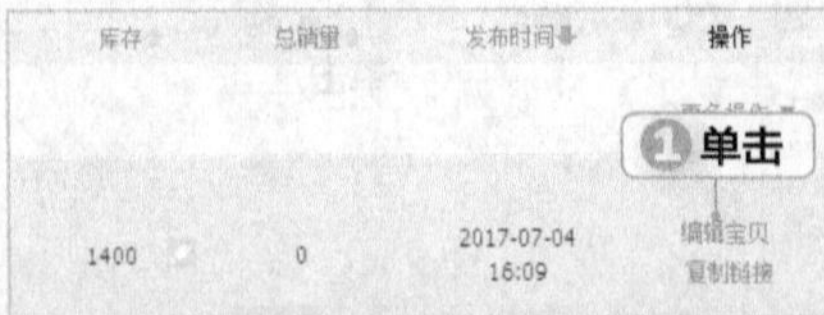

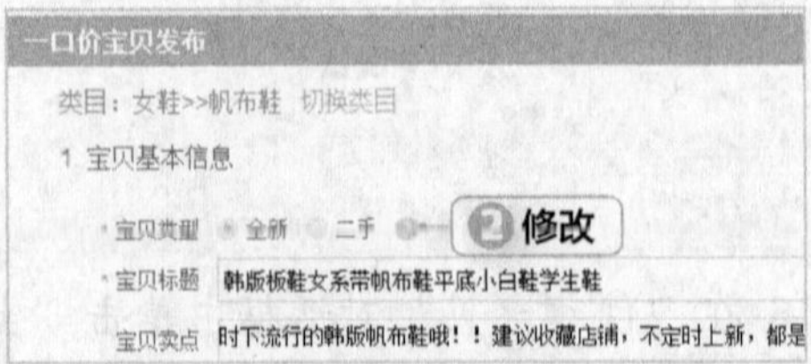

6.3.3 批量上传商品

淘宝助理提供了批量发布宝贝的功能，可以帮助经营者快速发布商品。对于同类型的商品，可以创建和应用统一的模板，从而省去商品创建过程中的重复操作。下面介绍批量发布商品的方法。

扫一扫

批量上传商品

01 在淘宝助理的工作页面中单击“宝贝管理”选项卡，在左侧列表框中选择“宝贝模板”选项，在右侧单击 创建模板 按钮。

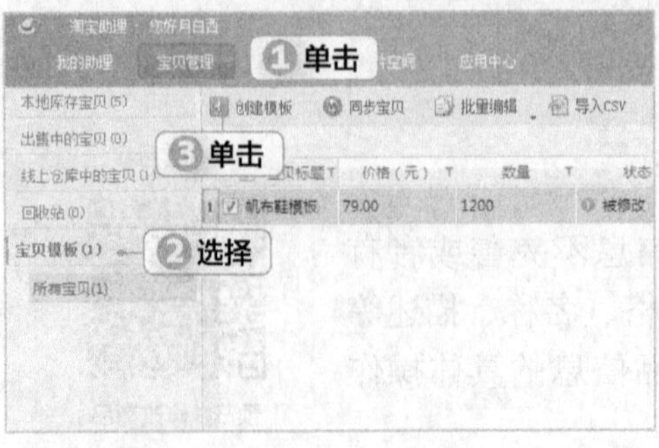

02 打开“创建模板”对话框，在左侧列表框中设置商品的类目和类目属性，在右侧列表框中设置宝贝标题、一口价、运费模板等内容。

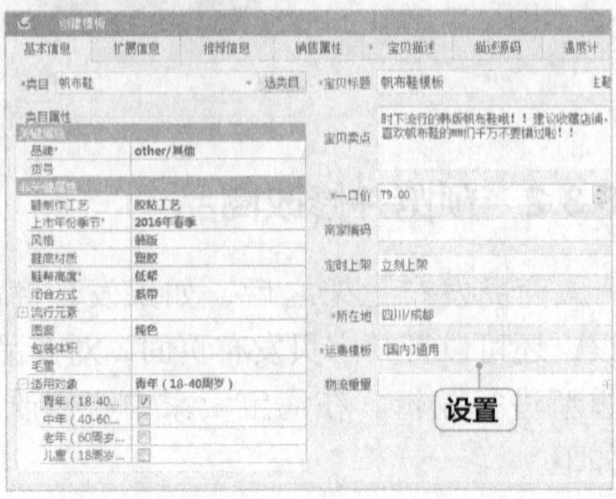

03 单击“销售属性”选项卡，在其中设置商品的颜色和尺码，单击“宝贝描述”选项卡，在其中编辑商品描述。

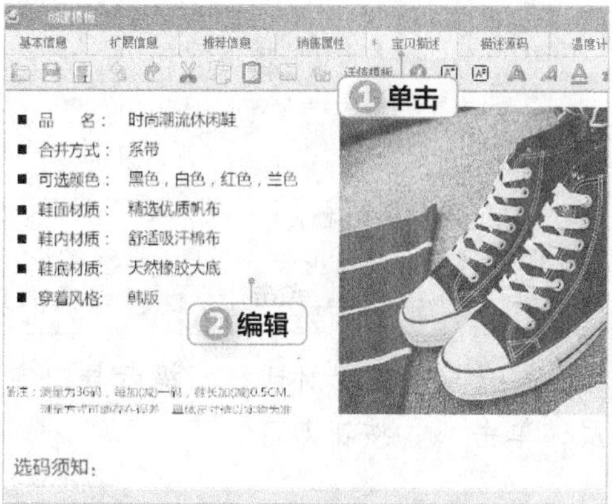

04 设置完成后单击 保存(Ctrl+S) 按钮，然后在淘宝助理工作页面左侧列表框中选择“所有宝贝”选项，单击 创建宝贝 按钮右侧的下拉按钮▾，在打开的下拉列表中可以查看新建的模板。

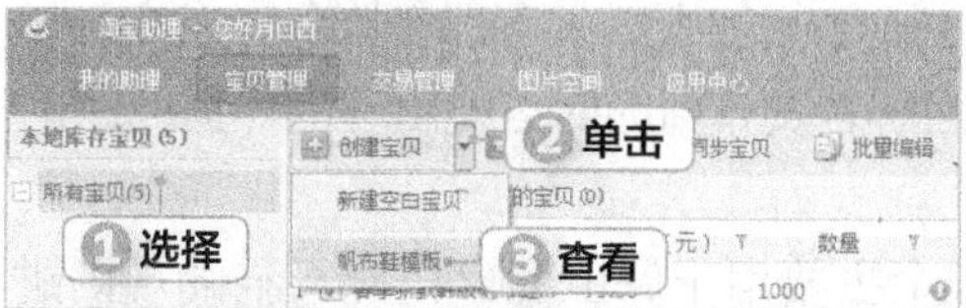

提个醒

在设置商品信息时，带＊号的选项为必填选项，如果出现必填选项未填写的情况，在保存商品信息时，淘宝助理会给出相关提示。

05 选择该模板，将打开“创建宝贝模板”对话框，在其中可对模板信息进行更改，更改完成后单击 保存(Ctrl+S) 按钮，即可将该商品信息保存到本地库存宝贝中。勾选需要上传的商品前面的复选框，再单击 上传宝贝 按钮上传商品。

提个醒

在上传宝贝时，将打开提示对话框，在该对话框中，可以勾选相应复选框，检查商品违规情况。

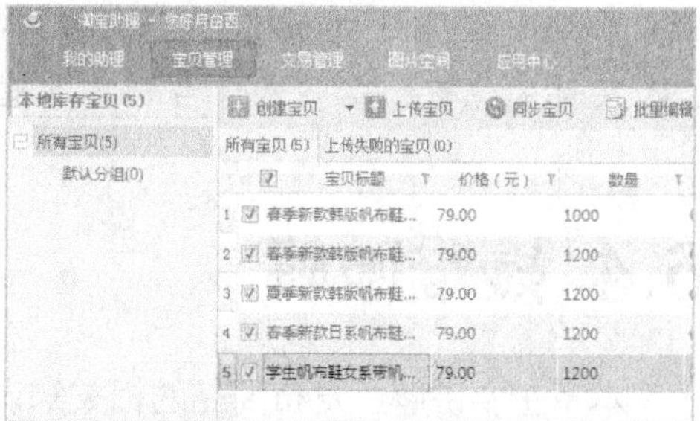

高手支招

淘宝助理的功能非常丰富，除了创建和上传商品之外，还可以进行交易管理、图片管理等，在“交易管理”选项卡中，可以查看和下载订单、打印快递单和发货单等，在“图片空间”选项卡中可以上传图片，查看店铺装修等。

6.3.4 导出/导入宝贝模板

扫一扫

导出/导入宝贝模板

为了保护发布的数据不丢失，可将宝贝模板导出到其他地方，当需要时再导入需要的宝贝即可，其具体操作如下。

01 打开淘宝助理的工作页面，单击 导出CSV 按钮，在打开的下拉列表中选择相应的宝贝。

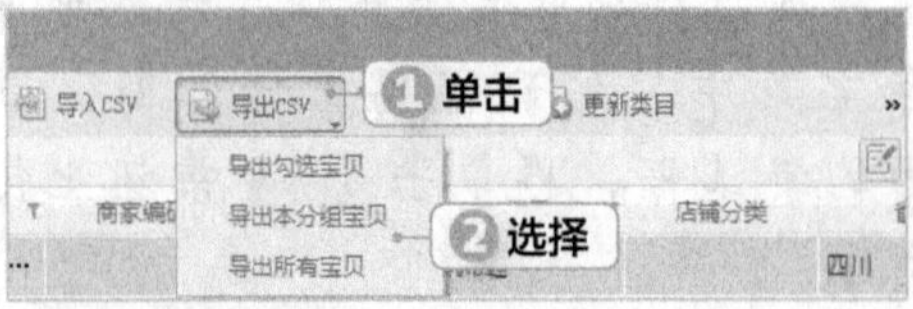

高手支招

在淘宝助理的工作页面单击 导入CSV 按钮，打开“打开文件”对话框，选择CSV文件，可导入宝贝模板。

02 打开“保存”对话框，选择保存CSV文件的位置，在“文件名”文本框中输入名称，单击 保存(S) 按钮。

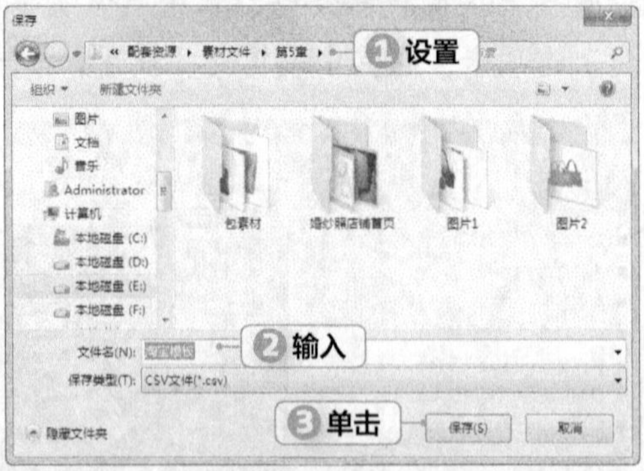

03 打开导出提示对话框，提示导出完成，单击 关闭 按钮即可。

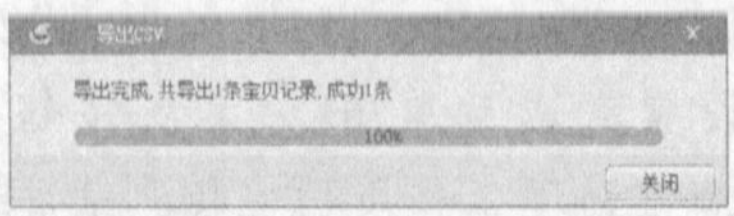

6.4 疑难破解

本章主要讲解了发布商品的相关知识，主要包括加入缴费者保障服务、发布一口价商品、使用淘宝助理批量发布商品等，下面解答发布商品时可能出现的一些问题。

1. 天猫卖家如何缴纳消费者保证金?

商家在天猫经营必须缴纳保证金，保证金主要用于保证商家按照天猫的规则进行经营，并且在商家有违规行为时根据《天猫服务协议》及相关规则规定用于向天猫及消费者支付违约金。

入驻天猫的商家在提交入驻天猫商城申请后，天猫工作人员将在7日之内进行审核，入驻审核通过后，将在15天内完成保证金/技术服务年费的冻结缴纳操作。逾期操作，本次申请将作废。具体的缴纳金额需根据经营的类目而定。第二年不需要再次缴纳保证金；只需要缴纳软件服务年费即可。

当缴纳的保证金不足时，需要补缴保证金。消费者保证金被催缴后，3天不补缴会被去除保证金标志，5天不补缴会被屏蔽店铺，同时在去标期间产生的交易会被账期保障。补缴保证金的方法：进入卖家中心，在“淘宝服务”栏中单击“加入服务”超链接，单击“保证金”选项卡，查看保证金催缴单，完成缴纳即可。

2. 淘宝可以拍卖商品吗?

拍卖是指商品仅设置最低起拍价，让买家竞争购买，在制定的拍卖时间内，出价最高的买家能购买到此商品。只有缴纳消费者保证金的买家才能发布拍卖商品。

3. 不能发布商品有哪些原因？

在发布商品时，若账户具备发布商品的条件，且账户无违规被处罚限制发布商品，以下原因可能导致不能发布商品。

- 发布商品时，提示店铺状态不正常，不能发布、编辑全新商品。
- 超过发布商品数量的上限。
- 上架时提示宝贝数量必须大于0。
- 发布宝贝时提示输入属性错误。
- 发布宝贝时不能选择类目。
- 宝贝发布成功，有出错提示。

4. 安装最新版本的淘宝助理后，之前的宝贝数据还在吗？

在安装新版本淘宝助理时，若安装的路径与之前的安装路径相同，那么之前的宝贝依然存在。若安装的路径与之前的安装路径不同，可通过淘宝助理导入数据，单击“同步宝贝”按钮或“更新类目”按钮可进行数据更新。

5. 什么时候是商品上架的最佳时间？

提高商品流量是卖家需要解决的重要问题，此时调整宝贝上下架时间就显得格外重要。因为每天都有上架和下架的商品，所以卖家需要处理宝贝上架的时间分布问题，让买家能更容易搜索到你的宝贝。

宝贝上架是一个非常重要的环节，部分卖家在第一时间内将所有的宝贝都上架，这样做是错误的。宝贝上架需要分批、分时间进行，最好保持每天都有宝贝上架，并且要在黄金时间段上架。下架时间可选择7天或14天，建议使用7天下架，因为下架宝贝天数越短，宝贝拥有的下架次数越多，便会拥有更多排名靠前的机会，拥有买家更容易搜索到自己商品的机会。

宝贝上架黄金时间段：9:00－11:30，13:30－16:30，19:00－22:00。

6. 为什么在编辑页中无法选择“全新”类型？

若在发布商品时，卖家发现不能选择“全新”发布，可以从以下方面查看不能选择“全新”类型的原因。

- 所在类目属于必须缴纳“消费者保证金”（具体可参看此处）类目，但是还未缴纳或是不足。
- 商品第一次发布时为“二手”，“二手”类型商品不允许转成全新商品。
- 商品类目是属于“特种经营”类目，必须要进行“特种经营”备案，备案申请通过之后才可发布全新商品。
- 商品属于家电、数码等产品，目前厂家已经停产，故淘宝网不允许发布全新商品。
- 部分特殊类目根据行业特性也只能发布“二手”商品，如“二手数码”“古董/邮币/字画/收藏>>趣味收藏>>磁卡/卡片”等类目。

6.5 边学边练

（1）登录淘宝卖家中心，发布面膜商品，将其类目设置为“美容护肤”类“面膜”，然后依次制定该商品的标题、价格、数量、物流等关键信息，设置完成后将其上传并发布到淘宝店铺中。

（2）登录淘宝助理，新建一个裙子类模板，依次设置该模板的价格、数量、物流等关键信息，设置完成后保存模板。然后根据该模板新建3个裙子类的商品，修改模板信息，修改完成后将其保存并上传至淘宝店铺中。

（3）登录淘宝卖家中心，进入“出售中的宝贝”页面，依次更改店铺中已上架商品的价格，然后单击“编辑宝贝”超链接，打开商品发布页面，在其中更改商品主图，并保存更改信息。

第 7 章

卖家与买家沟通的艺术

本章导读

沟通也是决定买家产生购买决策的重要因素，因此，有效地与买家沟通不仅能增加转换率，还能提升店铺的形象。本章将讲解如何与买家进行沟通，包括与买家沟通应该掌握的技巧、使用千牛工作台设置快捷沟通方式、买家管理等知识。

知识技能

※ 掌握与买家沟通应该掌握的技巧
※ 掌握使用千牛工作台设置快捷沟通方式的方法
※ 掌握买家管理的方法

视频讲解

（视频讲解：12 分钟）

7.1 卖家与买家沟通应该掌握的技巧

卖家在与买家沟通的过程中，需要掌握一定的说话技巧，良好的沟通能使买家提高对店铺的认可度。

7.1.1 卖家与买家沟通的用语规范

与在实体店铺接待客户一样，网店客服人员与客户交流时也需要遵循一定的用语规范，保证对客户的基本尊重，并传达“客户至上”的服务态度。客服人员用语规范一般有以下几点，需要熟记并严格遵守。

1. “请”字不离口，“谢”字随身走

客服人员首先要保证自己服务态度是诚恳的，多用“请”来表示对客户的尊重与诚意。如“请问有什么能帮助您的吗？”“请看这款宝贝，它与您的要求更加符合。”“请不要担心，我们的产品都是7天无理由退换货的哦！”等。

其次，在买家提出有建设性的意见、表达自己会在店铺购买商品或结束咨询时，客服人员应该随口说一声谢谢，表达对买家的感谢。这样不仅能体现自己的专业素质，还能让买家感受到被重视，给买家留下良好的印象。如“谢谢您的光临！”“感谢您提出的意见，我们会认真思考并改进的，十分感谢！”“谢谢，请慢走，欢迎您的下次光临”！等。

2. “我们”不离口，亲切一起走

卖家客服人员在与买家交流时少用“我”“你”等用语，多用“我们”“咱们”“您”等，缩短与买家之间的距离，让买家既感受到亲切，又得到了尊重。如“您的眼光真好，这款宝贝是最畅销的呢！”“您太客气了，咱们都是老朋友了，这些都是小事儿~”“您还记得上次在咱们家买的衣服吗？实在不好意思，刚过了两天就打折了，您看给您退还差价可以吗？”等。

3. 多用礼貌用语，拉进与买家之间的关系

礼貌用语可以快速拉近卖家与买家之间的关系，让客户感受到服务的热情与真诚。首先“请”是一个非常重要的礼貌用词，应该多加使用；其次，“欢迎光临”“认识您很高兴”“希望在这里能找到您满意的产品”等基本的礼貌用语也必不可少；最后，若遇到一些矛盾，在交谈过程中要尽量将自己放在一个较低的位置，通过一些礼貌用语来表达自己的歉意，如“对不起”“请原谅”“很抱歉”“请稍等”“麻烦”“请多包涵”“实在过意不去”等。

4. 服务过程中尽量避免使用负面语言

负面语言是绝对不能出现在交流过程中的，这不仅会显得很没素质，还会引起买家的反感，严重的甚至会导致买家直接向淘宝投诉，如“笨死了”“这你都不会”“太简单了”“蠢货”等。

5. 婉转表达，留有余地

卖家客服人员在与买家沟通的过程中，难免会遇到一些难以处理的问题，需要向上级或店长请示解决，此时，千万不要一口拒绝，如“我不知道”“我不会”“我没有权限”等，而应尽量委婉地表达出虽然自己没有解决的能力，但可以请示后再做回复，如“这个问题我要请示一下，请稍等。”“我可以尝试向店长传达，您稍等。”等。

7.1.2 卖家与买家沟通必须具备的态度

客服人员每天都会面对各种各样的顾客，遇到意想不到的事情在所难免，常常导致不开心、无奈、气愤等负面情绪，因此，这就要求客服人员无论遇到什么样的人或事，都需要拥有强大的内心和良好的心态，力求得到顾客的肯定。

客服人员在与买家进行沟通的过程中，不能将自己摆在买家对立的位置，应从买家的角度考虑问题，将买家当作自己的朋友看待。

1. 主动热情

客服人员在与买家沟通的过程中，需要时刻保持热情的态度，主动问候，热心推荐商品。热情服务，能让顾客感觉被尊重，如“亲，有什么需要帮助的随时告诉我，我一直都在的。”同时还可以使用旺旺表情来活跃气氛，拉近彼此之间的距离。下表为常用的旺旺表情。

常用的旺旺表情

微笑	偷笑	爱慕	爱心	再见

加油	忧伤	安慰	亲亲	玫瑰
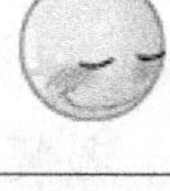				
害羞	天使	鼓掌	花痴	对不起

2. 多检讨自己少责怪买家

遇到问题时，客服人员要先诚恳地向买家检讨自己的不足，不要先指责买家。如买家询问商品的使用方法，但在商品详情页已经写明了该方法，不要责怪买家不看商品说明，应该反省没有及时提醒买家。

面对买家的不解时，应该耐心为买家解答疑问，不能因为买家的问题浅显而出言讽刺或态度不耐烦，也不能因为比买家更了解产品而不可一世，产生自私、自我、自大的心态。要以最热情的话语欢迎每一位买家，让买家感受到温暖与关心。如：

买家：这个烧烤料要怎么用？

卖家：详情页中有写，你都没有看吗？（错误回答）

卖家：亲，使用方法很简单，您按照肉的重量搭配调料，一般1斤100克，再用水调和，使其淹住肉的本身，用保鲜膜封好，放冰箱腌制一晚上即可。（正确回答）

3. 坦诚相待，诚信第一

买卖交易中，不能对买家隐瞒商品的任何问题，否则买家会因为商品的瑕疵而给差评，在买家询问的过程中，应该坦诚地向顾客说明商品可能存在的缺陷，买家也会因为你的诚信而选择你的商品。如：

买家：这个衣服的尺码标准吗？

卖家：您放心，绝对标准！（错误回答）

卖家：亲，衣服测量时可能有较小的误差，而且本身这个版型较小，亲可以拍大一个码。（正确回答）

4. 尊重对方立场

少用“我”字，多使用“您”或“咱们”这样的词，让买家感觉到你在全心地为他考虑问题。当买家表达不同的意见时，要站在买家的立场上理解他。如：

“我理解您现在的心情，目前……”

“我也这么觉得，不过……”

通过这些语言，买家能感觉到你是站在他的角度思考问题，他同样也会为你考虑。

5. 认真倾听，再做判断和推荐

一个好的沟通人员，首先应该学会聆听，当买家未问完问题时，不要打断，对买家的提问进行及时有效的回答，让买家觉得你在听他讲话，觉得他被尊重。这样在沟通的过程中，如果买家没有最终选择购买的产品，希望你能给出参考意见，然后你站在他的角度进行推荐，买家将会更愿意接受你的意见。如：

买家：您觉得我选这个衣服送我妈妈合适吗？

卖家：我不知道您妈妈喜欢什么款式，您自己拿主意。（错误回答）

卖家：亲，这个衣服的款式比较时尚，比较具有气质，而且版型好，显瘦，您妈妈应该会喜欢的。（正确回答）

7.1.3 卖家与买家沟通过程中的禁忌

客服人员在与买家沟通的过程中，需要避免一些雷区，以免引起买家的反感。

● 忌争辩：若买家对商品的认识和见解与你不一致，切忌与买家争辩，这样会引起买家的反感，若逞一时口舌之能，将买家辩驳得哑口无言，不但失去了买家，而且可能会失去很多生意，将得不偿失，应该理解买家的不同看法和意见。

● 忌质问：买家有选择商品的权利，若买家不购买此商品，则有他的想法，切忌质问买家，如“您为什么不喜欢这款衣服？”“您有什么理由不购买呢？”等。用质问的口气进行谈话，会让买家觉得不被尊重，伤害买家的感情与自尊心。

● 忌命令：卖家在向买家沟通的过程中，切忌用命令的措辞，如“今天你必须购买”，应该态度和蔼，语气柔和，应该以协商、征询的口气进行交流，若以命令的口气交流，即使买家对商品有好感，也不会购买。

● 忌炫耀：卖家在向买家介绍商品时，应实事求是地介绍，可稍加赞美，切忌得意忘形、自吹自擂，炫耀自己的商品美观、实用、价廉等，这样会引起买家的猜疑。

● 忌直白：淘宝中的买家千差万别，在沟通中若买家对商品的认识有偏差，不要直接指出，这样会让买家觉得丢尽脸面，因而终止交谈。

● 忌批评：在交流过程中，如发现买家的缺点，不应批评教育，更不能指责，这样只会失去买家，招致买家的反感甚至憎恨。

● 忌专业术语：在推荐商品时，不用使用专业术语，如买家询问商品是否为牛皮时，不用告诉买家选用的是牛皮的第几层等专业术语，直接告诉买家是100%全牛皮，或90%为牛皮、10%为皮革即可。

● 忌独白：沟通是双向的，卖家需要在沟通的过程中了解买家的需求，切忌一个人唱独角戏，只有双向的沟通才是最有效的。

● 忌冷淡：交谈过程中态度要热情，若态度生冷，如使用“在”“有”“没”“嗯”“好”等词语回答买家，会让买家觉得卖家在敷衍、态度太过冷漠，这样很容易降低买家在店铺中购买的欲望，流失客源。

● 忌答非所问：卖家与买家交谈时，对买家所咨询的问题，要认真回答，不要敷衍。切忌不能出现答非所问的情况，这样不仅会让买家觉得客服人员不专业，还会让买家觉得自己不受尊重，鸡同鸭讲，没有共同话题。

● 忌极限用语：包括与“最”有关、与“一”有关、与“级/极”有关、与“首/家/国”有关、与品牌有关、与虚假有关、与欺诈有关、与时间有关等词语。比如国家级、世界级、最高级、最佳、最低价、最正宗、最新鲜、最便宜、最牢固、第一、首个、顶级、最新、第一品牌、全网销量第一、全球首发、全网首发、世界领先、销量冠军、领袖品牌、独一无二、史无前例、万能等。

● 忌绝对用语：包含比任何一家都好、不××不要钱、100%不反弹、不会产生任何副作用、永久、不××全额退款、零副作用、超越一切、一秒变××、彻底消除，永不复发、×次见效、×天见效、永不反弹、绝不反弹、根除、绝不过敏、神效、无任何副作用、绝无副作用、××专供、××特供、××专用等。

● 忌过度承诺：过度承诺太过夸张就会变成“虚假广告”，这就是在欺骗消费者，甚至对消费者造成身体或者心理上的伤害。

7.1.4 卖家与买家沟通过程中遇见的常见的问题

卖家与买家在沟通中经常会遇到各种问题，下面将对常见的问题进行解答。

1. 不能及时回答问题

店铺生意好时，一个客服有时候需要接待很多个买家，不能一个个进行回复。在不能及时回答问题时，可以先回复“不好意思，亲，现在咨询的买家较多，请稍等。”这样买家比较能接受，回复晚点也能谅解，但千万不能忘记这个买家。

2. 产品质量质疑

对于由于价格较低而怀疑质量的买家，需要先肯定地告诉买家商品是正品，还可以为买家提供专柜验货、厂家发货、商城发票等，如“此次活动是亏本赚人气的，回馈广大新老顾客朋友。我们每一批货都是同一厂家进货，质量进行严格把关，正品保障，和线下实体店宝贝一摸一样，亲完全不必担心质量问题，同时我们支持专柜验货，7天无理由退换货”。

3. 议价

在网购过程中，讨价还价已成为大多数买家的习惯。议价主要分为两种：一是爱贪小便宜型，不是买不起商品，而是讨价还价已成习惯；二是心理需要得到慰藉，以讨价还价成功来满足内心的成就感。对于议价的买家，首先需要声明产品是优质的，销售价格是公司制定的，已经是最低价，价格无法进行变动，这是原则。但可以通过一些其他的小技巧来回复买家，既保证店铺的利益，又满足买家议价的心理。

- 天猫不能改价：天猫客服可以告诉买家，天猫除了运费不能进行改价，利用这一点明确告诉买家不议价。
- 请示领导：告诉买家自己权力有限，不能进行改价，可以帮助向领导申请。如“亲，不好意思，我们是没有权力改价的，需要亲提交订单拿订单编号去申请，亲拍下我去给您申请一下。”
- 告诉买家店铺现在有活动：告诉买家现在有满多少减多少、领红包、送优惠券等活动，变相地给买家降价，一般买家都能满意。
- 情感软化：若遇到比较难缠的买家，已经给出优惠，但他还想再便宜些，纠结迟迟不肯下单，可以用情感软化他，如“亲，原本只给您申请了优惠3元，价格真的是最低了，我只是一个小客服，工资很低，您看这样行吗，我自己给您承担一部分，可以优惠5元”。
- 送小礼品：可以给买家送一些物美价廉的小东西，给买家心理上的满足，如“亲，满180元随机赠送一份小礼品，礼物代表一份心意，希望您喜欢。”

4. 色差问题

当买家询问商品是否是实物拍摄，有无色差时，可以回复“我们所有的宝贝图片都是实物拍摄，在拍摄时已经尽量避免色差，颜色已经非常接近实物图，但由于拍摄时灯光的原因，以及每台电脑的显示器光亮程度不同导致颜色显示不同，可能会存在少许色差”。

5. 库存问题

买家询问商品是否有货，可以告诉买家能拍下就表示有货，若不能拍则表示已经拍完，可以提示买家在拍下宝贝30分钟内付款，否则想要拍的尺码可能被别人拍下，淘宝系统会自动视为放弃购买机会，订单自动关闭。

6. 发货/到货时间

在遇到什么时候发货、几天能到、能否保证3天到等关于物流的问题时，往往并不能完全保证，可以通过以下方法回答买家。

- 首先需要问清楚买家是发货到哪里，才能知道几天会到。但不能确切地回答，假如对方是浙江2天会到，就可以回复“亲，江浙沪正常发货后1~3天会到，但由于快递、天气等因素，我们也不能百分之百保证”。
- 关于什么时候发货，需要真实回答，不能欺骗买家，但也要给自己留一些时间。假如下午5点发货，可以回复“最快今天，最慢明天，您尽快拍下，我们尽快发货”“亲尽快拍下付款，我们会按照付款先后顺序进行发货”“一般下午3点前的订单当天可以发货”等。

7. 尺码问题

当买家询问衣服尺码问题时，可以告诉买家商品是专柜正品，以平常的尺码为准。对于有疑虑的买家，可以说明不同尺码之间的区别，也可以让买家提供自己的三围，然后推荐尺码，还可以让库房测量衣服的尺码。

8. 修改地址、更换快递

当买家询问拍下商品后是否可以更改尺码、颜色、收货地址等问题时，可以告诉买家，购买前请仔细参考宝贝描述，通常按所拍的尺码、颜色、地址发货，如有特别需求可在线联系；库存有限，所有库存都是真实库存，为保证每个拍下的买家都能顺利发货；请买家在拍下商品之前选好自己所要的颜色和尺码，填好收货地址、联系方式，以避免不必要的麻烦。如果买家备注了发货的需求，需要在线或电话联系确认信息，还可询问买家对快递是否有特殊要求，可以告诉买家默认的快递是哪家，让买家进行选择。

7.2 使用千牛工作台设置快捷沟通方式

千牛是淘宝客服人员使用的最重要的沟通工具。通过千牛，客服人员不仅可以与买家进行沟通，还能进行交易管理、商品管理、评价管理等操作。因此，作为一名淘宝网店的客服人员，必须熟悉使用千牛与顾客交流，而且最重要的是千牛聊天记录是淘宝网在处理买卖双方纠纷投诉时，官方认可的申诉证据之一。

千牛有电脑版和手机版两个不同版本，除了页面和使用场景有所区别外，其功能基本一致。下面以电脑版的“千牛”聊天工具为例进行介绍。

7.2.1 设置自动回复，不让买家久等

扫一扫

设置自动回复，不让买家久等

卖家使用千牛与客户交流沟通时，有时会由于在线客户较多无法第一时间回应部分客户，此时可以通过设置自动回复，让对方知道自己目前的状态。登录千牛工作台，并设置自动回复的具体操作如下。

01 打开千牛工作台登录页面后，输入正确的账号和密码，并勾选“记住密码”和“登录旺旺”复选框，然后单击 登录 按钮。

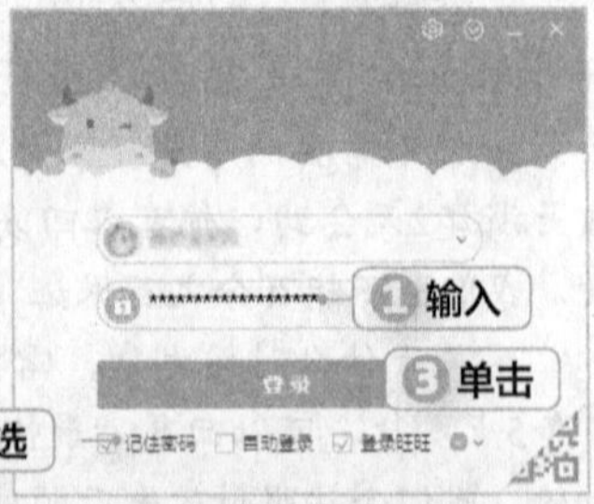

02 系统将自动打开卖家工作台的首页，并显示一个浮动窗口，这里单击浮动窗口中的“接待中心”按钮。

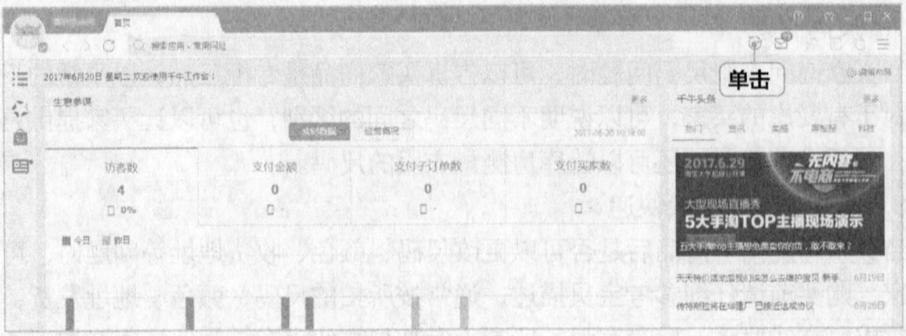

03 打开“接待中心”窗口，在窗口左下角单击“更多”按钮，在打开的列表中选择“系统设置”选项。

04 打开“系统设置”对话框，单击左侧列表中的 客服设置 按钮，在展开的列表中选择“自动回复设置”选项，在打开的页面中单击“设置自动回复”选项卡，在

其中显示了不同状态下的回复设置，这里勾选“当天第一次收到买家消息时自动回复”复选框，然后单击右侧的新增按钮。

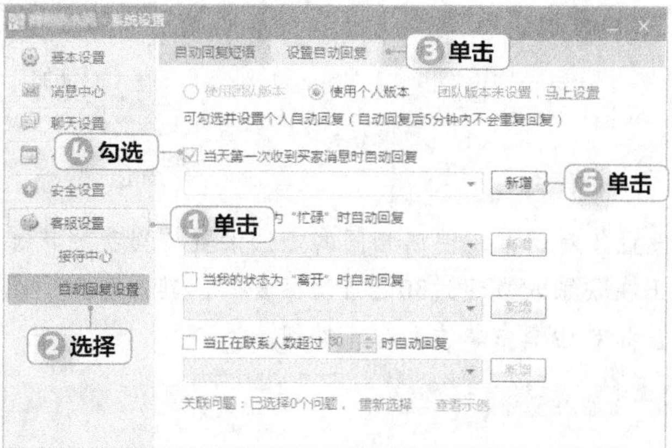

05 打开“新增自动回复”对话框，在工具属性栏中设置回复的字体为“微软雅黑”，字号为“14”，颜色为“红色”，然后在下方的文本框中输入需要回复的内容。将鼠标指针定位在“本店”前，单击“选择表情”按钮，在打开的列表框中选择下面右图所示的表情，完成后单击保存按钮。

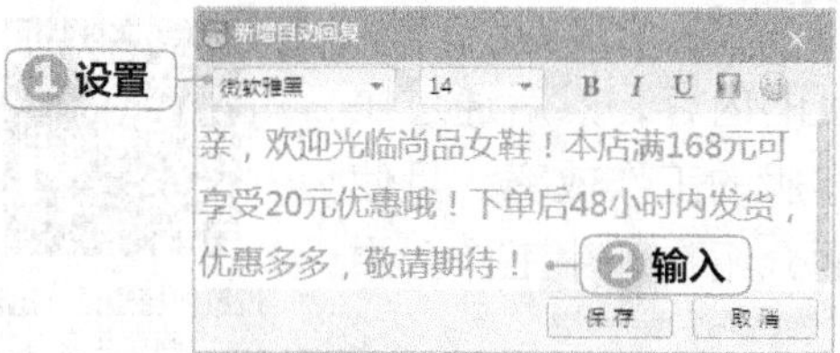

06 返回“系统设置”对话框，勾选“当我的状态为‘忙碌’时自动回复”复选框，单击右侧的新增按钮。

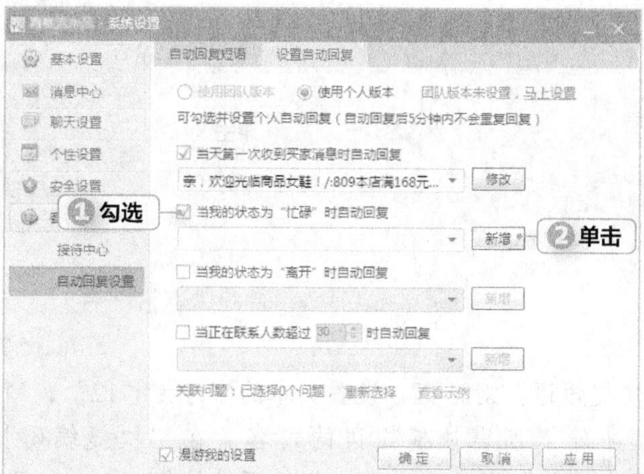

07 打开“新增自动回复”对话框，使用相同的方法，设置忙碌状态时的自动回复内容。完成后单击 保存 按钮。

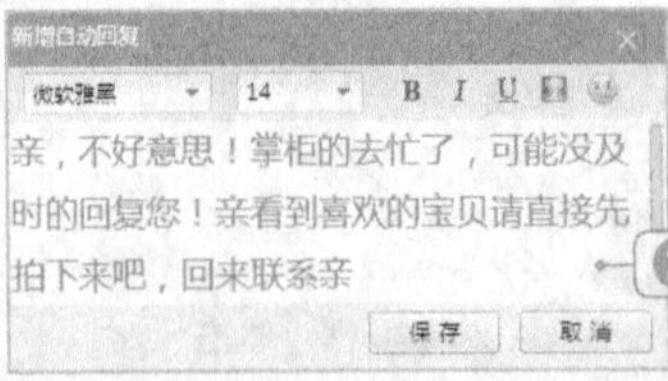

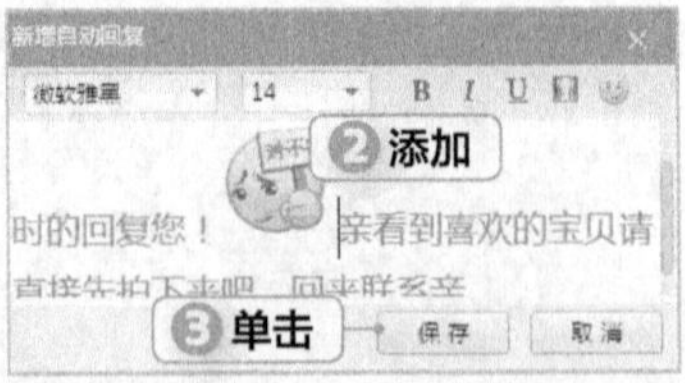

08 返回“系统设置”对话框，使用相同的方法设置“当我的状态为‘离开’时自动回复”和“当正在联系人数超过30时自动回复”，其内容如下图所示。设置完成后返回“系统设置”对话框中单击 确定 按钮。

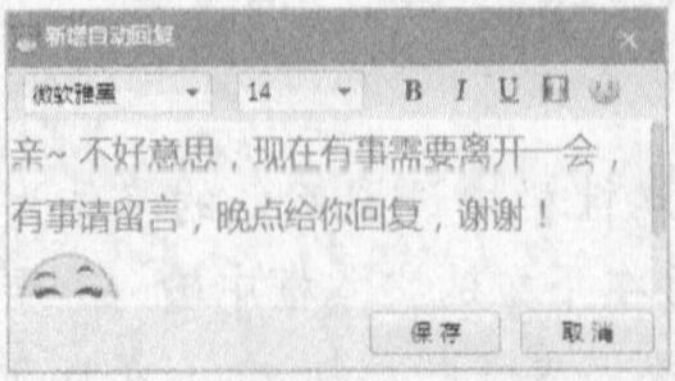

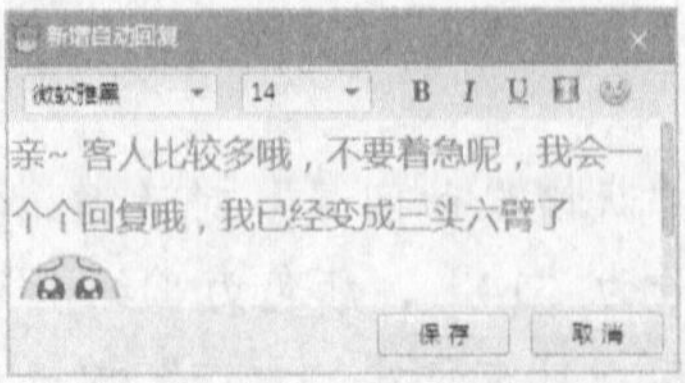

7.2.2 设置快捷短语，迅速回复买家

扫一扫

设置快捷短语，迅速回复买家

在千牛工作台中也可以提前写好回复的内容，然后通过快捷回复方式进行应答，这样可大大提高客服的工作效率，且使买家感受到客服人员对自己的重视。下面介绍在千牛工作台中设置快捷回复的具体操作步骤。

01 打开“接待中心”窗口，在客户交流区中单击“快捷短语”按钮，右侧列表框中将显示系统自带的快捷短语，这里单击 新建 按钮。

02 打开“新增快捷短语”对话框，设置文本的字号为“12”，颜色为“黑色”，在中间的文本框中输入所需快捷短语的内容。在“快捷编码”文本框中输入“2”，单击“选择分组”下拉列表框右侧的下拉按钮，在打开的下拉列表中单

击“新增分组”按钮。

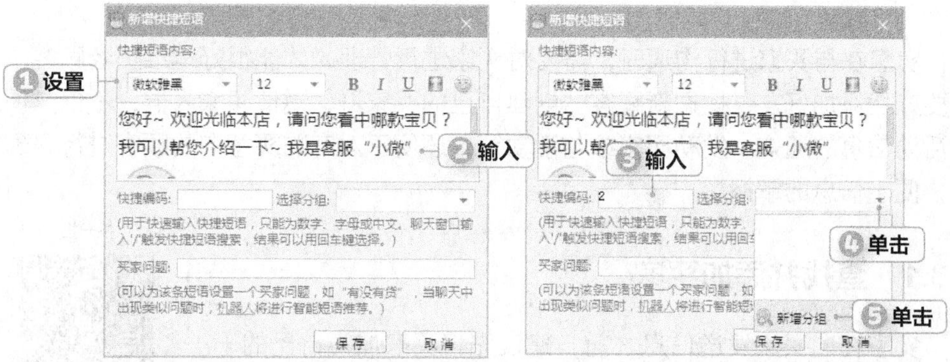

03 在显示的文本框中输入新建分组的名称“新客户接待”，然后单击添加按钮。此时，“选择分组”下拉列表框中将自动显示新建分组的名称。在“买家问题”文本框中输入一个与快捷回复对应的买家问题，当买家发送该内容时，千牛将自动以该短语进行回复。确认无误后，单击保存按钮。

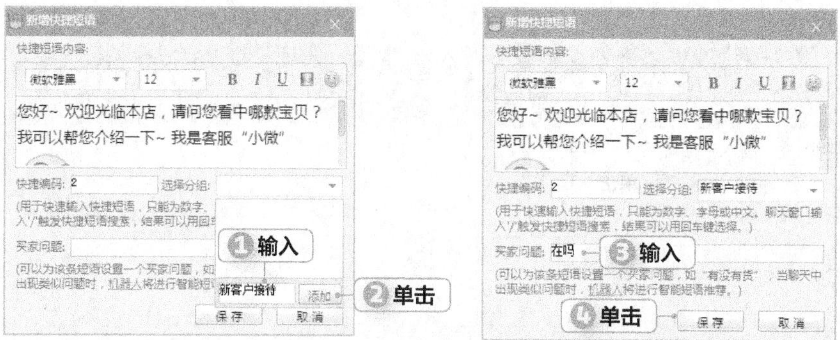

04 返回“接待中心”窗口，将鼠标指针定位到客户交流区的聊天窗口中，然后输入符号“/2”，此时，聊天窗口将自动显示新创建的快捷短语。按“Enter”键即可将快捷短语添加到聊天窗口，然后再次按“Enter”键或是单击聊天窗口中的发送按钮，便可将消息发送给客户。

高手支招

成功创建快捷短语后，如果需要对短语内容进行编辑，可在“接待中心”窗口的客户交流区中单击“快捷短语”按钮，右侧列表中显示了创建的快捷短语，在需要编辑的短语上单击鼠标右键，在弹出的快捷菜单中选择“编辑”命令，打开“修改快捷短语”对话框，在其中便可对短语内容、快捷编码和分组进行修改。

7.3 买家管理

卖家在与买家进行沟通时，需要对买家进行管理，才能很好地维护老顾客。还需要查找添加好友，挖掘新顾客。创建自己的买家群，邀请买家入群，不但方便进行活动信息的通知，发动买家参与活动等，还便于对有购买意向的顾客进行整理分析，便于信息的掌握。

7.3.1 查找并添加买家

扫一扫

查找并添加买家

卖家在向买家发送信息之前，建议先将买家加为自己的千牛好友，可通过查找的方式添加买家。下面介绍如何在千牛中查找并添加买家。

01 登录千牛，进入“接待中心”窗口后，单击最左侧列表中的“好友”按钮。在文本框中输入对方昵称，在打开的下拉列表中单击“在网络中查找”超链接。

02 在搜索的淘宝账号右侧单击+图标。

03 此时，打开“添加好友成功”对话框，在“显示名”文本框中输入显示名，如输入“月××”，单击“选择组”列表框右侧的下拉按钮，在打开的下拉列表中选择“淘宝好友”选项，单击 完成 按钮。

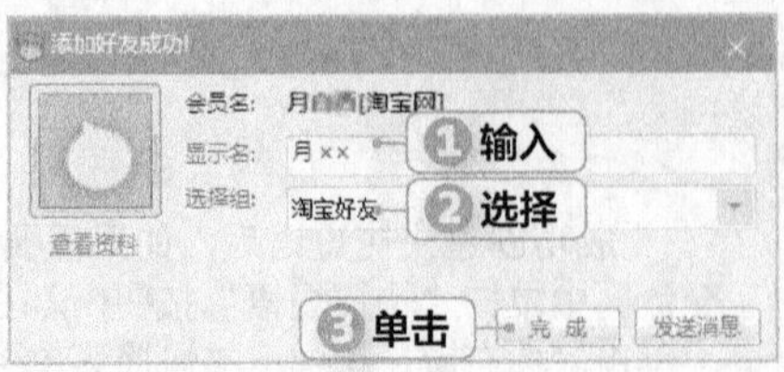

高手支招

卖家为了避免陌生好友进行广告推销，将该好友移至黑名单，将不会再收到该好友的消息，其方法是：在陌生好友头像上单击鼠标右键，在弹出的快捷菜单中选择“移至黑名单”命令，在弹出的提示对话框中单击 确定 按钮即可。

7.3.2 巧用文字和表情与买家交流

扫一扫

巧用文字和表情与买家交流

添加好友后，卖家便可以与买家进行交流沟通，以挖掘新客户，并维护老顾客，在交流的过程中，可使用优美的字体与适当的表情，这样能达到较好的交流氛围，其具体操作如下。

01 登录千牛，进入“接待中心”窗口后，选择需要联系的买家，单击“设置字体”按钮，在打开的列表中设置字体、大小和颜色。

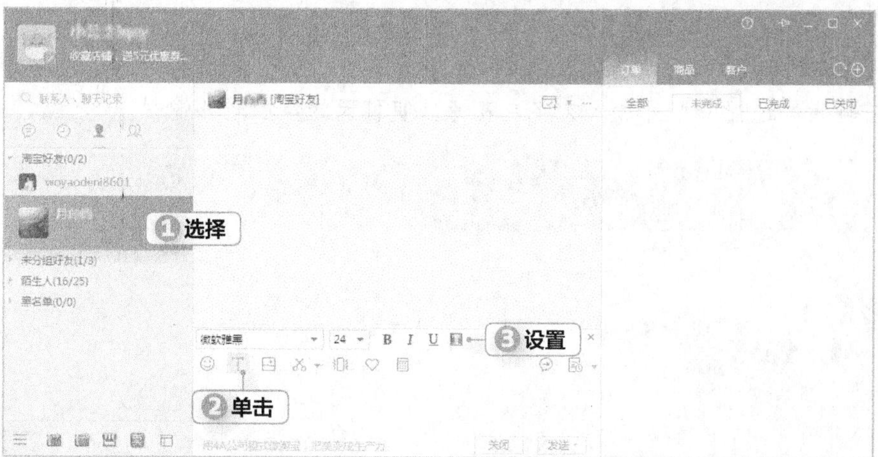

02 与买家进行交流，挖掘买家的潜在消费意向。

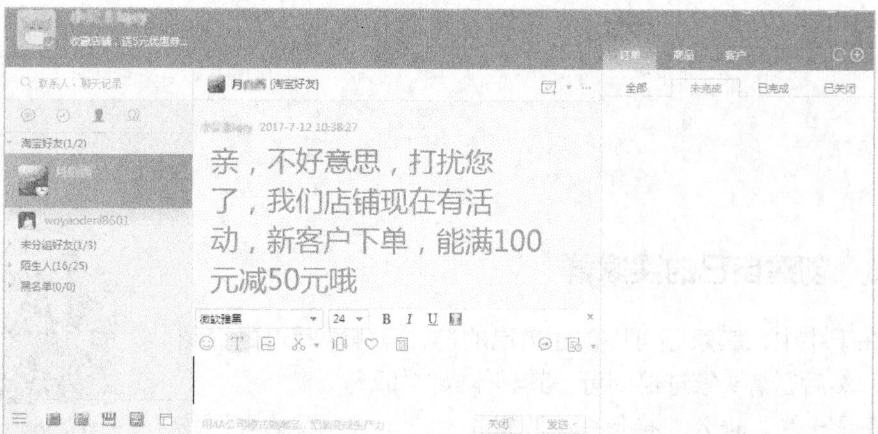

03 单击“选择表情”按钮☺，在打开的列表中选择表情。

04 在聊天的过程中，可加入文字或表情，使聊天的氛围轻松愉悦。

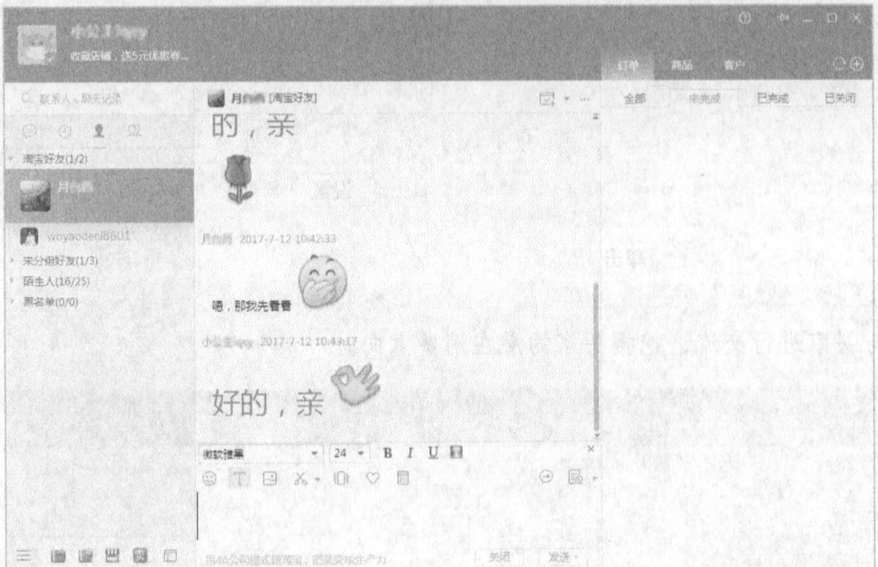

7.3.3 创建自己的买家群

扫一扫

创建自己的买家群

在千牛中，卖家还可以创建自己的群，只需填写群的介绍信息，然后邀请买家进群即可，其具体操作如下。

01 登录千牛，进入“接待中心”窗口后，单击“我的群”按钮，在“我拥有的群”中双击“立即双击启用群”选项。

02 打开“启用群”对话框，在“群名称”文本框中输入“××女包”，在“群分类”下拉列表框中选择“购物”选项，在“群介绍”文本框中输入“××女包，能买到你想买的包包。”，单击提交按钮。

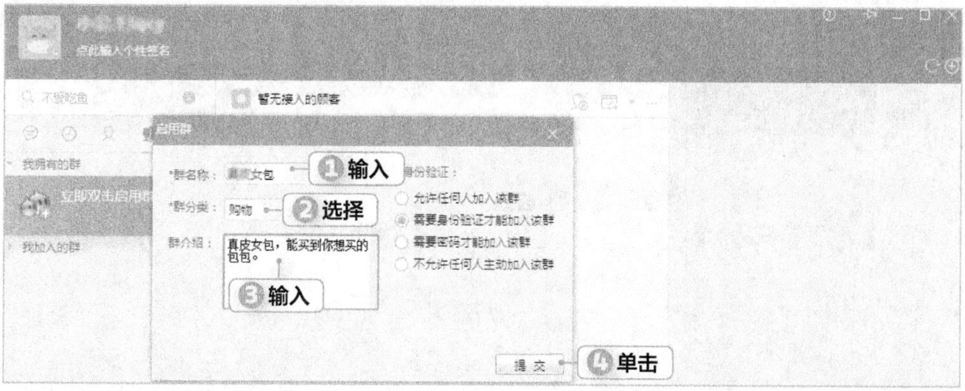

03 打开提示框，提示已成功启用群，单击完成按钮，在千牛主面板中的“我拥有的群”栏中将显示创建的群。

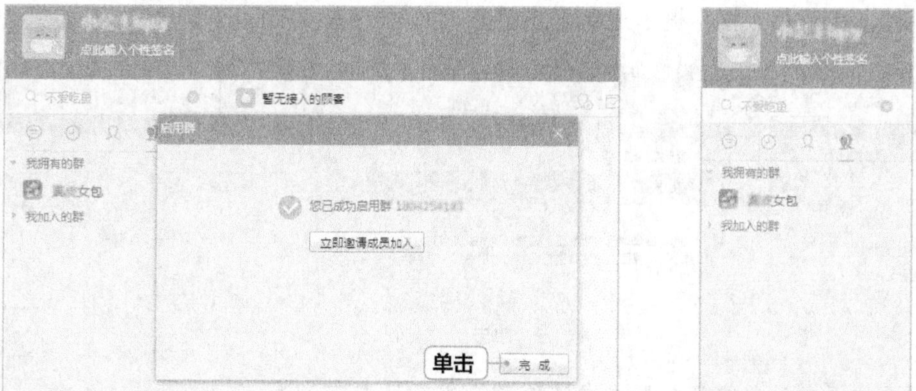

04 在“××女包”群上单击鼠标右键，在弹出的快捷菜单中选择“邀请朋友加入

群”命令，打开“群管理”对话框，单击 邀请成员 按钮。

05 在弹出的对话框中选择好友，单击 添加>> 按钮，依次添加好友后，单击 确定 按钮。

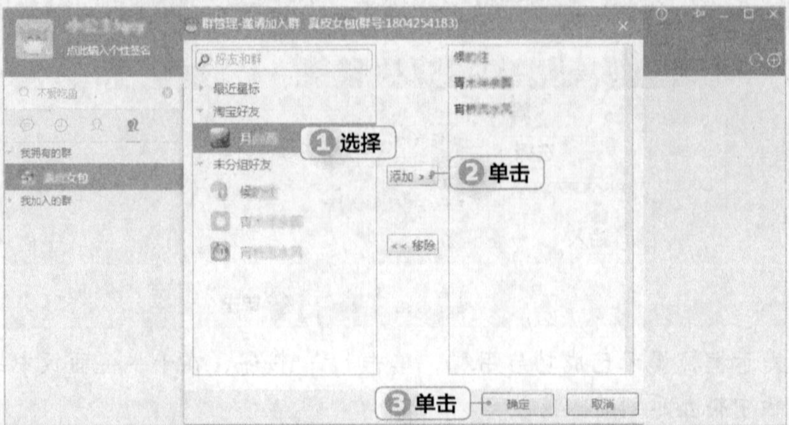

06 弹出提示对话框，提示成功发出请求，单击 确定 按钮。

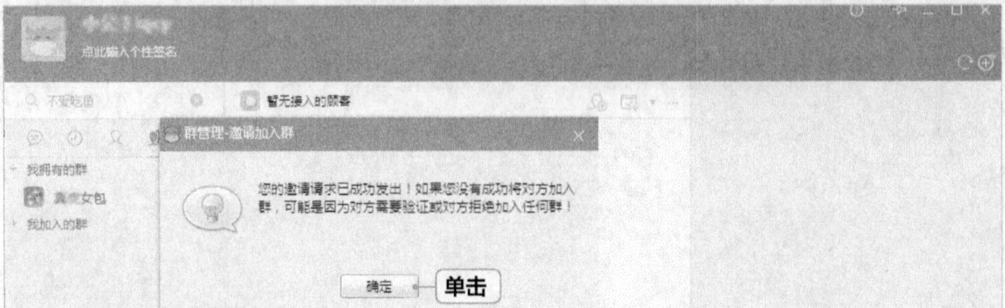

07 添加好友后，便可在群里发送信息，进行好友交谈等。

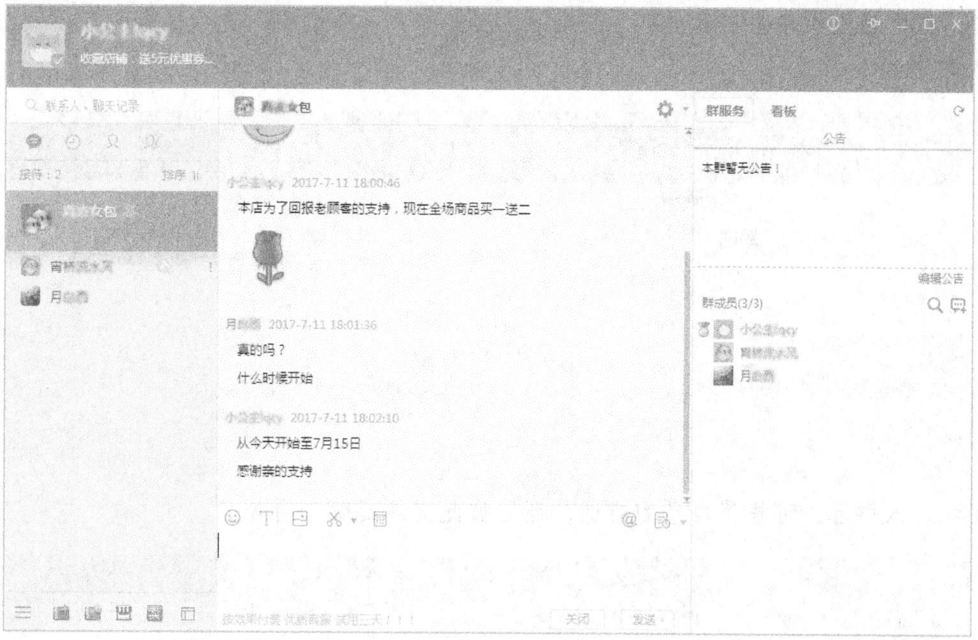

7.3.4 加入其他人的千牛群

扫一扫

加入其他人的千牛群

千牛是常用的即时通信工具，卖家可以加入其他人建立的千牛群，以便了解更多的商品与店铺的相关信息，还能彼此之间就经营方式进行交流，其具体操作如下。

01 登录千牛，进入"接待中心"窗口后，在文本框中输入加入群的群号，在打开的下拉列表中单击"在网络中查找"超链接。

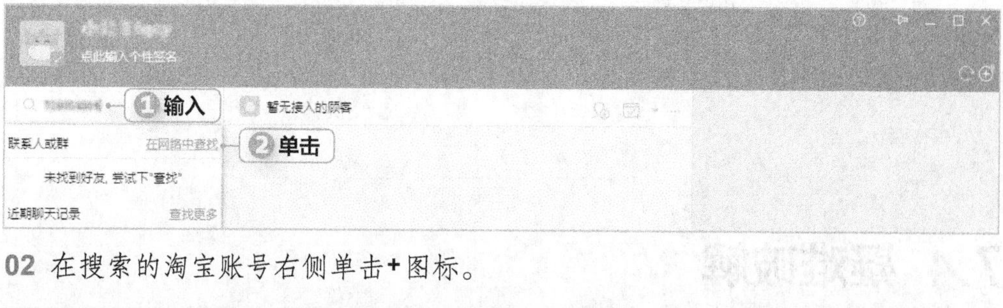

02 在搜索的淘宝账号右侧单击+图标。

03 在主面板中单击“我的群”按钮，展开“我加入的群”选项，即可显示我加入群的名称。

04 加入群后，可推荐自己的店铺，还可彼此交流经营心得等。

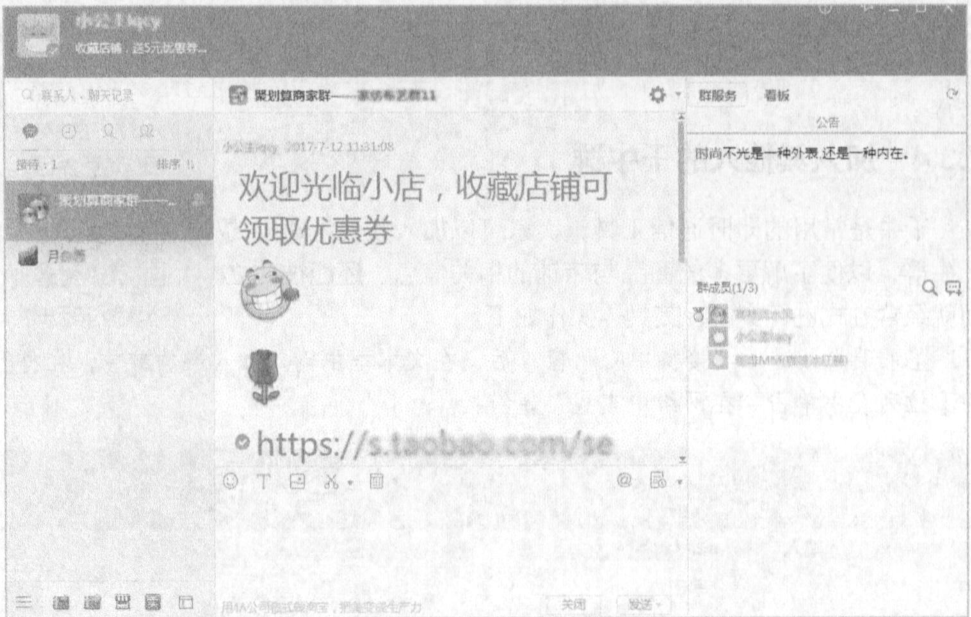

7.4 疑难破解

本章主要讲解了卖家与买家沟通的相关知识，主要包括卖家与买家沟通应该掌握的技巧、使用千牛工作台进行沟通、买家管理等，下面针对与买家沟通过程中可能出现的问题进行解答。

1. 卖家在与买家沟通的过程中怎么管理自身的情绪？

众所周知，客服人员要保持良好的情绪才能更好地为客户服务。那么，怎么才能管理好情绪呢？很多人认为不用管理情绪，说“我就是这个脾气，我也没有办法”。其实，我们不但可以管理好自己的情绪，而且相比其他事情，管理情绪的自主性会更高，因为情绪好坏跟别人没有太大的关系，完全取决于自己。我们是自己情绪的真正主宰，是情绪的主人。所以，在管理情绪时，我们可以通过治标和治本两种方式获得良好的情绪。

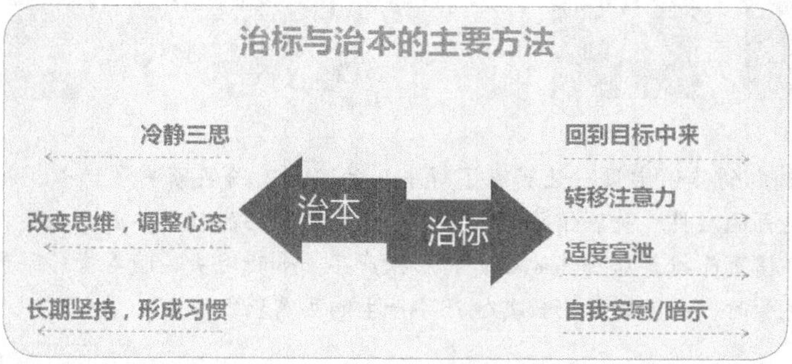

2. 卖家在与买家沟通的过程中如何巧妙地推销其他关联产品？

● 当买家查看或询问一件商品相关信息后，卖家可推荐买家查看与宝贝同类或相似的商品，抓住买家最初的购物意向。对于女装、男装、女鞋、男鞋等鞋服类目，关联销售可以推荐与宝贝风格相似的款式。对于居家日用、家装饰品、日化用品等类目的宝贝，关联销售可以推荐同类产品的不同款式。

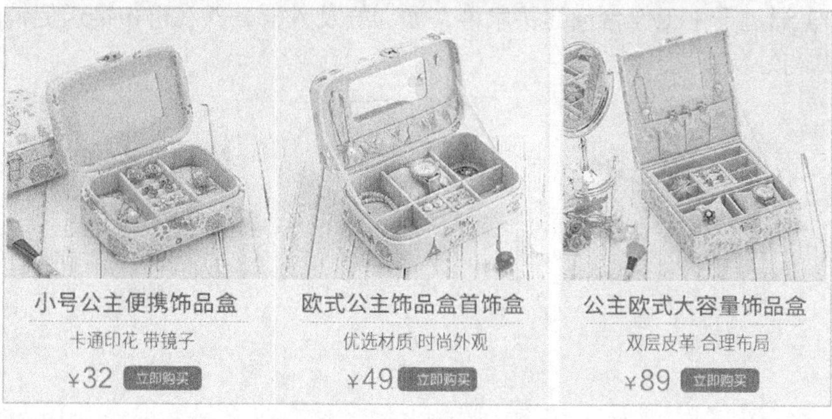

● 推荐与搭配宝贝，抓住买家关联购买的欲望。服饰类目的关联销售不仅可以推荐同类产品的不同款式，还可以做一些搭配款式进行推荐。如背心搭配七分裤、T恤搭配短裤，并巧妙地结合促销手段，能很好地实现关联销售。

● 推荐店铺内的热销宝贝，让买家了解本店的实力，给买家更多信心。对于美容护肤、彩妆、食品等类目的宝贝，关联销售可以推荐其他主打产品的款式。如彩妆类目，可以在一款眼线笔的宝贝详情页面推荐店铺其他热卖的彩妆产品，如睫毛夹、睫毛膏、眼影等，因为潜在客户在关注睫毛膏时，也可能对彩妆其他产品产生购买需求。

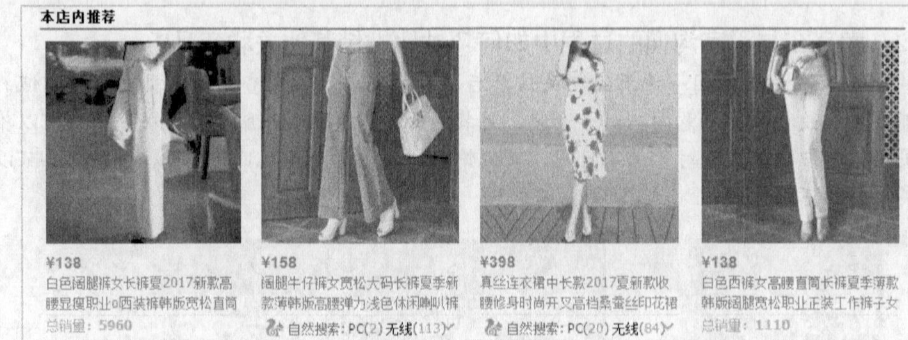

7.5 边学边练

（1）使用千牛工作台查找在店铺中下订单的买家，将其添加为好友，并发送消息进行交流。

（2）通过千牛工作台创建买家群，添加好友入群，并在群中推送促销的商品信息，并与好友交流。

第8章

商品管理与数据分析

本章导读

商品从上架到售后的过程比较漫长，为了更快地出售商品，需要对商品进行管理，对数据进行分析。本章主要介绍商品管理与数据分析的相关知识，包括商品交易管理、用支付宝账户管理账目、网店数据分析等。

知识技能

※ 掌握商品交易管理的方法
※ 掌握用支付宝账户管理账目的方法
※ 掌握网店数据分析的方法

视频讲解

（视频讲解：11 分钟）

8.1 商品交易管理

千牛工作台是一个非常实用的淘宝店铺管理工具，卖家通过千牛工作台可以直接对淘宝店铺的商品上下架、商品信息、订单发货、退款管理、关闭交易、评价买家等交易相关内容进行管理，而不需要通过浏览器登录淘宝账号进行操作。

8.1.1 上架/下架商品

扫一扫

上架/下架商品

上架、下架是开网店必不可少的步骤，只有上架商品后，买家才能看到商品，每一件商品都需要上架和下架。下面介绍如何在千牛工作台中进行商品上下架管理。

01 登录千牛工作台，打开接待中心页面，在页面底部单击“出售中宝贝”按钮。

02 在千牛工作台中打开“出售中的宝贝”页面，勾选需下架的商品前的复选框，单击下架按钮，将商品下架。

03 在“宝贝管理”栏中单击“仓库中的宝贝”超链接，查看下架后存放于仓库中的宝贝。

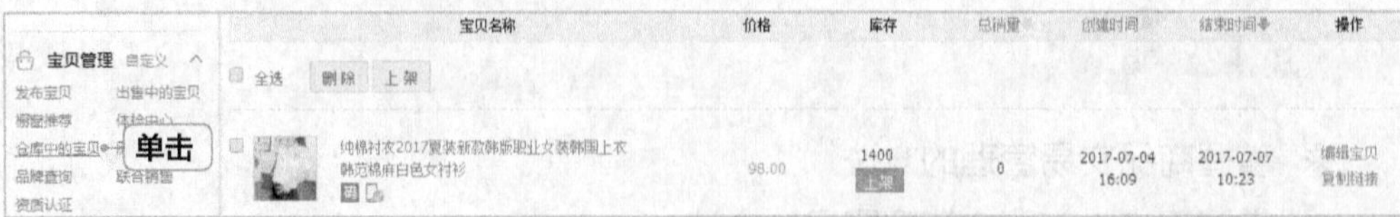

04 勾选仓库中需重新上架的商品前的复选框，单击上架按钮，即可重新上架所选商品。

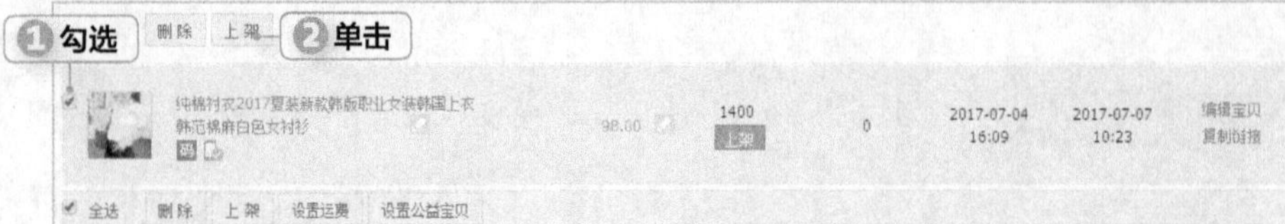

高手支招

淘宝店铺中暂时不再售卖的商品，一般不建议立即删除，可将商品下架放入仓库中，等到需要时再重新上架。如果不再售卖该商品，确定需要将其删除时，可在“出售中的宝贝”页面或“仓库中的宝贝”页面中通过删除按钮进行删除。

8.1.2 修改商品信息

扫一扫

修改商品信息

买家在店铺中浏览商品并提交订单后，在千牛工作台中即可查看订单信息。如果买家与卖家交流后，卖家需要修改订单商品的价格和地址等信息时，也可以通过千牛工作台实现。下面介绍使用千牛工作台修改交易中商品信息的方法。

01 登录千牛工作台，进入接待中心页面，在页面右侧单击“订单”选项卡，该选项卡下方包含“全部”“未完成”“已完成”“已关闭”4个选项卡，单击“未完成”选项卡查看订单商品，在订单下单击改价按钮。

02 在打开的页面中可直接输入商品价格折扣额度，如输入“7”，此时商品价格将自动按7折价格显示。

03 也可单击“一键改价”超链接，在打开的文本框中直接输入商品价格，输入后单击确定按钮。

04 修改完成后单击保存按钮，返回即可查看已修改完成商品价格。

05 在商品信息下方单击地址按钮，可以查看买家地址、联系方式等信息，在右下角单击发送地址按钮，可将地址发送到聊天框中供买家确定。

06 在商品信息下方单击催付按钮，在打开的下拉列表中可以选择催付信息，也可以单击编辑按钮，自定义催付内容。

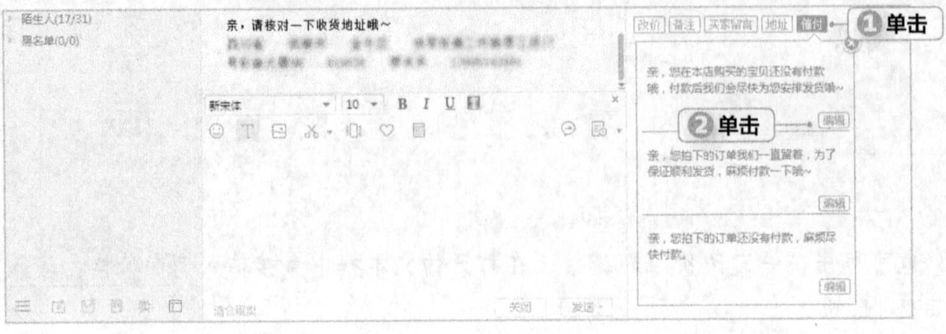

07 在商品信息下方单击备注按钮，在打开的下拉列表中可以填写备注信息，填写完成后单击保存按钮保存备注信息。

08 当买家完成付款后，在千牛工作台可查看到买家已完成付款。

09 完成付款后，如需修改收货地址，可单击地址按钮，在打开的下拉列表中单击“修改”超链接，在打开的页面中修改收货地址、联系方式等信息，修改完成后单击保存按钮即可。

8.1.3 订单发货

扫一扫

订单发货

买家完成付款后，如果商品需要邮寄，则需要卖家联系快递，填写快递单号并进行发货。下面介绍在千牛工作台中进行发货的具体操作步骤。

01 进入接待中心页面，在接待中心页面底部单击“卖家中心”按钮，打开卖家中心页面，在“交易管理”栏中单击“已卖出的宝贝”超链接，查看已卖出的宝贝，确认信息无误后，单击发货按钮。

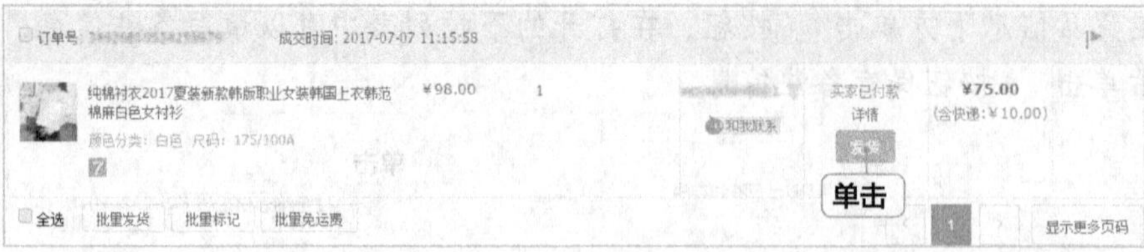

02 打开发货页面，选择发货方式，这里单击“在线下单”选项卡，在选择的快递公司后单击 选择 按钮，并输入运单号码，再单击 确认 按钮，继续根据提示完成发货操作。

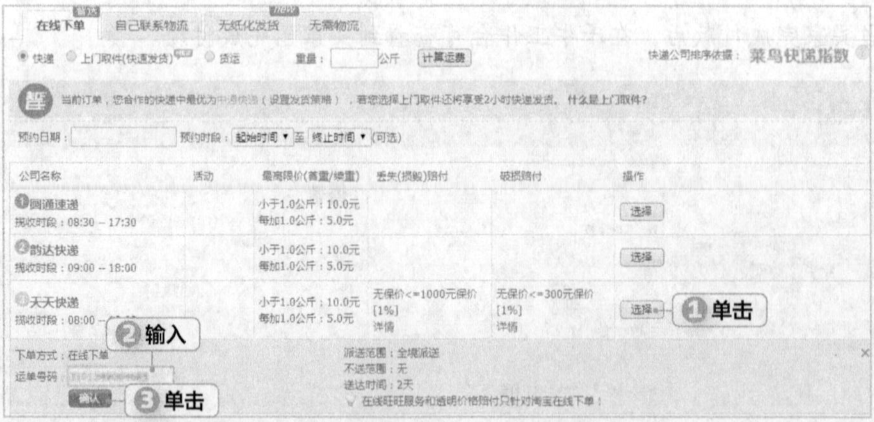

03 若是无需发货的商品或同城交易商品，也可以在发货页面选择无需物流直接发货，即无需填写快递单号即可完成发货。

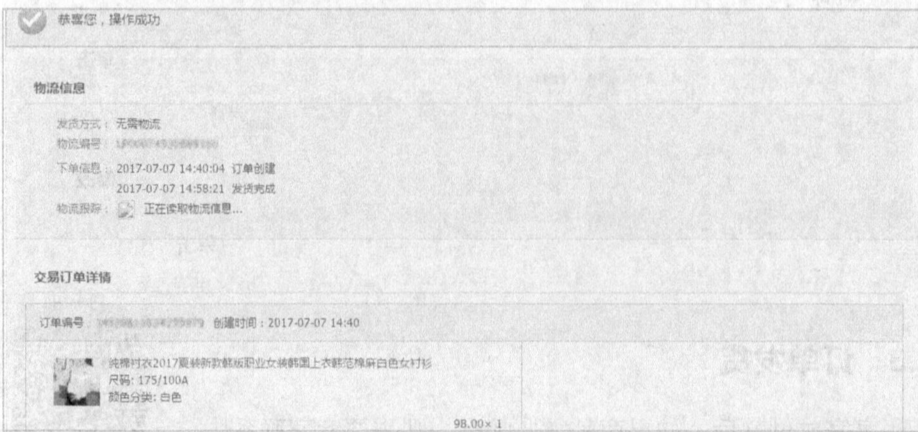

8.1.4 退款处理

扫一扫

退款处理

在商品交易的过程中，当买家不再需要其已购买的商品，或由于某种原因申请退货或者退款时，一般会向卖家提出退款申请，买卖双方协商一致即可进行退款操作。下面介绍如何通过千牛工作台进入“退款管理”页面，并进行退款操作。

01 在千牛工作台接待中心页面底部单击“卖家中心”按钮，打开卖家中心页面，在“客户服务”栏中单击“退款管理”超链接，进入退款管理页面，在该页面中即可查看买家申请退款的商品。

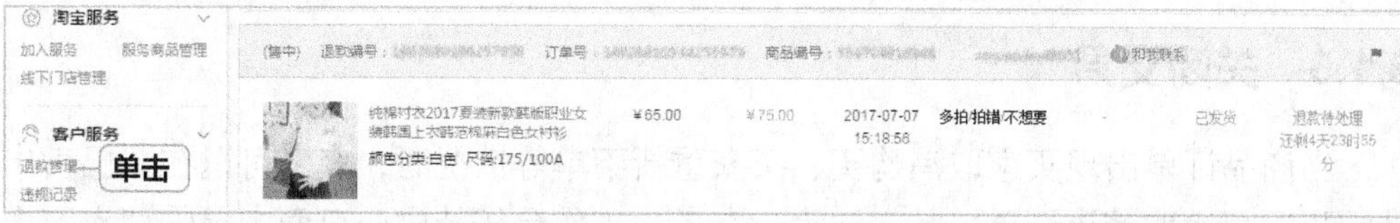

02 单击“退款待处理”超链接，即可查看退款商品的信息，如果卖家同意退款，单击同意退款申请按钮，完成退款申请。

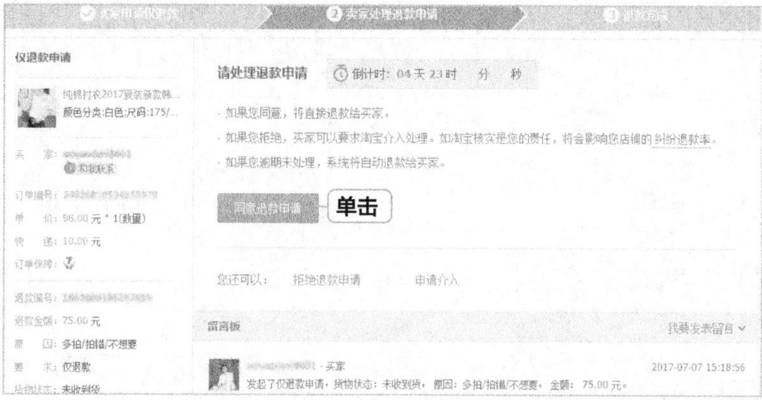

03 卖家同意退款后，在打开的页面中输入支付宝密码即可完成退款。若是卖家拒绝退款申请，则可单击“拒绝退款申请”超链接，在打开的页面中，卖家需要填写拒绝退款申请的理由。

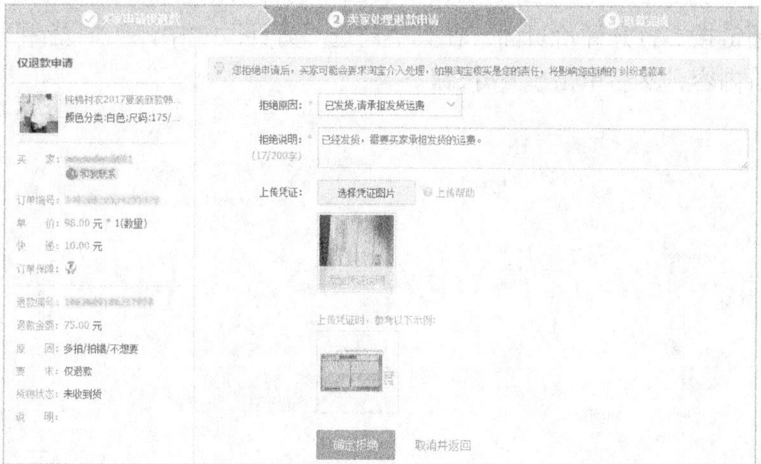

高手支招

处理退款申请时，主要有同意退款申请、拒绝退款申请和申请介入 3 个选项，卖家一般可先与买家沟通，了解具体情况后再做出决定。一般来说，退款申请建议买卖双方协商解决即可，寻求淘宝介入后，若是判定卖家责任，则会影响店铺的退款纠纷率。

8.1.5 关闭交易

当商品订单出现买家取消购买、买家重新下单等情况时，卖家可以在“已卖出的宝贝”页面取消该订单。其方法为：在千牛工作台接待中心页面中单击“卖家中心”按钮，打开卖家中心页面，在“交易管理”栏中单击“已卖出的宝贝”超链接，打开“已卖出的宝贝”页面，在需要关闭交易的商品的“交易状态栏”栏中单击“关闭交易”超链接，在打开的提示框中设置交易关闭的原因，单击确定按钮即可。

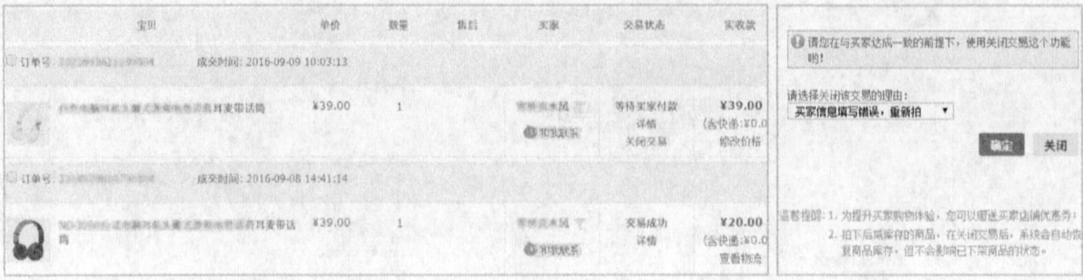

8.1.6 评价买家

当一个订单完成之后，买家可以对商品做出评价，同样卖家也可以对买家进行评价。其方法为：在“已卖出的宝贝”页面中需评价的商品的“评价”栏中单击“评价”超链接，打开评价页面，在其中勾选“好评”“中评”“差评”复选框，并输入评价内容，然后单击发表评论按钮。

高手支招

作为卖家，一般很少对买家进行评价，交易成功后，在 15 天的评价期内，卖家可以先行对交易做出评价。若买家在评价期内未做出评价，而卖家做出的评价是好评，那么 15 天的评价期后，系统会代买家默认给出好评。卖家在评价期内可对买家给出评论，增加信誉度。

8.2 用支付宝管理账目

当店铺中的商品交易逐渐增多时，卖家就需要对自己的支付宝账目进行管理。在支付宝中，卖家可以进行查询账户余额、查看账单明细、申请提现等操作。

8.2.1 查询账户余额

扫一扫

查询账户余额

店铺的商品在交易成功后，销售金额将直接转至卖家绑定的支付宝账户中，并显示账目的具体明细，下面介绍在支付宝中查询账户余额的方法。

01 在千牛工作台主页面中单击“常用网址”选项卡，在打开页面的“其他”栏中单击“支付宝”超链接，在打开的页面中单击“进入支付宝”超链接，进入支付宝页面。

02 在该页面中，即可查看支付宝的账户余额，同时在“交易记录”栏中将显示近期支付宝的交易记录，若是店铺中有待付款商品，也将在其中显示。

> **高手支招**
>
> 支付宝一般都是与银行卡绑定的，通过余额查询页面也可对银行卡进行管理，其方法为：在“其他账户”栏中的“银行卡”选项后单击“管理”超链接，在打开的页面中将显示支付卡绑定的银行卡，选择“添加银行卡”选项可继续添加银行卡，单击某个银行卡后的“管理”超链接，在打开的页面中可取消该银行卡的绑定。

8.2.2 查看账单明细

扫一扫

查看账单明细

支付宝会详细记录每一笔交易的情况，包括交易时间、交易原因、交易金额、交易状态等，下面介绍查看支付宝的交易账单明细的方法。

01 在支付宝主页面下方的“交易记录”栏中查看交易记录，将鼠标指针移至交易记录的“详情”栏上，在打开的下拉列表中单击 详情 按钮。

02 打开该笔交易的详情页，在其中可查看订单交易的详细内容。

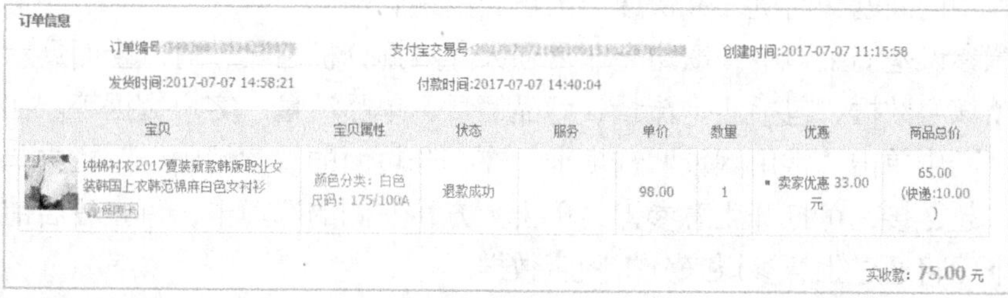

高手支招

在详情页上方单击“充值记录”“提现记录”“退款记录”超链接，可打开相应页面查看充值、提现、退款等信息。

8.2.3 申请提现

当卖家想将支付宝中的金额提取至绑定银行卡中时，可通过支付宝的提现功能来实现，其方法为：在支付宝首页的余额栏中单击提现按钮，打开支付宝提现页面，在“选择银行卡”栏中选择提现账目转入的银行卡，在“提现金额”文本框中输入提现金额，在“到账时间”栏中设置到账时间，单击下一步按钮，然后在打开的页面中输入支付宝密码并单击确认提现按钮即可。

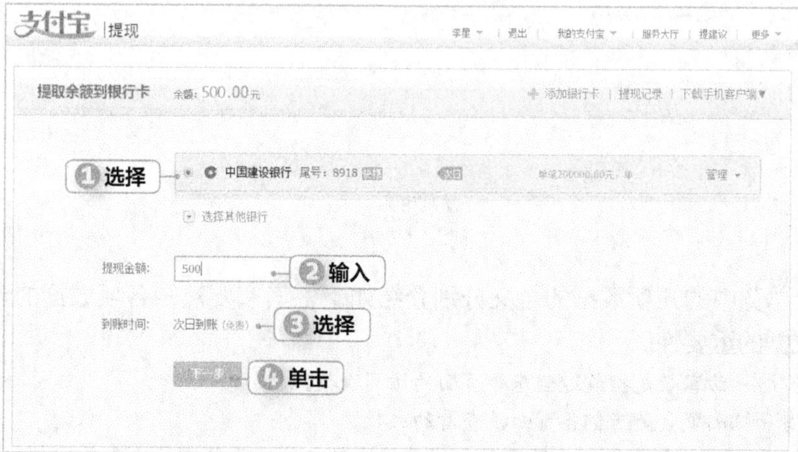

8.3 网店数据分析

网店数据分析是网店经营过程中一个非常重要的环节，网店数据既反映了网店的经营状况，也暗示了网店经营的方向。通过网店数据，网店经营者可以及时发现运营过程中的问题和商机，并快速作出正确决策。

生意参谋是淘宝网中一款功能非常强大的数据分析工具，可以全面展示店铺经营的各项核心数据，包括店铺流量、商品销量、单品流量、客户数据等。在千牛工作台主页面中单击“常用网址”选项卡，在打开页面的“营销中心”栏中单击“生意参谋”超链接，可打开生意参谋，单击上方和左侧的选项卡，可查看店铺的具体参数。下面将通过生意参谋来分析网店数据。

8.3.1 店铺流量分析

分析店铺的流量数据，可以帮助经营者作出准确的经营决策，而以短时间的数据为基础进行分析，如以周为单位的经营数据为分析参考，则可以及时调整运营策略和产品线。此外，还可通过数据变化分析是否达到运营效果。通过生意参谋还能进行店铺流量分析，只需打开生意参谋，单击上方的“流量”选项卡，然后单击左侧的“流量概况”选项卡，便可查看店铺的流量概况，主要包括流量总览、流量趋势、流量来源排行等。

1. 流量总览

流量总览包括访客数、浏览量、跳失率、人均浏览量、平均停留时长等数据，卖家可根据需要设置查看的时间，一般为1天、1周、1个月。下图所示为最近1天的店铺流量总览。

流量总览中的几项数据的含义分别介绍如下，卖家要熟知各项数据的含义并明白其对数据的重要性。

- 访客数：访客数是指最近全店各页面的访问人数。
- 浏览量：浏览量是店铺各页面被查看的次数。
- 跳失率：跳失率是指从该页面离开网站的次数占该网页总浏览次数的比例，是对直接从该网页离开网站的流量数据进行的分析。跳失率是一项综合衡量用户离开网站行为的重要指标，对于网店而言，跳失率高的网页则是存在问题的网页，需要重点关注，分析用户可能退出的原因。影响网店跳失率的原因很多，如目标顾客群定位不准确、访问页面内容不吸引顾客、页面访问存在问题、广告与访问页不符等因素都可能导致跳失率偏高。
- 人均浏览量：人均浏览量是用户多次打开或刷新同一个页面的平均数量。

● **平均停留时长**：平均停留时长是所有访客在访问过程中，平均每次连续访问店铺所停留的时间（单位为秒）。

2. 流量趋势

流量趋势能查看各时段访客的流量趋势。对不同时段的流量和销售情况进行监测和分析，可以帮助经营者了解网店销售的活跃期，从而更合理地安排商品的上下架时间，合理地安排运营人员的工作时间，提高网店的工作效率。

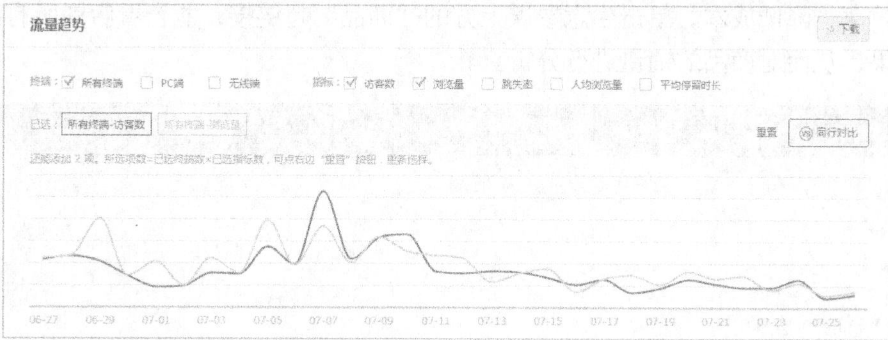

3. 流量来源排行

经营者可查看店铺不同渠道的流量来源，通过分析流量来源，可以帮助经营者了解流量的效果，即哪些流量可以给网店带来更大收益。此外，对不同来源的流量进行单独分析，更方便经营者对不同推广渠道进行跟踪，同时通过跟踪结果选择合适的推广活动。

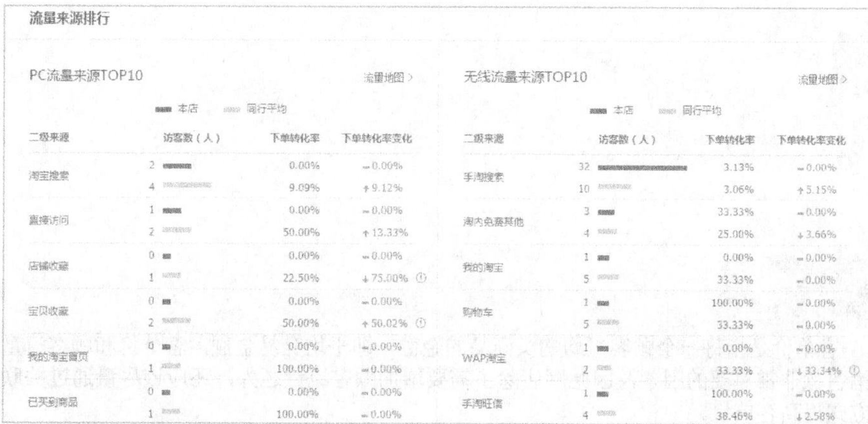

流量来源排行

PC流量来源TOP10　流量地图 >

本店　同行平均

二级来源	访客数（人）	下单转化率	下单转化率变化
淘宝搜索	2	0.00%	0.00%
	4	9.09%	↑9.12%
直接访问	1	0.00%	0.00%
	2	50.00%	↑13.33%
店铺收藏	0	0.00%	0.00%
	1	22.50%	↓75.00%
宝贝收藏	0	0.00%	0.00%
	2	50.00%	↑50.02%
我的淘宝首页	0	0.00%	0.00%
	1	100.00%	0.00%
已买到商品	0	0.00%	0.00%
	1	100.00%	0.00%

无线流量来源TOP10　流量地图 >

本店　同行平均

二级来源	访客数（人）	下单转化率	下单转化率变化
手淘搜索	32	3.13%	0.00%
	10	3.06%	↑5.15%
淘内免费其他	3	33.33%	0.00%
	4	25.00%	↓3.66%
我的淘宝	1	0.00%	0.00%
	5	33.33%	0.00%
购物车	1	100.00%	0.00%
	5	33.33%	0.00%
WAP淘宝	1	0.00%	0.00%
	2	33.33%	↓33.34%
手淘旺信	1	100.00%	0.00%
	4	38.46%	↓2.58%

8.3.2 商品销量分析

商品销售是一个需要不断完善和优化的过程，商品在不同时期、不同位置、不同价格阶段，其销售量都会不一样，经营者需要根据不同情况进行实时调整。

一般来说，网店商品销量主要与拍下件数、拍下笔数、拍下金额、成交件数、成交笔数、成交金额、成交用户数、客单价、客单价均值、回头率、支付率、成交转化率等因素有关，经营者和客服人员需要针对不同的数据作出相应的对策，如拍下件数高，但支付率低，说明顾客可能对商品存在质疑，需要客服人员与顾客进行沟通以提高支付率；回头率低，则需要进行一些必要的会员关系管理，做好老客户营销。作为网店经营者，需要对每个商品的销售情况进行了解和跟踪，这样不仅可以持续完善销售计划，促进销量的增长，还可以优化库存和供应链体系，提高供应周转效率，降低成本。单击生意参谋上方的“商品”超链接，能查看店铺所有的商品效果，从而对商品的销量进行分析。

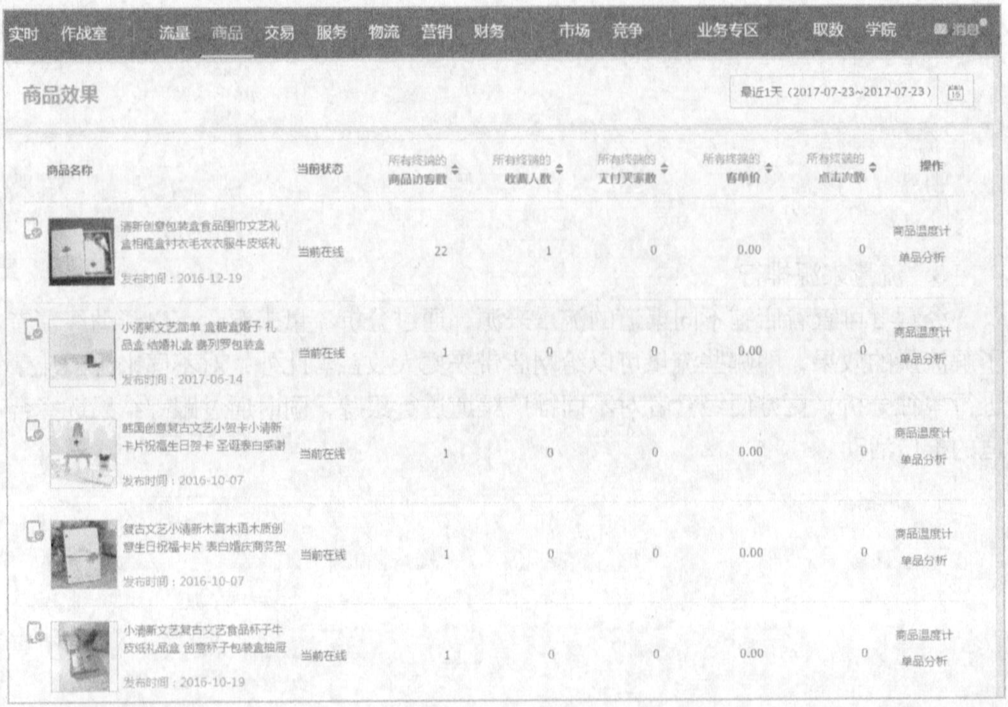

高手支招

客单价是指每一个顾客平均购买商品的金额，即平均交易金额，客单价和顾客流量是影响销售额非常重要的因素，因此网店除了需要增加顾客流量之外，还应该尽量通过关联营销等方式提高客单价。

8.3.3 单品流量分析

分析网店数据可以实时对店铺经营现状进行调整，在策划营销活动时，分析单品质量也可以起到非常重要的作用，通过大量的数据信息可获取更精准的单品引流效果，打造出更适合市场的爆款。在“商品效果”页面中选择一款需要分析的商品，单击后面的“单品分析”超链接，将打开“单品分析”页面，在其中可查看并分析单品销售趋势。下图所示为一款包装盒的“销售分析”数据。

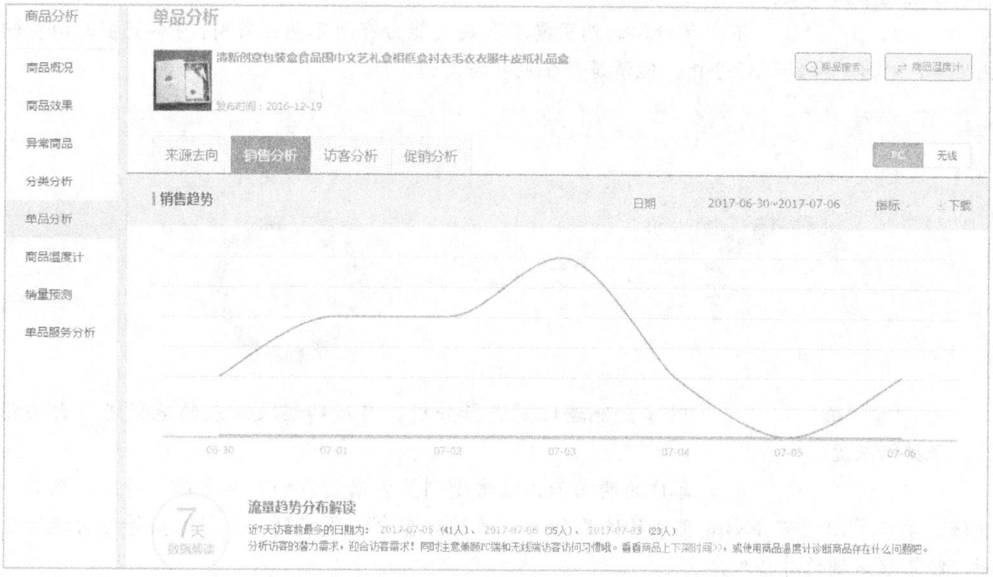

单品流量分析一般包括来源去向分析、销售分析、访客分析、促销分析等内容。

- **来源去向分析：** 通过来源去向可以分析引流来源的访客质量、关键词的转化效果、来源商品贡献等，让经营者可以清楚看到引流的来源效果。
- **销售分析：** 通过销售分析可以清楚商品的变化趋势，从而掌握规律、迎合变化，提高店铺转化率。
- **访客分析：** 通过分析访客特征，可以了解访客的潜在需求，从而迎合买家的需求，达到提高销售额的目的。
- **促销分析：** 通过促销分析可以量化搭配商品效果，开发和激活店铺流量，增加销售量，提高单价。

8.3.4 客户数据分析

客户是网店销售额的来源，客户数据也是销售数据的一种直接体现。客户是网店销售额的来源，客户数据也是销售数据的一种直接体现。因此对客户数据进行分析，能及时了解店铺的问题。

在淘宝网中，进入卖家中心页面，单击“营销推广”栏中的“客户运营平台”超链接，打开“客户运营中心”页面，单击“客户分析”选项卡，在右侧能查看“性别”分析、“年龄”分析、“地理位置”分析、“访客行为”分析、“聚划算人群”分析、“折扣敏感度”分析等数据。以此来掌握客户的购买特征，制定不同的营销方案。

● “性别”分析：通过对客户的性别进行分析，能了解购买商品的人群，男士和女士购买商品有所不同，一般女士网购会进行比较，男士若喜欢会直接进行购买，通过性别分析，能制定合适的营销方案。

● “年龄”分析：不同年龄段的购买要求和购买能力有所不同。目前，18~35岁是消费的主力军，对客户年龄进行分析，能清楚店铺的年龄定位。

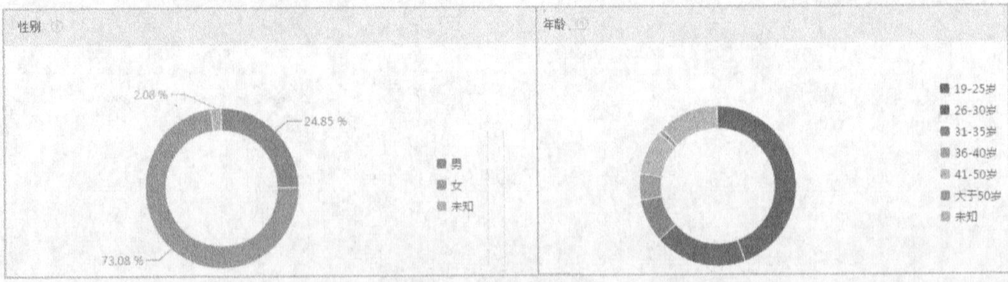

● “地理位置”分析：对客户地理位置进行分析，可对购买较活跃的地域进行大力推广，保持活跃度。

● “访客行为”分析：客户的购物行为通常受到多方面的影响，如需求、时间、商品、爱好、动机等因素都会影响买家的购买行为，通过对客户收藏店铺、支付购买等行为进行分析，能掌握店铺的潜在客户。

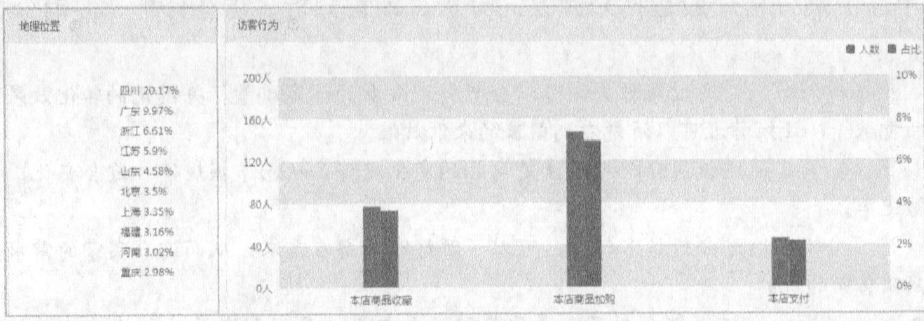

● “聚划算人群”分析：通过分析客户通过聚划算购买商品的比例，以此来制定合理的促销计划。

● “折扣敏感度”分析：通过对客户对折扣的敏感度进行分析，掌握价格因素对客户影响到底有多大，可通过该比例进行适当的促销活动等。

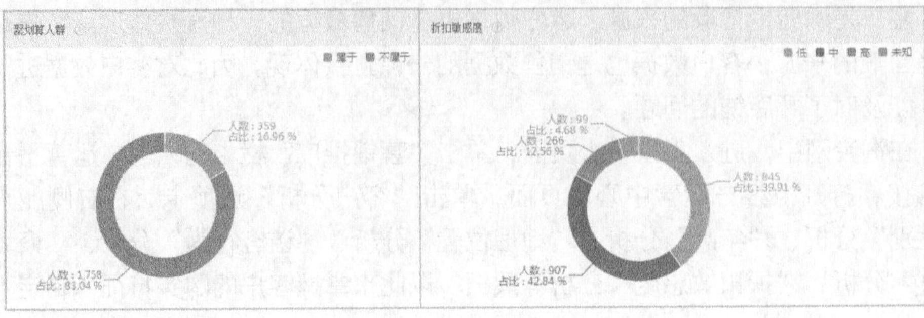

8.3.5 实战——查看店铺数据

扫一扫

查看店铺数据

使用生意参谋查看店铺数据，有利于卖家实时掌控店铺销售环境，并根据数据分析情况做出相应决策。下面介绍在生意参谋中查看店铺营销数据，提取指定日期的销售数据的具体操作步骤。

01 在千牛工作台主页面中单击“常用网址”选项卡，在打开页面的“营销中心”栏中单击“生意参谋”超链接，打开生意参谋。

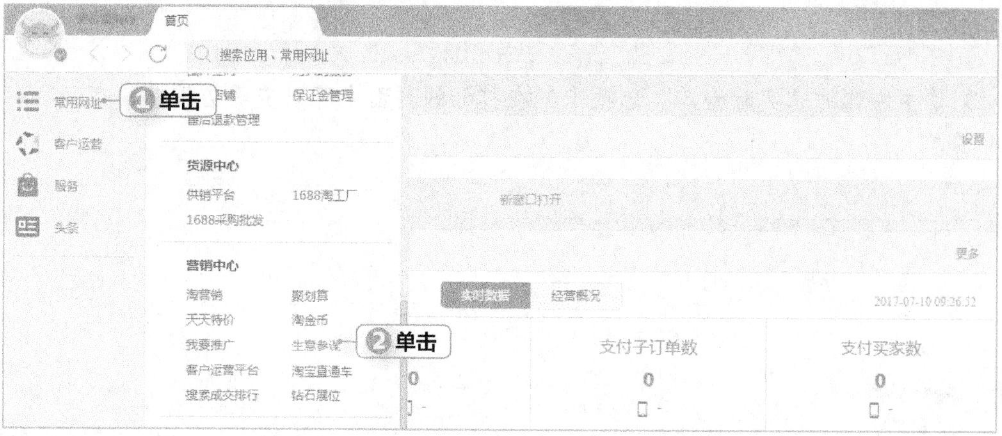

02 单击“实时”选项卡，打开“实时概况”页面，在其中查看“实时总览”“实时趋势”等数据。

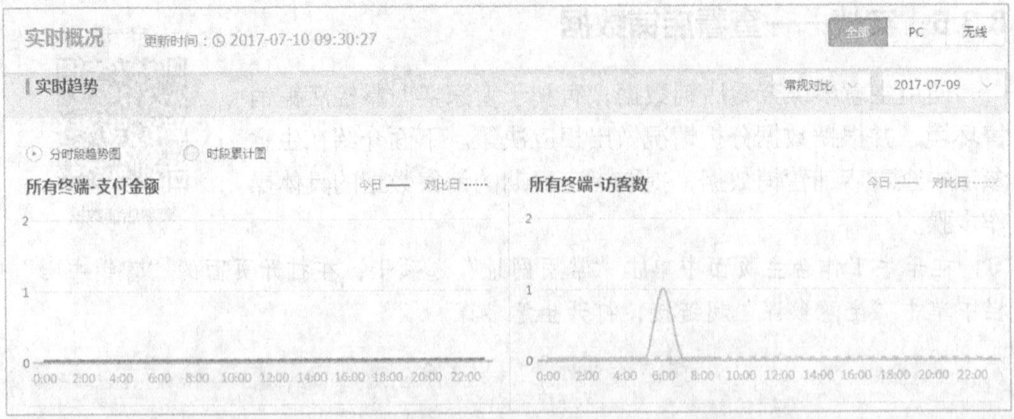

03 单击左侧的“实时榜单”选项卡，在打开的页面中可以查看店铺热卖商品和商品榜单。

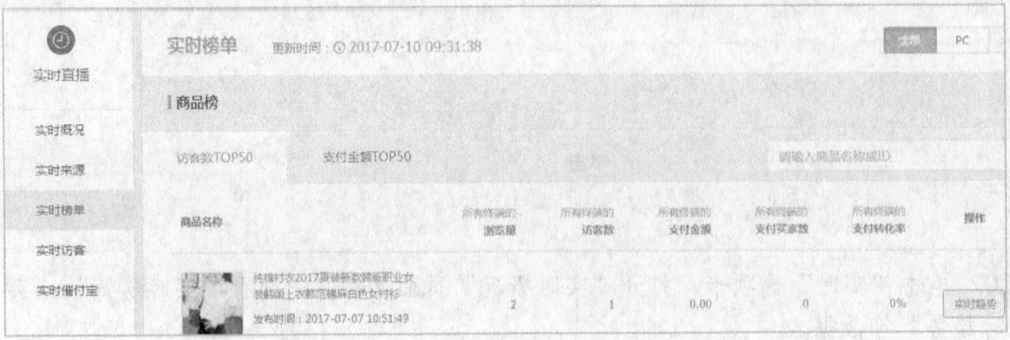

04 在“实时榜单”页面中单击某商品后的按钮，可以查看该商品的具体访问数据趋势图。

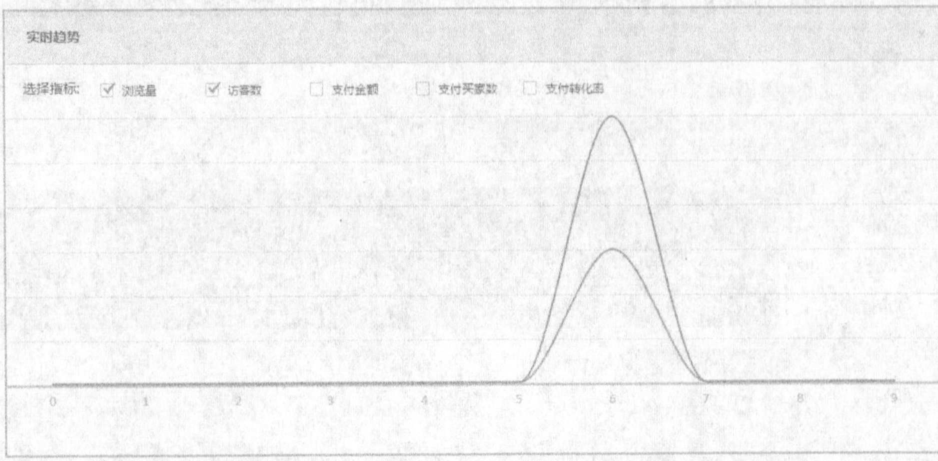

05 单击左侧的“实时来源”选项卡，在打开的页面中可以查看店铺流量的来源。

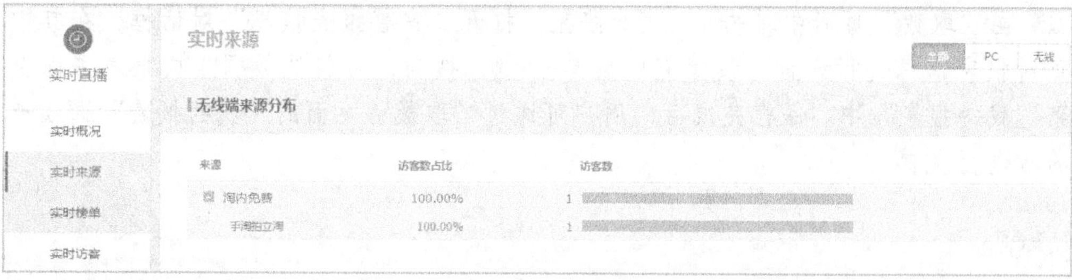

高手支招

流量是指进入店铺查看或浏览产品的独立 IP，简而言之就是浏览量，新开店铺的浏览量一般较少，需要卖家通过一些推广营销手段来积累和增加流量。

06 单击上方的“取数”选项卡，打开“我要取数”页面，在“分析维度”栏中单击“店铺”单选项，对整个店铺数据进行提取，在“汇总周期”栏中单击“自然周”单选项，提取一整周的数据，在“查询日期”栏中设置查询日期，在“选择指标”栏中选择需要提取的数据。

07 所提取的数据将显示在列表框下方，并显示提取数据的数量，若需删除已提取的数据，可单击数据选项后的×按钮，确定所需提取的数据无误后，单击预览数据按钮，在打开的页面中即可预览提取的数据。在预览数据页面单击下载全部数据按钮，可打开“另存为”对话框，在该对话框中设置好数据的保存名称和位置后，即可下载并保存该数据报表。

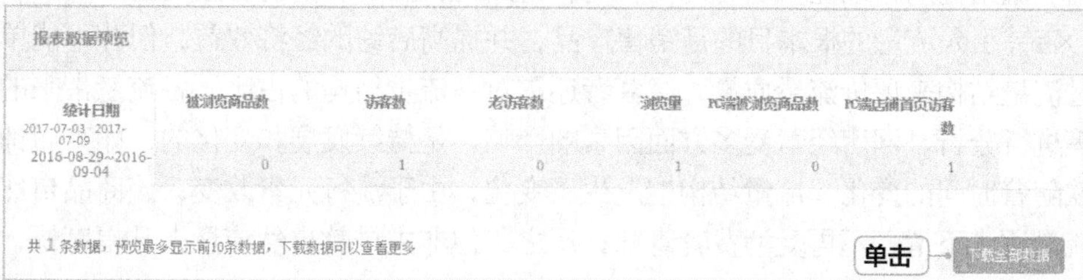

08 在“取数”页面中单击 加入我的报表 按钮，打开“完善报表信息”对话框，在其中可对报表信息进行设置，设置完成后单击 确认加入 按钮，可将该数据生成报表并保存到“我的报表”中。保存完成后，用户可通过“取数”页面的“我的报表”选项卡随时进行查看。

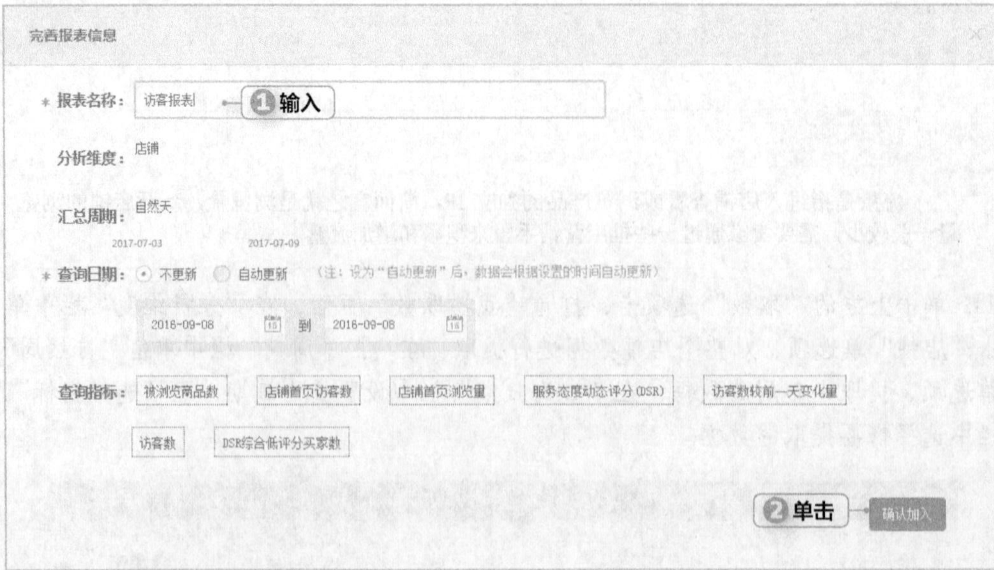

8.4 疑难破解

本章主要介绍了商品管理与数据分析等知识，下面将针对本章的一些疑难问题进行解答。

1. 如何进行店铺健康诊断，并分析店铺问题？

店铺健康诊断主要是对店铺的浏览量、访客数、流量结构、成交转化率、收藏量等数据进行的平衡对比，查看是否低于同行标准，是否需要优化，主要优化什么等。

店铺诊断一般以诊断流量结构为主，对比自主搜索进店流量、站内免费资源进店流量、站外搜索进店流量、付费进店流量的各自比例，通过结构占比来分析整个网站流量结构的合理性，从而优化店铺流量结构，提高店铺的流量质量。

店铺引入流量的根本目的是销售产品，并提高店铺的经济效益，但并不能单纯通过流量结构来评价流量质量，经营者还需对各流量结构的占比、各流量带来的收益等进行分析。网店经营受多方面因素的影响，是持续发展和变化的，如某店铺主推款随着时间的变化，流量结构也发生了变化，由于流行元素改变，该商品自然搜索流量逐步下滑，不再受消费者青睐；反之其他非主推款自然流量上升幅度快，但由于店铺并未对这类商品进行合理的优化，导致转化率不高，此时，店铺必须对店铺商品的流量结构进行重新评估，关注自然搜索流量上升的商品情况，对其商品详情和流量结构进行优化。店铺健康诊断需平衡把握各个方面的流量，分析出问题的流量和流量出问题的原因，结合商品实际情况进行完善。

2. 若不知道怎么管理商品，有可以供卖家互相学习交流的地方吗？

淘宝为广大卖家提供了非常丰富的学习平台，如淘宝论坛、淘宝大学、阿里智库等网站都可以供卖家进行学习，除此之外，卖家也可以选择加入旺旺群，与其他卖家进行交流。加入旺旺交流群的方法是：在接待中心页面的搜索框中搜索群号并进行添加即可。

3. 除了生意参谋，还有什么工具能进行商品交易管理？

生意参谋是一款功能十分强大的软件，不仅能分析店铺数据，还能对服务质量和物流质量进行监控。普云交易管理是千牛首批交易插件，是一款用于快捷管理商品交易的软件。与生意参谋相比，普云交易对交易管理更便捷。通过该软件可以快速对商品的价格、运费等进行管理，还能对商品评价、退款等进行管理。生意参谋数据分析更强大，而普云交易属于一站式管理，使交易管理更简单。

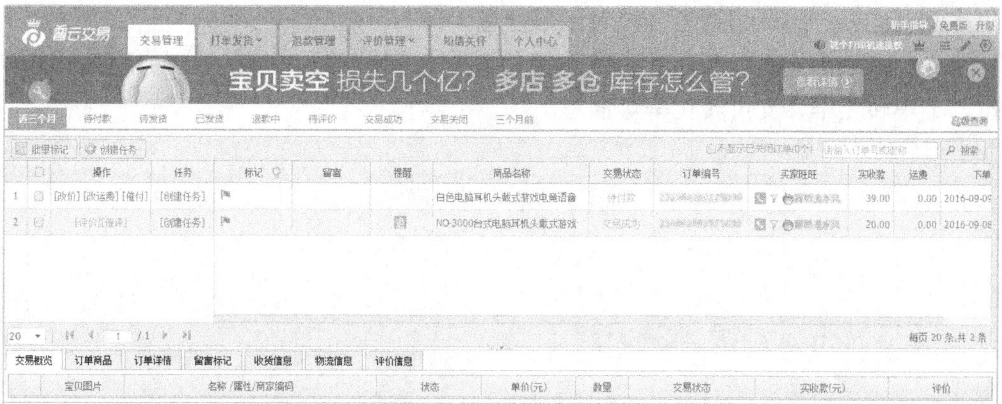

普云交易分为免费版和高级版，高级版需要付费，用户可根据实际需要进行选择。普云交易含交易管理、打单发货、退款管理、评价管理、短信关怀和个人中心6种功能。主要具有以下一些优点。

- **打单发货：** 打单、发货一站式解决。批量生成运单号、批量打印发货快递单、批量发货、打印商品简称、自动合并订单、拆单大货、自由打印、电子面单、快捷筛选、记住物流/单号、自定义打印模板。
- **自由打印：** 淘内、淘外自由打印。自由录入、一键导入淘宝订单、发货单/快递单批量打印、打印选项自由选择。
- **电子面单：** 无缝对接，打单提速10倍。打单发货速度提升，降低人力成本；订单与运单号智能匹配，自动生成。
- **自动评价：** 不错过一个好评，不放过一个差评。自动评价、批量评价、一键好评、黑名单拦截、中差评拦截、中差评短信拦截，自动给买家评价，让评价更简单。

- 短信提醒：交易全过程，给买家最温馨的提醒。催付提醒、发货提醒、催评提醒、交易成功提醒、退款成功提醒、短信日志。
- 交易管理：手机、电脑和旺旺协同工作，提升工作效率。手机与电脑无缝连接，能随时随地处理订单；通过旺旺工作台，能在聊天中完成核对订单、查看留言、改价、免邮费等操作，提升客服效率，增加转化率。

8.5 边学边练

（1）通过千牛工作台将订单商品的价格修改为8折，等待买家付款后，再根据买家需求更改其地址和联系方式。

（2）使用生意参谋查看店铺一周内的访客数、支付买家数、销售金额、热卖商品榜单、流量来源等数据。

（3）通过千牛工作台登录支付宝，查看支付宝余额和近期交易记录，然后对支付宝中的余额进行提现。

（4）使用生意参谋分析店铺的客户数据，查看访客地域、访问时间段、新客户比例、老客户比例和新老客户对比等信息。

（5）使用生意参谋分析店铺的销售数据，查看交易金额、交易笔数、客单价、下单转化率、支付转化率等信息。

第9章 网店商品营销

本章导读

店铺访问量直接关系着店铺的销量，因此要想取得不错的销量，必须对店铺进行推广营销。作为网店经营者，也必须懂得推广营销的方法。本章主要介绍淘宝、天猫营销的区别，通过淘宝官方活动进行营销，四大淘宝店内促销活动，淘宝站外营销技巧等知识，通过本章的学习，帮助读者掌握商品营销的方法和技巧。

知识技能

※ 掌握淘宝、天猫营销的区别

※ 掌握通过淘宝官方活动进行营销的方法

※ 掌握四大淘宝店内促销活动

※ 掌握淘宝站外营销技巧

视频讲解

（视频讲解：13 分钟）

9.1 淘宝与天猫营销的区别

淘宝与天猫都属于阿里巴巴旗下的销售平台，但在运营推广与售后等方面具有一定的区别。

9.1.1 淘宝与天猫运营推广区别

淘宝与天猫在运营推广方面的区别主要包括运营团队的区别、流量入口的区别、店铺运营的区别和店铺推广的区别。

1. 运营团队的区别

天猫店铺比淘宝店铺投入的成本要高，而天猫店铺运营需要更精细化，才能得到更多的回报。对淘宝店铺运营而言，由于要求比天猫店低，工作量比天猫店小，一个人便可完成美工、客服、运营、推广等工作。而天猫店需要有其经营团队，运营、推广、美工、客服、物流都需要由团队成员进行操作，一个人难以顾全所有。

- 店铺运营：主要进行店铺的整体运营、供应链资源整合与团队管理，以店铺的经营利润为结果导向。
- 店铺推广：主要负责店铺的推广工作，以店铺的有效流量和转化率为结果导向。
- 店铺美工：主要负责店铺产品、活动、推广的图片处理与店铺装修装修。
- 店铺客服：主要进行售前接待与售后服务工作，以成交转换率与销售业绩为结果导向。
- 店铺物流：主要负责产品管理、订单产品入库与出库和快递收发。

2. 流量入口的区别

淘宝店铺与天猫店铺的流量入口较多，按不同分类可分为站外流量和站内流量等。在淘宝网首页，有两个天猫的流量入口，即搜索框和导航，但在天猫网中没有淘宝网的流量入口。

3. 店铺运营的区别

店铺运营中经常通过活动提高转化率，店铺自主活动能提高转化率，参与店外平台活动也能提升流量和转化率。淘宝与天猫都有官方活动，只要具备参加资格，便可申请参加。淘宝和天猫的店内自主活动是店铺运营过程中自己策划的活动，如淘宝的店铺红包活动，天猫的打折、满减等，但天猫偏重活动的创意引流，而淘宝更注重实际活动的转换率等。

4. 店铺推广的区别

淘宝店铺与天猫店铺在推广方面，站内推广、站外推广、付费推广、站内SEO等推广方式都能使用。对于站内推广，除了天天特价、试用中心、双12等少数活动，平台上的活动基本是面对天猫的，或同等条件下，天猫店比淘宝店更容易获得活动。像聚划算这类活动，只有资金实力雄厚的天猫店铺才能参加，对于普通的淘宝店，则无力参加。

9.1.2 淘宝与天猫店铺售后服务及客户权益区别

店铺的售后服务关系着店铺的消费体验，淘宝、天猫对商家的售后也有所差异，这也是作为商家能否参加官方活动的一个重要指标。淘宝、天猫售后服务及客户权益上的差异主要体现在以下几点。

- 销售发票、七天无理由退换货：发票、发货时间、七天无理由退换货，这些在淘宝店铺不是必须的，而是提倡商家自主提供该服务，但在天猫是必须的。
- 消费者保障金：天猫在开同店铺后会直接收取保障金，用来在商家与买家之间有售后纠纷时先行赔付的，淘宝则需要缴纳消费者保障金才能发布商品。若发布二手，则不强制要求。
- 发货时间：天猫要求商家在无特殊情况下，必须在72小时内对订单进行发货操作，淘宝商家可自主选择承诺发货时间，商家一旦承诺，则必须履行。
- 评价体系：淘宝店铺的评价分为好评、中评和差评3个评价体系，天猫是商品描述相符度、发货速度、服务质量评分体系，淘宝店铺和天猫的评价都体现了店铺服务水平，也是影响店铺转化率的因素。

高手支招

淘宝与天猫在售后服务上的最大区别在于天猫官方或强制要求商家执行售后服务规则与消费者权益保障计划，而淘宝官方由商家资源提供服务。但淘宝店铺在经营过程中应尽量按天猫的售后服务标准来完善自己的售后服务，这样有利于店铺的经营。

9.2 通过淘宝官方活动进行营销

使用淘宝的官方活动进行推广，能为店铺带来不少的流量，如聚划算、淘金币、天天特价等。如果店铺具备活动的条件，便可申请参加，申请通过后，便可在活动区域获得展示机会，被买家浏览。

9.2.1 淘金币营销

淘金币是淘宝网的一种虚拟积分，是淘宝用户的激励系统和通用积分系统，淘宝平台向活跃的高质量用户奖励金币，用户在提供抵扣的商品交易中使用金币获得折扣，卖家在交易中赚取金币，并通过花金币来获得平台流量，提升店铺用户黏度。

1. 淘金币的作用

淘金币是淘宝网非常大的流量营销平台，日均1500万独立访问用户数，集结了1.8亿淘金币黏度用户，拥有超高转化率。对于参加淘金币活动的卖家而言，即使活动结束，也会持续为店铺输送回购用户，同时免收销售佣金，活动成本很低。淘金币对宝贝或店铺推广的作用总结如下。

- 淘金币抵扣：是指全店支持买家使用淘金币抵扣部分商品金额，促成买家下单，提升店内的成交转化率。可使用淘金币抵扣的商品将展示在手机淘宝搜索列表页的“淘金币抵钱”筛选项内。
- 淘金币频道商品推广：是指卖家在淘金币频道内按商品被点击的次数支付淘金币给淘金币官方账户的方式进行商品推广。商品展示不收取金币，买家点击商品时收取淘金币。开通该推广的商品将由系统根据消费者的喜好以及消费者的购买偏好在淘金币频道向消费者进行展示。
- 店铺签到送淘金币：是指卖家给予浏览店铺并签到的买家或者浏览店铺并有过购买记录的买家一定数量的淘金币奖励，以促进买家持续进店浏览，提升店铺用户黏度，提高二次购买率。
- 关注/收藏店铺送淘金币：卖家对关注/收藏店铺的买家给予一定数量的淘金币奖励，以提升店铺关注人气。
- 浏览短视频送淘金币：是指卖家针对观看微淘短视频的买家，给予一定数量的淘金币奖励，以提升买家观看短视频时长，提高买家进店率。
- 淘宝群任务送淘金币：是指已开通淘金币打卡的卖家，可设置针对连续打卡的消费者给予额外淘金币奖励。

2. 开通淘金币并设置淘金币抵钱

淘宝卖家通过淘金币活动，可以获得更多优质客户、稳定流量和超高转化，同时淘金币活动不需投入成本，不限类目，所有卖家都可参与，是淘宝官方非常热门的一个推广平台。想参与淘金币活动的卖家可通过淘宝后台的卖家中心进行开通和设置。

扫一扫

开通淘金币并设置淘金币抵钱

首次参加淘金币活动的卖家需要先申请淘金币账户，具备开设条件的卖家可以设置淘金币抵扣开始时间、全店商品的淘金币抵扣比例、全店商品支持买家使用淘金币抵扣商品金额等，下面介绍设置淘金币抵钱的具体操作方法。

01 在淘宝网首页单击“卖家中心”超链接，进入淘宝卖家中心后台，在“营销中心”栏中单击“店铺营销中心”超链接，在打开的页面中的

“品牌活动”栏中单击“淘金币”图标。

02 打开淘金币首页，在页面中单击 点击开通金币卖家账户 按钮。

03 在打开的页面中将提示卖家还未开通淘金币，单击 立即申请淘金币账户 按钮。

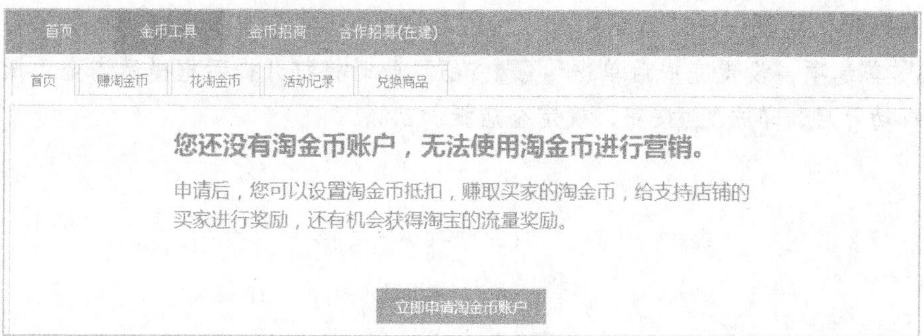

04 在打开的页面中将显示《淘金币账户服务协议》，单击 同意协议并申请账户 按钮。

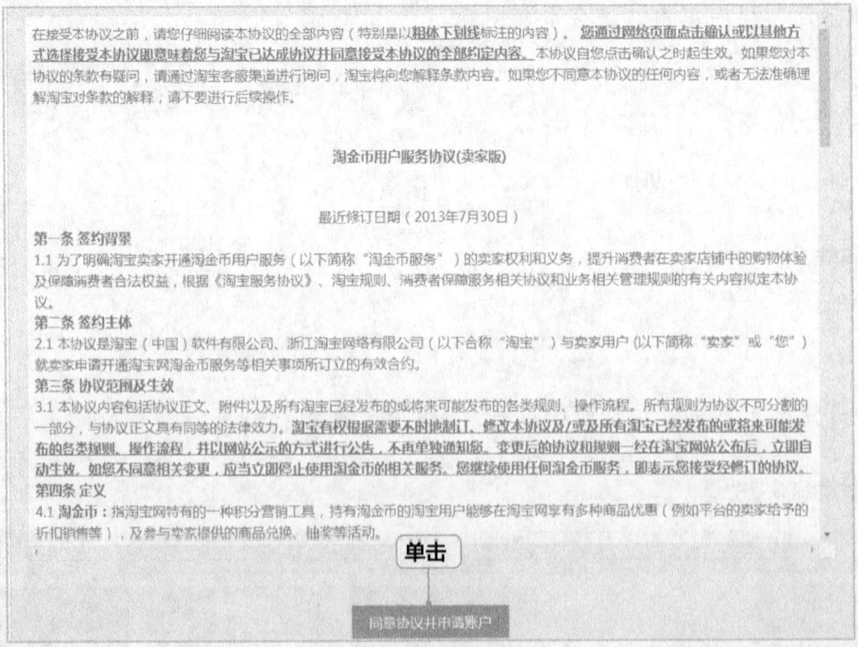

05 同意《淘金币账户服务协议》后，即可申请淘金币账户。在打开的页面中单击确定按钮，完成申请。进入淘金币首页，单击“金币工具”选项卡，在下方单击“赚淘金币”选项卡，再在“淘金币抵钱”栏中单击立即运行活动按钮。

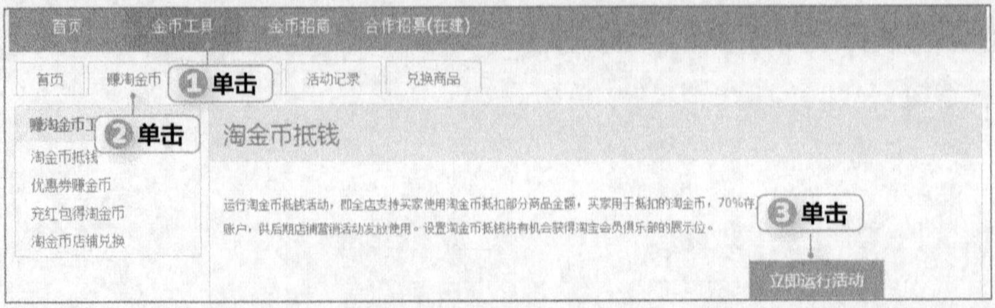

06 在打开的页面中可查看淘金币抵钱规则，在“活动详情”栏中可设置活动时间和抵扣比例，这里设置活动时间为“2017-06-30”；在全店抵扣比例栏中单击“抵扣2%”单选项，设置完成后单击开通抵扣按钮。此时将打开提示框提示淘金币抵钱活动已成功开启，单击确认按钮，确定全店抵扣2%。

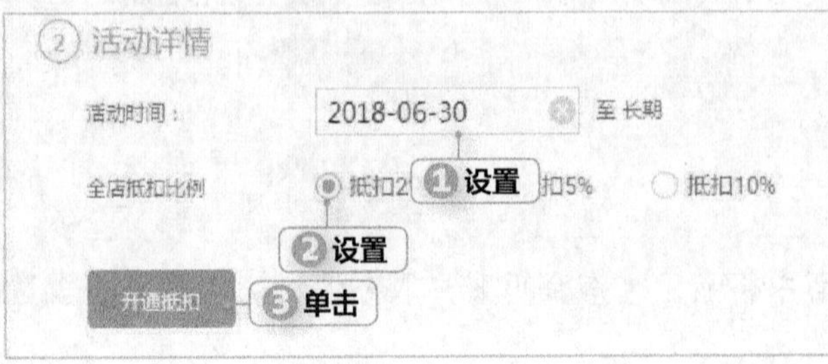

07 设置成功后，全店宝贝的淘金币抵扣比例将显示为2%。

08 返回淘金币抵钱设置页面，可继续进行高抵扣设置，只需单击“高抵扣设置”后的添加单品按钮，在打开的“添加高抵扣单品”对话框中输入高抵扣单品的地址，单击校验按钮进行校验，校验完成后设置抵扣比例，如设置抵扣比例为5%，表示该单品可用淘金币抵扣5%，单击确认按钮。

09 返回淘金币抵钱设置页面，设置不参与抵扣的商品，在“不抵扣设置”栏后单击添加单品按钮，打开“添加不抵扣单品”对话框，在其中输入不抵扣单品的地址，单击校验按钮进行校验，校验完成后单击确认按钮。设置为不抵扣的商品将不参与全店的淘金币抵扣活动。

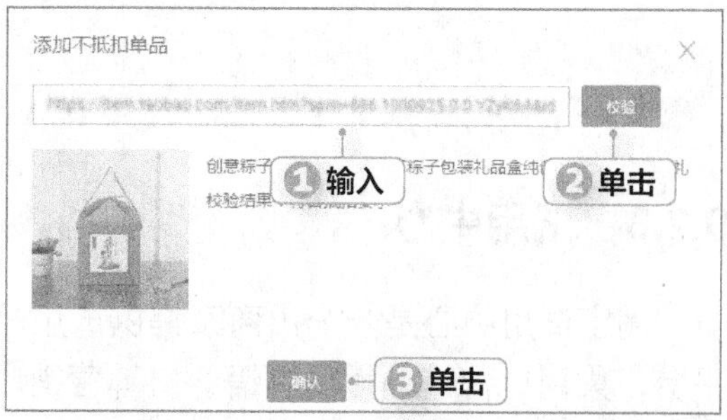

高手支招

在淘金币抵钱设置页面继续单击添加单品按钮，可添加其他需要参与高抵扣活动或不参与抵扣活动的商品。在已添加的单品后单击“删除”超链接，可删除参加活动的商品。

9.2.2 淘宝天天特价

天天特价是淘宝网为集市店铺中小卖家打造的扶持平台，用于扶持有特色货品、独立货源和有一定经营潜力的中小卖家，提供流量和营销等方面的支持。天天特价频道目前有日常活动和主题活动两个板块，其中日常活动主要包括类目活动和10元包邮等，主题活动主要包括限时特价、周末好货精选、特惠囤和特惠吃等。天天特价推广的商品一般有3个卖点——疯狂促销、应季精品、服务保障，其目的在于为买家提供物美价廉的商品。对于卖家而言，则可以有效提升店铺流量和成交率，从而积累客户，增加销售额。

在报名参加天天特价之前，建议卖家先对天天特价报名活动的相关要求进行了解。报名参加天天特价的方法为：在卖家中心的“我要推广”页面中选择“天天特价”选项，打开“天天特价”页面，单击我要报名按钮，在打开的页面中选择报名日期和活动，然后单击立即报名按钮，在打开的页面中填写相关信息即可。

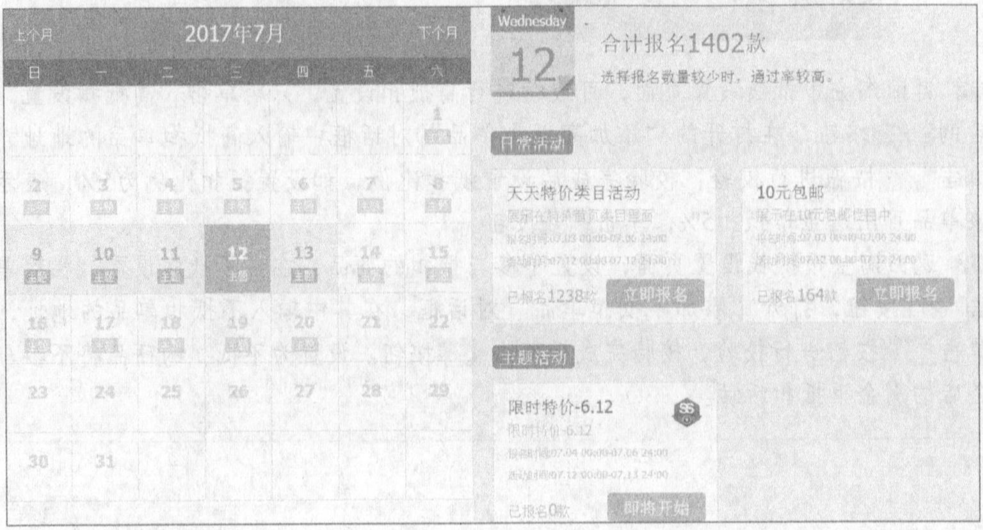

9.2.3 试用中心

淘宝试用中心是一个由商家提供试用品供买家试用的营销导购平台和试客分享平台，集用户营销、活动营销、口碑营销、商品营销于一体，聚集了百万个试用机会和试用商品，试用者试用商品后可以提交全面而真实的使用报告，为消费者提供购买建议。作为卖家，则可以通过试用中心对店铺和宝贝进行宣传和推广，提高品牌价值与影响力。

1. 试用中心的功能和业务

试用中心提供的业务主要包括免费试用和试用报告两个部分。

（1）免费试用

免费试用是试用中心推出的买家可以完全免费获取试用品的专业试用平台。会员通过试用报告分享试用感受，对试用的商品作出公正专业的描述，从而帮助其他消费者作出购物决策。

（2）试用报告

试客在成功申请到免费试用品后，需要提交试用报告。试用报告是会员对商品品质、性能等试用体验后做出的客观真实的试用感受，支持文字、图片、视频等多种内容呈现方式，可以为其他消费者提供真实的购物参考，并找到真正适合自己的商品。

试用报告可以通过点赞、转发和评论等方式产生互动，对商品起到口碑推广的作用。同时淘宝将对优质试用报告进行“精华”评定，在“试用报告写作基本要求”的前提下，针对各类目商品不同特性做出精彩展示的报告可被评为精华报告，并在试用报告频道展现。提供试用品的商家也可进行“商家推荐”评定，受到商家赞赏的报告会被商家评为商家推荐报告。

2. 宝贝参加试用中心的优势

淘宝试用中心是全国最大的免费试用中心，在网店推广中具有很大的影响力，其推广优势主要体现在以下3个方面。

- **增加曝光量和粉丝数：** 试用中心不仅可以给买家带来实在的福利，还直接对有购买意向的申请者产生了宣传效果。由于商家提供的试用产品有限，但申请试用的人数很多，当买家申请试用时，商品就得到了更多曝光机会。同时，买家在申请试用时，会提示关注店铺，这也有效提升了店铺的收藏量和粉丝数。
- **导入优质流量：** 通过免费试用平台导入的流量比较精准，大部分买家申请试用的商品都是自己目前需要的商品。在申请试用之后，页面下方还将推广显示店铺当前的相关商品，通过这个方式可以拉动店铺整体流量。
- **试用报告口碑宣传：** 试用报告相当于买家购买商品后对商品的详细评价，图片和文字描述都非常清晰详细，对其他买家而言，具有很高的参考价值，同时这样的评价更容易赢得其他买家的信任，打消买家的购买疑虑。

3. 参加免费试用活动

根据实际情况和需要选择要参加的活动进行报名，申请通过后即可获得在试用中心展示的机会，下面以参加免费试用活动为例，介绍参加淘宝试用活动的方法。

扫一扫

参加免费试用活动

01 进入淘宝卖家中心，在“营销中心”栏中单击“店铺营销中心”超链接，在打开页面的“品牌活动”栏中单击“试用中心”超链接。

02 进入试用中心，单击报名免费试用按钮，在打开的页面中选择试用排期，然后单击我要报名按钮。

03 进入信息填写页面，在该页面中填写试用商品基本信息，包括试用商品的链接、名称、数量、图片等。

04 在“填写商家信息”栏中填写商家的联系方式，如联系旺旺和联系电话，设置完成后单击提交报名申请按钮提交申请即可。

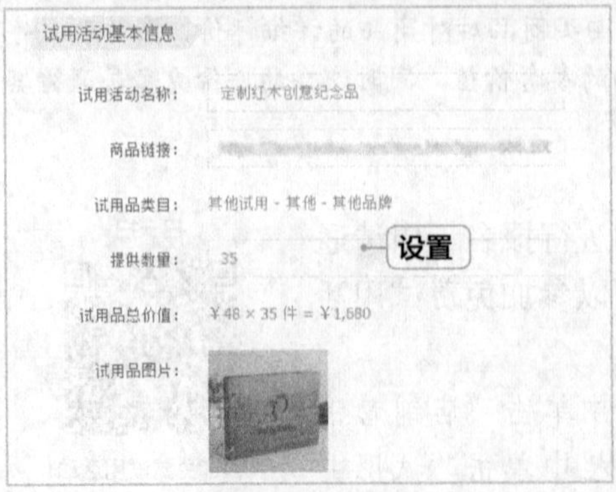

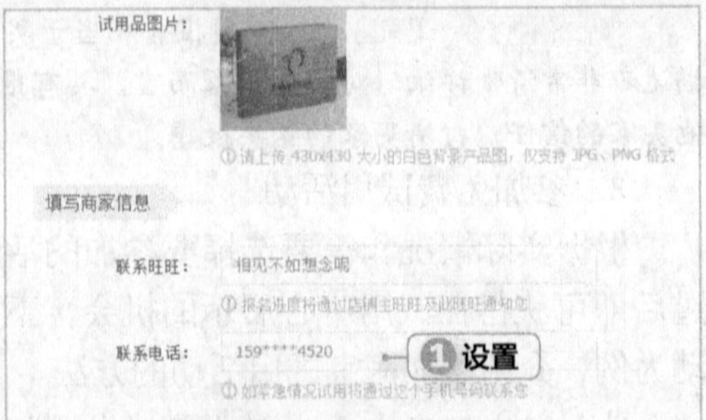

9.2.4 聚划算活动

聚划算是淘系规模中爆发力最强的营销平台，汇聚了数量庞大的用户流量，具有非常可观的营销效果，商家通过参加该活动，可以打造超过店铺日销数倍的营销数据，获得更多的收益。聚划算对招商商品的要求较严格，除了基础招商标准外，还对不同类目的商品作出了不同的要求。招商商品通常需要缴纳一笔保证金和基础费用，聚划算将按照不同类目的费率进行收费。聚划算主要包括商品团、品牌团、聚名品、聚新品和竞拍团 5 种类型。

1. 商品团

商品团是一种限时特惠的体验式营销模式，具有坑位数多、参聚概率相对较大、主团展示、流量稳定的特点，可以帮助卖家快速规模化地获取新用户。商品团的报名流程主要包括选择活动、选择商品、选择坑位、填写商品报名、商品审核、费用冻结和上团前准备 7 个阶段。

- 选择活动：在参加商品团之前，商家首先应该查看招商公告，了解招商要求。然后登录聚划算后台，单击右上角的“商户中心”超链接，跳转到商户中心首页，单击“我要报名”按钮。在打开的页面中可查看可报名的活动，以及活动介绍、收费方案、保证金规则、报名要求和坑位规则等信息，选择适合自己的活动。如果不符合报名条件，则活动后会显示“您不符合该活动报名条件”，单击“查看原因”超链接可查看原因。

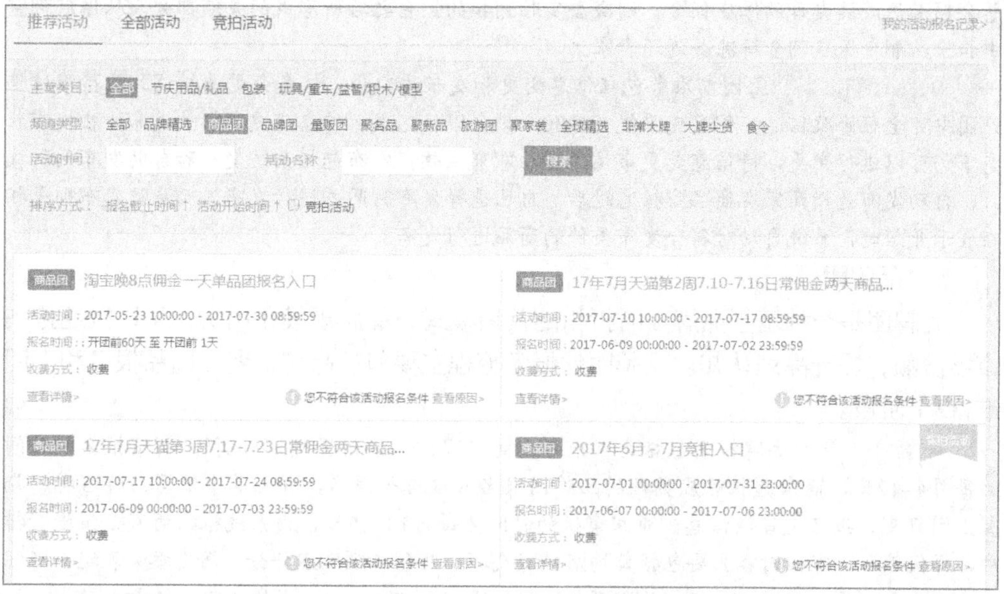

- 选择商品：选择符合审查规则的商品并提交即可。如果“提交”按钮显示灰色，则代表商品不符合聚划算商品机审规则，单击“查看原因”可了解具体原因。

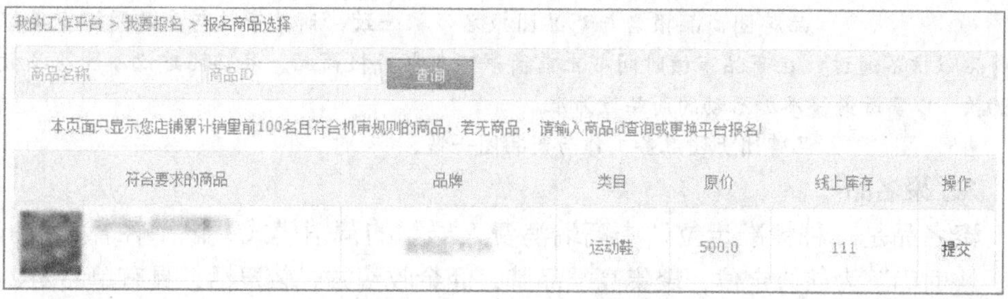

- 选择坑位：如果商家所选商品符合所选坑位的条件，则系统将展示6周内所有坑位。如果商家的商品不符合条件，则淘宝默认不展示不符合条件的坑位，单击“显示不可报坑位”

超链接即可看到具体不可报坑位的内容。

● 填写商品报名：在该页面商家需对商品的标题、卖点、团购价格、描述、费用信息等信息进行填写，商品报名详情填写完毕后，将进入小二审核的步骤，一般5个工作日给出审核结果。

● 商品审核：商品审核包括一审和二审两个阶段，一审主要有系统对商品报名价格、报名商品货值、历史成交及评论、商品DSR评分、店铺近3～6月成交排名、店铺聚划算成交额和历史单坑产出水平等进行审核；二审主要是由人工对库存、价格具有市场竞争力、商家分值择优录取、是否存在拼款、换款等信息进行审核。

● 费用冻结：费用冻结主要包括保证金和保底佣金两部分。保证金指聚划算为了维护消费者权益，冻结商家一定的款项，确保商家根据承诺提供商品和服务，若商家出现付款后不发货，商品有质量问题等情况时，聚划算平台会将保证金赔付给消费者；保底佣金是指卖家参加聚划算，成交额未达到目标成交额（保底交易量）时需要向聚划算承担的技术服务费。当订单总金额达成或超出目标成交额（保底交易量），则全额返还（解冻）保底收费预付款，当订单总金额未达成该类目的保底佣金，则减去实时划扣的佣金之后所形成的差额部分，从保底佣金中扣除，剩余保底佣金解冻并返还卖家。

● 上团前准备：上团前准备包括信息变更和发布两部分，信息变更是指商品从待审核至开团中可全程修改信息，信息变更提交后30分钟会审核完成。信息变更不影响发布，在发布状态下仍可以进行变更，待信息变更审核通过后即可生效；发布包括系统发布和自助发布两种模式，自助发布是指商家在商品审核通过后，自己选择发布时间并进行发布。而系统发布则是指在展示开始时，系统自动对符合发布条件的商品进行发布。

2. 品牌团

品牌团是一种基于品牌限时折扣的营销模式，品牌规模化出货，可以快速抢占市场份额，提升品牌认知。品牌团的报名流程主要包括品牌报名、商品报名和上团准备3个阶段。

● 品牌报名：品牌报名包括商家报名、商家审核、素材提交3个流程。商家报名的时间为每月4~12日，商家选取对应类目的品牌团报名入口进行报名，并在其中填写品牌名称、期望上团日期、报名类目等信息；商家审核的时间为每月13~15日，由系统根据商家分值进行排序，择优录取，审核内容主要包括日均店铺成交额、店铺三项DSR评分、历史参聚表现、旺旺响应速度等；素材提交主要包括品牌营销Logo、品牌营销banner、品牌入口、流量入口图、无线banner、新版品牌入口、品牌主题、品牌故事介绍（PC端）、品牌故事介绍（无线端）等内容。

● 商品报名：品牌团商品报名与商品团报名步骤一致，商品审核与商品团二审类似，若商品审核不通过，在商品审核时间截止前商家可重新补报商品。品牌团建议参团商品数为6~80款，以实际最终参加活动的商品数为准。

● 上团准备：品牌团上团准备工作与商品团一致。

3. 聚名品

聚名品是一种精准定位“中高端消费人群”的营销模式，以“轻奢、最in潮流、快时尚”为核心定位，聚集高端品牌，佣金收费方式较灵活，具有单品团、品牌团多种玩法。聚名品的招商对象主要是符合聚名品规则要求的天猫旗舰店、旗舰店授权专营店、天猫国际旗舰店、全球购（需认证）、淘宝集市店铺，以佣金的形式进行收费，适合参与聚名品的主要类目包括男装、女装、男鞋、女鞋、运动、户外、母婴童装、美妆、箱包、服装配饰、眼镜、家居等。

符合聚名品招商的品牌可以申请加入聚名品品牌库，店铺加入聚名品商家库成功后，即可选择“聚名品”频道类型，选择所有聚名品可报名的活动。

4. 聚新品

聚新品是新品营销效率最高的平台，可以快速引爆新品类及新商品，快速积累新用户群体，形成良好的口碑传播。聚名品适用于高潜力、高增长的新品类、国际品牌、国内知名品牌、知名淘品牌、营销能力强且具备规模化的供应链及服务能力的大中型商家以及创新设计、创意概念、创新技术应用、属性升级的商品。聚新品采用保底+佣金+封顶的收费模式，要求商品没有销售记录或在10件以内，且备货量为30万~40万件，小二根据品牌影响力、店铺日常运营能力、投放计划、销售预估、价格优势等指标进行选择。

5. 竞拍团

竞拍团是一种适合中小卖家快速参聚的营销模式，通过市场化的竞价方式，增加中小商家的参聚机会。参加竞拍团的卖家需要通过聚划算首页进入竞拍报名阶段，找到竞拍坑位入口，然后选择店铺优秀款提交商品，进入提交商品流程，填写价格和数量。审核通过后，商品即为待排期状态，并可进入竞拍大厅参与竞拍，对商品进行出价。竞拍成功后可以在保证金页面或者宝贝管理页面支付保证金。

聚划算竞拍团的竞拍模式为暗拍模式，基本规则是出价最高的商家获得坑位，但是只需要支付第二高的价格，如3个人参与一个坑位的竞拍，出价分别是5000元、4000元、3000元。那么出价5000元的商家将获得这个坑位，但是只需要支付4000元。

9.3 四大淘宝店内促销活动

很多店铺都有各种促销活动，其目的在于提高成交量。普通的店铺主要有宝贝限时打折、宝贝搭配套餐、店铺优惠券、店铺红包、设置VIP会员卡等促销工具完成店内促销活动。

9.3.1 宝贝限时打折

扫一扫

宝贝限时打折

众所周知，促销做得越好，商品销量则会越好，若需要进行限时打折活动，需要使用淘宝提供的一种店铺促销工具，订购了工具后，便可在店铺中选择一定数量的商品在一定时间内低价开展促销活动，其具体操作如下。

01 进入淘宝卖家中心页面，单击“软件服务”栏中的“我要订购”超链接。

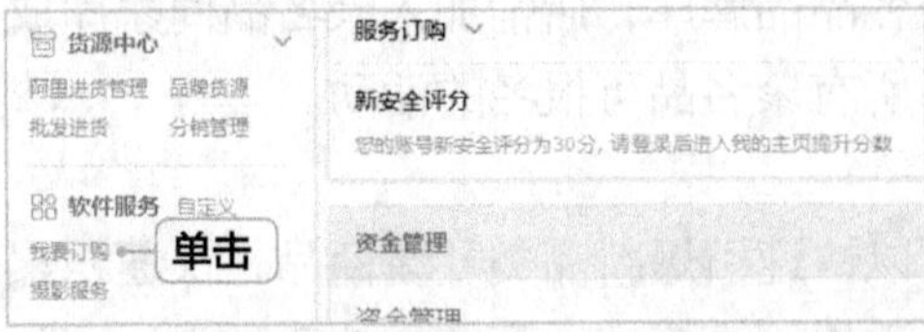

02 进入服务市场页面，在搜索栏中输入“美折促销”，单击 搜索 按钮。

03 选择需要购买的产品，进入购买页面，选择服务版本和周期，单击 立即购买 按钮。

04 进入支付页面，单击 同意并付款 按钮，付款后将显示订购成功，单击 美折 图标，进入美折页面。

05 单击“创建新活动”选项卡，在打开的下拉列表中选择“折扣/减价”选项。

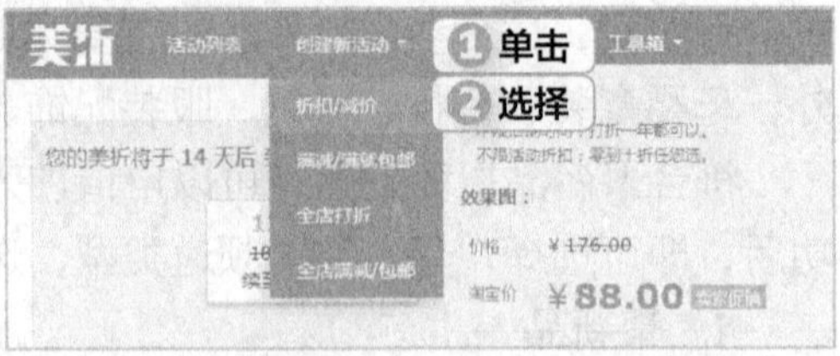

06 在打开的页面中设置活动基本信息，单击 下一步 选择活动商品 按钮。

07 进入选择活动商品页面，单击 选择商品 按钮，该按钮将显示为 ✓已选择 ，单击 下一步 设置商品折扣 按钮。

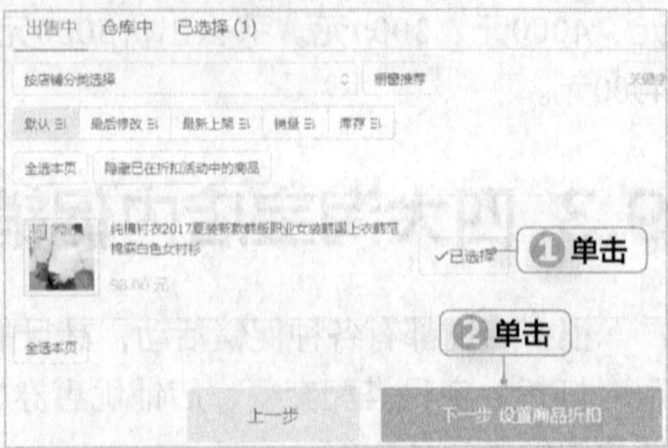

08 进入设置商品折扣页面，在打折数字框中输入“9”，设置商品的折扣为9折，单击 完成并提交 按钮。

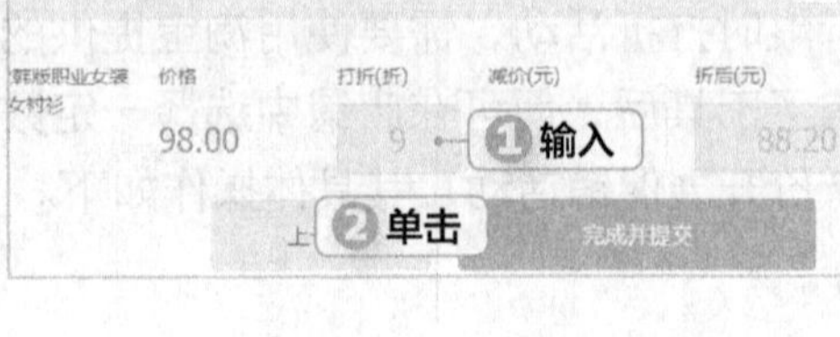

09 提交后将提示活动创建成功。

10 参加活动后，店铺中参加该活动的商品页面将显示优惠促销，并显示促销的价格。

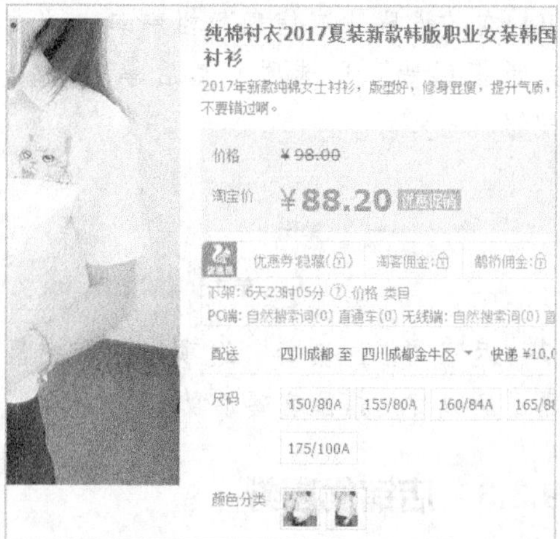

9.3.2 宝贝搭配套餐

搭配套餐，顾名思义就是将几种商品搭配在一起销售，让利给买家，买家感觉商品更实惠。通过搭配套餐还可以让买家一次性购买更多的商品。下面将对搭配套餐的设置方法进行介绍。

扫一扫
宝贝搭配套餐

01 打开“商家营销中心”页面，在上方的导航栏中单击“搭配套餐”选项卡。

02 进入“搭配套餐”页面，单击 创建搭配套餐 按钮。

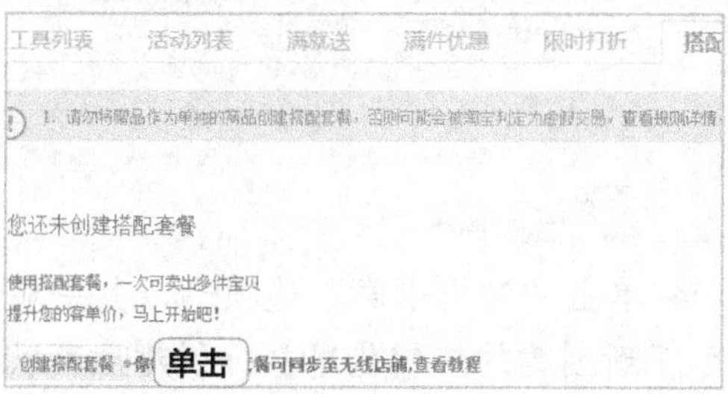

03 打开“创建搭配套餐”页面，在其中可以设置基本信息，如填写套餐标题、搭配宝贝、套餐原价、套餐图片、套餐描述等。

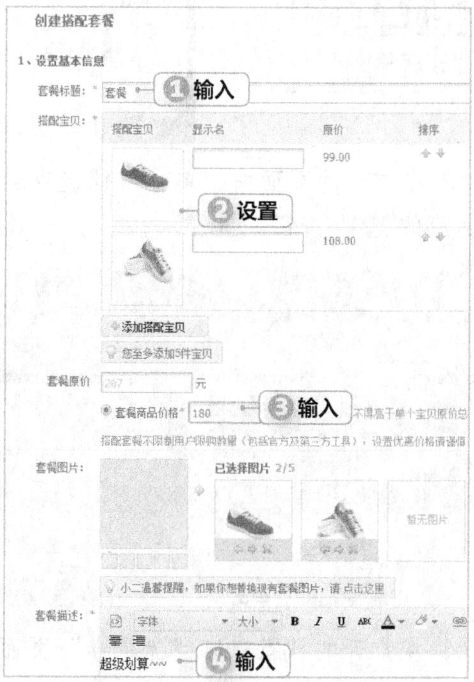

04 在“设置物流信息”栏中单击“卖家承担运费”单选项，然后单击 发布 按钮。

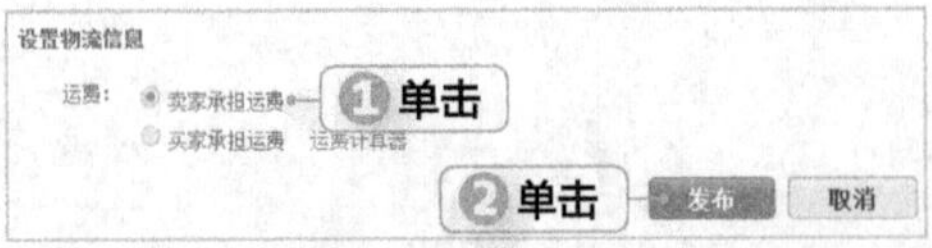

05 返回“搭配套餐”选项卡，其中显示了新创建的搭配套餐活动。

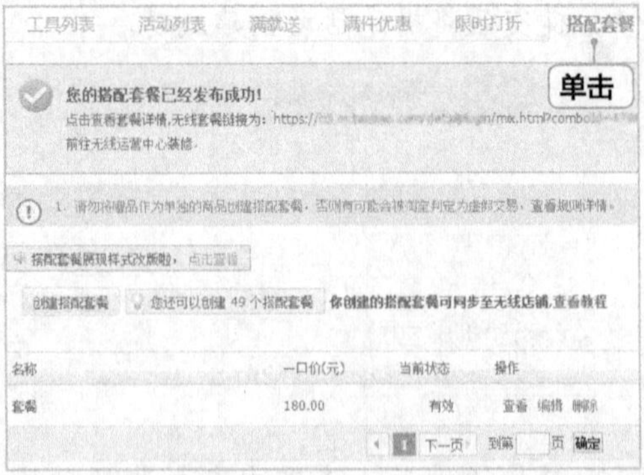

9.3.3 店铺优惠券

扫一扫

店铺优惠券

店铺优惠券是一种虚拟电子券，也是卖家常用的一种店铺促销工具。卖家可以设置优惠券来吸引买家，增加店铺的流量和成交量，设置好的优惠券可在店铺首页和详情页中领取。下面将对店铺优惠券的设置方法进行介绍。

01 打开商家营销中心页面，在上方的导航栏中单击“淘宝卡券”选项卡。

02 在打开的页面中，单击店铺优惠券对应的 立即创建 按钮。

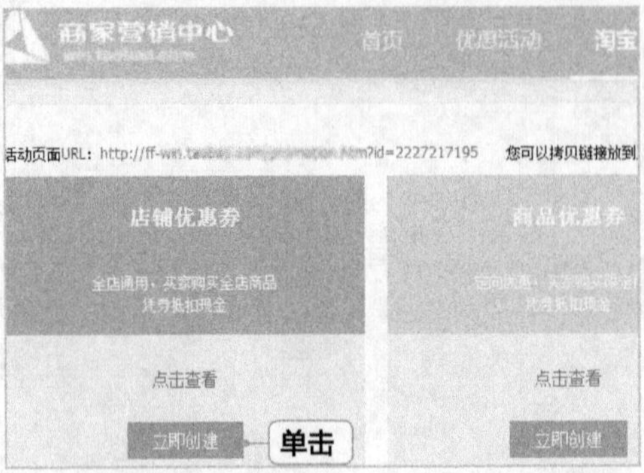

03 在打开的“新建店铺优惠券”页面中分别设置基本信息和推广信息，完成后单击 保存 按钮。

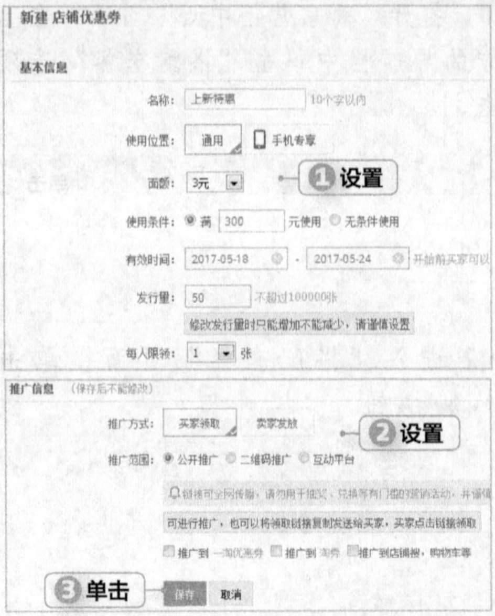

04 单击“淘宝卡券”选项卡，其中显示了新创建的店铺优惠券，创建后可以修改和删除优惠券信息，也可以复制链接给客户。

高手支招

一个买家最多只能拥有同一个店铺尚未消费抵用的5张店铺优惠券，如果卖家发放过多，买家也无法收到。同时，一笔订单仅限于使用一张店铺优惠券，如果买家产生多笔订单，且均符合使用要求时，则可以分别使用。

9.3.4 满就送

满就送指商品加入购物车或单件商品拍下订单金额（单笔订单不包含运费在内）满足活动金额要求时，系统会自动减。下面将对满就送活动的设置方法进行介绍。

扫一扫
满就送

01 打开淘宝“卖家中心”首页，单击左侧“营销中心”模块中的“促销管理”超链接。

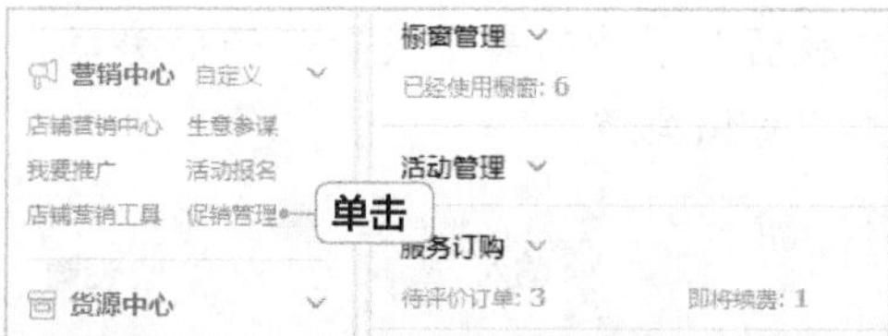

02 打开“商家营销中心”页面，在上方的导航栏中单击“优惠活动”超链接。

03 进入“优惠活动”页面，其中显示了最热门的几种优惠方式，这里单击“满就送”选项卡，在下方设置相关的活动信息，然后单击保存按钮。

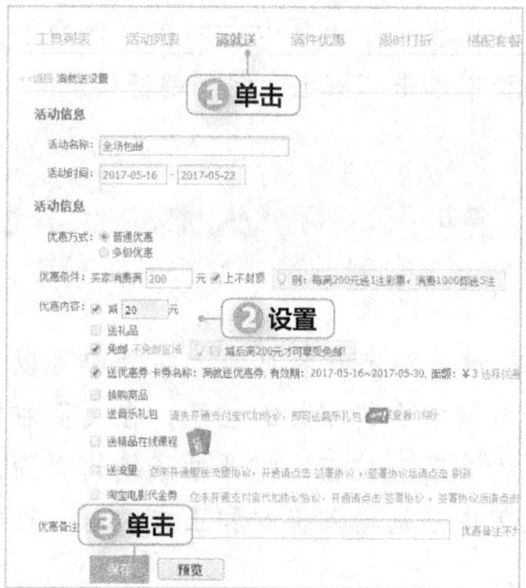

04 稍后，将会打开如下图所示的页面，表示活动设置成功。

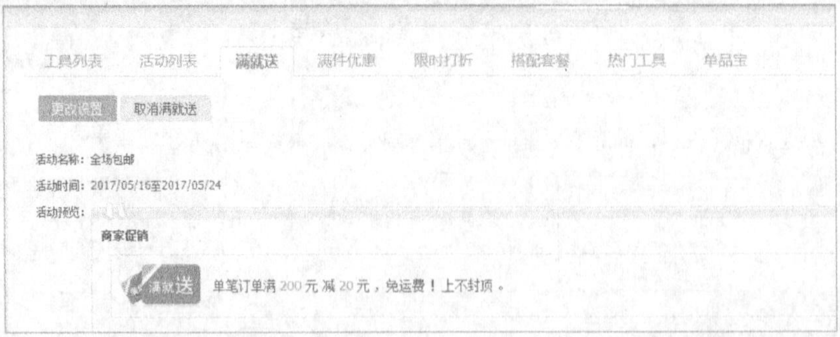

9.4 淘宝站外营销技巧

商家不仅能通过设置店内促销活动进行营销，还能通过站外进行店铺营销推广，如在淘宝论坛中推广店铺、通过微信推广店铺、通过微博推广店铺以及在其他网站中推广店铺等，通过这些营销方式，能增加店铺的流量。

9.4.1 在淘宝论坛中推广店铺

淘宝论坛是一个淘宝店铺推广论坛，在论坛中不仅可以查看与经营店铺相关的新闻和技巧，还可与其他淘友发帖交流，发表见解、寻找潜在客户、宣传店铺等。淘宝论坛可与淘宝网共用账户，不需另外注册。登录淘宝论坛后，卖家一般通过发帖的方式推广店铺，其具体操作如下。

扫一扫

在淘宝论坛中推广店铺

01 进入淘宝论坛，将鼠标指针移动到“行业板块”选项卡上，在打开的下拉列表中单击“淘宝女装”超链接。

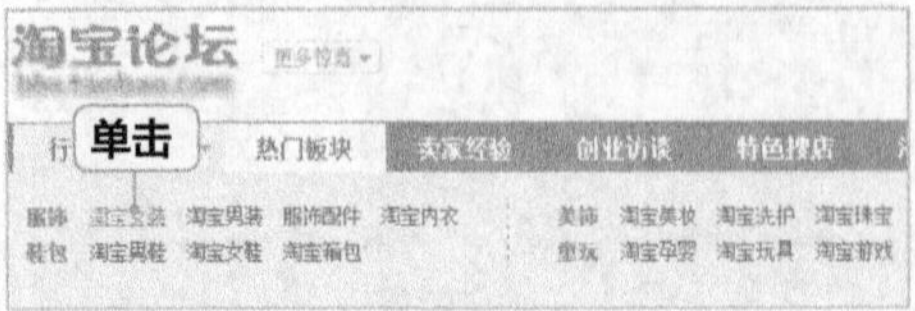

02 进入淘宝女装页面，在其中可以查看与淘宝女装相关的帖子，在页面右侧单击 发表帖子 按钮，打开帖子编辑页面，在其中分别输入标题和正文内容，再在“版面”下拉列表中设置帖子的分类，如“营销渠道”。

提个醒

在内容编辑页面提供了“文字”和“投票”两个选项，可根据实际需要进行选择。

03 单击“插入/编辑图片”按钮，打开“插入图片”对话框，单击 本地上传 按钮，打开“打开”对话框，在其中选择需插入帖子中的图片，然后单击 打开(O) 按钮。

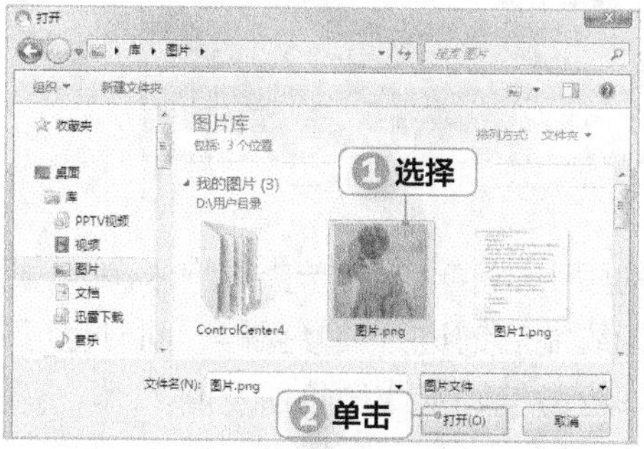

04 返回“插入图片”对话框查看图片上传进度，上传成功后单击 确定 按钮完成上传。单击“插入/编辑链接”按钮，打开“插入链接”对话框，在其中可输入店铺链接地址和显示文字。设置完成后单击 确定 按钮完成链接的插入。

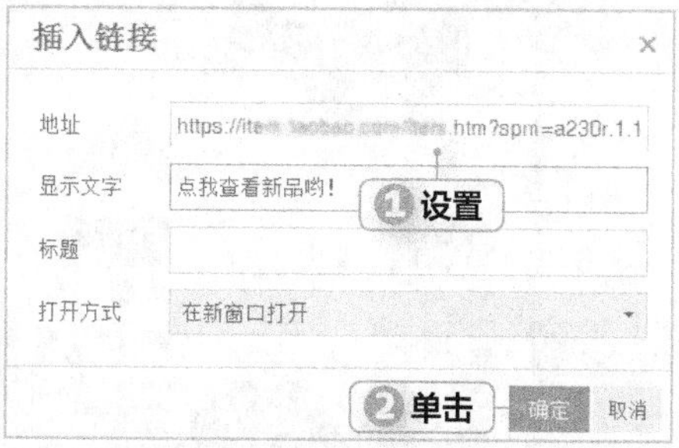

05 返回编辑页面，在其中单击 发表 按钮，即可完成帖子的发布。

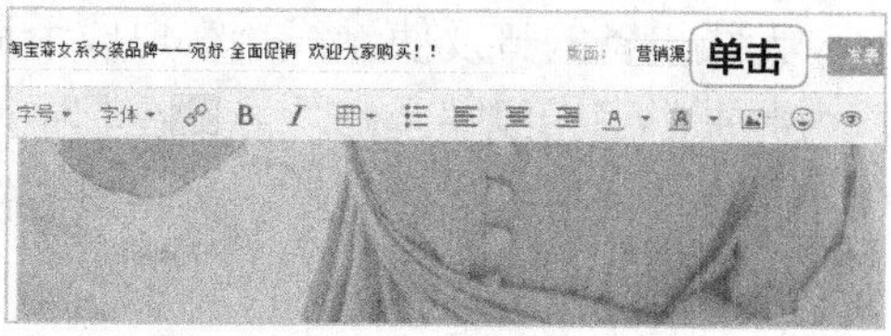

> **高手支招**
>
> “插入链接”对话框中的“显示文字”指链接的显示文字，设置了显示文字后，链接将以文字的形式进行显示。

9.4.2 通过微信推广店铺

微信是一种用户基础非常大的即时通信软件，主要应用于移动端设备上。随着智能手机、平板电脑等移动端电子设备的普及与发展，微信受众的数量越来越大，甚至拓展到中老年人的群体中，这种广泛大众化和较强即时性的特点，使微信推广具有非常大的发展空间和可观的推广效果。微信与微博不同，微信推广主要依靠微信朋友圈和微信公众平台等方式。

1. 微信朋友圈推广

微信朋友圈是微信推广中比较常见的一种方式，图片、活动、店铺宣传等都可以发送到朋友圈中进行推广。在微信朋友圈中发布的内容一般都是推送给微信好友查看，卖家与朋友圈中的买家进行沟通会更加方便，也更利于维护好客户关系。

（1）添加微信好友

微信推广的前提是拥有一定的好友数量，为了扩大产品在朋友圈的影响范围，店铺可以通过策划活动、会员管理等方式，引导和邀请买家添加店铺的微信号。如在店铺中分享微信好友二维码，引导买家添加好友，或在发货卡片、退换货登记卡、小礼品等物品上添加微信二维码，引导买家关注等。

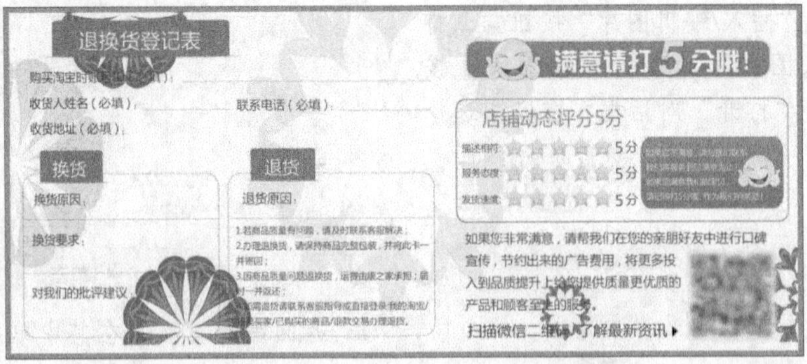

（2）制作推广海报

无线设备的普及使无线端客户成为淘宝网店中非常重要的一类客户来源，淘宝网为此提供了无线端装修功能，在其中可对无线端店铺进行装修操作，同时也可制作手机宣传海报并生成链接，再将该链接共享给微信好友或微信朋友圈。

2. 微信公众账号推广

微信公众平台是一种通过公众账号推广媒体信息的平台，商家通过申请公众微信服务号在该平台中进行自媒体活动。微信公众账号与QQ账号互通，通过公众号，商家可在微信平台上实现和特定群体的文字、图片、语音、视频的全方位沟通和互动，已经发展成一种主流的线上线下互动营销方式。

按照微信公众账号性质的不同，可将其分为订阅号、服务号、小程序、企业号等。其中订阅号具有信息发布和传播的能力，适合个人和媒体注册；服务号具有用户管理和提供业务服务的能力，适合企业和组织注册；小程序具有出色的体验，可以被便捷地获取与传播，适合有服务内容的企业和组织注册；企业号具有实现企业内部沟通与内部协同管理的能力，适合企业客户注册。

网店卖家可以注册服务号进行推广，个人卖家也可以通过注册订阅号来传播和推广商品。不管是注册哪一种类型的微信公众号，其目的都是为了给个人或者企业创造价值，而创造价值的前提是做好推广。

（1）账号注册

在微信平台注册公众账号时，首先明确该公众号是作为个人账号还是企业账号来运营。如果想推广品牌，建议将账号也规划成一个品牌来进行运营，即在微信、微博等媒体中都使用相同的账号名称，从而更好地发挥品牌优势。如果个人卖家或小卖家想推广商品，则可以通过特色和个性化来博取关注。

进入微信官网，在其中选择“公众平台”，选择需要创建的公众号类型，根据导航依次填写相关信息即可完成注册。注册完成后进入公众号首页，可对自动回复、自定义菜单等进行设置，在“素材管理”中编辑消息并进行发送。

（2）内容编写

微信推广的内容一般为图文结合的形式，文字要排版整齐，图片要精致美观，标题要新颖有创意，内容要具有可读性，可以吸引用户进行阅读，如以趣味软文的形式做推广，或结合当前流行元素做话题，引起用户的兴趣，拉近与用户的距离。对于网店卖家而言，策划的店铺活动也可通过微信公众号进行宣传，将商品图片、活动主题、活动内容等发布到公众号中，推送给关注公众号的用户查看。内容编写完成后，可以同时发布到其他自媒体上。

（3）用户互动

在微信公众号中可以根据实际需要设置自定义菜单，如设置“购买产品”“我的服务”“活动推荐”等菜单，并可在菜单中分别设置相关的子菜单，为用户提供相关查询服务等操作。在发布内容后，会收到部分用户的回复，此时需要多与粉丝进行互动，对粉丝提出的问题进行选择性回复，维护客户关系。对于部分常见的问题，可以设置自动回复或关键词回复。在回复中将相关文章信息添加进去，读者阅读时可直接回复关键字，这样不仅可以查看对应的内容信息，还可查看历史内容信息。此外，通过了微信团队评审的原创用户可以使用公众平台的留言功能，粉丝可以对所发布内容进行讨论、反馈，达到交流互动的目的。

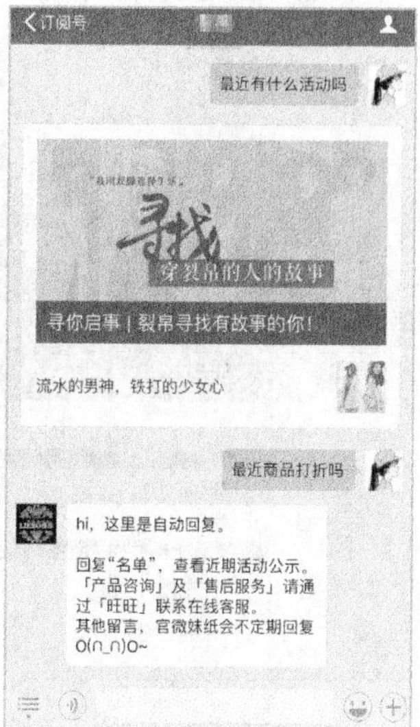

9.4.3　通过微博推广店铺

微博是一个通过关注机制分享简短实时信息的广播式的社交网络平台，它是基于用户关系、信息分享、传播以及获取的平台。微博的用户数量非常大，它不仅发布信息十分快速，传播信息的速度也非常快，如果博主拥有数量庞大的粉丝，则发布的信息可以在短时间内传达给非常多的用户，宣传效果十分明显，因此很多人选择将微博作为推广平台。

1. 注册和关注店铺

使用微博进行推广时，首先需要注册一个微博账号，然后引导买家关注店铺微博，通过微博不时为买家推送各种活动信息，吸引其前来购买。在注册微博时，微博名称最好设置为店铺名称，在其中可添加店铺的类目和品牌等信息。此外，微博的个性域名最好与店铺有关联，如店铺的全拼等。这样设置一方面能使微博粉丝一目了然地看到微博品牌，记住店铺名称；另一方面关键词对搜索引擎友好，搜索品牌的关键词排名将更靠前。

在微博注册的过程中，微博会引导用户进行个人标签设置，作为一个网店推广微博，在设置个性标签时，可选择与自己的商品、行业相关的标签，在设置好标签后，微博通常会主动推荐标签相同的用户，通过该推荐可拓宽社交圈，与性质相同的微博进行友好互动。

微博设置是微博注册中非常重要的一个环节，特别是对于需要推广品牌的官方微博而言。一般来说，微博设置中都包括店铺资料、店铺设置等内容，在个人资料中可以对店铺进行简单描述，展示网店的属性和文化，为店铺建立起良好的形象，还可添加店铺的链接，方便粉丝直接进入。品牌或店铺的微博头像可以使用品牌或店铺的Logo，方便粉丝记住。

现在主流的微博平台包括新浪、腾讯、搜狐等，这些平台都提供了微博认证功能，可以针对个人、企业、媒体、网站等进行认证，通过认证的微博名称后会有一个“V”标志，认证微博不仅可以提升微博的权威性和知名度，同时也更容易赢得微博用户的信任，从而获得粉丝关注，所以建议淘宝卖家尽量为微博申“V”。

如果店铺较小，不是大品牌，缺乏知名度，则不必纠结是否获得微博认证，这类卖家可以将自己的微博打造成具有特色的个人微博，发布一些目标客户群感兴趣的话题，从而吸引粉丝关注。在积累了一定的粉丝基础后，再发布产品图片或与产品相关的微博。如在淘宝做美妆产品，平时可以在微博发一些与美妆相关的试用、技巧等信息，吸引比较关注美妆的粉丝。需要注意的是，频繁的广告信息十分容易引起粉丝反感，建议多发一些有趣的、日常的微博内容，搭配时下比较流行的表情图片，多与粉丝互动，让微博显得更加真实。

2. 转发抽奖

转发抽奖是指通过店铺的官方微博与粉丝进行互动，从转发当前微博的粉丝中抽取一名或几名用户赠送奖品。转发抽奖是一种非常常见的推广方式，通过转发抽奖不仅可以将店铺或活动推广至粉丝的粉丝，扩大影响范围，还可累积更多的粉丝，吸引更多的关注量。

转发抽奖一般都是以关注+转发的形式实现。除了可以单独进行转发抽奖外，还可以与其他知名微博合作进行转发抽奖，通过双方粉丝进行互动营销，扩大影响范围。

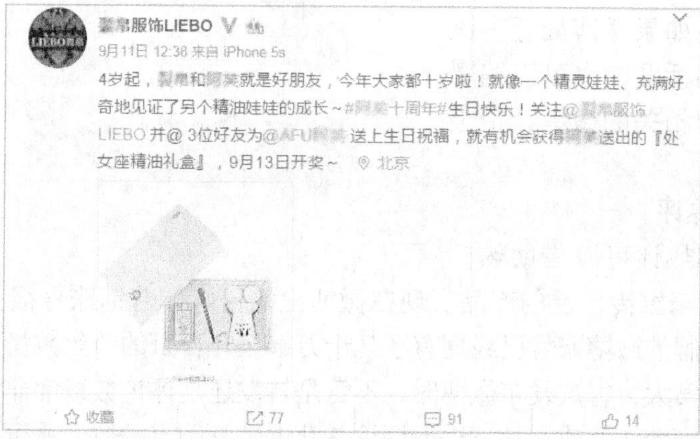

3. 晒图有奖

晒图有奖是通过店铺官方微博策划和组织的一种活动形式，通过邀请买家上传商品图片并@官方微博的方式参与到活动中来，官方再对参加活动的买家图片进行评比或投票，选出人气最高的商品图片，颁发相应的奖品。晒图有奖可以使买家体会到购买商品后的参与感。使用该方式既可以宣传商品，又能培养买家忠诚度，是非常有效的一种微博推广方式。

4. 发布话题

发布话题是指在微博上发布的特指某个描述对象的主题，如“2018年××上新”“特浓××”等，通过微博平台发布话题后，话题将以超链接的形式进行显示，单击该话题即可打开相关话题页面，当然微博用户在搜索相关关键词时也可搜索到该话题信息。一般来说，活动、品牌名、商品名等都可以设置为专门的话题，官方微博可以引导粉丝针对话题进行讨论，这样不仅可以起到醒目显示话题的作用，当话题的发布和讨论达到一定数量时，微博官方还将对话题进行推送，展示给更多的微博用户查看。建议店铺官方微博在发布微博时尽量带上相关话题。如果遇到节日，可以带上节日话题，提高微博的搜索和展示概率。如果微博最近有比较有趣的热门话题，也可以编辑与该热门话题相关的微博，带上热门话题。

5. 微博热评

抢占微博热评可以借助热门微博的影响力来宣传自己的产品。现在微博上的自媒体营销账号很多，很多网络名人或知名品牌的微博账号已经拥有了几十万甚至几百万的粉丝数量，这些微博账号的影响力非常大，每次发布微博时，不管是转发还是评论数量都非常多。如果能与这些热门微博合作，或在其下进行评论并获得较高的点赞数，就可以成为热门评论，置顶或提前显示。任何微博用户在查看该热门微博的评论时，都可以看到置顶评论，从而加深微博用户对热评微博的印象。

9.4.4 在其他网站中推广店铺

站外平台的推广成本相对较低，可以有效累积和提升店铺的资质和人气，帮助店铺或宝贝获得丰富的站外流量，如美丽说、折800、返利网、卷皮网等平台。

1. 美丽说

美丽说是一个以女性为主要服务对象的时尚类电商网站，该网站精选了上千家优质卖家供应商，为用户提供女装、女鞋、女包、配饰、美妆等种类的优质时尚商品，并在其中提供了商家推广和商家入驻功能，优质的品牌卖家、专营店、专卖店、旗舰店等即可申请入驻美丽说平台。

- **旗舰店**：商家以企业自有品牌（商标为R或TM）入驻美丽说（商家代理品牌，品牌授权书需要注明此公司拥有独占授权）。
- **专营店**：经营两个及以上他人品牌商品的专营店，经营两个及以上自有品牌商品的专营店，既经营他人品牌商品又经营自有品牌商品的专营店。
- **专卖店**：商家持有他人授权，并且是经营单一品牌的专卖店。

美丽说对入驻商家的要求较高，与天猫类似，入驻不同的类目需要缴纳不同数目的保证金，同时还需按销售额的百分比支付佣金给美丽说网站，商品类目不同，其佣金收取的百分比也不一样，因此美丽说比较适合具有一定人气和资质的品牌和店铺。

2. 折800

折800是一家专注商品超低折扣特卖的网站，每日聚合来自品牌直供商家、淘宝天猫商家专供、折800网用户独享折扣的超划算网购商品信息，每日更新优质商品千余款，拥有1亿多用户的支持和选择，以其超低折扣、人工砍价、检验样品、商家监管四大优势，旨在为用户打造一个最具信息量的折扣信息互动分享平台。

折800中主要包括品牌团、优品汇、淘宝精选、9.9包邮、特卖商城等板块，其中淘宝精选中汇集了天猫和淘宝的商品，点击图片即可跳转到天猫或淘宝的宝贝页面。

折800中汇聚大量淘宝、天猫买家，其合作旨在挖掘性价比高、具有价格竞争力的商品，营造物超所值、错过就是损失的购物体验，采用大数据精准分配曝光和流量，为淘宝/天猫商户带来更多精准流量，打造爆款，很多淘宝网店的经营者都选择通过参加折800的活动来推广宣传自己的商品。

与淘宝网的活动一样，折800网的活动也需要申请，网站策划活动供店铺经营者报名参加，成功参与活动的商品即可获得在网站中进行展示和出售的机会。作为淘宝网的店铺经营者，可以实时关注折800网站的活动方案，根据活动参与条件对比自己的商品，然后选择具有良好竞争力的产品参与活动。

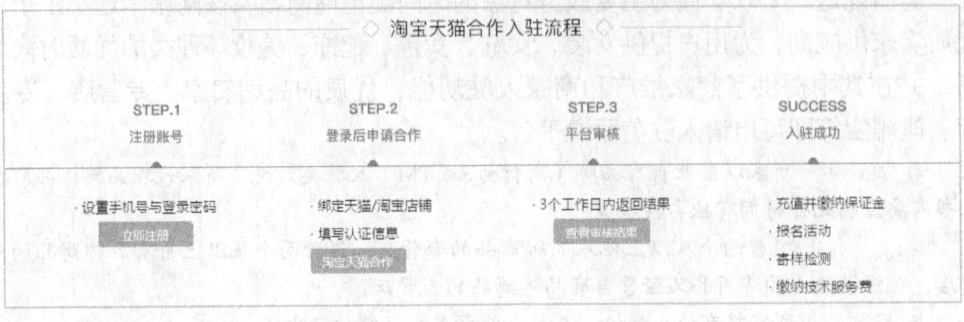

3. 返利网

返利网是一个市场规模和用户活跃度都比较领先的 “返利导购”平台，拥有超过1.4亿的注册会员基础，合作电商网站超过400家，覆盖了国内主流的电子商务平台，包括天猫、淘宝、京东、苏宁易购、一号店、聚美优品等。

返利网的合作模式主要包括超级返合作、B2C独立网站合作和9块9合作。

- 超级返合作：超级返是返利网针对品牌商户提供的一项保证投资回报率的效果营销服务，主要合作对象为知名品牌商、运营知名品牌网上店铺的TP公司、品牌经销商等。合作类型为天猫、京东、一号店等知名B2C平台店铺、独立B2C网站。
- B2C独立网站合作：返利网为B2C独立网站提供了单独的合作模式，合作网站与返利网签订合作协议并缴纳相关费用后，返利网将协助合作网站完成技术接口，并提供专属页面引导会员去合作网站下订单、完成交易，同时返利网会根据销售效果收取佣金，并将部分佣金返还给会员。
- 9块9合作：9块9合作是一种主要致力于给客户提供平价精品百货服务的合作模式，主要合作对象为知名淘宝商家及优质天猫商家等。

4. 卷皮网

卷皮网是一家为消费者提供日常生活所需品服务的平价电子商务平台，倡导价格与品质的平衡，主打平价、品质、生活，多维度甄选优质商品，以创新“平价零售”模式为消费者提供服饰、居家、母婴、零食、数码等泛生活类目平价商品。

卷皮网的活动类型主要包括卷皮特卖、卷皮折扣、品牌折扣、9.9包邮等模式，淘宝店铺经营者可以直接通过卷皮网首页的免费报名通道参与活动报名，从而为自己的店铺引进更多的流量和销量。

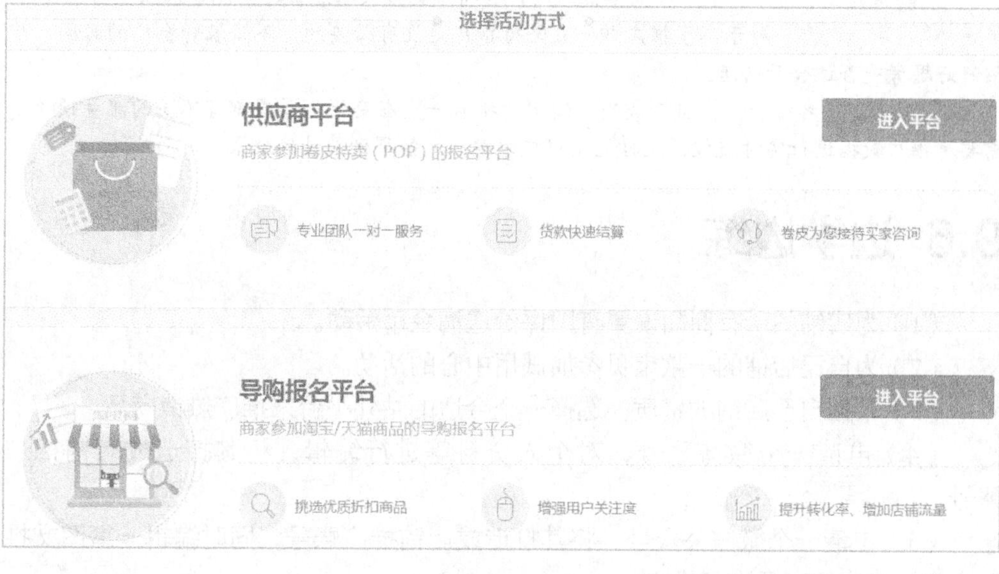

9.5 疑难破解

本章主要讲解了网店商品营销的相关知识，下面解答商品营销过程中可能出现的一些问题。

1. 产品推广中有哪些搭配技巧？

如何搭配产品套餐，可从以下几点进行。

- 选择橱窗推荐的商品，逐一使用搭配套餐，能使买家更容易看到这些商品。
- 先对商品销量进行排序，从销量最好的商品设置搭配套餐，可以通过销售好的商品带动其他销量较低的或新上市的商品。
- 选择具有关联性的商品进行搭配，如衣服+裤子、打印机+油墨等。
- 合理设置套餐的价格，其原则是搭配得越多则优惠越多，具体需要根据自己的商品利润决定，让买家感到实惠和实用。
- 站在买家的需求角度进行搭配。

2. 店铺推广的误区有哪些？

部分卖家在推广中陷入了误区，导致进行了推广却得不到好的效果，主要有以下6个误区。

- 只重视流量：在推广中只注重流量，即使获得了点击率，也不能将其转换为转换率。
- 跟风推广：部分店铺跟随最近比较流行的推广方式，但有的推广方式并不适合所有的店铺。
- 无目的性的推广：很多卖家知道推广的重要性，但没有目的性，今天做这个、明天做那个，没有合理的计划，将达不到理想的效果。
- 简单而低级的广告：一些简单低级的广告将不会被大家点击，不能带来预期的流量。
- 盲目地坚持：对于不懂推广却一直坚持推广是没有必要的，不必浪费自己的时间，应该好好思考是否适合开网店。
- 没有实时监控和优化推广效果：淘宝的排名一直在变化，每周都有不同的流量顶峰，需要对推广数据进行实时监控，及时优化推广方案，才能得到最佳的效果。

9.6 边学边练

（1）为店铺的所有商品设置有图评价送淘金币活动。

（2）为自己店铺的一款宝贝参加试用中心的活动。

（3）根据自己店铺的资质，选择一个合适的站外平台来推广热销商品。

（4）申请一个微博账号，对个人资料等进行编辑，将其打造成店铺推广账号。

（5）申请一个微信公众号，将其打造成店铺推广账号，同时编辑一篇图文推荐文章，对店铺商品进行推广。

第10章 网店商品推广的三大利器

本章导读

商家若想提升自己的店铺流量，吸引更多的顾客，可以通过直通车、淘宝客、钻石展位营销工具来增加点击量。本章将对直通车推广商品的技巧、招募淘宝客进行推广、利用钻石展位扩大销量等知识进行介绍，通过本章的学习，帮助读者掌握利用营销工具推广的方法。

知识技能

※ 掌握直通车推广商品的技巧
※ 掌握招募淘宝客进行推广的方法
※ 掌握利用钻石展位扩大销量的方法

视频讲解

（视频讲解：7 分钟）

10.1 直通车推广商品的技巧

淘宝直通车是为淘宝卖家量身定制的一种推广方式，直通车按点击付费，可以精准推广商品，是淘宝网卖家进行宣传与推广的主要手段，不仅可以提高商品的曝光率，还能有效增加店铺的流量，吸引更多买家。

10.1.1 直通车的准入条件

如果想使用淘宝直通车进行宝贝推广服务，一般需满足以下条件。

- 店铺状态正常（店铺可正常访问）。
- 用户状态正常（店铺账户可正常使用）。
- 淘宝店铺的开通时间不低于24小时。
- 近30天内成交金额大于0。
- 一定的店铺综合排名。

高手支招

选择宝贝参加直通车，其宝贝应该具备性价比高、利润适当、库存足、点击率和转化率高的特点，点击率和转化率越高，表示宝贝竞争力越强，推广成本越低。

10.1.2 直通车的展现位置

淘宝直通车的展现位置主要分为PC端和移动端两部分，主要显示在自然搜索结果页、收藏夹、物流详情页、购物车、手机淘宝猜你喜欢、手机淘宝消息中心等位置。

1. PC端掌柜热卖

自然搜索结果页中的“掌柜热卖”是淘宝直通车PC端的主要展示区域，包括搜索结果页中、搜索结果右侧和搜索结果底部等位置。此外，买家购物车页面底部的“掌柜热卖”也是直通车展示位置。

- 淘宝关键词搜索结果页左侧第一行中带有“掌柜热卖”标签的位置。
- 淘宝关键词搜索结果页右侧“掌柜热卖”的12个位置。

● 淘宝关键词搜索结果页下方"掌柜热卖"5个位置。

● 买家进入购物车页面，在该页面底部显示的"掌柜热卖"展示位置。

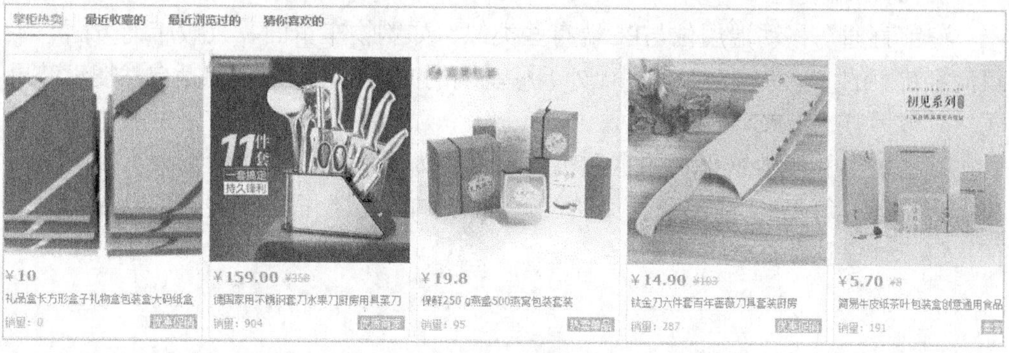

2. PC端热卖单品

淘宝收藏夹页面底部、已买到的宝贝页面底部的“热卖单品”也是直通车的展示位置，一般有5组，每组5个展位，自动轮换播放。

3. PC端我的淘宝首页“猜你喜欢”

进入我的淘宝首页，淘宝根据买家搜索记录推荐的商品是直通车展示位置。此外，淘宝网首页的“猜你喜欢”也属于直通车展示区域。

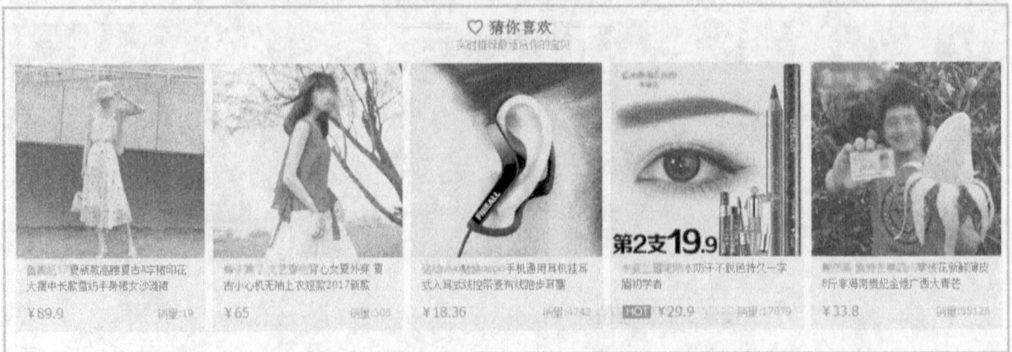

4. 移动端展位

淘宝直通车移动端展位与PC端有些类似，如购物车页面、收藏店铺页面、手机淘宝首页的“猜你喜欢”等。此外，移动端的主要展示位置还包括自然搜索结果页，其展示方式与PC端略有不同。

移动端自然搜索结果页的直通车展示位置为无线端自然搜索结果页中的第一个宝贝，同时每隔5个或10个宝贝加入一个直通车展位。根据无线端移动设备的不同，展示位置也会有一些差异。

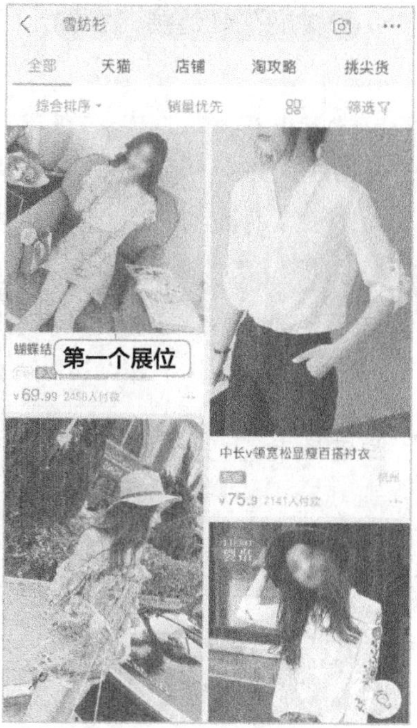

10.1.3 直通车的扣费方式

直通车推广按照点击进行扣费，其公式如下：

单次点击扣费=（下一名出价×下一名质量分）÷本人质量分+0.01元

直通车的扣费最高额度为卖家设置的关键词出价，当公式计算得出的金额大于关键词出价时，将按照设置的关键词出价进行扣费。如果卖家的质量分越高，需要付出的单次点击扣费就越少。因此质量分越高，不仅直通车排名越靠前，所需要付出的推广费用也将更少。

高手支招

直通车无任何的服务费，第一次开户需预存500元，是加入直通车的基本保障金，作为推广经费使用，当开始投放广告后，点击费用从该费用中扣除。

10.1.4 创建直通车推广计划

扫一扫

创建直通车推广计划

根据店铺的实际情况和推广需求，卖家可以选择适合自己的直通车推广方式，在直通车页面中新建和设置推广计划。下面介绍在淘宝网中制定直通车推广方案的方法，包括添加创意、买词出价和添加人群等。

01 进入卖家中心，在“营销中心”栏中单击“我要推广”超链接，在打开的页面中选择“淘宝/天猫直通车”选项。

02 进入直通车推广页面，在“我的推广计划”栏中单击+新建推广计划按钮。

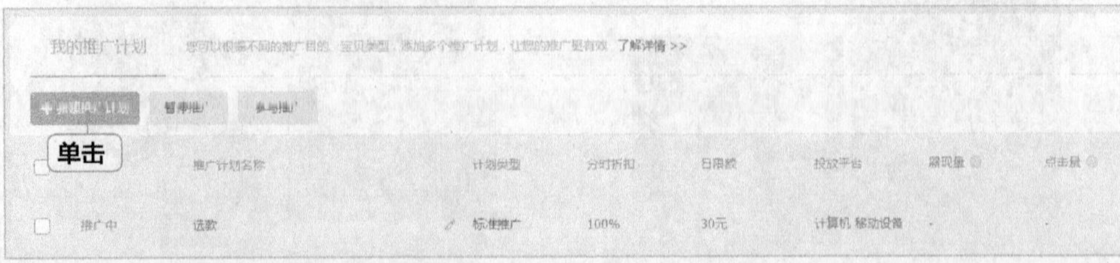

03 打开“新建标准推广计划”页面，在其中输入新建推广计划的名称，这里输入“测款”，然后单击提交按钮。

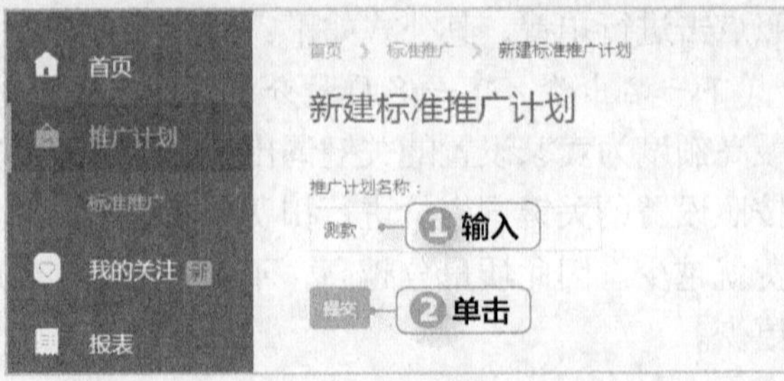

04 完成推广计划的新建，在完成页面中单击“设置和管理标准推广计划”超链接，返回首页，查看新建的推广计划。

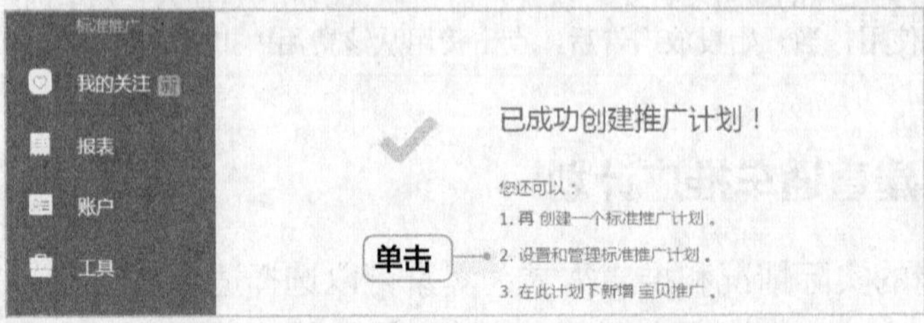

05 在新建的标准推广计划的“操作”栏中单击“编辑”超链接，为该推广计划添加推广宝贝并进行设置。

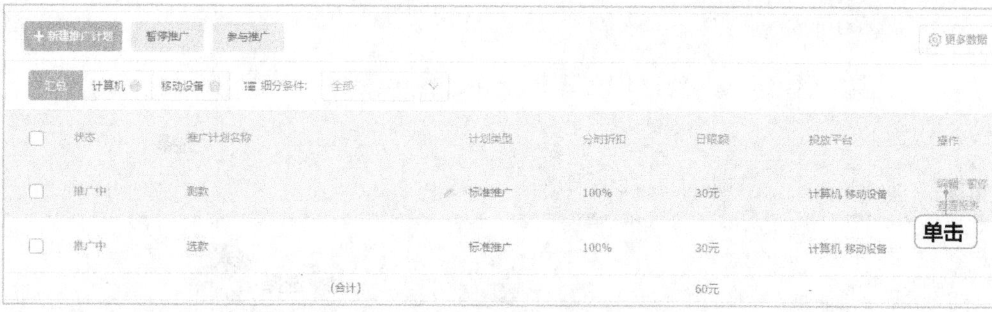

06 在打开的页面中单击 +新建宝贝推广 按钮，新建推广宝贝计划。

07 打开“新建宝贝推广”页面，在“优选条件”栏中可设置推广宝贝条件，这里选择“全部”选项，在下方的列表框中即可选择需要推广的宝贝。

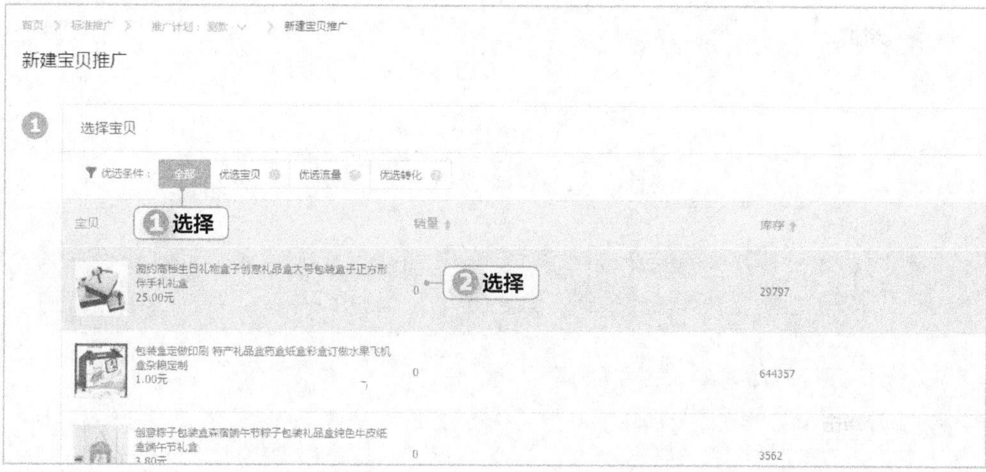

08 在设置推广栏中设置宝贝推广的方案、创意、标题等。选择“自定义目标”选项后，在“标题”文本框中手动设置创意图片并输入标题。

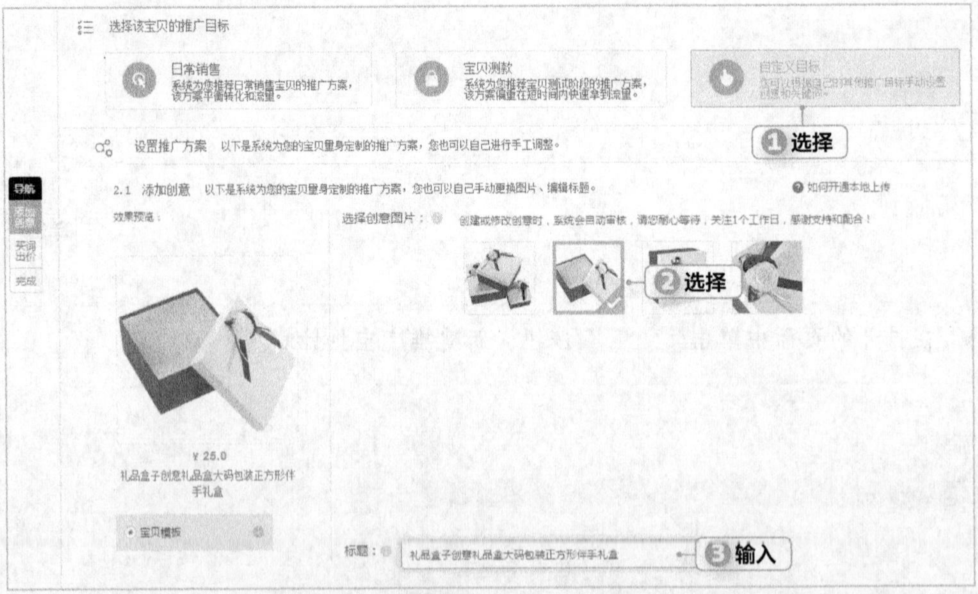

09 在“买词及出价”栏中单击 + 更多关键词 按钮，打开关键词搜索和添加页面，在右侧的关键词列表框中选择所需的关键词将其添加到左侧列表框中。在“推荐理由”栏中单击“更多”按钮∨，可以添加更多的推荐词，也可以在“搜索关键词”文本框中搜索相关关键词。添加完成后，单击 确定 按钮。

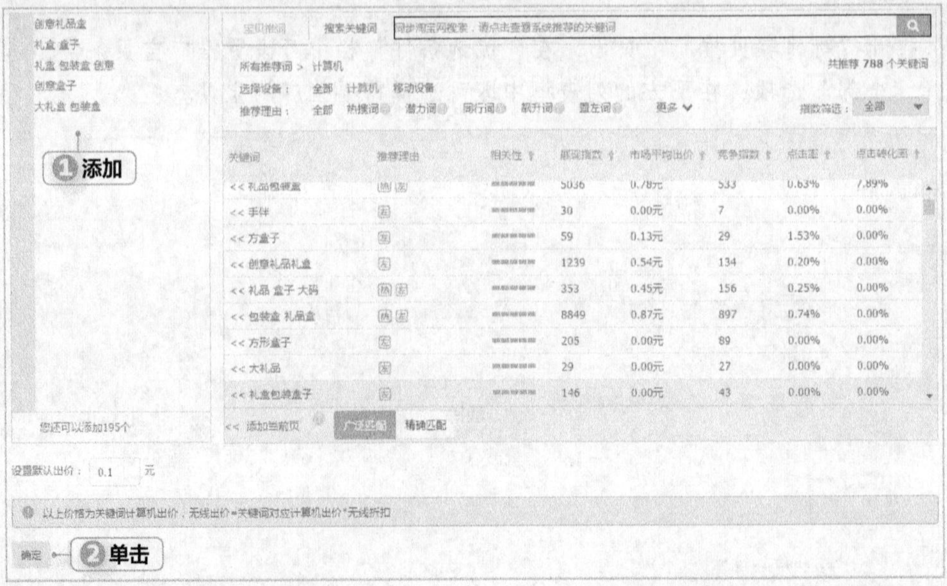

10 返回宝贝推广设置页面，在“计算机出价”和“移动出价”栏中单击“编辑”按钮✎，可以更改关键词的出价。单击“匹配”方案栏的∨按钮，可以更改关键词的匹配方式，如广泛匹配和精确匹配。

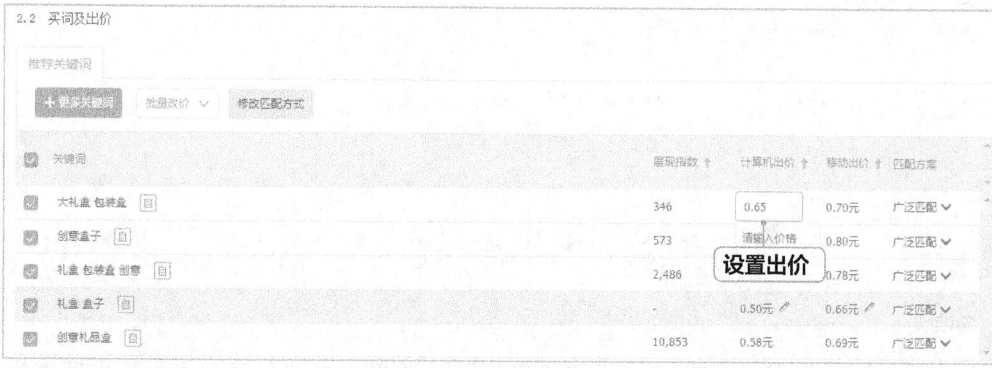

11 设置完成后，单击页面下方的 完成推广 按钮，完成宝贝推广方案的设置。

高手支招

在选择关键词时，可以查看该关键词的数据信息，包括相关性、展现指数、市场平均出价、竞争指数、点击率、点击转化率等，卖家应该根据自己店铺的实际经营情况选择合适的关键词，着重分析展现、竞争、点击和转化数据。在添加关键词时，可以选择一次添加多个关键词，也可以选择每次添加一个关键词。建议每次添加一个关键词，然后根据该关键词的竞争情况、市场平均出价进行出价，在“设置默认出价”文本框中输入相关出价即可。

10.1.5 编辑投放计划

在完成了推广计划的创建后，根据宝贝的实际推广需要，卖家还可以对推广的投放内容进行设置，如日限额、投放平台、投放时间、投放地域等。下面介绍编辑投放计划的方法。

扫一扫

编辑投放计划

01 在直通车首页需要编辑的推广计划的“操作”栏中单击“编辑”超链接。

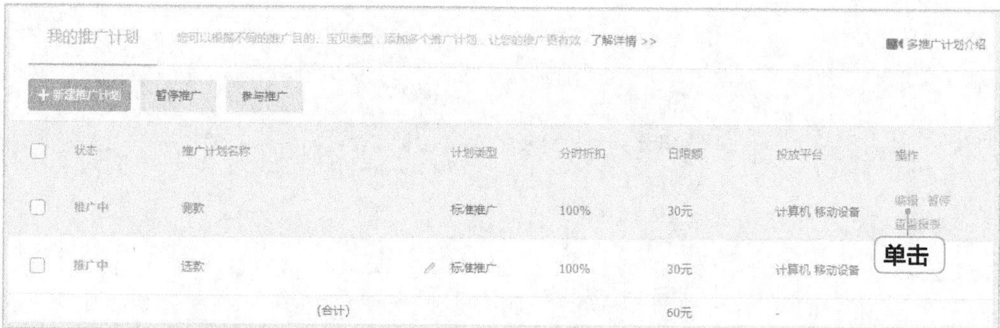

02 打开推广计划编辑页面，在其中可以查看正在推广的单元。勾选需要编辑的推广单元前的复选框。

03 单击 设置日限额 按钮，打开“设置日限额”对话框，在“预算”文本框中可以设置每日的推广预算，这里输入“30”，设置完成后单击 保存设置 按钮。

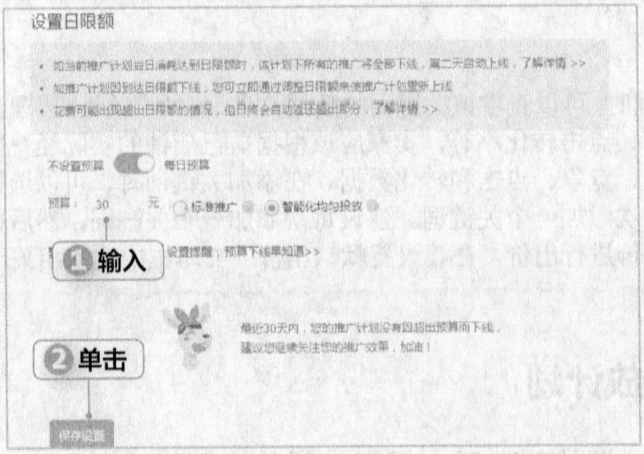

04 单击 设置投放平台 按钮，打开“设置投放平台”对话框，在其中可以对PC端、移动端、淘宝站内和淘宝站外等投放平台进行设置。如果不需要在某平台进行投放，可单击 按钮，使其变为 状态，表示不投放，设置完成后单击 保存设置 按钮。

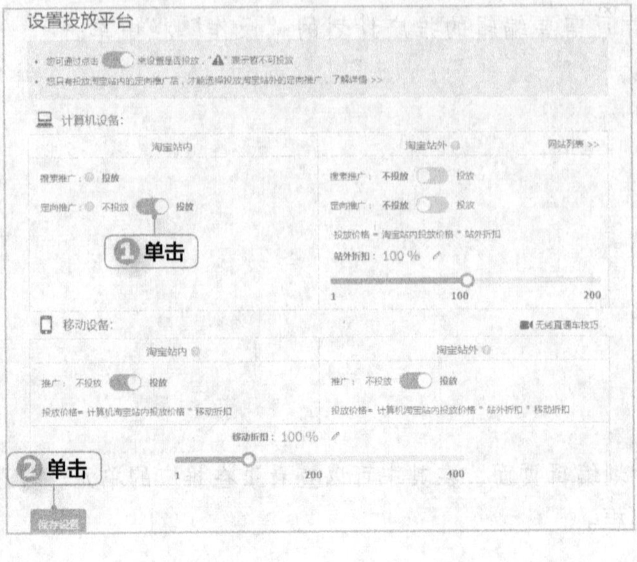

05 单击 设置投放时间 按钮，打开“设置投放时间”对话框，在其中设置直通车推广的投放时间，单击“行业模板”单选项，在“行业模板”下拉列表框中选择商品对应的类目，即可自动应用系统自带的行业模板投放时间，设置投放时间后，可查看和更改行业在不同时段的折扣，设置完成后单击 保存设置 按钮。

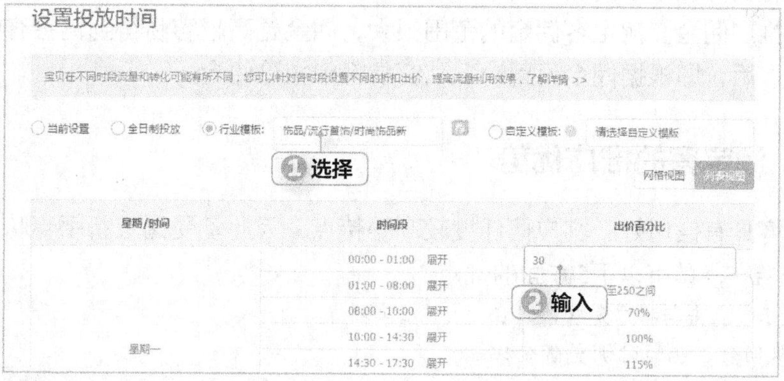

06 单击 设置投放地域 按钮，打开“设置投放地域”对话框，在其中可以设置投放地域。如果需要取消某个地区的投放，可取消选中该地区前的复选框，设置完成后单击 保存设置 按钮。

10.2 招募淘宝客进行推广

淘宝客是一种按成交计费的推广模式，也是帮助卖家推广商品并获取佣金的人，淘宝客支持按单个商品和店铺的形式进行推广，卖家可以针对某个商品或整个店铺设定推广佣金。淘宝客佣金的范围很大，佣金越高越容易得到淘宝客的关注。当交易完成后，即根据佣金设置情况从交易额中扣除佣金。

10.2.1 淘宝客的推广优势

淘宝客具有信用好、客户信任度较高等特点，因此备受淘宝新手青睐，使用淘宝客进行推广，具有以下5方面的优点。

- 展示、点击与推广免费，只在成交后收取佣金，能随时调整佣金比例，自己灵活控制支出成本。
- 拥有互联网上更多的流量，更多人群帮助进行推广售卖，可以吸引更多的买家。
- 数百万活跃推广者深入互联网各个领域，让推广更加精准。
- 投资回报较高，淘宝客推广的平均投资回报约为1:15。
- 成交计费的方式，使店铺拥有更多被免费推荐的机会。

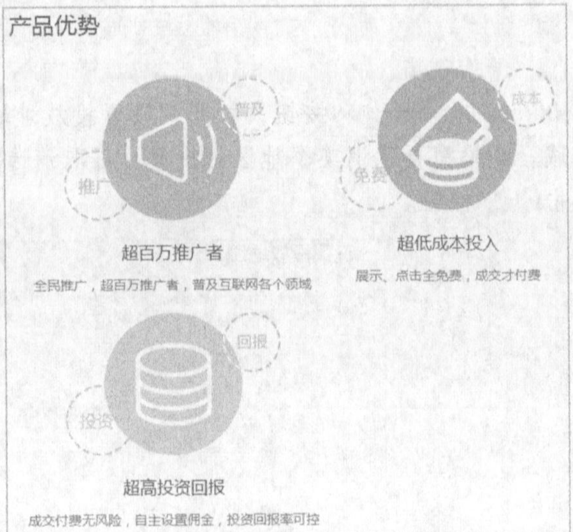

10.2.2 淘宝客准入规则

淘宝客与智钻、直通车的计费方式不同，只有产生成交量才会付费，是一种风险较低的推广方式，需要加入淘宝客的卖家，必须满足以下标准。

- 卖家信用等级在一心以上或参加了消费者保障计划。
- 卖家店铺动态评分各项分值不低于4.5分。
- 店铺状态正常且出售中的商品数大于或等于10件。

10.2.3 淘客、买家和卖家的关系

卖家可以自主寻找淘宝客帮助推广，也可以加入淘宝客进行推广，淘宝客自己选择进行合作。在寻找淘宝客时，淘宝客会对卖家的商品进行评估，也会对商品进行挑选，这是一个双向选择的问题。大部分淘宝客都会登录淘宝联盟网站，淘宝联盟是一个淘宝客挑选推广对象的站点，进入淘宝联盟后，淘宝客会根据关键词或类

目搜索商品，基本会按照30天推广量进行排序。由于很多淘宝客并非该领域专业的销售人员，对推广商品的筛选也不熟悉，便有从众的心理，通常选择推广量高或佣金支出额大的商品，排在前面的商品被推广的概率比其他商品大。

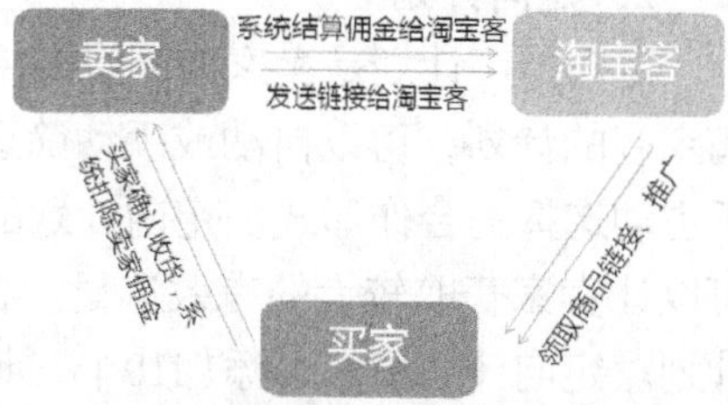

卖家加入淘宝客推广，对推广的商品设置佣金，淘宝客便可在阿里妈妈淘宝联盟平台找到该商品。淘宝客找到商品后，便可将普通的图片商品生成链接，使用自己的方式进行推广，如微博、微信、论坛、社区等，对于有技术性的淘宝客而言，还可自行制作导购型的网址，将商品代码导入网站。当买家点击链接进入店铺购买商品并确认收货后，卖家将会支付淘宝客佣金。但佣金是先支付到对应的淘宝客的阿里妈妈账号，阿里妈妈平台会在每月的20日给淘宝客结算佣金，随后淘宝客便可进行提现。

10.2.4 淘宝客推广计划

为了满足不同类型店铺的需求，淘宝客提供了多种推广方式，如营销计划、定向计划、淘宝客活动和如意投等，卖家可根据实际需求设置推广计划。

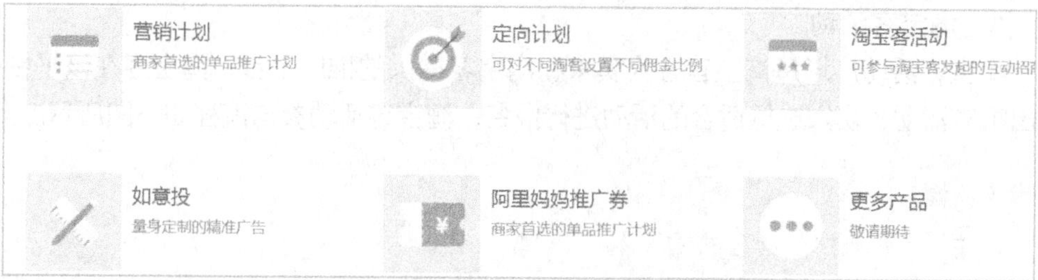

1. 营销计划

营销计划是商家在联盟后台进行单品推广的新计划。该计划将支持推广单品管理、优惠券设置管理、佣金管理、营销库存管理、推广时限管理等商家推广所需的基本功能，并可支持查看实时数据及各项数据报表，让淘客便捷地获取链接推广，让卖家获得更多流量，了解商品实时推广效果。淘客流量将优先推广加入营销计划的商品库，淘宝客营销计划参与流程如下图所示。

2. 定向计划

定向推广计划是卖家为淘宝客中某一个细分群体设置的推广计划，是一种自选淘宝客的计划，可以自动或手动筛选通过申请的淘宝客，佣金最高设置为70%，属于主动选择的合作形式。定向计划的流量相对较低，但精准度和转化率相对较高，可以让卖家获取较大的有效流量。在淘宝客首页单击 +新建定向计划 按钮，即可创建定向计划。定向计划最多可添加10个，其设置流程包括设置活动标题、设置计划类型和审核方式、设置计划时间、设置类目佣金、设置计划描述。在设置计划名称时，可以直接将佣金加入标题中，吸引更多优质淘客关注。在设置审核方式时，可选择淘宝客的等级，如果佣金较低，可自动审核，如果佣金较高，可手动审核。对于手动审核的计划，可在“计划详情”的“淘宝客管理”中进行查看和审核，同时还可查看淘宝客近期推广情况。在设置完计划的整体佣金后，也可设置单品佣金，其设置方法与通用计划类似，淘宝客定向营销计划参与流程如下图所示。

3. 淘宝客活动

淘宝客活动广场是淘宝官方为卖家和淘宝客提供的推广平台，淘宝客在该平台中推出相应活动，卖家选择适合的活动进行报名，淘宝客活动参与流程如下图所示。

淘宝客活动广场中每个活动的要求不一样，只有符合活动要求才可进行报名。淘宝客活动广场具有官方优选淘客资源、报名简单、效果数据可查询和可长期稳定报名等优点，佣金比例一般较高，适合推广高利润的畅销产品。在淘宝客首页左侧选择“淘宝客活动广场”选项，即可进入淘宝客活动广场。淘宝客活动广场的报名流程包括查看活动、报名、选择商品、设置佣金和优化创意。在查看活动时，卖家主要需要关注行业类目、活动权限、活动推荐等信息。选择合适的活动并报名后，可选择主推商品，并设置商品佣金，淘宝客活动广场主推商品的数目以活动方要求为准。报名完成后，需等待淘宝客审核。淘宝客活动广场创意优化主要是对图片进行的优化，对于未设置创意优化的商品，则默认选择商品主图的第一张图片。

4. 如意投

如意投是系统根据卖家的如意投设置将产品展现给站外买家的一种推广方式，按成交计费，卖家推广风险较低。参加如意投的商品，系统会根据综合评分进行排名，由阿里妈妈平台为卖家寻找淘宝客进行推广，而不需商家自己寻找淘宝客。如意投具有系统智能、精准投放、管理省心、渠道互补、流量可控等优点，主要展示位置包括中小网站的站外橱窗推广位和爱淘宝搜索页面，如意投参与流程如下图所示。

如意投的展现排名规则以综合得分为主，综合得分等于宝贝综合质量分乘以佣金比例，而宝贝综合质量分主要受商品标题属性的相关性、如意投内点击率和转化率、店铺质量等因素的影响。

如意投计划的设置方法与其他计划的设置方法类似，进入淘宝客首页之后，在“如意投”选项的“操作”栏中单击“查看”超链接，即可对计划进行设置。设置完计划整体的佣金后，也可对单品佣金进行设置，最多可设置100个商品。设置好如意投计划后，在淘宝客首页的“计划管理”页面中单击 自定义字段 按钮，在打开的页面中选择相关选项，可查询当前设置佣金的情况、质量评分、行业对比等。

5. 阿里妈妈推广券

阿里妈妈推广券是阿里妈妈官方唯一指定的淘宝客推广优惠券（即优惠券），可支持淘宝客通过优惠券+商品的模式进行推广，在站外推广中引入新购买人群，提高单品转化率，阿里妈妈推广券参与流程如下图所示。

10.2.5 淘宝客佣金设置技巧

根据所选商品的不同，所设置的佣金也有所不同，设置佣金时参考同类商品的竞争情况，通常淘宝客佣金设置的基本范围为5%~50%，卖家可以在这个范围内任意调整。

1. 分阶段设置佣金

一般淘宝客佣金可以分阶段进行设置。

- **推广初期：** 刚上架不久的商品，有基础的销量与好评，是作为吸引淘宝客的主推商品，在定制佣金比例时，可考虑最大限度地让利淘宝客，以获得更多的推广，此时应适当提高佣金回报淘宝客，如50%佣金。并且淘宝客是按成交设置佣金的，得到的利润风险小、回报率高。此外，淘宝客佣金设置得越高，如淘宝客按30天佣金支出搜索，店铺产品排名也能靠前，主动展示到淘客眼前。

- 推广中期：随着销量的逐渐上升，此时产品有较大的市场占有率，卖家可适当降低佣金比例，逐步实现利润。
- 推广后期：当市场销量比较稳定后，该商品推广的佣金也要稳定下来，不要轻易进行更改，以免流失淘宝客。

2. 按客单价设置佣金

低客单价产品与高客单价产品所参加的淘宝客推广方案是有所不同的，淘宝客佣金可以根据客单价进行设置。

- 低客单价产品：若产品单价较低，可以参加开心赚宝、卷皮网等第三方的淘宝客活动，这些淘宝客活动具有流量大、佣金较低的特点，一般为10%左右。
- 高客单价产品：相对于低客单价的产品，高客单价将不能上低价淘宝客活动，因此推广力度加大，获取精确的流量是其关键，此时可尝试找产品相关的一些垂直媒体或者达人做下分享。如家居类店铺，可以找些家居类的网站投放广告，或者是专门分享家居产品的淘客。此类淘宝的流量定位精准，佣金较高最高可设置到50%。

3. 额外奖励

淘宝客在挑选商品时往往会较多地关注佣金比例，相同的推广成本，佣金越高，收益当然越好。位于一些优质的淘宝客，卖家除了淘客给高佣金之外，旺旺还会对其设置额外奖励，以保持淘客和店铺之间的黏度，提高淘客的忠诚度，长久地维护合作关系，同时激励淘宝客之间的良性竞争，激发淘客的积极性，如成交10笔额外奖励5元。

10.3 利用钻石展位扩大销量

钻石展位是淘宝网提供的一种营销工具，主要依靠图片创意吸引买家点击，从中获取巨大流量。钻石展位为卖家提供了数量众多的网内优质展位，包括淘宝首页、内页频道页、门户、画报等多个淘宝站内广告位，以及搜索引擎、视频网站和门户网等多个站外媒体展位。

10.3.1 钻石展位类型和展示位置

钻石展位分为展示广告、移动广告、视频广告和明星店铺4种类型，下面分别就展示位置、创意形式、收费方式、投放方式等方面进行介绍。

1. 展示广告

展示广告是以图片展示为基础，精准定向为核心，面向全网精准流量实时竞价的展示推广平台。钻石展位展示网络推广支持按展示付费（CPM）和按点击付费（CPC），为客户提供精准定向、创意策略、效果监测、数据分析、诊断优化等一站式全网推广投放解决方案，帮助客户实现高效、精准的全网数字营销。

- 展示位置：包含淘宝网、天猫、新浪微博、网易、优酷土豆等几十家淘内淘外优质媒体的上百个大流量优质展位。
- 创意形式：支持图片、Flash等动态创意，支持使用钻石展位提供的创意模板制作。
- 收费方式：在按展示付费（CPM）的基础上，增加按点击付费（CPC）的结算模式。
- 投放方式：选择资源位，设定定向人群，竞价投放，价高者得。

2. 移动广告

移动广告是通过移动设备（手机、平板电脑等）访问APP或网页显示的广告，其主要形式包括图片、文字链、音频等。随着移动电子产品的发展，移动广告在受众人数上有了非常大的提升，可以根据用户的属性和访问环境，将广告直接推送至用户的手机上，传播更加精准。

- 展示位置：网络视频节目（电视剧、综艺等）播放前/后插播视频贴片。
- 展示形式：视频格式展示，时长15秒以内。
- 定向支持：除钻展常规定向外，还支持视频主题定向，筛选热门动漫、影视、演员相关视频节目，精准投放。
- 创意形式：可自主上传视频，也可在创意实验室中制作视频贴片。

3. 视频广告

视频广告产品介绍是钻石展位为获取高端流量打造的品牌宣传类商业产品，可以通过视频广告在视频播放开始或结束时展现品牌宣传类视频，具有曝光环境一流，广告展现力一流等优势，配合钻石展位提供的视频主题定向，能够获取更精准的视频流量。

- 展示位置：主要展现在国内主流视频网站上，如PPS、爱奇艺、优酷等大型视频媒体。广告主要展现在视频开始前15秒视频进行播放，和视频播放暂停时的广告展现。
- 展现形式：以视频格式进行广告内容的展示，展现形式更新颖。
- 定向支持：针对视频网站提供视频主题定向，根据目前热播剧集的名称，主题进行定向。
- 创意形式：视频支持FLV、MPEG等主流视频格式。

4. 明星店铺

明星店铺是钻石展位的增值营销服务，按千次展现计费，仅向部分钻石展位用户开放。开通明星店铺服务之后，卖家可以对推广信息设置关键词和出价，当有用户在淘宝网宝贝搜索框中输入特定关键词时，卖家的推广信息将有机会在搜索结果页最上方的位置获得展现，进行品牌曝光的同时赢得转化。

- 展示位置：在淘宝电脑端、手淘以及UC浏览器搜索结果页面最上方位置。
- 展示形式：当搜索关键字触达投放广告的词时，即可有机会在搜索结果页最上方位置得到展示，确保获得流量的精确性。
- 创意形式：提供多样式创意模板，PC模板和无线模板独立，模板由图片和多条文案构成，满足各类消费者的需求。

● 收费方式：按CPM收费，即按千次展现的方式进行收费。

10.3.2 钻石展位的要求

钻石展位对淘宝和天猫卖家的准入资格有较高的要求，只有满足要求的卖家，才能申请钻石展位推广服务。

1. 淘宝卖家准入要求

钻石展位资质管理对淘宝店铺的要求如下。

- 商家店铺信用等级一钻及以上。
- 店铺每项DSR在4.4及以上（特殊类目无DSR要求或者可相应放宽，由阿里妈妈根据特殊类目的具体情况另行确定）。
- 店铺如因违反淘宝规则中相关规定而被处罚扣分的，还需符合下表所示条件。

违规类型	当前累计扣分分值	距离最近一次处罚扣分的时间
出售假冒商品	6 分及以上	满 365 天
严重违规行为（出售假冒商品除外）	大于或等于 6 分，小于 12 分	满 30 天
	12 分	满 90 天
	大于 12 分，小于 48 分	满 365 天
虚假交易（严重违规虚假交易除外）	大于或等于 48 分	满 365 天

- 在使用阿里妈妈其他营销产品或淘宝服务时，未因违规而被暂停或终止服务（阿里妈妈其他营销产品包括淘宝直通车、天猫直通车和淘宝客等业务）。

2. 天猫卖家准入要求

钻石展位资质管理对天猫店铺的要求如下。

- 店铺每项DSR在4.4及以上（特殊类目无DSR要求，也可相应放宽条件，该条件由阿里妈妈根据特殊类目的具体情况另行确定）。
- 店铺如因违反天猫规则中相关规定而被处罚扣分的，还需符合下表所示条件。

违规类型	当前累计扣分分值	距离最近一次处罚扣分的时间
出售假冒商品	6 分及以上	满 365 天
严重违规行为（出售假冒商品除外）	大于或等于 6 分，小于 12 分	满 30 天
	12 分	满 90 天
	大于 12 分，小于 48 分	满 365 天
虚假交易（严重违规虚假交易除外）	大于或等于 48 分	满 90 天

- 在使用阿里妈妈其他营销产品或天猫服务时未因违规被暂停或终止服务（同上）。

10.3.3 用钻石展位进行活动引流

钻石展位很适合为店铺活动进行造势，从而引流。钻石展位引流具有预算庞大、占据位置多、持续时间短等特性，是一种爆发性质的促销。

使用钻石展位引流时要注意以下几点：素材要具有视觉冲击力，折扣要较低，活动策划要环环相扣，引导买家能购买更多的东西。总的来说，钻石展位推广是通过在短时间内投放广告引入大量的流量，带来销售额，实现当期盈利，但需要花费大量的广告费，因此需要通过精密策划来实现促销行为。

10.3.4 用最少的钱购买最合适的钻石展位

钻石展位是按一个展位1000次展示进行收费，买家点击浏览，卖家的广告有展现时将要付费。钻石展位根据展示的位置或图片尺寸不同，收费也有所差异，因此卖家需要合理的投资，用最少的钱获得最佳的广告效应。卖家在购买展位时需注意以下几点。

- **竞价需冷静**：卖家找到适合自己店铺的广告投放位置后，先根据利润率与销售收入计算出自己能够承受的价位，若竞争该位置的人较多，能竞争到最好，若超出预算，则可以查找其他合适的位置。切忌一时冲动，不顾一切地出价抢广告位，这样即使得到了广告位，其为店铺带来的收益太少，不能弥补广告费的损失，得不偿失。
- **科学出价**：钻石展位与直通车不同，不是出价越高越好，直通车竞价是争抢商品排名，钻石展位只是获得优先投放的权利，即出价最高的广告先投放，然后是出价第二的广告，至于广告展示多久与广告竞价高低无关，因此需要科学合理出价。
- **快速竞价**：每天15:00前几分钟是竞价最激烈的时候，很多卖家往往在前几秒进行出价或加价，因此，创建投放计划后，可利用创建快速竞价迅速抢位置。
- **选择好投放时段**：购物高峰期的流量非常大，卖家在做预算时，可选择流量较大的时间段进行出价。

10.3.5 实战——创建营销目标与计划

扫一扫

创建营销目标与计划

钻石展位计划与直通车计划一样，需要卖家根据实际情况进行创建和设置，钻石展位计划的创建过程主要包括选择营销目标、设置计划、设置单元和添加创意4个步骤，然后按照钻石展位的操作向导依次进行操作即可。下面介绍创建营销目标与计划的具体操作过程。

01 在“营销中心”栏中单击“我要推广”超链接，打开淘宝推广页面，在其中选择“钻石展位”选项，在打开的页面中单击 进入钻展 按钮，进入钻石展位推广页面。

02 在顶部导航栏中单击“计划”选项卡，单击 + 新建推广计划 按钮。需要注意的是钻石展位的最低充值额度为1000元，一般需要卖家提前在账户中进行充值，才可以制定推广计划，在页面的右侧可看见充值栏。

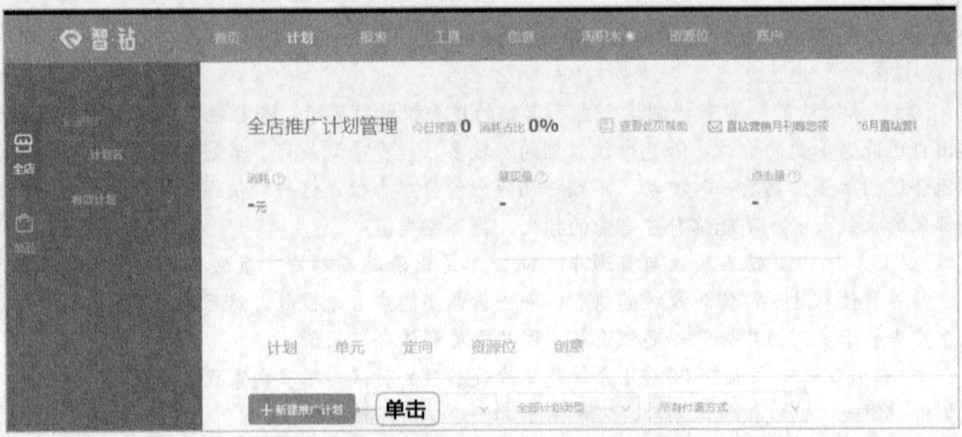

03 在打开的页面中设置营销目标，如选择“全店自定义”选项，单击 + 自定义计划 按钮。

04 在打开的页面中设置投放的计划，包括对计划名称、付费方式、每日预算、投放日期、投放方式、投放地域、投放时段等进行设置。

高手支招

投放方式分为尽快投放和均匀投放两种。尽快投放指适合流量预算集中投放，即就算设置了投放几个小时的投放时间段，但也可能在 1 个小时内就消耗完投放预算；均匀投放指全天预算平衡投放，即将预算均匀分布到所设置的投放时段中。

10.4 疑难破解

本章主要讲解了直通车、淘宝客、钻石展示推广的相关知识，下面解答使用直通车、淘宝客、钻石展示网店商品推广可能出现的一些问题。

1. 智钻投放有哪些注意事项？

智钻是钻展的升级版，可以在人群定向、媒体优选、创意内容、投放出价、账户诊断的营销推广链路等每个环节实现系统智能推荐，帮助商家进入智能的营销时代，全面提升营销的效率和效果。

智钻投放主要需对资源位、创意、定向和出价等因素进行分析。在选择资源位选时，可以首先选择站内的资源位，即名称带有“网上购物”的资源位，预算不大时数量可控制在5个以内，下表所示为一些流量充足、点击率相对较高、投放性价比较高的资源位。智钻创意的制作可参考创意后台的一些模板。关于定向的选择，建议新手设置访客定向时选择自主添加店铺。出价则可直接参考系统建议，再根据投放情况适当调整。

广告位名称	尺寸（像素）	推荐理由
无线 _ 网上购物 _app 淘宝首页焦点图 2	640×200	流量充足、效果好、钻展最黄金的资源位
无线 _ 网上购物 _app 淘宝首页焦点图 2	640×200	
PC_ 网上购物 _ 淘宝首页焦点图 2	520×280	
PC_ 网上购物 _ 淘宝首页焦点图 3	520×280	
PC_ 网上购物 _ 淘宝首页焦点图 4	520×280	
PC_ 网上购物 _ 淘宝首页焦点图右侧 banner	170×200	流量充足、价格相对较低、性价比高
PC_ 网上购物 _ 淘宝首页 3 屏通栏 banner	375×130	
PC_ 网上购物 _ 阿里旺旺 _ 弹窗焦点图 2	168×175	

2. 直通车有哪些竞价技巧?

直通车竞价是一个需要不断总结和分析的过程，盲目竞价不仅无法带给店铺足够的流量，还会花费人量的金钱。

- 关注转化数据，有技巧地调整关键词出价。在商品推广初期，可以适当限制直通车的花费。
- 删除上一个月展现量大于100、单击量非常低或为0的关键词。
- 分析转化数据，找到排名靠前的关键词，提高关键词出价。
- 分析转化数据，从高到低对关键词的竞价进行整理和排序，降低转化低于2%的关键词出价。

3. 如何维护淘宝客?

维护淘宝客，与维护店铺的老客户一样都是相当重要的，卖家可以从以下3个方面进行维护。

- 取得淘宝客的联系方式：获得淘宝客的联系方式，同时筹备并建立属于卖家店铺的淘宝客群。
- 了解淘宝客需求：多和淘宝客交流，了解淘宝客需要什么，及时在店铺淘宝客群更新店铺的优惠信息和佣金变动情况，主动提供店铺推广所需素材包含图片、软文等，让淘宝客推广你的店铺更省心一点，同时还可以和他们交朋友，聊点生活趣事等。
- 让淘宝客更愿意推广你的店铺：不定期设置淘宝客奖励计划或举办淘宝客大赛，增加淘宝客的积极性以及和店铺的互动性，这样做不仅可以维护老淘宝客，还可以吸引新淘宝客，促进店铺长远发展。

10.5 边学边练

（1）选择一款产品，将其投放到智钻中，查看其投放效果。

（2）策划一场店内促销活动，对参与活动的买家实行会员积分，并根据消费额度赠送礼品或优惠券。

（3）将店铺的商品参加淘宝客活动。

第11章 售后管理

本章导读

在整个淘宝运营过程中，售后管理也是不可或缺的环节，售后管理包括物流管理、中差评处理、客户关系管理等。售后管理直接关系着店铺和客户关系，与店铺的发展息息相关，是网店管理中非常重要的内容。本章将讲解物流管理、中差评处理技巧、客户关系管理等售后管理相关知识。

知识技能

※ 掌握物流管理的方法
※ 掌握中差评处理技巧
※ 掌握客户关系管理的方法

视频讲解

（视频讲解：15 分钟）

11.1 物流管理

客户下单后，卖家就需要发货，此时就会涉及物流。作为一个网店经营者，首先需要选择合适的物流；此外，合理地包装宝贝不仅可以减少宝贝在运输过程发生损坏的概率，而且可以提高客户对服务的满意度；发货后，卖家还需要对物流状态进行跟踪，确保商品能在最短的时间内送达买家手中。

11.1.1 如何选择合适的物流

电子商务的快速发展带动了物流行业的发展，现在的物流服务，服务范围越来越广，加入这个行业的企业也越来越多，其中难免会出现良莠不齐的情况。因此，网店经营者在初期选择快递公司时一定要十分慎重，快递安全、服务质量、发货速度和价格等因素都需优先考虑。

- **快递安全：** 物流安全是网店经营者必须考虑的问题，丢件、物品破损等情况会严重损害店铺的服务质量，甚至引起买家的强烈不满。为了保证商品的安全，卖家对于贵重物品可以选择EMS，并进行保价，从而保障买家的权益。在选择其他快递公司时，卖家要有购买保险的意识，同时需要了解理赔服务。此外，卖家也可对物品进行包装保护，在包装箱上标注易碎、轻放等字样，叮嘱快递公司注意保护快递件。快递安全很重要，若选择的快递公司不靠谱，卖家以及买家的个人信息也容易泄露，从而被不法分子利用。

> **高手支招**
>
> 保价是快递公司的一项增值服务，若快递件丢失、损坏，投保者将得到保价范围内的赔偿，若没有保价，快递公司赔偿的金额会很低，往往只赔偿快递费用的几倍。因此建议对贵重货品进行保价。

- **快递价格：** 快递价格与成本息息相关，为了降低成本，很多卖家都愿意优先选择价格更低的快递服务，这当然无可厚非，但也绝不能一味盲目地以低价为标准来选择快递公司，如果低价的物流服务是以物流质量低为代价，那么卖家将得不偿失，因此需对快递公司进行详细对比。快递费用一般按公斤计算，超过1公斤按2公斤计算，超过2公斤就按3公斤计算，以此类推。

> **高手支招**
>
> 卖家可以找到负责自己所在区域的各个快递公司的网点，与负责该区域的快递员对价格进行沟通，对比多家快递公司的快递价格，选择适合自己的快递公司并尽量拿到友情价格，以降低自身的经营成本。

- **发货速度：** 在网上购物的顾客，通常对物流的速度非常在意，物流速度快，很容易赢得买家的好感，留住客户，甚至将新客户培养成老客户；反之，则容易引起买家的不满甚至招致投诉。作为网店经营者，一定要注意快递的发货速度，首先是自己发货的速度要快，其次快递揽件并发货的速度也要快。由于快递公司在不同地区的网点一般都采用独立核算的方式，因此不同地区的快递网点，其服务质量、速度等可能都不一样，卖家最好亲自考察并对比其发货速度，选择服务质量好、发货速度快的快递网点。

高手支招

如果卖家延迟发货，将会承担相应的损失。淘宝上买家付款后，一般要求卖家在 72 小时内完成发货，特殊情况下，如双十一期间，卖家需要告知买家延时发货，否则淘宝会认为卖家妨碍买家高效购物的权益，对卖家处以扣 3 分的处罚，并向买家赔偿商品实际交易金额的 5%（最高不超过 30 元）。

- **服务质量**：服务质量也是网店经营者挑选快递公司的标准之一。快递行业作为服务行业之一，应该具备服务行业的精神，遵守服务行业的准则。质量好的快递服务，会给买家带来舒适的服务体验，从而增加买家对网店的好感度。

11.1.2 不同商品的包装技巧

商品包装不仅方便物流运输，同时也是对商品在物流运输过程中的一种保护。商品包装一般需要根据实际情况而定，商品类型的不同，其包装要求也不一样。商品包装是商品的一部分，反映着商品的综合品质，商品包装一般分为内包装、中层包装和外包装3个层次。

- **内包装**：内包装即直接包装商品的包装材料，主要有OPP自封袋、PE自封袋和热收缩膜等。一般商品厂家已经对商品进行了内包装。

- **中层包装**：中层包装通常指商品与外包装盒之间的填充材料，主要用于保护商品，防止商品在运输过程中损坏。卖家常使用报纸、纸板、气泡膜、珍珠棉、海绵等作为中层包装材料。并根据实际情况进行选择，灵活使用各种填充材料。

- **外包装**：即商品最外层的包装，通常以包装袋、编织袋、复合气泡袋、包装盒、包装箱、包装纸等为主。

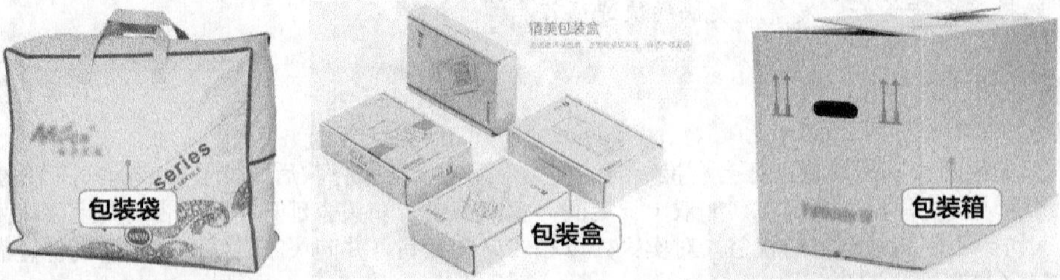

高手支招

在包装商品时，有心的卖家可使用个性化的包装，或在包装箱上做一些贴心小提示，不仅可以迎合目标消费群，还可以提醒快递员注意寄送，趁机宣传一下自己的店铺。

下面分别对常用类型的商品包装技巧进行简单介绍。

- 服饰类商品：服饰类的商品在包装时一般需要折叠，多用包装袋进行包装，为了防止商品起皱，可用一些小别针来固定服饰，或使用硬纸板进行支撑，为了防水，还可在服饰外包装一层塑料膜。
- 首饰类商品：首饰类商品一般直接用大小合适的首饰盒进行包装，如果是易碎、易刮花的首饰，还可以使用一些保护材料对首饰单独进行包裹。
- 液体类商品：化妆品、酒水等液体类商品都属于易碎品，必须非常注意防震和防漏，严格检查商品的包装质量。在包装这类商品时，可使用塑料袋或胶带封住瓶口防止液体泄漏，用气泡膜包裹液体瓶子或在瓶子与原包装之间进行填充，在外包装纸与商品的间隙中也需填充泡沫等材料。

- 数码类商品：数码产品一般价格比较昂贵，因此一定要注意包装安全，一般需要使用气泡膜、珍珠棉、海绵等对商品进行包裹，同时还需使用抗压性较好的包装盒进行包装，避免运输过程中被挤压损坏。建议对数码商品进行保价，提醒买家验货后再确认签收。

- 食品类商品：食品类包装必须注意包装材料的安全，即包装袋和包装盒必须清洁、干净、无毒。部分食品保质期较短，对温度要求也较高，包装这类商品时要注意包装的密封性等，收到订单后应尽快发货，尽量减少物流时间。
- 书籍类商品：书籍类商品的防震抗压性都比较好，主要需注意防水防潮的处理，一般可使用包装袋或气泡袋进行封装，再使用牛皮纸或纸箱进行打包。

11.1.3 物流状态跟踪

将商品包装好并交给物流公司负责运输后，卖家还应时刻关注和监督物流公司的发货和运输信息，对物流情况进行跟踪，保证商品可以在最短的时间内到达买家手中，避免因物流速度过慢而引起买家的不满。通过淘宝后台的卖家中心即可对物流情况进行跟踪，其方法是：登录淘宝网，在“卖家中心”页面中单击“物流管理”栏中的“智选物流”超链接，在打开的页面中即可查看当前所有订单的物流状态。

11.2 中差评处理技巧

当店铺的规模不断扩大后，成交量也会不断增加，随之而来的中差评也可能会不断增加，而中差评对店铺具有很大的影响，因此客服需要对中差评进行处理，需要掌握中差评的处理方法以及如何引导买家修改中差评等知识。

11.2.1 中差评的影响

中差评对店铺的整体经营的影响较大，主要体现在以下6个方面。

- 影响店铺动态评分：客户给出中差评的同时也会给出一个较低的动态评分，因而会拉低店铺的整体动态评分。
- 降低店铺权重：淘宝较注重用户体验，若动态评分太低，则势必会影响用户体验，因此中差评多的店铺，动态评分会很低，进而导致权重相应降低。
- 影响成交转化率：动态评分与权重较低，将导致流量下降，成交量也会相应减少，因此中差评会影响店铺的成交转化率。
- 影响搜索排名：淘宝的“人气搜索”与店铺好评率息息相关，若店铺中差评过多，好评率将较低，势必将影响搜索排名，导致人气与流量下降，最终导致生意每况愈下。
- 导致大量广告浪费：商家会花费大量广告费引流，若中差评过多，引来的流量不能转化成订单，广告费用也只是浪费。
- 丧失参加活动的权利：根据淘宝规则，若好评率低于97%，则无法使用直通车进行推广活动，因此，会使店铺失去很多参加活动的权利。

11.2.2 中差评的处理方法

在经营网店的过程中，会遇到各种各样的买家，当遇到比较挑剔的买家时，一个很小的失误都可能造成中差评的出现。作为网店的客服人员，不能对买家的中差评表达不满，而应该将中差评看作提升商品和服务质量的机会，认真对待，及时解决。

一般来说，造成买家给出中差评的原因主要有以下4种。

- 买家不满意物流速度，收货时间较长。
- 卖家未及时回答买家提出的问题，卖家服务态度不好，买家对售后服务不满意。

- 买家对商品的颜色、质量、大小、外观、价格等不满意。
- 买家收到的商品有损坏。

遇到不同的问题，需要提出不同的解决方式，如对商品本身不满意的，可以为买家退货或换货等。处理中差评的关键在于沟通，那么买家双方如何沟通才更有效呢？卖家可从以下6个方面入手。

- 处理评价要有良好心态：面对差评，良好的处理心态是卖家与买家沟通的前提。出现影响不好的评价，卖家不要急于发表解释，甚至重伤买家，影响店铺形象，要耐心询问差评缘由，给出处理方案并诚恳致歉。
- 选择最佳沟通时间点：若卖家没有在产生差评的第一时间与客户进行沟通，那么应另择最佳沟通时间点。该时间点应尽量避开买家工作等不喜被打扰的时间，以此减少买家拒接电话、挂断电话甚至卖家被骂的概率。
- 选择合适的沟通工具：在进行中差评售后处理时，语音沟通有文字沟通所无法启及的优势，因此电话是最有效的沟通工具之一，选择电话沟通往往可以获得理想的处理效果。
- 选择合适的沟通时机：通过查看对方旺旺是否在线，可判断买家是否登录了淘宝账号，若买家未登录账号，那么打电话进行直接沟通，若买家曾答应修改差评后又忘记了，可以通过这种方式得到提醒。
- 进行沟通判断及补偿：卖家在与买家沟通的过程中，当诚恳的道歉并不能达到理想的处理效果时，可通过沟通判断买家的性格，对脾气不同的买家，用不同的沟通方式进行交流。通过试探，在不损害商家利益的情况下，给买家切实利益的补偿，可提高差评处理效率。
- 对中差评数据进行统计分析：淘宝提供了一个评价的平台，即为后来者提供一个多角度展示产品和服务的窗口，其目的就是通过买家购买后的使用反馈来使商家做得更好。通过中差评数据统计分析，可以发现产生中差评的原因，判断客服态度差的问题、产品质量的问题还是快递速度的问题等，并针对这些问题进行改进。

高手支招

很多买家同意修改中差评后，可能并不知道如何进行操作，此时就需要卖家进行指引。修改评价的方法为：进入我的淘宝平台，在左侧选择“评价管理”选项，选择需要更改的评价进行操作即可。

11.2.3 如何引导买家修改中差评

中差评是网店不可避免的会遇到的，很多中差评产生的原因都不算严重，都可以在卖家与买家沟通之后得到修改。作为一名合格的客服人员，应该能够合理地引导买家修改中差评，其过程一般如下。

- 及时联系买家：当卖家收到买家给出的中差评之后，首先要及时联系买家，了解产生中差评的原因，并分析原因。
- 进行沟通：了解产生中差评的原因之后，客服要耐心与买家进行沟通，恳请买家修改中差评。如果产生中差评的原因在于卖家，则要主动承认错误，为买家换货，进行补偿。如果产生中差评的原因在于买家，卖家也可采取一定的补偿措施恳请买家修改中差评。

11.3 客户关系管理

客户关系管理是一个不断与客户交流，了解客户的需求，从而提供更完善的产品和服务的过程。客户关系管理不仅可以使卖家更了解自己的客户群，制定出更合适的营销方案，还可以通过交流管理不断发展新客户，培养客户忠诚度。

11.3.1 客户管理对开店的影响

对客户进行管理很重要，要想使网店发展得更好，需要让客户能够留在店内进行固定消费，使其成为店铺的老顾客。客户管理对开店具有以下影响。

- 通过对客户资源进行管理，可以全面整合客户信息，实现信息充分共享，为客户提供更为快捷与周到的服务。
- 良好的客户关系管理能使企业具有强大的竞争优势，在相同的销售成本下，可以保持较高的市场占有率。
- 客户关系管理所带来的资源对公司发展有弥补作用，能使公司获得协同效应。
- 能从客户那里得到更多有关竞争对手的情况，可由此合理地定位本企业的产品，从而建立起自己的竞争优势。

11.3.2 如何寻找更多的新客户

淘宝上的店铺数目非常多，要想让“游客”发现你的店并成为常驻客户，是一个需要投入很大精力的过程。一般来说，新客户的发展比老客户的维护更难，且需要花费更多的时间、金钱、精力等，但新客户是网店客户群中必须发展的对象，一个成功的网店必须懂得如何寻找和邀请新客户，因此，要做到以下几点。

- 利用好淘宝增值服务：淘宝提供了直通车、淘宝客、智钻等增值服务，可以帮助卖家将客流量引导至店铺，卖家好好把握这些客流量，即可使他们成为新客户。
- 做好店铺推广：电子商务的时代，大部分信息传播都是通过网络进行的，卖家可以利用自媒体、论坛、网站等渠道对自己的店铺进行宣传，吸引新客户。
- 做好关键词：买家在淘宝进行购物时，大多是通过关键词搜索的方式寻找自己需要的商品，卖家只有做好了商品关键词，才能让更多的人找到店铺。
- 打响店铺名号：知名的店铺，更容易吸引到新客户。
- 使用好看的店铺装修：店铺装修是否美观，也是能否吸引买家的一个重要原因，美观的店铺装修更容易赢得买家的青睐。

11.3.3 设置会员等级，建立会员制度

建立会员制度能帮助卖家更好地维护老客户，防止买家流失。会员制度的消费

奖励额度一般根据店内商品的价格而定，最好保持在既能抓住客户又能保证经济效益的程度上。

根据不同消费能力或消费总额，可以将会员分为不同等级，包括普通会员、高级会员和VIP会员等，按相应等级给出对应的优惠。下面介绍设置VIP会员的方法。

扫一扫

设置会员等级，建立会员制度

01 登录淘宝卖家中心，在“营销中心”栏中单击“客户运营平台”超链接。

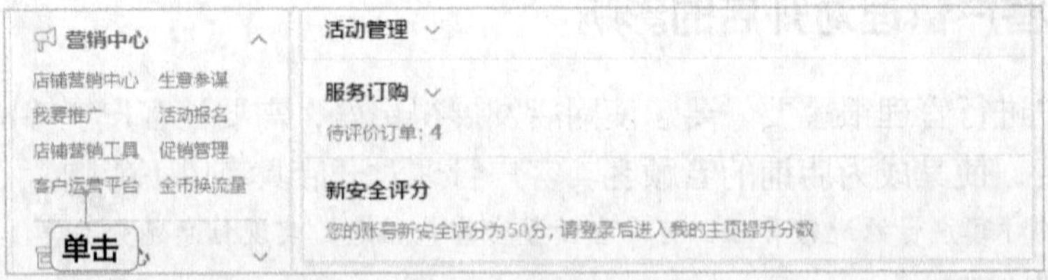

02 进入客户运营平台管理页面，展开“忠诚度管理”选项，在打开的页面中单击“VIP设置”栏后的立即设置按钮。

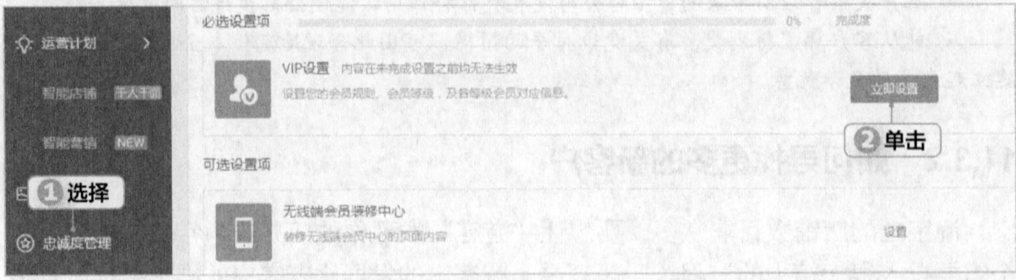

03 打开设置页面，在其中即可设置不同等级的会员的消费额度，如需设置高级会员的交易额、交易次数和折扣时，需先在高级会员栏上方右侧单击“设置”超链接，进入高级会员编辑状态，然后单击关闭按钮，将其变成开启状态，在其中进行编辑即可，如设置“交易额”为“200”，“交易次数”为“2”，“折扣”为“8.9”，设置完成后单击“保存”超链接即可。

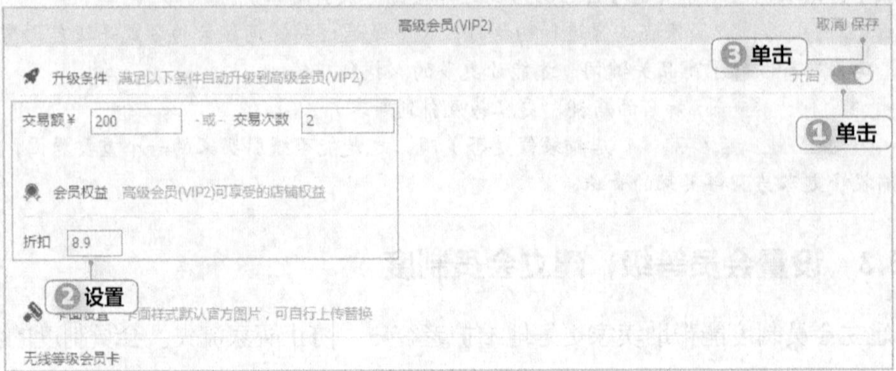

11.3.4 进行客户分组，合理管理客户

扫一扫

进行客户分组，合理管理客户

卖家设置会员等级的消费条件后，系统会自动将满足条件的买家提升到相应的等级，给予店铺相应的优惠或折扣，除此之外，卖家也可以手动对客户进行分组，其具体操作如下。

01 进入客户运营平台，展开“客户列表”选项，单击 分组管理 按钮，进入分组管理页面，单击 新增分组 按钮，在“分组名称”文本框中输入组名称，单击 确定 按钮即可完成创建。

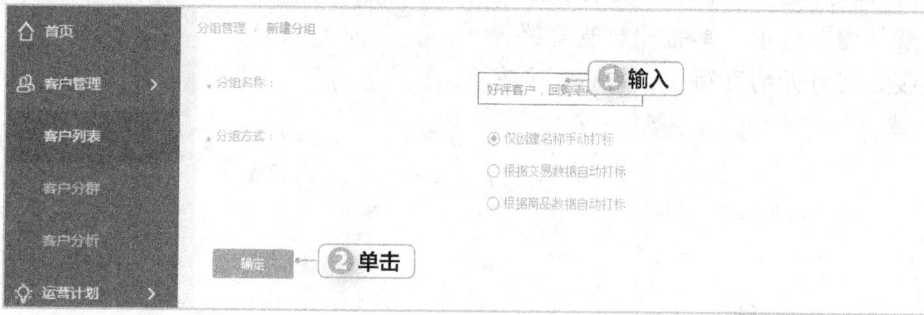

02 建立好分组之后，进入客户的详细资料页面，单击 +添加分组 按钮，在打开的下拉列表中即可为客户设置分组。

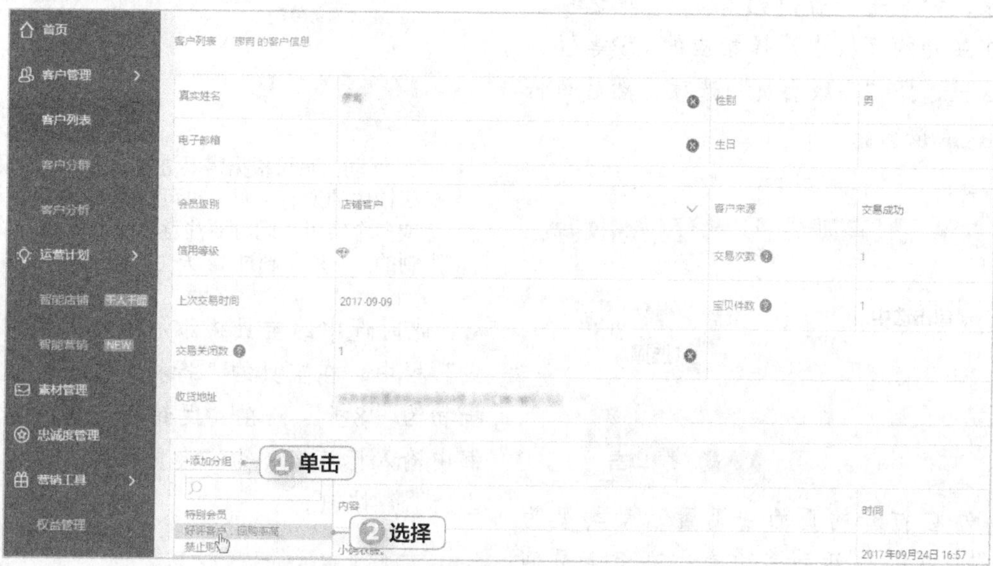

11.3.5 定期举办促销活动，回馈老客户

对客户进行分组后，可针对老客户进行促销回馈活动。回馈老客户是一种比较常见的客户维护方法，如果店铺值得信任、商品性价比高、服务质量好，就很容易

赢得回头客户。

第9章讲解了店铺优惠券、满就送、限时打折等活动，它们是针对全店客户进行的一种促销活动，而老客户回馈活动是专门针对会员进行的一种营销活动，主要包括优惠券关怀、专享打折/减现、专享价、购物车营销4种。在客户运营平台中单击“智能营销”超链接，即可在其中看到会员营销活动下面以“专享打折/减现”活动为例进行介绍。

扫一扫

定期举办促销活动，回馈老客户

01 进入客户运营平台管理页面，展开“运营计划”选项，单击“智能营销”超链接，在打开的页面中，单击“专享打折/减现”栏中的 立即创建 按钮。

02 在打开的页面中选择本次的活动对象，如单击“店铺VIP客户”单选项，在展开的面板中选择相应的VIP等级，这里选择“高级会员”选项，然后单击 下一步 按钮。

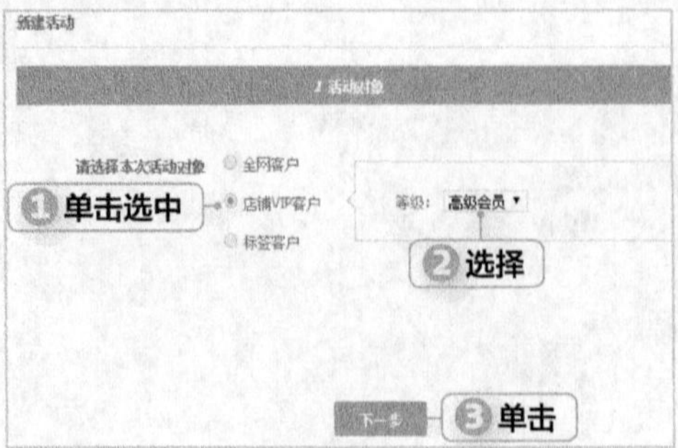

03 在打开的页面中设置活动类型为“打折”，活动名称为“高级会员回馈”，活动时间为“2018-7-15至2018-7-28”。然后在“活动宝贝”栏中添加参加活动的宝贝，并单击 保存 按钮。

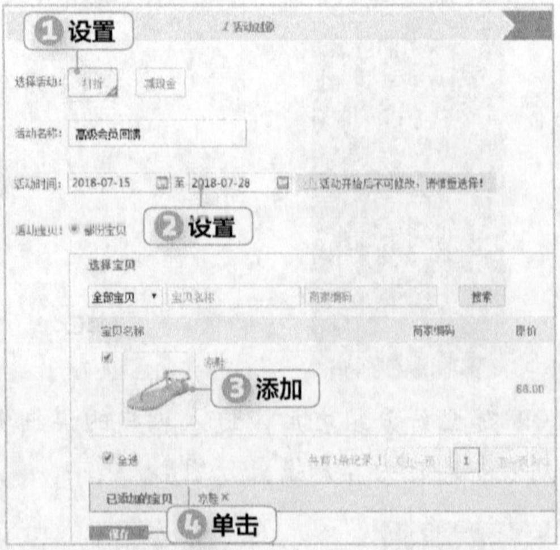

提个醒

活动宝贝可根据需要进行选择，可选择店铺中的所有宝贝，也可选择指定的一个或多个宝贝。同时要注意活动时间是有限制的，一般不超过14天。

04 此时选中的宝贝将添加到“促销方式”栏中，在宝贝的“折扣”栏中设置折扣为“8折”，在“促销标签”文本框中输入标签名称为“会员回馈”，单击 确定提交 按钮。

提个醒

“促销方式”栏中的“批量设置”可以为选中的所有宝贝统一设置折扣，适合于宝贝数量较多，且折扣相同的场合。

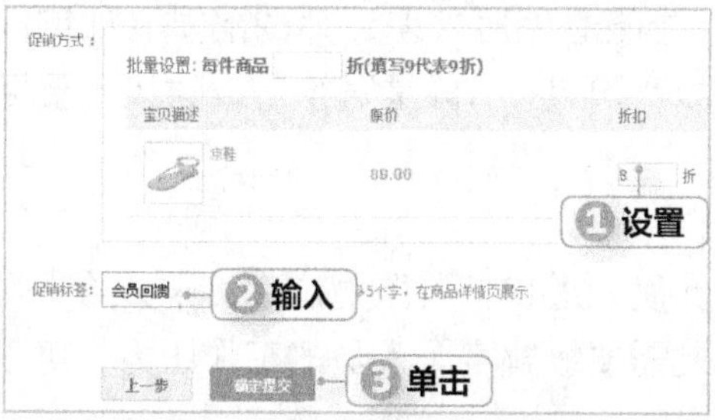

05 此时将打开一个提示框，单击 确认 按钮确认创建活动。返回“活动列表”页面，在其中选择“店铺VIP客户”选项卡，即可查看创建的活动。

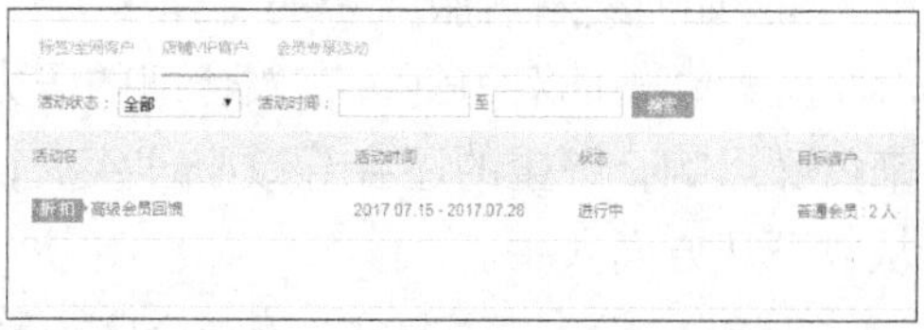

高手支招

“专享打折 / 减现”活动可以针对不同标签人群进行定向打折和减现营销，其面向的对象主要是店铺 VIP 客户。

11.4 疑难破解

本章主要讲解了售后管理的相关知识，包括物流管理、中差评处理、客户关系管理等，下面将解答售后管理中可能遇到的一些问题。

1. 贵重物品的快递技巧有哪些？

对于卖家而言，若贵重物品出现物流问题，通常都会带来很大的损失，因此一定要格外注意，一般来说，寄送贵重物品时，可以遵循以下6点。

- **挑选快递公司：** 寄送贵重物品应该挑选信誉较好、服务质量较好的快递公司，不建议选择知名快递公司的代理公司。
- **运单填写：** 在填写贵重物品的快递单时，货物描述中建议不写货物的具体名称，如珠宝类商品，可以填写为饰品。
- **包装标识：** 为了防止快递包装被私自拆开，可以在外包装上做一些标识，如在箱子底部贴一些与商品或店铺有关的小贴士等。
- **包装：** 贵重物品一定要注意防震、防刮、防水、防压，一般需要将包装盒中的空间填满，防止商品在运输过程中晃动，还可起到防震防水的作用。
- **保价：** 贵重商品一定要进行保价，保价时要了解清楚保费、赔偿以及保险公司等信息。
- **先验收再签字：** 售出贵重物品时，卖家一定要提醒买家先验收再签字，否则出现商品损坏的情况时，非常容易引起耗时耗力的纠纷。

2. 如何避免恶意差评？

恶意差评虽然可以申诉维权，但卖家需要与差评师斗智斗勇，过程比较复杂，会浪费较多的时间与精力，因此做到防患于未然才是良策。对于商品本身而言，商品质量、商品详情描述等都应实事求是，严格把关；对于客服人员而言，则需要有专业知识储备，回答问题需要斟酌用字，才能避免落入差评师的陷阱，如询问“是纯羊毛的吗？”客服人员应如实回答“99%羊毛，1%是氨纶”，建议不要回答“是纯羊毛”。

3. 如何缓解客服人员的工作压力?

压力是一把双刃剑，有效合理的压力能促使人进步，若压力过大，则会给人带来负面影响，严重的还会导致心理疾病，因此需要缓解客服人员的工作压力，可以从以下几方面入手。

- 创建良好的工作环境：在办公场所摆放绿色植物，办公环境需要光线充足、良好的通风、适宜的温度和湿度等，还需要及时维护或置换有故障的耳机、电脑、键盘等设备。
- 清晰的工作职责：需要制作明晰的工作说明书，明确员工的工作职责与权利，避免因职责不清而导致的冲突。
- 提升服务人员技能：通过针对性的培训，帮助员工提升时间管理、有效管理、团队建设、员工沟通等多方面的技能。
- 为客服人员提供职业生涯规划：通过职业生涯规划，帮助员工对自己有深刻的认识，使员工能在合适的定位上处于一个较好的平衡状态。
- 建设团队及文化：团队文化建设不仅能有效地提高员工的凝聚力，还能创造出轻松上进的工作氛围，因此应该经常组织团队活动，如聚餐、集体活动等。
- 顺畅的信息传递渠道：通过加强与客服人员的沟通，及时对员工的心理状态进行了解，如设置意见箱、定期与员工进行面对面交流等。

11.5 边学边练

（1）通过网络查询现在主流的快递公司，收集各个快递公司的服务质量、物流速度、价格、安全性等信息，并分析它们的优缺点。

（2）登录淘宝卖家中心，进入物流工具管理中心，根据了解的快递公司信息选择并开通相应的快递服务。

（3）了解中差评的处理方法，总结有效地避免中差评的方法。

（4）通过对客户进行分组，对购买2次以上的客户发送小礼品，作为回馈，并发送感谢信。

第12章 手机淘宝开店

本章导读

随着移动时代的来临，无线端的网购量迅速增长，越来越多的人选择在手机上购物，网店要想具有更好的发展空间，还需开通手机淘宝。本章将讲解认识手机端淘宝店、手机端页面的装修、手机店铺运营推广等知识，让读者能在无线端的运营中如鱼得水。

知识技能

※ 认识手机端淘宝店
※ 掌握手机端页面的装修的方法
※ 掌握手机店铺运营推广的方法

视频讲解

（视频讲解：10 分钟）

12.1 认识手机端淘宝店

近两年，淘宝网中超过一半的流量来自于无线端，无线端的用户在逐渐增加，如今已是无线端网购的时代。淘宝卖家想要在淘宝网中获取更长远的发展，必须开通手机端淘宝店。

12.1.1 手机淘宝的优势

手机购物不受时间和环境的限制，只要想购买东西，随时随地就能进行下单，用户在浏览商品时，由于无线端无线网络的局限性，看到中意的宝贝几乎很少议价，直接下单。

使用手机购买商品时，用户只能看见当前的页面，不像电脑端可同时打开多个页面比较质量和价格等，因此，买家不购买当前页面商品的影响因素减少，提高了用户下单的概率。另外，使用手机淘宝下单的用户年轻化，减少了聊天和议价的可能，更容易直接下单。

12.1.2 手机端淘宝店分析

随着无线互联网的发展，使用移动设备逛网店成为一种新的潮流，因为操作的灵活性和方便性，顾客可随时随地进行购物。为此，淘宝APP、天猫APP、WAP端口等访问无线店铺的端口应运而生。根据互联网数据中心的显示，人们通过移动设备访问Web的数量不断上升，特别是在节假日期间，远远超过了电脑端，店铺中很大一部分流量都来自于无线端，因此无线店铺对于任何一个电商卖家都变得尤为重要。

部分商家认为，不做手机端，同样能通过手机搜索到宝贝，因而没有必要做手机端，显然，这种想法是错误的，卖家需要明白以下两点。

- 在有无线网络的前提下，买家能通过手机浏览自己的宝贝，但这时看到的实际上是PC端的店铺宝贝。
- 在没有无线网络的前提下，买家若想通过数据流量浏览宝贝，所看到的只是一张主图，其他的宝贝描述将被屏蔽无法打开，因为PC端和无线端的图片像素大小不一致。若做了手机端店铺，便可打开宝贝页面进行完整查看。

12.2 手机端页面的装修

要想做好手机店铺的营销，首先需要对手机店铺进行装修。手机店铺装修的原理与电脑端店铺的装修原理相同，富有视觉冲击力的店铺更能吸引顾客的注意力，延长顾客在店铺中驻足的时间。

12.2.1 设置手机店铺店标与店招

扫一扫

设置手机店铺店标与店招

与电脑端一样，手机店铺也需要设置店铺店标与店招，而制作店标与店招的方法与电脑端相同，区别在于手机端的店招大小不同，手机端店招大小建议为750像素×254像素。下面将介绍设置手机店铺店标和店招的具体操作步骤。

01 进入“卖家中心”页面，单击“店铺管理”栏中的“手机淘宝店铺”超链接，在打开的页面中单击“立即装修”超链接。

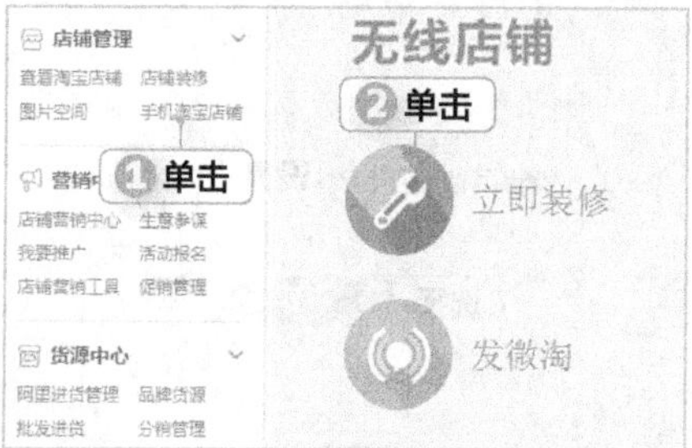

02 打开“开通微淘账号”页面，单击同意协议并开通按钮。

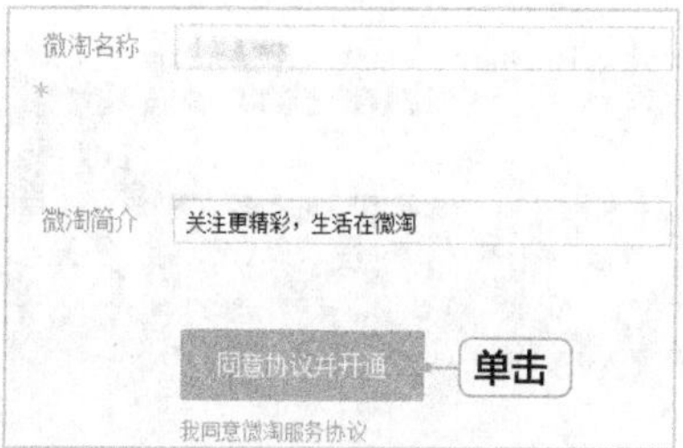

03 系统将提示微淘开通成功。返回“卖家中心”页面，单击“店铺管理”栏中的“手机淘宝店铺”超链接，在打开的页面中选择“立即装修”选项，将打开无线运营中心，在打开的页面单击“店铺首页”超链接。

04 在打开的页面选择店招模块，单击右侧“店铺基本”信息栏中的“更改Logo”超链接。

05 在打开的页面中单击上传图标按钮，弹出“打开”对话框，选择店铺Logo，单击打开(O)按钮即可上传店招。

06 返回手机淘宝店铺首页装修页面，在右侧的“模块编辑”栏的“新版店招图片”栏中单击“官方推荐”单选项，在下方选择店招图片后，在“新版导航颜色”栏中选择对应的颜色，在“店招图片链接”栏中单击右侧的🔗图标，

在打开的对话框中单击链接地址后的 选择链接 按钮。店招图片链接下的文本框中将显示链接，单击 确定 按钮。

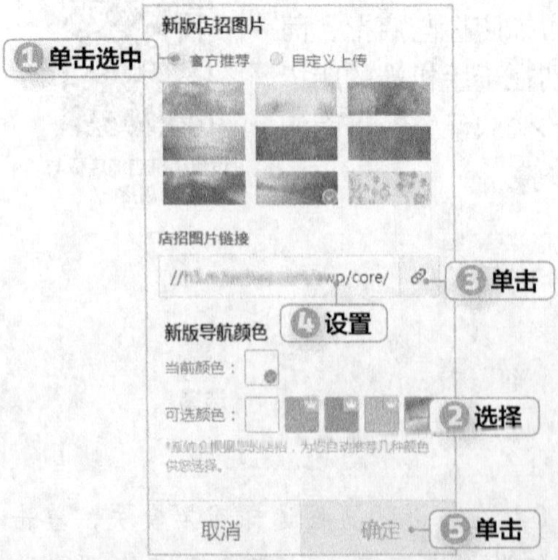

07 用户也可以单击“自定义上传”单选项，单击下方的店招图区域，选择图片空间的店招图片，在打开的对话框中单击 上传 按钮。

> **高手支招**
>
> 此处已将图片上传至图片空间，若没有上传至图片空间，需要先上传图片。

08 在“新版导航颜色”栏中选择系统推荐的颜色，在“店招图片链接”栏中设置图片的链接地址，然后单击 确定 按钮。

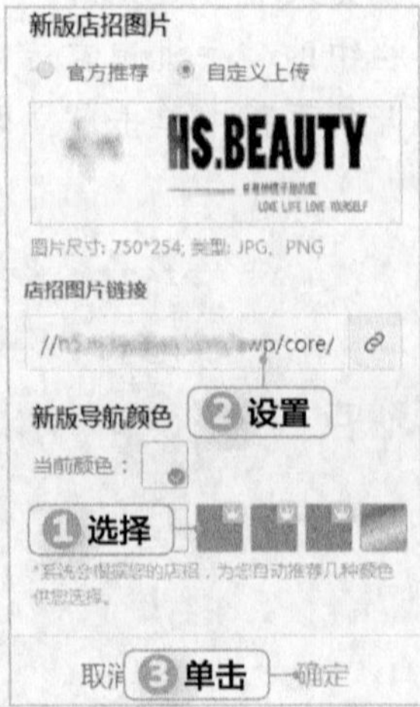

09 在店铺店招模块可以看到设置后的效果，单击上方的 保存 按钮。

12.2.2 设置手机宝贝模块

扫一扫

设置手机宝贝模块

在手机店铺装修中，用户也可添加自定义模块，其添加方法与电脑端相同，只需将模块拖曳至合适的位置后，添加模块，再在右侧的模块编辑区域进行设置即可。下面讲解设置宝贝智能双列模块的方法。

01 打开手机淘宝店铺首页的装修页面，将“智能双列”模块拖曳至右侧的合适位置。

02 此时在右侧将自动打开智能双列栏，单击“基本模式”选项卡，输入宝贝“标题”，设置链接、宝贝个数、过滤价格、关键字等信息，单击 确定 按钮。

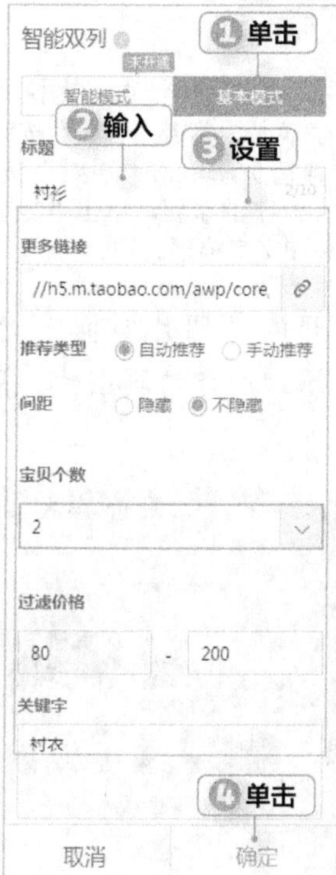

03 设置完成后，可查看设置的智能双列效果。

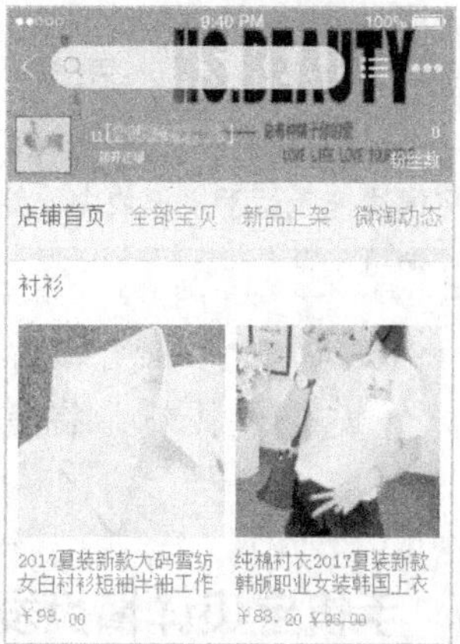

04 用户还可手动推荐宝贝，在“推荐类型”栏中单击“手动推荐”单选项，单击 +添加商品 按钮，打开“商品小工具”对话框，选择推荐的宝贝，单击 确定 按钮。

05 在智能双列栏中单击 确定 按钮即可。

高手支招

其他模块的设置方法都基本相同，只需将模块拖曳至手机板块中，然后在左侧进行编辑即可。

06 当所有的板块设置完成后，可单击右上方的 发布 按钮，将信息发布成功。

12.2.3 手机宝贝详情页发布

扫一扫

手机宝贝详情页发布

在设置无线端详情页时，卖家可通过网页版宝贝详情页自动生成，也可手动添加宝贝详情页。下面讲解设置手机宝贝详情页的方法。

01 在淘宝卖家中心页面，选择宝贝管理栏中的“出售中的宝贝”超链接，在需要发布手机详情页的宝贝右侧单击“编辑宝贝”超链接。

02 在打开页面的“手机端描述”栏中，将鼠标指针移动至“添加”按钮上，将自动展开下图所示工具栏，单击 导入电脑端描述 按钮，然后单击“图片”按钮。

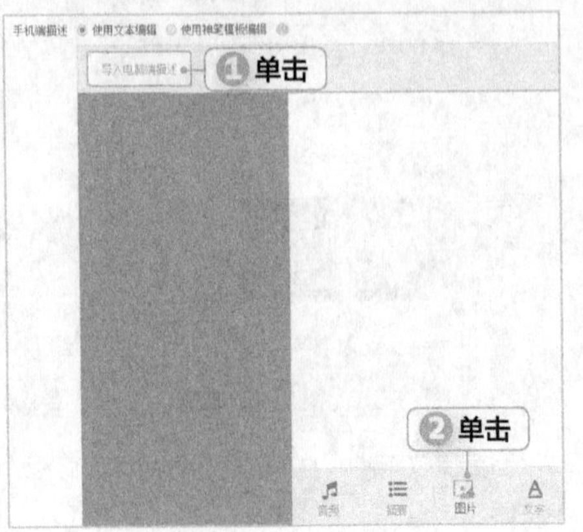

高手支招

手机端宝贝详情页还支持音频、图片和文字输入。单击“音频”按钮可添加音频详情页，单击“摘要”按钮，可添加140字的摘要，单击“文字”按钮，可添加文字描述。

03 在打开的“图片空间”对话框中选择需要添加的详情页图片，单击 插入 按钮。

04 返回页面可查看添加的详情页图片，单击发布按钮。

05 此时，在手机端打开店铺，即可查看到该宝贝的详情页。

12.3 手机店铺运营推广

随着手机淘宝用户的不断增加，很多卖家进行了无线端的竞争。店铺的运营推广在很大程度上决定着店铺的转化，无线端也有其对应推广方式，如码上淘、微淘达人推广等，推广方式不同，吸引的消费人群不同。

12.3.1 利用“码上淘”进行推广

扫一扫

利用“码上淘”进行推广

码上淘是买家扫描二维码进入店铺的方式，现在通过扫描“二维码”查看内容的方式应用广泛，二维码包含有链接地址，引导消费者通过手机等扫描设备快速进入相应的网站。下面将讲解利用“码上淘”推广产品的方法。

01 进入淘宝卖家中心页面，单击“店铺管理”栏中的“手机淘宝店铺”超链接。

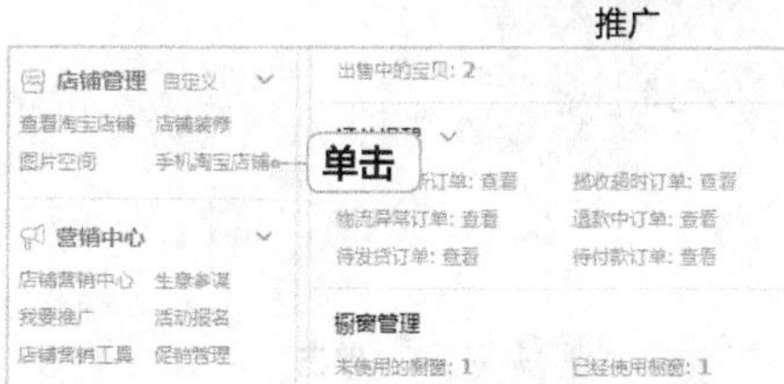

02 进入“手机淘宝店铺”页面，单击“码上淘”下方的“进入后台”超链接。

03 进入“码上淘”页面，提示当前使用的淘宝账号，单击进入码上淘按钮。

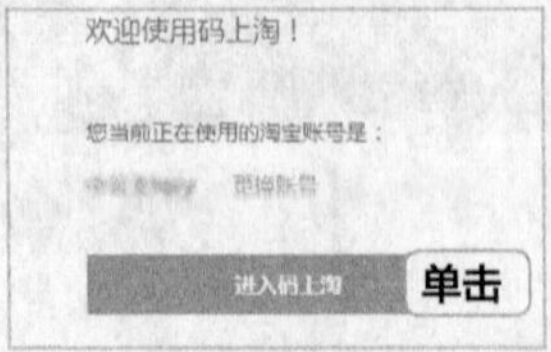

04 展开“创建二维码”列表，单击“通过宝贝创建”超链接。

05 选择扫码的宝贝，单击下一步按钮。

06 选择进行推广的渠道，这里选择“物流包裹”选项，确认后单击下一步按钮。

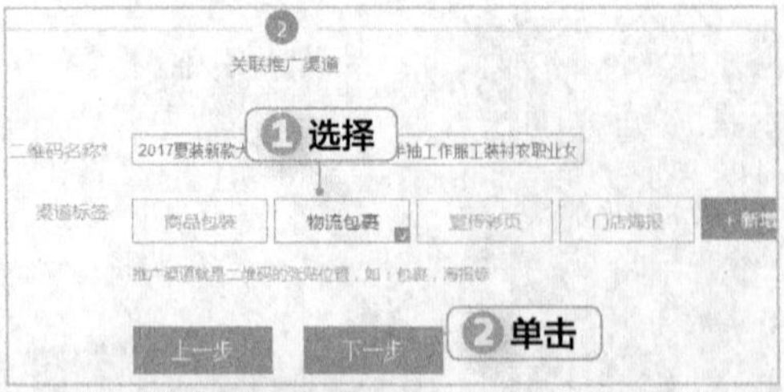

高手支招

若是“渠道标签”栏中没有二维码推广使用的选项，可单击+ 新增渠道按钮，添加推广渠道。

07 此时，二维码创建成功，在右侧将显示二维码的效果，单击下载按钮可进行下载。

高手支招

“码上淘”是淘宝天猫官方唯一认证店铺包裹服务二维码，通过二维码，将店铺的活动推送至线下渠道上，直接实现流量转化。

12.3.2 利用微淘达人推广店铺

无线大势所趋，很多店铺移动端的成交额已超过PC端，微淘位于手机淘宝底部导航条的第2位，这个位置可以带去大量移动流量。对于淘宝卖家而言，微淘是淘宝营销的一个重要武器。通过微淘后台发布各类上新产品信息，可以让粉丝及时知道店铺动态，提升对店铺的好感度，便于进行品牌传递，直至达到成交转化。下图为优秀的微淘推广案例，可从浏览量、点赞量与评价量判断商品的人气，单击对应的图片进入宝贝购买页面。

1. 发布微淘

微淘提供了多种发布方式，如发帖子、图片、宝贝清单、宝贝上新等，卖家可以根据需要选择喜欢的发布方式，其具体操作如下。

扫一扫

发布微淘

01 在卖家中心的店铺管理栏中单击“手机淘宝店铺”超链接进入无线店铺装修页面，单击“发微淘”超链接进入微淘发布页面。

02 选择需要发布的微淘方式，如单击“发帖子”超链接，将打开“发帖子”页面。

03 设置宝贝的标题、封面、宝贝的链接地址、标签等相关信息，设置完成后单击 发布(今日还可发布：1篇) 按钮即可发布。

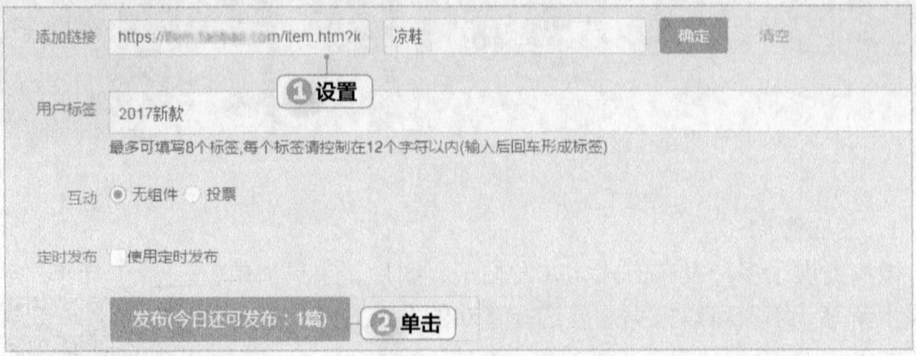

2. 微淘推广要素

微淘是无线端引流的常用工具之一，很多大型网站都在做微淘营销，那么作为中小型卖家，如何使微淘成为提升销量的利器呢？一是自己成长为具有实力的淘宝达人；二是寻找粉丝多、发帖内容优质的淘宝达人合作，来提高微淘帖子的曝光量，增加店铺的流量。下面总结了一些从店铺自身出发进行微淘运营的方法。

- 熟悉微淘运营规则：要充分了解和熟悉微淘的运营规则，及时关注微淘的新闻和活动，如关注不同等级的账号每天所能发布的微淘的条数。
- 如何拉粉：首先对老顾客群发信息进行召回，对于拉来的粉丝，如何留住粉丝才是重点。此时可发表主题丰富的内容，针对内容收藏数量或互动来分析粉丝的喜好，重点发布粉丝想要看到的题材内容。在进行题材内容设计时，可从一些热门话题、事件等方面进入，增加内容的吸引力。同时适当利用节日等活动多设置与粉丝互动，以及回馈粉丝的机会。

● **熟悉店铺的运营推广计划**：结合店铺的促销活动、店铺上新日、节日活动等运营推广计划，可提前两天发布预告广播，粉丝特权抢先看，提醒粉丝收藏，以及到时间提醒粉丝购买。如柚子美衣双11活动时在11月10~12日共发了10条相关微淘。

● **发布微淘的时间安排**：分析微淘用户访问的高峰时段，如0:00－1:00、8:00－10:00、13:00－14:00、16:00－17:00、18:30－19:30、22:00－23:00，一般都是根据淘宝官方的大盘数据结合店铺销售的成交额，找出适合店铺的高峰时间段。

12.4 疑难破解

本章主要讲解了手机淘宝开店的相关知识，下面解答手机淘宝开店中可能出现的一些问题。

1. 如何保证手机端的安全？

为了提高手机端的安全保障，可以开通钱盾认证服务。在手机端安装“钱盾”的方法为：打开钱盾，单击“账户安全中心”，根据提示登录自己的账号，然后在网站中登录淘宝账号将会要求进行一键验证，单击进行认证即可。

除此之外，还可开启账号保险箱功能，打开阿里钱盾，单击“账号保险箱”后的开启按钮，将打开“钱盾保险箱”页面，绘制新解锁图案，确认解锁图案后，将开启钱盾保护功能。

2. 如何将手机淘宝上的宝贝链接分享给他人？

进入手机端，打开宝贝详情页页面，单击右上角的“分享”按钮，在打开的下拉列表中选择“分享”选项，单击“复制链接”按钮，将复制的链接分享给他人，即可查看到该宝贝对应的无线端链接。

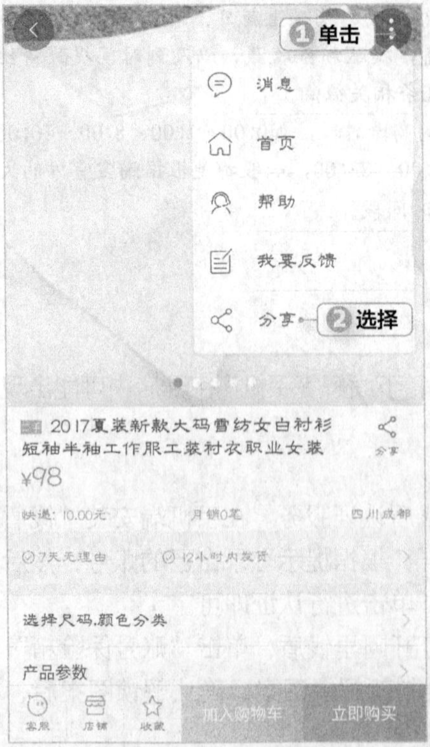

12.5 边学边练

（1）激活手机淘宝店铺，并设置店铺的店招与店标。

（2）生成手机店铺的二维码，将推广渠道选择为商品包装。